일본의 대련 식민통치 40년사 [제3권]

> 이 번역서는 동아대학교 학술연구번역지원 공모과제로 선정되어 동아대학교 번역총서 제118호로 출간되었음.

일본의 대련 식민통치 40년사 [제3권]

초판 1쇄 발행 2012년 7월 31일

주 편 | 郭鐵椿·關捷
부주편 | 韓俊英
역 자 | 신태갑 외
발행인 | 윤관백
발행처 | 社会科学文献出版社

편 집 | 소성순
표 지 | 김민호
영 업 | 이주하

인 쇄 | 대덕인쇄
제 본 | 바다제책

등록 | 제5-77호(1998.11.4)
주소 | 서울시 마포구 마포동 324-1 곳마루 B/D 1층
전화 | 02)718-6252 / 6257   팩스 | 02)718-6253
E-mail | sunin72@chol.com
Homepage | www.suninpub.co.kr

정가 29,000원
ISBN 978-89-5933-557-2 (세트)
ISBN 978-89-5933-560-2 94300

·잘못된 책은 바꿔 드립니다.

일본의 대련 식민통치 40년사 [제3권]

主編 郭鐵椿・關捷 / **副主編** 韓俊英

역자 신태갑 외

■ 한국어판 서문

한국의 독자들에게

 나와 관제(關捷) 교수가 책임 편집한 『일본의 대련 식민통치 40년사』는 신태갑 교수와 제자들의 노력으로 머지않아 한국의 독자들과 만나게 될 것이다.
 『일본의 대련 식민통치 40년사』는 일본이 대련을 식민 통치하던 40년 기간 동안 대련 지역의 정치, 경제, 군사, 문화, 교육, 도시 건설 등 다방면의 기본 상황을 탐구한 학술 저작이다. 이 저작에는 십여 명의 전문가와 학자들이 1년여의 시간에 걸쳐 쏟아 부은 지혜와 심혈이 응집되어 있다. 일본이 대련을 식민 통치한 40년 동안의 기본 상황에 대해 이해하려 한다면 이 저작은 훌륭한 길잡이가 될 것이다.
 일반적으로 학술 저작은 대부분 글이 난해하면서도 무미건조하여 사회 각 계층의 사람들이 읽기에 그다지 적합하지 않다. 이러한 현상을 극복하기 위해 학술 저작이 더 많은 사람들의 생활 속으로 들어갈 수 있게 해야 한다. 필자가 관제 교수와 이 책을 쓸 때, 글은 생동적이면서 정확하고, 평이하면서도 유려하여 알기 쉽도록 하고자 했으며, 아울러 이를 위해 대량의 진귀한 역사적 사진들을 삽입함으로써 글과 그림 모두를 풍부하고 다채롭게 하기 위해 많은 애를 썼다. 물론 이러한 생각이 마지막에 가서 실현되었는지 아닌지는, 독자들의 최종 판단에 맡겨야 할 것이며, 그 속에는 당연히 한국의 독자들도 포함된다.

신태갑 선생은 동아대학교 사학과 교수로, 일찍이 대만과 북경에서 여러 해 동안 유학하여, 중국 문화 특히 중국 전통 문화에 대한 지식이 매우 풍부하며, 여러 영역에 매우 깊은 조예가 있다. 신 교수는 그 동안 한중 문화 교류에 힘을 쏟아 일찍이 중국 중산대학 류제(劉節) 교수의 『中國史學史稿(역서명 : 중국사학사강의)』, 화중사범대학 마민(馬敏) 교수의 『官商之間 : 社會劇變中的近代紳商(역서명 : 중국근대의 신상)』 등의 저작을 잇달아 번역 출판했다. 이번에도 신 교수와 제자들은 고생을 마다않고 필자와 관제 교수가 책임 편집한 『일본의 대련 식민통치 40년사』를 한국 독자들에게 소개했다. 이 자리에서 필자는 이 책의 모든 필진을 대표하여 신 교수와 제자들의 노고에 경의를 표한다. 그리고 이 책을 한국에서 번역 출판하기 위해 노력하고 공헌한 모든 한국 친구들에게 마찬가지로 심심한 사의를 표한다.

한중 양국은 매우 가까운 이웃사촌이다. 양국 국민의 친선 교류는 장장 3,000여 년에 달하는 유구한 역사를 가지고 있다. 근대에 양국이 동시에 외래의 침략을 겪었던 때에도 양국 인민의 우호 왕래는 멈추어 본 적이 없다. 비록 현대에 이르러 널리 알려진 이유로 인해 한중 양국 인민의 우호 왕래가 한 차례 중단된 적이 있으나, 1992년 한중 양국이 수교를 맺은 후 양국 인민의 우호 왕래는 회복되었을 뿐만 아니라, 더욱 빈번하게 이루어지고 있다. 양국 국민의 친선 교류는 정치, 경제, 교육 방면 등의 친선 교류는 물론이고, 문화 방면의 교류도 포함하고 있다. 이러한 모든 왕래는 양국 인민들에게 매우 실질적인 이익을 가져다 줄 뿐만 아니라, 양국 국민의 친선 교류 증진에도 더욱 넓은 공간을 제공하며, 아울러 우호 왕래의 발전을 더욱 촉진시킨다.

이러한 우호 왕래 속에서 상대방 나라의 우수한 학술 저작을 본국 독자들에게 소개하는 것은 의심할 바 없이 한중 문화 교류의 중요한 구성 부분이며, 양국 학자들의 피할 수 없는 책임이다. 이러한 방면에서 한국 학자들은 우리 중국 학자들에게 매우 좋은 귀감이 된다. 그들은 근면하고 성실하며, 착실하고 적극적이며, 노고를 마다하지 않고 남의 원망을 두려워하지 않으며, 부지런히 연구에 몰두할 뿐만 아니라, 다른 사람을 진심으로 대하는 심성과 태도를 갖고 있다. 이런 훌륭한 자질은 의심할 바 없이 중국의 연구자들이 배우고 본보기로 삼을 가치가 있다.

한중 양국 인민의 우의는 매우 소중한 것이다. 원컨대 한중 양국 인민이 모두 자신의 생명처럼 그것을 지키고 소중히 여기길 바란다.

또한 한국에서 이 졸저의 출판이 한중의 전통적인 우의에 적은 힘이나마 이바지할 수 있길 바란다.

2011년 12월 24일

궈톄좡(郭鐵椿)

총서

왕런즈(王忍之)

　중국사회과학원 중일역사연구센터는 중일관계사 및 항일전쟁사의 연구를 한층 더 발전시키고, 역사적 사실대로 중일 양국의 청년 세대를 교육하기 위해 "중국사회과학원 중일역사연구센터문고"를 발행하게 되었다.

　1995년 8월 15일 당시 일본 수상 무라야마 도미이치(村山富市)는 내각에서 담화를 발표하여 제2차세계대전 기간 일본의 아시아 각국에 대한 침략을 인정했다. 같은 해 일본 정부는 10년을 기한으로 아시아 이웃나라를 주요 대상으로 하는 '평화교류계획'을 실시했다. 이 계획의 일환으로 일본 외무성은 일중우호회관 안에 일중역사연구센터를 설립하기로 결정하고 아울러 중국의 협조를 요청했다. 중일 쌍방의 관련 부서는 협상 방식을 통해 다음과 같은 원칙을 확인했다. 중일연합성명과 중일평화우호조약의 원칙과 정신을 확실히 준수하며, 일본 군국주의가 중국에 대하여 침략전쟁을 일으켰다는 역사적 사실을 인정하는 전제 아래, 중국 측은 일본 측의 요구를 받아들여 필요한 협조를 제공하는데 동의

한다. 중국사회과학원은 중국 외교부의 위탁을 받아, 일본 측의 연구에 협조하는 중국 측의 창구가 되어, 일본 측과 관련 업무를 상의하고 협조한다.

1997년 8월 일중우호회관에서 중국사회과학원에 편지를 보내, 서로 협조하여 역사 연구를 진행하는 문제에 대하여 협상을 진행하자고 재차 요구하며 제기하기를 "피해자요 저항자인 중국이 참여해야만 역사 연구 사업이 비로소 소기의 목적을 달성할 수 있으며, 이 점이 바로 중국의 협조가 필요한 부분이다"라고 했다. 일중우호회관은 또 밝히기를 회관의 관련 경비 중 일부를 중국 측이 사용하도록 넘겨주겠다고 했다. 협상을 거쳐 기본적으로 인식 일치에 도달했다. 이를 위해 중국사회과학원 중일역사연구센터는 "중일역사연구과제"를 수립하고, 과제 지침 형식을 통해 국내에서 공개적으로 연구자를 모집했다. 과제 모집의 범위는 1874~1945년 사이 일본의 중국 침략사 및 동시기의 이와 관련 있는 중일 역사 문제로 한정했다. 중국사회과학원 중일역사연구센터의 전문가 위원회가 신청한 과제에 대하여 심사를 진행했다. 심사를 통과한 과제는 중일역사연구센터가 과제의 내용, 작업 규모의 대소에 따라 경비를 지원하여 연구 계획을 완성하는데 도움이 되도록 했다.

이러한 연차 과제 모집은 1998년부터 매년 한 차례 진행했으며, 매번 15~20개 정도의 신청 과제가 심사를 통과했다. 초기에 통과한 과제 중 어떤 것은 이미 완성되었고, 아울러 연구 결과 정산 절차를 통과했다. 중국 학자들의 근대 중일 관계사 연구 성과를 반영하여 사회가 그것을 이해하고, 그로 하여금 학술 연구 토론을 진행하고, 역사적 진실을 드러내는 역할을 충분히 발휘하도록 함으로써, 오늘날의 청년 세대가 중일 관계사에서 일찍이 어떤 사건이 발생하여 중국 인민에게 심대한 재난을 야기하고, 일본 인민에게도 거대한 고통을 초래했는지 이해하도록 하기 위해, 우리는 이들 성과 중 일부를 선택하여 출판하기로 결정하고, 총서명을 "중국사회과학원 중일역사연구센터문고"라고 했다. 동시에 문고에는 국내 학자가 쓴 몇몇 중일 관계를 다룬 저작도 포함시켰다.

"중국사회과학원 중일역사연구센터문고"는 중국의 청년 세대와 일본의 청년 세대에게 역사의 진면목을 인식하는 진실한 자료를 제공하는데 힘씀으로써, 역사를 거울삼아 미래를 마주하며, 이른바 역사 인식 문제가 더 이상 중일 관계 개선의 장애가 되지 않기를 바라며, 중일 관계가 화목하게 협조하고 평화롭게 공존하는 방향으로 발전하기를 희망하며, 동아시아 두 이웃 국가 사이에 경제적으로 상호 보완과 협조, 문화적으로 학습한 상호 존중 정신이 진정으로 발휘되어, 모순과 충돌의 발생을 피하기 어려울 때도 전쟁에 호소하는 일이 영원히 발생하지 않기를 바란다.

이로써 서문에 갈음한다.

일러두기

1. 이 책은 郭铁桩, 关捷 主编, 『日本殖民统治大连四十年史』(北京 : 社会科学文献出版社, 2008)를 번역한 것이다.
2. 원서의 서술 가운데 문단이 지나치게 긴 것은 역자가 판단하여 단락을 세분하였다.
3. 서명 혹은 잡지명은 『　』로, 편명 혹은 논문명은 「　」로 묶어 표시하였다.
4. 역자가 주를 단 것은 [역주]라고 표시하였다.
5. 정확한 의미의 전달을 위해 필요한 경우 한자를 ( ) 안에 표기했다. 다만, 번역한 한글과 한자가 다를 경우는 한자를 [ ]로 묶었다.
6. 숫자는 아라비아 숫자로 표기하되, 만 단위를 넘을 경우 만에서 끊어 읽기를 했다.
   예) 134,572원→ 13만 4,572원 ; 2.7만 평→ 2만 7,000평
7. 원문의 괄호 안에 들어 있는 설명문이 길어서 읽기에 불편할 경우 각주로 돌렸다.
8. 중국 인명은 아편전쟁을 기준으로 하여, 전근대인은 한자음대로 표기하고 근대인은 국립국어원의 외래어 표기법에 따라 표기하되, 모두 한자를 병기하였다. 중국지명, 기관, 서명 등 고유명사는 한자음대로 표기하고 한자를 병기하였다. 그 외, 외래어 고유명사는 외래어 표기법에 따랐다.
9. '僞滿洲國'은 인용문을 제외하고 모두 '만주국'으로 번역했다.

목차

일본의 대련 식민통치 40년사 [제3권]

|제20장| 9·18기간 관동군과 만철의 결탁 ·· 17
  1. 만철과 9·18사변 ·· 17
  2. 관동군이 만철에게 경영을 위탁한 동북철도 ······················ 49
  3. 9·18사변 후의 만철 ·· 59

|제21장| 일만경제일체화와 '관동주' 경제 ·· 75
  1. 관동군의 '경제통제'정책 ·· 75
  2. 일본이 대련에 건립한 중화학공업기업 ······························ 83
  3. 일본통치시기의 대련 조선업 ·· 100
  4. 9·18사변 후의 대련 금융업 ·· 112
  5. 대련항의 증축과 자유항제도의 파산 ································ 123

| 제22장 | 관동주의 노동통제와 인력자원에 대한 약탈 ··············· 141
　1. 관동군의 '노동통제'정책 ·················· 142
　2. 대동공사(大同公司) ·················· 150
　3. '관동주노무협회' ·················· 158
　4. 태평양전쟁시기의 대련노동자 ·················· 166
　5. 대련항일방화단의 용감한 투쟁 ·················· 182

| 제23장 | 일본 통치하의 대련 민족 경제 ··············· 205
　1. 대련 경제에서 민족 경제의 지위 ·················· 205
　2. 대련 민족공업의 주체 ― 유방업 ·················· 209
　3. 대련 근대 민족 공업의 대표 ― 대련 순흥철공창(順興鐵工廠) 228
　4. 정기윤선공사(政記輪船公司)와 노천시장 ·················· 238
　5. 기타 민족 경제 ·················· 252
　6. 대련 중국상인 단체의 조직 ·················· 261

제4편 | 중일전쟁과 관동주의 몰락(1937년 7월 7일~1945년 8월)

| 제24장 | 전시체제하의 '관동주' ··············· 279
　1. 「관동주국가총동원령」의 강제 추진 ·················· 279
　2. 관동주의 재정과 전쟁경비의 조달 ·················· 292
　3. 전쟁을 위해 봉사한 대련선거철공주식회사 ·················· 307

| 제25장 | 만철과 7·7사변 ··············· 319
　1. 만철의 7·7사변 가담 ·················· 319
　2. 만철의 화북경제에 대한 수탈 ·················· 328

3. 만철대조사부 ··· 341
  4. 만철의 소멸 ··· 364

|제26장| 관동주의 붕괴 ··· 369
  1. 식민통치의 와해 ··· 370
  2. 공장기업 및 금융조직의 접수 ··· 376
  3. 일본경찰계통의 소멸 ··· 378
  4. 송환 전 대련 일본인의 단체 활동 ··· 381

부록   389
참고문헌   447
후기   463
역자후기   465

일본의 대련 식민통치 40년사 [제1권]

한국어판 서문
총서
서론
제1편 | '관동주' 식민통치의 확립(1904년 5월~1914년 7월)
|제1장| 대련지역에 대한 일본과 러시아의 다툼
|제2장| 관동주 식민통치기구의 건립과 변천
|제3장| '만철왕국'의 발흥
|제4장| 관동주 식민공업기반의 확립
|제5장| 대련항의 형성
제2편 | 관동주 식민통치의 발전(1914년 7월~1931년 9월)
|제6장| 식민통치체제의 부단한 발전과 완비
|제7장| 관동군의 건립과 활동
|제8장| 동북에 대한 무력 침략을 선동한 대련의 일본 우익단체

일본의 대련 식민통치 40년사 [제2권]

|제9장| 중국노동자에 대한 일본의 식민통치와 노동자의 저항투쟁
|제10장| 대련항 경제의 번창
|제11장| 관동주의 상업
|제12장| 관동주 공업의 발전
|제13장| 일본의 관동주 자원 약탈
|제14장| 일본 통치하의 동북금융 중심지 대련
|제15장| 대련 도시건설의 식민지적 특색
|제16장| 관동주의 식민교육
|제17장| 일본의 대련에 대한 문화 침략
제3편 | 9·18사변 후의 관동주(1931년 9월 18일~1937년 6월)
|제18장| 일본의 대련 식민통치에 대한 중대한 전환
|제19장| 관동주 경찰·헌병·특무대의 항일운동에 대한 진압

제20장

9·18기간 관동군과 만철의 결탁

1. 만철과 9·18사변

1) 9·18사변의 발발을 고취한 만철

9·18사변 전 만철의 일부 사람들은 이미 중국 침략활동에 한걸음 더 나아가 있었다. 주요한 활동방식은 일본 정부에게 무력을 사용하도록 고취 종용하여 이른바 만몽문제를 '해결'하고 '만몽독립국'을 건설하는 것이었다. 이 방면에서 가장 대표적인 것은 '만주청년연맹(이하 연맹)'이었다. '연맹'은 만철의 일부 사람들이 1928년 11월 대련에서 조직한 것으로, 중국 동북과 몽골로의 침략 확장을 주장하는 일본 민간 파쇼조직이었다. 이 조직의 목적은 '대륙에서 야마토(大和)민족을 발전'시키는 것이었다. 초대 이사장은 고히야마 나오토(小日山直登),[1] 이사는 오카다 다케마(岡田猛馬), 오바 도키오(大羽時男), 오노 다카오(小野寶

---

[1] 만철이사, 뒤에 만철총재, 일본 내각 운수대신.

雄), 기타니 다쓰미(木谷辰巳) 등이었다. 회원은 처음 수백 명이었으나, 뒤에 확대되어 3,000여 명에 달했고, 최고 많을 때는 5,000여 명에 이르렀다. 그리고 계속하여 여순, 대련, 금주(金州), 와방점(瓦房店), 대석교(大石橋) 등지에도 지부를 설립했다.

연맹은 설립 후 여러 번의 집회와 발표 연설을 통하여 반중[反華]·혐중[仇華] 정서를 공개적으로 선동했다. 1929년 1월 연맹은 『대련신문』에 '만몽에 신국가 건립'이 필요함을 고취했다.[2] 같은 해 6월 1~3일 연맹은 대련 만철협화회관(滿鐵協和會館)에서 제1차 회의를 열고, 회의석상에서 「만몽자치제 방안 확립」을 제출하여 동북과 몽골 일부를 중국 영토에서 분리해야 한다고 주장했다. 1930년 연맹은 "28차례의 간부회의, 8차례의 강연회를 열었다."[3]

1931년 상반기 연맹은 『만몽문제 및 그 진상』이라는 소책자 1만 권을 인쇄하여, '(일본)내각 요인, 귀족원·중의원 의원, 각 여론기관, 만몽관계단체' 및 '기타 각 단체와 일반인'에게 무료로 배포했다.[4] 소책자에서 연맹은 일본이 만몽에서 "모든 기득권익을 포기하려는" 오늘 "우리는 떨쳐 일어나 9천만 동포의 각성을 촉구하여 분기해야 한다"[5]고 공공연히 주장했다.

같은 해 6월 13, 20일 연맹은 대련에서 연속하여 두 차례 집회를 열었으며, 유키(結城)는 개막식에서 "우리가 일어나야 할 때가 마침내 도래했다. 우리는 전 만주에서 함께 근심하는 인사들에게 충동원령을 하달한다"[6]고 부르짖었다. "무력해결의 분위기를 만들기 위해" 연맹은 또 "여순·안산(鞍山)·봉천(奉天)과 만주 각지에 유세단을 파견했다."[7] 동시에 사다케 레이신(佐竹令信, 만주대

---

[2] 黑龍會 編, 『東亞先覺志士記傳』 下, 原書房, 1936년 원본에 근거하여 1981년 제4차 인쇄, 109쪽.
[3] 天津編譯中心 譯, 『滿洲事變關係資料』, 章伯鋒 等 主編, 『抗日戰爭』 제1권, 91쪽.
[4] 遼寧省檔案館·遼寧社會科學院 編, 『九一八事變前後的日本與中國東北─滿鐵秘檔選編』, 160쪽.
[5] 關寬治·島田俊彦 著, 王振鎖 譯, 『滿洲事變』, 上海譯文出版社, 1983, 151쪽.
[6] 仙頭久吉 編, 『滿洲青年聯盟史』, 滿洲青年聯盟史刊行委員會, 1933, 457~458쪽.

표), 다카즈카 겐이치(高塚源一, 만주대표), 오카다 다케마(연맹대표), 오자와 가이사쿠(小澤開策, 연맹대표), 나가에 료지(永江亮二, 연맹대표)를 연맹대표로 일본에 파견하여 귀국활동을 하도록 했다. 같은 해 7월 연맹은 일본 국내에서 『만몽삼제(滿蒙三題)』라는 소책자 5,000권을 발행하여 중국의 '반봉건적 동북정권' 타도를 표명했다.

7월 13일 연맹대표는 대련을 떠나 일본으로 향했다. 15일 간몬(關門), 16일 고베, 17일 도쿄, 30일 오사카에 도착했으며, 8월 10일 대련으로 돌아왔다. 대표들의 일본체류기간은 한 달에 채 못 미쳤으며, 그중 도쿄 체류기간은 보름, 오사카 체류는 거의 열흘이었다. 일본에 머무는 동안 대표들은 온 힘을 다해 반중·혐중정서를 선동했다. 대표들의 선동 아래 일본 "국내 여론은 비등했다." 대일본생산당(大日本生産黨)은 '조선만몽문제 국민문제 발기인회의'를 개최하여 "난폭한 중국을 응징하고, 시데하라(幣原)의 연약외교에 단호하게 반대"하는 결의를 통과시켰다. 또한 이누카이 쓰요시(犬養毅)는 "시데하라의 연약외교"에 대해 우려를 금할 수 없다고 표명했다. 미나미 지로(南次郎)는 "일본인이라면 당연히 함께 정부를 재촉해야 한다"고 생각했고, 아울러 다음과 같이 말했다. "나는 여론의 급선봉이 되어 적극적으로 기정방침을 관철할 것이다."[8] "만몽문제는 무력을 사용하여 해결하는 수밖에 없다."[9]

국민동맹회 주관으로 청년회관에서 개최된 만몽과 조선문제에 관한 연설대회에서는 "2,000명의 청중을 성공적으로 동원할 수 있었으며, 회의장은 강경한 분위기로 충만했다."[10] "청년연맹의 억압적인 운동은 간사이(關西) 재계의 분위기에 큰 영향을 미쳤을 뿐만 아니라, 심지어 도쿄에 모인 71개 단체가 강경론으

---

7) 關寬治·島田俊彦 著, 王振鎖 譯, 『滿洲事變』, 152쪽.
8) 關寬治·島田俊彦 著, 王振鎖 譯, 『滿洲事變』, 164쪽.
9) 王芸生, 『六十年來中國和日本』 第8卷, 三聯書店, 1982, 235쪽.
10) 關寬治·島田俊彦 著, 王振鎖 譯, 『滿洲事變』, 165쪽.

로 기울도록 했다. 귀족원의 연구회, 공정회(公正會)는 말할 것도 없고 추밀원의 후쿠다 마사타로(福田雅太郎)와 이토 미요지(伊東巳代治) 등을 포함한 막후의 실권자들도 강경론의 영향을 받아 8월 5일 우에노(上野), 히비야(日比谷) 두 곳에서 국민대회를 개최했다. 이로부터 이 운동이 전국적으로 발전하는 서막이 열렸다."[11]

8월 11일 대표들은 일본에서 대련으로 돌아온 후 '만몽독립' 활동에 박차를 가했다. 우선, 대련에서 보고회를 거행하고, 각지에서 연달아 연설회를 개최하여 다음과 같이 외쳤다. "만약 일본이 만주를 포기해도 좋다고 여긴다면, 우리도 나름의 계획이 있다.……3천 년 동안 배양된 국민성과 일본정신을 발휘할 것이며, 설사 조국 일본이 반대할지라도 눈물을 삼키며 만주의 독립을 선포할 것이다."[12] 다음으로, 연맹 구성원은 9월 10일 만몽문제 각 파가 도쿄 아오야마회관(青山會館)에서 연합 개최한 대회에 출석했고, 그 회의에서 다음과 같이 결의했다. "시국문제해결의 관건은 상대방의 위법행위를 단호하게 바로잡는 것이고, 광명정대하게 우리의 주장을 관철시키기 위해 무력에 호소하는 것이다."[13]

이와 동시에 이미 만철에서 독립해 나온 동아경제조사국도 이때 만철과 합작하여 일본 각지에서 '중국 및 만몽사정 강연회'를 개최하고 국내의 반중·혐중정서를 선동했다. 1929년 강연회는 "9개 현에서 40차례 개최되었다." 1930년에는 "한꺼번에 10개 현에서 27차례 개최"되었으며, 9·18사변 전에는 "12개 현에서 18차례 개최되었는데, 이상의 강연회에서 청중은 총 7만 명에 달했다." 이 기간 오카와 슈메이(大川周明) 이사는 "솔선하여 각지로 바삐 다니느라 자리가 따뜻해질 겨를이 없었다."

동아경제조사국은 또 '동아회(東亞會)'를 설립하고, 일본에서 "전국적으로 회

---

[11] 關寬治·島田俊彦 著, 王振鎖 譯, 『滿洲事變』, 166쪽.
[12] 滿洲靑年聯盟史刊行會 編, 『滿洲靑年聯盟史』, 501쪽.
[13] 滿洲靑年聯盟史刊行會 編, 『滿洲靑年聯盟史』, 502~503쪽.

원 1,000명을 모집하여 조사국의 간행물을 나눠주거나 일본에 대한 중국신문의 논조를 속보로 전하거나 간담회를 개최하여 회원의 일치단결을 촉진하는데 공헌했다." 9·18사변이 일어나기 몇 년 전 조사국은 "만주사변을 왜 일으켜야하는지 그 진상을 전국의 도시, 농촌, 산간벽지 국민의 머릿속에 일괄적으로 주입하여, 만주사변을 전후로 완전하고 통일된 여론을 조성하는 기초로 삼았다." 동아경제조사국은 또 1931년 9·18사변 전 영문판 『만주연감(滿洲年鑒)』을 편집 출판하여 9·18사변을 보도하는데 "매우 큰 공헌을 했다."[14]

연맹과 동아경제조사국이 당시 반중·혐중정서를 힘껏 선동한 이유는 매우 간단했는데, 그것은 당시 중일관계가 긴장상태에 놓여있었기 때문이었다. 일찍이 1924년 중국 동북지방 정부는 만철이 동북철도를 독점하고 있는 상황을 타파하기 위해 동북교통위원회를 수립하고, 1925년부터 연속하여 길해(吉海)·매서(梅西)·앙제(昂齊)·제극(齊克)·조삭(洮索)·타통(打通)철도를 건설했다. 1930년 3월에 이르러 동북은 이미 스스로 11개의 철도를 건설했으며 총 길이는 1,000마일에 달했다. 1930년 봄 동북교통위원회는 동북정부의 지시 아래 만몽3대간선, 즉 동대간선(東大幹線), 서대간선(西大幹線), 남대간선(南大幹線)을 건설하려고 준비했다. 3대간선의 총길이는 1만km 이상이며 지선과 간선은 무려 35개에 달했다. 일본 정부는 중국이 스스로 철도를 건설하는 것을 "점차 만철을 사지로 몰아넣어 끝내 만철을 회수하는 목적을 달성"하기 위해 준비하는 것으로 간주했다. 이 때문에 일본 정부는 중국이 동북에서 만철에게 '치명'적인 영향을 주는 철도를 건설하는 것을 '저지'하기로 결심했으며, 다른 한편으로는 동북에서 새로운 권익을 약탈하려고 기도했다. 1928년 5월 일본은 장쭤린(張作霖)이 북경에서 패배한 틈을 타서 그에게 '만몽신오로(滿蒙新五路)' 계획을 승낙하도록 했다. 아울러 연해(延海)·조삭(洮索) 두 철도 계약서에 날인하고, 친히 '열

---

[14] 遼寧省檔案館·遼寧社會科學院 編, 『九一八事變前後的日本與中國東北－滿鐵秘檔選編』, 407쪽.

림[閣], 준행(準行)'이라는 문구를 기재하도록 압박했다. 그러나 장쭤린이 폭사당한 후 장쉐량(張學良)은 신속하게 동북역치를 실현하여 중국의 형식적인 통일을 완성했을 뿐만 아니라, '만몽신오로' 계획의 승인을 거절함으로써 일본의 침략세력을 확장하려는 기도와 만몽을 분열하려는 계획에 심각한 손상을 입혔다.

1929년 세계에 다시 새로운 경제위기가 폭발했고, 위기는 만철의 경제효과와 이익에 직접적인 영향을 주었다. 게다가 중국 인민들의 반일투쟁 고양, 중동철도와 중국이 자영하는 철도와의 경쟁으로 만철의 경영효과와 이익은 전년도에 비해 여객운수수입이 1,745만 엔에서 1,146만 엔으로 줄었고, 화물운수수입이 1억 108만 엔에서 7,793만 엔으로 줄어 전체 철도수입이 24.6% 하락했다. 세계 경제의 영향 때문에 1931년 만철의 항만과 광업수입도 감소하여 경영적자가 나타났다. 이와 동시에 만철주식도 하락세를 보이고 있었다. 1929년 만철의 주당(50엔) 주가는 67.3엔이었으나 1931년에는 45.2엔으로 떨어졌다. 1930~1931년 만철은 또 부득이 "직공 3,000명을 해고하고, 임금을 1년간 동결하며, 가족수당과 주택보조금을 반으로 줄였다. 새로 계획 중이던 기업을 일률적으로 중지하고, 침목수리도 1년간 잠정적으로 정지했다. 파손된 차량 3,000량의 수리도 일시 정지했으며, 민간기업에 대한 보조도 잠정적으로 중단하지 않으면 안 되었다."[15] 만철경영의 불경기 현상은 일본 정부, 재벌, 투자자의 이익에 큰 영향을 미쳤다. 게다가 중국 인민에 의한 반일운동의 끊임없는 고조, 1931년 잇따라 출현한 만보산사건(萬寶山事件)과 나카무라사건(中村事件)은 이미 매우 긴박했던 중일관계를 한층 더 격화시켰으며 갈수록 심해지는 형세를 드러냈다. 연맹, 동아경제조사국과 일본 국내 및 동북지역의 기타 몇몇 일본우익단체는 이러한 역사 조건 아래 분분히 출현하여 맹렬하게 반 중국 활동을 전개했다.

연맹은 비록 당시 일본의 많은 우익단체 중 하나였으나 '무력해결' '만몽독립'

---

15) 草柳大藏 著, 劉耀武 等 譯, 『滿鐵調查部內幕』, 351쪽. 『鑛業周報』 110號와 115號에도 같은 기록이 있다(社恂誠, 『日本在舊中國的投資』, 93쪽 참조).

등을 주장하는 방면에서는 기타 우익단체들보다 훨씬 앞서 달리고 있었다.16) 연맹 및 기타 우익단체의 맹렬한 활동은 이미 악화된 중일관계를 더욱 격화시켰을 뿐만 아니라, 관동군이 9・18사변을 발동하는 중요 동력 가운데 하나였다.

2) 만철과 관동군의 거래

1931년 9월 18일 관동군은 정부의 비준을 거치지 않고 멋대로 9・18사변을 일으켰다. 사변이 발생한 후 일본 정부는 사변을 일으키면서 정부의 비준과 동의를 얻지 않은 것에 대해 깊은 불만을 가지고 조선주둔 일본군의 관동군 지원을 저지했다. 이와 동시에 "외무대신 시데하라 기쥬로(弊原喜重郎)는 만철총재인 우치다 고사이(內田康哉)에게 명령하여, 만철이 관동군에 대해 일체의 협조를 할 수 없게 했다."17) 이어서 시데하라는 또 만철에게 "정・부(正副)총재는 즉시 도쿄에 와서 만주사변의 상황에 대해 보고하기 바란다"18)고 명했다. 출발하기 전 우치다 고사이는 '사변의 진상'을 이해하여 "이후 만철의 전진방향을 명확히 할" 필요가 있다고 생각했다. 이를 위해 우치다는 10월 5일 서둘러 봉천으로 가서 다음날 오후 2시 관동군과 회담했다. 회담할 때 "관동군의 전체 참모가 모두 와서 우치다를 설득했다. 혼조 시게루(本莊繁) 군사령관은 말할 것도 없고, 각 참모과장과 도이 하라(土肥原) 대좌에 이르기까지 모두 참가했다."19) 회담 중 혼조 시게루는 신정권 건립에 관한 세 가지 조항의 근본원칙을 제출했다.

---

16) 1930년 가을에 성립된 만철의 또 다른 조직인 대웅봉회(大雄峰會, 대표 笠木良明)는 9・18사변 전 그다지 큰 활동을 하지 않았지만, "만주를 중국 본토에서 분리하여 5족(즉 日, 漢, 滿, 蒙, 鮮)협화의 왕도낙토를 건설해야 한다"고 주장했다. 고로 이 역시 중국 동북과 몽골을 향해 침략 확장을 주장한 반동조직이라고 할 수 있다. 어떤 학자는 '만주청년연맹과 대웅봉회를 통칭하여 파쇼조직이라고 했다. 두 조직의 표현과 주장을 보면 그 성격을 이렇게 규정하지 못할 것도 없다.
17) 草柳大藏 著, 劉耀武 等 譯, 『滿鐵調査部內幕』, 401쪽.
18) 草柳大藏 著, 劉耀武 等 譯, 『滿鐵調査部內幕』, 402쪽.
19) 草柳大藏 著, 劉耀武 等 譯, 『滿鐵調査部內幕』, 403쪽.

① 중국 본토로부터 만몽을 완전히 분리시킬 것.
② 단번에 만몽을 통일할 것.
③ 표면상 중국인이 통치하지만, 실질적으로는 우리 쪽에서 장악할 것.
상술한 신정권은 실질적으로 결국 우리나라의 보호 아래 두어야 한다. 최소한 군사 · 외교 · 교통의 실권을 장악해야 한다.

혼조 시게루는 또 우치다에게「만철공사에 대한 요구사항(對滿鐵公司的要求事項)」을 제출하여 만철이 신속하게 아래의 몇 가지 점을 이해하도록 요구했다.

① 사조(四洮) · 조앙(洮昂) · 길장(吉長) · 길돈(吉敦) 각 선로를 만철공사가 관리할 것.
② 장쉐량정부와 관련 있는 철도, 즉 심해(沈海) · 길해(吉海) · 호해(呼海) · 조삭(洮索) · 제극(齊克) 각 선로를 일본과 중국의 합작형식으로 고치고, 만철공사가 위탁 경영할 것.
③ 길회(吉會)와 장대(長大)철도를 신속히 부설할 것.
④ 중국 측이 조약을 무시하고 부설한 철도는 만철중심주의에 근거하여 부분 보수를 진행할 것.
⑤ 관은호(官銀號)와 변업은행(邊業銀行)을 사들이고 화폐제도를 통일할 것.
⑥ 북만주특산물(北滿特産)수매기구를 설치하여 과거의 중국 관상(官商)을 대체할 것.
⑦ 주요도시 사이에 항로를 열 것.
⑧ 만철이 직접 경영하는 사업 혹은 권업공사 등의 사업에 대하여 자금을 지원하는 방법으로써 대규모 수전(水田)개발, 양모개량, 목화재배 등을 할 것.
⑨ 길림(吉林) · 압록강(鴨綠江) · 의렬극도(宜列克都) · 해림(海林) 등지에서 임업에 종사하고 있는 일본인의 발전을 원조하고 혹은 방계기업에게 경영하도록 할 것.
⑩ 대석교 부근의 마그네사이트(菱苦土), 복주(復州)의 점토, 청성자(靑城子)의 납, 본계호(本溪湖)의 석탄과 철 등 각종 광업의 발전과 확대를 원조할 것.[20]

이는 곧 만약 우치다 고사이가 관동군이 일으킨 9 · 18사변을 지지한다면, 관

---

[20] 關寬治 · 島田俊彦 著, 王振鎖 譯,『滿洲事變』, 418~419쪽 재인용.

동군은 만철사업이 더 큰 발전을 이룰 수 있게 한다는 말이다. 회담 후 우치다는 관동군이 일으킨 9·18사변에 대해 완전한 지지를 표명했을 뿐만 아니라, "앞으로 반드시 거국일치하여 국사에 응해야 한다. 지금 눈앞의 사건은 이미 만리장성을 넘었으며, 반드시 중국 본토와의 문제, 국제적인 문제로 처리해야 한다"[21]고 생각했다.

"그날 밤 이타가키(板垣), 이시하라(石原), 하나야(花谷), 가타쿠라(片倉) 등이 모두 우치다가 투숙한 봉천 대화여관으로 가서, 심야에 이르기까지 그에게 '어전시강(御前侍講)'을 계속했다. 이러한 정보공세와 현지시찰의 결과에 따라, 우치다는 마침내 '마지막으로 한번 나라를 위해 충성을 다하자'는 결심을 했다."[22] 이를 위해 우치다는 "관동군사령관과 함께 봉천에서 내지(일본)로 라디오방송을 했다(당시 내지는 유언비어가 난무하여 인심이 동요했다)."[23] 뿐만 아니라 봉천사무소의 만철직원 전부를 즉시 춘일정(春日町)소학교로 소집하여 그들에게 단호하게 "만철은 마땅히 전력을 다해 관동군을 지원해야 한다"[24]라고 말했다. 이로부터 만철은 조직 전체가 계획적이고 조직적으로 9·18사변에 투입되기 시작했다.

우치다 고사이는 원래 일본정계의 원로로, 일본정계에서 아주 높은 명망을

---

[21] 片倉衷,「滿洲事變機密政略日誌」(10월 6일),『現代史資料(7) 滿洲事變』, みすず書房, 昭和 40年, 204쪽.

[22] 草柳大藏 著, 劉耀武 等 譯,『滿鐵調査部內幕』, 404쪽.

[23] 山崎元幹,「歷代總裁のことども」, 滿鐵會,『山崎元幹·田村羊三思い出の滿鐵』, 龍溪書舍, 1986, 38쪽. 山崎元幹의 본래 말은 다음과 같다. "總裁は, 奉天から, 關東軍司令官と內地向けラジオ放送もされた(これは, 內地の人心の動搖をふせごうとするものであった)." 이 구절에 관하여 필자가 지금까지 본 바로는 두 종류의 번역이 있다. 하나는 蘇崇民 선생의『滿鐵史』의 역문이다(번역문은 위와 같으나 괄호안의 내용이 없다.『滿鐵史』432쪽 참고). 다른 하나는 王丹菲의 역문이다. 그는 다음과 같이 번역했다. "총재는 심양에서 관동군사령관이 내지를 향해 행한 라디오 방송에서 모든 것을 알게 되었다(이것은 아마도 민중들의 믿음을 굳건히 하기 위한 것이었으리라)."(山崎元幹 著, 王丹菲 譯,「內田康哉總裁與滿洲事變」,『大連近代史研究』2卷, 2005) 山崎元幹이 서술한 내용으로 보아 蘇崇民 선생의 번역이 당연히 옳다.

[24] 草柳大藏 著, 劉耀武 等 譯,『滿鐵調査部內幕』, 404쪽.

향유하고 있었다. 1931년 6월, 당시 중일관계가 만철경영으로 인해 곤경에 빠져 나날이 긴장이 더해가던 때 만철총재의 임무를 맡았다. 일본 정부가 이때 우치다를 만철총재로 파견한 목적은 매우 명확했다. 일본 정부는 우치다가 나날이 긴장을 더해 가는 중일관계를 완화시켜 만철경영에 유리한 외부환경을 창조해 주기를 희망했다. 6월 13일 우치다는 만철총재로 취임했고 다음과 같은 담화를 발표했다. "본인은 철도사업에 조금도 경험이 없다.……나는 중국과 관계가 자못 깊으므로 이후 중일친선관계에 힘쓸 때 편리할 것이다."25)

이렇듯 그는 중일관계개선의 바람을 명확히 나타냈다. 뒤에 여러 담화 가운데 우치다는 한 번 더 다음과 같이 묘사했다. "대세에 따라 중일친선이라는 목표를 향해 미력한 힘이나마 바칠 것이다."26) 바로 이와 같았기 때문에 9·18사변 발생 초기에 우치다는 이에 대해 '우려'를 표시했으며, "국면이 더 이상 확대되지 않기를 바란다고 했다." 그러나 겨우 보름이 지난 후에 우치다 고사이의 태도에는 급격한 변화가 발생했다. 도대체 우치다는 어떤 원인으로 이렇게 짧은 시간에 급변하여, 원래의 '우려'에서 공개 지지로 전환했는가? 필자는 2개의 주요한 원인이 있다고 생각한다.

첫째, 국민당의 부저항정책이다. 9·18사변이 발생한 후 국민당의 '절대적인 부저항주의 견지' 때문에 관동군은 보름 안에 연달아 심양(沈陽)·장춘(長春)·길림(吉林)·안동(安東)·봉성(鳳城)·본계(本溪)·요양(遙陽)·해성(海城)·영구(營口)·무순(撫順)·철령(鐵嶺)·사평(四平)·공주령(公主嶺)·정가둔(鄭家屯)·돈화(敦化)·웅악성(熊岳城) 등 전략적인 요충지를 점령했다. 이와 동시에 몇몇 한간들도 잇따라 '독립'을 선포했다. 관동군은 세 개로 나누어져 있던 동북 천하에서 거의 두 개를 차지했다. 관동군의 신속한 진전은 우치다로 하여금 '신국가' 건설의 희망을 보게 했고, 따라서 그는 관동군을 지지하기로 확고하

---

25) 「對內田滿鐵總裁之希望」, 1931년 6월 16일 『北平晨報』 사론.
26) 吉林省社會科學院, 『滿鐵史資料』, 編輯組 編, 『滿鐵史資料』 第2卷 第3分冊, 1069쪽.

게 결심했다.

둘째, 혼조 시게루가 우치다에게 내놓은 만철의 동북교통독점과 경영범위확대라는 미끼이다. 만철은 비록 '국책회사'였으나, 하나의 경제실체이기도 했다. 최대의 잉여가치를 추구하는 것도 마찬가지로 만철의 주요한 목표 중의 하나였다. 혼조 시게루는 우치다와 회담할 때 만철로 하여금 동북의 철도를 독점하고 화폐제도를 통일하며 북만주에 '과거의 중국관국을 대체하는 특산품 매입기구'를 설치하도록 해주겠다는 등의 조건을 내놓았다. 이는 만철에게 더 없이 큰 유혹이었다. 특히 '신정권' 수립 후 만철이 동북의 철도와 항공을 독점하도록 하겠다는 것은 만철에게 더욱 저항할 수 없는 유혹이었다. 바로 이와 같은 조건 아래 우치다는 신속하게 자기의 예전 입장을 바꾸어 조금도 주저하지 않고 관동군의 야심에 편승했다.

우치다 고사이가 태도를 바꾼 원인을 이야기할 때 『동아선각지사기전(東亞先覺志士記傳)』의 저자는, 우치다 고사이의 심경 변화가 육군중장 쓰쿠시 구마시치(築紫熊七)의 설득에 의한 것이라고 말한다. 『기전』에서는 다음과 같이 묘사하고 있다. "당시 육군중장 쓰쿠시 구마시치가 만주에 와서 만철총재 우치다 고사이에게 여러 가지 권고를 했고 결국 우치다에게 용기를 불러일으켰다."[27] 그러나 실제 상황을 보면 『기전』에서 언급한 것의 가능성은 크지 않다. 우치다는 오랫동안 수많은 관직을 겪은 원로 관료였고 정치경험이 상당히 풍부했다. 따라서 각종 이해득실관계를 심사숙고하여 비교하지 않고 중대 문제를 바로 결단하는 것은 그에게 불가능했다. 혼조 시게루와의 회담에서는 관동군의 진실한 의도를 이해함으로써 이해득실을 비교하여 선택할 수 있었을 뿐만 아니라, 흥정하여 만철을 위해 최적의 경영환경을 쟁취할 수 있었다. 그러나 쓰쿠시 구마시치와의 회담에서는 관동군의 진실된 동향을 알 수 없으며, 따라서 이해득실

---

[27] 黑龍會 編, 『東亞先覺志士記傳』 下, 117쪽.

을 비교하고 선택하는 것이 불가능했고 흥정도 할 수 없었다. 쓰쿠시 구마시치는 첫째, 관동군의 주요한 군관도 아니었고 둘째, 정부의 현역 군관도 아니었다.28) 그러므로 이른바 우치다의 태도 변화가 쓰쿠시 구마시치의 설득 때문이었다는 설명은 신뢰하기 어렵다.

우치다의 태도 변화는 만철과 9·18사변 관계에 중요한 작용을 했다. 이보다 앞서 비록 만철은 이미 관동군이 일으킨 9·18사변에 참여하고 있었으나(예를 들어 운수방면), 그것은 소극적이었을 뿐만 아니라 만철 상층은 여전히 참여하지 않았다. 그러나 이 이후 상황에 근본적인 변화가 발생했으며 만철은 더 이상 수동적이 아니라 주동적으로 9·18사변 및 이후의 침략행위에 참가했다.

우치다와의 회담에서 관동군이 만철에게 이렇게 큰 미끼를 내놓은 원인은 아주 간단하다. 관동군은 만철의 지지와 원조가 절실히 필요했기 때문이다. 첫째, 만철의 동력과 재력의 지지와 원조가 필요했다. 동삼성의 총면적은 120여㎢에 달했고 이는 일본국토의 3배에 상당했다. 대도시와 도시 사이가 때로 수백 킬로미터나 떨어져 있었다. 이렇게 광활한 대지에서의 작전에 빠르고 편리한 교통수단이 없다는 것은 상상할 수 없었고 만철이 보유한 철도는 관동군을 도와 이런 중대한 문제를 해결할 수 있었다. 이런 의미에서 관동군은 만철의 지지를 포기할 수 없었다. 이와 동시에 관동군은 만철의 재정 지지도 필요했다. 알다시피 전쟁을 일으키는 데는 자금이 필요하며 군비를 충당할 자금이 없이는 그럴듯한 전쟁을 치를 수 없다. 관동군은 이 광활한 대지에서 거의 20만 명을 보유한 동북군과 전쟁을 해야 했고 군비로 쓸 대량의 자금이 없다는 것은 상상할 수 없었다. 이러한 면에서 관동군에게 원조를 할 수 있었던 것도 바로 만철이었다. 만철은 동북지역에 수억 엔을 투자하여 매년 거의 수천만 엔, 심지어 1억 엔을 웃도는 영업수익을 냈다. 이것은 관동군의 입장에서 보면 아무리 써

---

28) 1923년 쓰쿠시 구마시치는 현역 군관에서 예비역으로 전역했다.

도 없어지지 않는 보물과 같았다. 만철의 원조를 얻기 전에 관동군은 전쟁을 일으키기 위해 심지어 일본자본가에게 10만 엔을 고리대로 빌리지 않을 수 없었다. 10만 엔은 관동군이 일으킨 이 전쟁으로 말하면 한 수레의 장작불에 한 잔의 물을 끼얹는 것과 같았다. 전쟁을 계속하기 위해 관동군은 더 많은 자금이 필요했다.

둘째, 관동군은 우치다 고사이 개인의 명망이 필요했다. 관동군이 발동한 9·18사변은 일본 정부의 윤허를 얻지 못한 상황 아래 독단적으로 일으킨 것이었다. 비록 사변 후 오래지 않아 관동군이 발동한 9·18사변의 합법성을 승인했으나, 일본 정부는 여러 가지를 고려하여 시종 관동군이 멋대로 활개치도록 하지 않았으며 끝내 관동군을 실제로 지지하지도 못했다. 정부의 전폭적인 지지를 얻어 한바탕 휩쓸기 위해서 관동군은 정부 요인에 대한 청탁과 의사소통이 가능한 우치다 고사이와 같은 정치원로가 절실히 필요했다. 바로 이러한 원인에 기초하여 관동군은 우치다 고사이에게 그렇게 큰 미끼를 던졌던 것이다.[29]

관동군은 만철의 원조가 필요했고 만철은 관동군의 미끼가 필요했으며 공동의 필요가 그들을 하나로 결합시켰다. 이리하여 만철은 관동군의 야심에 편승했고, 관동군은 만철의 출자원조를 얻었다. 이로부터 9·18사변은 더욱더 광속으로 진행되었다.

3) 만철의 9·18사변 참여

만철이 9·18사변을 지원한 방식은 아주 많지만 중요한 것을 종합하면 아래와 같다.

---

[29] 당시 봉천주재 일본총영사를 지낸 林久治郞이 따로 기록한 바에 따르면 다음과 같다. 우치다 고사이는 "군부를 향해 진심으로 서로를 대하고 의기로 일제히 힘을 내어 협력하기를 원한다고 표명했다. 이것은 이국에 고립되어 정부의 어떠한 지원도 거의 받지 못하고 혼자 힘으로 분투하는 상황에 처한 관동군 간부에게 대단히 기쁜 일이었다." "거의 감격하여 눈물을 흘릴 만큼 흥분했다."(王也平 譯, 『九一八事變-奉天總領事林久治郞遺稿』, 遼寧敎育出版社, 1987, 143쪽)

(1) 운수 지원

사변 당일부터 만철은 9·18사변에 참여했다. 9월 18일 밤 23시 40분 만철은 심양의 관동군 제1중대와 제4중대를 유조호(柳條湖)로 수송하여 증원했다. 이어서 철령과 무순의 일본수비대를 심양으로 수송하여 일본군이 북대영(北大營)을 신속하게 점령할 수 있도록 준비했다. 9월 19일 1시 만철은 여순에서 전용열차를 편성하여 혼조 시게루를 수장으로 하는 관동군사령부를 심양으로 수송했고, 그들은 당일 11시에 도착하여 '동척여관(東拓旅館)'에 진주했다. 어떤 책에서는 다음과 같이 지적하고 있다. "심양을 공격하여 점령하기 위해 9월 19일 1시 30분 무순에서 심양으로 수송된 수비대 병사 400명을 시작으로 20일 10시 즈음에 이르기까지 34시간 동안 각지에서 심양으로 온 군용열차가 17차례에 달했다. 이는 평균 두 시간마다 한번 꼴이었다. 불완전한 통계에 의하면 심양으로 수송된 보병은 2,140명에 달했다. 이 외에 포병부대, 마필, 무기탄약 등의 군수품, 각 사령부 구성원 등도 있었다. 장춘을 공격하여 점령하기 위해 9월 19일에서 23일까지 장춘으로 병력을 집결시켰다. 장춘에 온 군용열차는 16차례였고 병사 3,497명, 군마 455필 및 기타 대량의 군수품이 수송되었다. 이 외에 조선에

9·18사변 당시 방탄복을 착용한 만철사원

서 월경해 온 일본군의 수송을 위해 19일과 20일 이틀간 계속해서 안동에서 심양으로 가는 군용열차를 7차례 편성했다."30)

군수송의 순조로운 진행을 위해 9월 19일 만철은 "부내에 임시시국사무소를 설치하여 관련사무를 처리하도록" 했으며, "임시봉천철도부출장소를 설치했다. 동시에 전쟁국면이 전개됨에 따라 사평가·장춘·영구·하얼빈·조남(洮南)에도 시국사무소파출소를 설치하여 봉천출장소가 통할"하도록 했다. 이어서 만철은 "전 만주 40개 지역에 각각 무전통신소를 건립하여" 관동군의 "행동에 어떠한 뒷걱정도 없도록" 지원했다.31)

철도선상의 만철사원과 관동군

관동군의 길림공격에 협력하기 위해 21일 "10시 40분에서 21시 무렵까지 만철은 계속해서 장춘에서 길림으로 군용열차를 7차례 편성하여 제2사단 주력 전부를 길림으로 수송했다." 길림이 점령된 후 만철은 다시 22일에 일본군을 돈화

---

30) 蘇崇民, 『滿鐵史』, 436쪽.
31) 遼寧省檔案館·遼寧省社會科學院 編, 『九一八'事變前後的日本與中國東北－滿鐵秘檔選編』, 374쪽 ; 滿史會 編, 東北淪陷十四年史遼寧編寫組 譯, 『滿洲開發四十年史』上, 1987, 137쪽.

(敦化)로 수송했다(23일 도착).

관동군이 사평에 병력을 집결시켜 치치하얼에 대한 공격을 준비하기로 결정하자, 만철은 다시 9월 25일 관동군 독립수비대사령부 병력을 장춘에서 사평으로 수송했다. "10월 26일 다시 제3여단사령부, 보병 제29연대 제3대대, 포병 제2연대 제1대대 본부 병력을 사평으로 수송했다. 11월 5일과 6일 만철은 각각 장춘의 보병 제4연대, 포병 제2연대 본부 및 1중대와 심양의 보병 78연대 제1대대, 포병 제26연대 병력을 사평으로 수송했다. 10일 다시 야전중포대대를 각각 장춘과 심양에서 사평으로 수송했다." 뒤에 이들 병력은 다시 만철 사조선(四洮線)과 조앙선(洮昻線)을 통해 흑룡강성 경내로 수송되었다. 13일 관동군의 흑룡강공격에 장애가 생겼을 때 만철은 다시 관동군 제2사단 주력을 장춘에서 흑룡강으로 수송하여 참전케 했다. 이튿날 만철은 또 심양의 관동군 제39혼성여단 제2연대와 보병 제78연대를 흑룡강으로 수송했다.

관동군 부상병 수송을 위해 편성한 만철의 전용열차

관동군의 금주공격을 확실히 보조하기 위해 만철은 12월 13일부터 19일까지 대련·안동·사평·대석교에서 심양으로 기차 64량, 대련에서 요양으로 기차

12량을 투입했다. 아울러 29일 관동군 보병 제77연대, 포병 제26연대 제5중대, 기병 제28연대 제2중대, 공병 제20대대 1소대, 전신대, 무선전신반을 금주로 수송했고, 관동군 차량부대를 신민둔(新民屯)으로 수송했다. 30일부터 다음해 1월 3일 사이 금주가 함락되었는데, "만철이 심양에서 금주 방면으로 보낸 군용열차는 모두 28차례였다. 이외에 요서를 점령하고 금주를 포위한 일본군의 주력 관동군 제2사단도 만철이 수송한 것이었다."

1932년 1월 관동군은 하얼빈공격을 준비했다. "28일 이미 준비를 마친 만철은 당일 오후 곧 장춘에서 두 편의 군용열차를 보내 제3여단 2개 대대, 포병 1개 중대, 공주령(公主嶺)에 주둔하던 포병 제8연대 1대대를 싣고 하얼빈을 향해 '진공'하여……30일 오후 하얼빈에 도착했다." 이어서 "장춘에 집결하고 있던 제2사단도 이후 다시 하얼빈으로 수송되어 하얼빈공격의 주력이 되었다. 2월 4일 타호산(打虎山)의 제8혼성여단도 하얼빈으로 수송했다."[32]

9·18사변에서 1932년 3월 말까지 만철은 자기 관할 하에 있는 사내철도를 동원하여 관동군을 위한 군사행동에 봉사하는 외에도, 대신 관리하던 길장철도, 차관 관계에 있던 길돈·사조·조앙철도를 동원하고, 중국의 북녕(北寧)철도, 중국과 소련이 함께 관리하던 중동철도를 강제 징발하여 관동군의 군사행동에 봉사하게 했다. 아울러 이들 철도에 만철은 철도직원과 노무자 7,676명, 연인원 14만 4,758명, 매일 평균 740명을 파견했다.[33] 1932년 말에는 단지 철도부 한 곳에서만 6,117명의 인원을 파견했다. 그중에 일본인은 5,070명이고 만주인은 1,047명이었으며, 사망 11명, 중상 28명, 경상 34명으로 사상자는 합계 73명이었다.[34] 대규모 인원이 파견되어 "사외선(社外線) 혹은 연선 각지에서 군

---

[32] 蘇崇民, 『滿鐵史』, 436~438쪽.
[33] 松本豊三, 『南滿洲鐵道株式會社三十年略史』, 1937, 67~68쪽.
[34] 遼寧省檔案館·遼寧省社會科學院 編, 『九一八'事變前後的日本與中國東北 – 滿鐵秘檔選編』, 375쪽.

부의 명령을 집행하고 특수임무에 종사했기 때문에 파견사원의 부족을 보충하기 위해" 만철은 "특정한 조건에 따라 철도부 퇴직직원을 임시로 채용"하지 않으면 안 되었다. 따라서 1932년 1월 만철은 "임시촉탁 35명, 준고원(準雇員) 6명, 준용원(準傭員) 6명, 합계 47명을 채용했다."[35]

9·18사변부터 이듬해 3월까지 만철은 모두 군용열차를 4,056차례 편성하여 출발시켰다(〈표 20-1〉 참조). 매월 평균 676차례, 매일 무려 22차례였다. 군수품 운송은 19만 7,980톤으로[36] 매일 평균 1,000여 톤을 운송했다. 군용객차는 34만여km, 군용화물차는 157만여km를 왕래했다(〈표 20-2〉 참조). 관동군의 참전병력과 군수품은 거의 모두 만철이 수송했다.

만철의 계산에 의하면 9·18사변부터 1932년 3월 31일까지 관동군은 만철에게 수송비 319만 3,000원을 지불해야만 했다. 그 가운데 "만철선 내 수송비가 약 101만 6,000원", "만철선 외로 파견한 인원의 인건비가 102만원, 만철선 외 차량사용비가 62만 6,000원, 만철선 외 물건비 36만 5,000원, 각종 설비비가 16만 6,000원이었다."[37]

〈표 20-1〉 9·18기간 만철이 편성하여 출발시킨 군용열차 횟수

종별\선별	社線	奉山線	吉長 吉敦線	中東線	四洮 洮昂線	沈海線	계
군용열차	1,158	1,283	40	88	437	5	302
장갑열차	407	307	99	16	214	2	1,045
계	1,565	1,590	139	104	651	7	4,056

출전 : 宮本通治, 『滿洲事變と滿鐵』, 1934, 79쪽.
[역주] 군용열차 합계의 302는 3,011의 오류로 보인다.

---

[35] 遼寧省檔案館·遼寧省社會科學院 編, 『九一八'事變前後的日本與中國東北－滿鐵秘檔選編』, 369쪽.
[36] 松本豊三, 『南滿洲鐵道株式會社三十年略史』, 67~68쪽.
[37] 遼寧省檔案館·遼寧省社會科學院 編, 『九一八'事變前後的日本與中國東北－滿鐵秘檔選編』, 458~459쪽.

〈표 20-2〉 9 · 18기간 만철 사선(社線) 내 군용열차 운행거리표(단위 : km)

월별 \ 종류	열차	기관차	객차	화물차
9월	15,021.5	13,871.6	49,888.3	185,896.3
10월	4,265.3	3,459.5	4,766.5	20,034.9
11월	23,113.4	23,088.9	96,084.5	432,729.7
12월	21,375.2	20,418.6	95,747.0	317,757.1
1월	20,671.0	20,671.0	49,217.7	272,091.3
2월	15,151.0	15,151.0	44,330.9	306,736.0
3월	4,515.5	4,515.5	7,900.3	40,156.4
계	104,103.9	101,176.1	347,935.2	1,575,401.7

출전 : 宮本通治, 『滿洲事變と滿鐵』, 36쪽.
[역주] 열차의 합계 104,103.9는 104,112.9의 오류로 보인다.

"관동군은 단지 4개월여라는 매우 짧은 시간에 일본국토의 곱절인 광범위한 지역을 점령했다. 이것은 물론 장제스(蔣介石)의 부저항정책 탓도 있지만 완전히 만철에게 의지한 군사수송의 실현 때문이기도 했다."[38] 1932년 8월 8일 관동군사령관 혼조 시게루는 이 일에 관하여 특별히 만철총재 우치다 고사이에게 감사장을 수여했다. 감사장에는 다음과 같이 묘사하고 있다. "대작전은 철도가 없으면 실행하기 어렵고, 기동작전은 철도에 의지할수록 빛을 발할 수 있습니다. 관동군의 신속한 행동은 실제로 제국의 실력을 배경으로 한 만철이 엄연히

만철이 관동군 전몰장병을 위해 편성한 열차

존재했기 때문입니다."³⁹⁾

9·18기간 만철은 관동군의 군사수송을 담당했을 뿐만 아니라, 중국항일지사가 파괴한 철도와 교량의 수리 복원과 도로 건설, 관동군을 위한 장갑열차도 개조했다.

철도와 교량의 수리 복원과 도로건설은 다음과 같았다. 1931년 11월 만철은 관동군을 위해 마잔산(馬占山)부대가 파괴한 조앙철도 눈강(嫩江) 제1, 제2교량을 수리 복원했다. 같은 해 12월 제극선(齊克線) 33㎞ 교량의 수리에 착수하여 다음해 3월에 완공했다. 1932년 4월 '눈강 제1교량 보강 공정에 착수'하여 6월에 준공했다.⁴⁰⁾ 1932년 5~7월 관동군을 위하여 돈화에서 영고탑(寧古塔) 사이에 220㎞의 군용도로를 건설했다. 6월에는 마잔산부대에 의해 훼손된 호란강(呼蘭江) 교량의 수리 복원을 시작하여 "실제 35일간 작업하고 7월 8일에 이르러" "호란강 교량 420m의 수리 복원 공정이 준공되었다." 7월 17일부터 만철은 다시 관동군 "보병 제30연대 수비병의 원조 아래 길돈선 대천강(大川江) 및 복둔(福屯) 교량에 대한 공사를 시작했다." 또한 같은 해 10월 홍수로 파괴된 눈강 교량을 수리 복원했다.⁴¹⁾

장갑열차 개조는 다음과 같다. 9·18사변 초 관동군은 장갑열차가 절실하게 필요했기 때문에 만철은 일주일 동안 즉시 6량을 개조했고, 그것을 심장(沈長)·길장·무순·사조 등으로 운행하여 군사행동에 참가했다. 이듬해 8월 만철은 관동군을 위해 다시 8량을 개조했다. 10월에도 석탄운반용 화차 1량을 포병열차로 개조했다.

---

38) 蘇崇民, 『滿鐵史』, 438쪽.
39) 宮本通治, 『滿洲事變と滿鐵』, 書前感謝狀, 1쪽.
40) 遼寧省檔案館·遼寧省社會科學院 編, 『九一八'事變前後的日本與中國東北－滿鐵秘檔選編』, 396쪽.
41) 遼寧省檔案館·遼寧省社會科學院 編, 『九一八'事變前後的日本與中國東北－滿鐵秘檔選編』, 398쪽.

이 시기 만철은 수송비를 감면 또는 면제했다. 예를 들어 '전 만주 재향군인 연합대회 출석자에 대해 운임 5할 삭감', '피난 조선인에 대해 운임삭감', '길림 철도수비대에서 새롭게 모집한 병사에 대해 운임삭감', '독립수비대원이 인솔하는 공안대원'에 대한 '무료승차허가', '육군 군아(軍衙) 혹은 경찰서로 발송하는 구휼품 또는 위문품'에 대한 '운송비 면제', '군부에서 철도경비용으로 배치하는 총기'에 대한 '무료 수송' 등이었다.[42]

(2) 경제적 지원

일찍이 1927년 만철은 일본 단체와 개인의 중국 침략활동에 경제적 지원을 했다. 이 해 7월 7일 만철은 일본인 와토 료키치(和登良吉)에게 사례금 5,000원을 지급했다. 이유는 그가 "길해선에 항의하고 장부선(長扶線)을 추진하는 활동에서 있는 힘과 성의를 다했기 때문이었다."[43] 1928년부터 중국 동북에 거주하는 일본재향군인회에 매년 경비 1만 원을 보조했고, 1931년 6월 경영 곤란으로 인해 보조금이 8,000원으로 축소되었으나, 1935년에 다시 2만원으로 증가했다.[44] 1929년 2월 2일 정보과 직원 모치다(望田)를 일본으로 파견하여 "회사의 시국에 대한 견해를 선전하도록" 그에게 특별선전경비 1,000원을 지급했다.[45] 1930년 9월 9일 만주청년연맹에 활동경비 1,000원을 보조했다.[46] 1931년 6월 8일에도 만주청년연맹에 활동경비 800원을 보조했다.[47] 1931년 1월 21일 이시미

---

[42] 遼寧省檔案館·遼寧省社會科學院 編,『九一八'事變前後的日本與中國東北－滿鐵秘檔選編』, 376~378쪽.

[43] 遼寧省檔案館·遼寧省社會科學院 編,『九一八'事變前後的日本與中國東北－滿鐵秘檔選編』, 170쪽.

[44] 遼寧省檔案館·遼寧省社會科學院 編,『九一八'事變前後的日本與中國東北－滿鐵秘檔選編』, 124, 129, 135쪽.

[45] 遼寧省檔案館·遼寧省社會科學院 編,『九一八'事變前後的日本與中國東北－滿鐵秘檔選編』, 171쪽.

[46] 遼寧省檔案館·遼寧省社會科學院 編,『九一八'事變前後的日本與中國東北－滿鐵秘檔選編』, 153쪽.

쓰 나오오미(石光直臣)에게 '일·중국민 감정융화 운동'자금 8,000원을 지급했다.[48] 8월 25일 나카무라(中村)대위 추모회 경비 200원을 지원했다. 9월 12일 "미국에서 만몽 형세를 소개하는 나가오 한페이(長尾半平)에게" 보조금 1,000원을 지급했다.[49] 9·18사변이 발발하고 오래지 않아 만철은 또 일본 정부의 의견을 받아들여 관동군에게 300만 엔을 '북만주 경략 모략비'로 지급하여 "이 전쟁기계가 전속력으로 회전할 수 있도록 했다."[50]

이와 동시에 만철은 전사자 혹은 부상당한 일본군 관병에게 구휼금(일명 조위금)과 위문금을 지급했다. 기준은 〈표 20-3〉과 같다.

〈표 20-3〉 만철이 지급한 구휼금과 위문금 기준(단위 : 엔)

계급직명	구휼금	위문금	
		중상	경상
장교·준사관	600	300	100
하사관	400	200	70
병	300	150	50
경시	600	300	100
경부 및 경부보	400	200	70
순사장 및 순사	300	150	50
순포	100	50	20

출전 : 遼寧省檔案館·遼寧省社會科學院 編, 『九一八'事變前後的日本與中國東北－滿鐵秘檔選編』, 367쪽.

1931년 11월~1938년 4월 만철은 동북 침략에서 전사한 일본군 4,427명(승덕承德 침략에서 전사한 3명 포함) 모두에게 조위금 130만 2,500엔을 지급했다. 그중 장교와 준사관은 415명, 하사관은 1,326명, 일반 사병은 2,686명이었다. 1931

---

[47] 遼寧省檔案館·遼寧省社會科學院 編, 『九一八'事變前後的日本與中國東北－滿鐵秘檔選編』, 161쪽.
[48] 遼寧省檔案館·遼寧省社會科學院 編, 『九一八'事變前後的日本與中國東北－滿鐵秘檔選編』, 176쪽.
[49] 遼寧省檔案館·遼寧省社會科學院 編, 『九一八'事變前後的日本與中國東北－滿鐵秘檔選編』, 178쪽.
[50] 蘇崇民, 『滿鐵史』, 432쪽.

년 11월~1932년 2월에만 만철은 9·18사변 중에 전사한 일본군 311명에게 조위금 11만 1,300엔을 지급했다. 그중 장교와 준사관은 30명, 하사관은 90명, 일반 사병은 191명이었다. 1931년 10월~1933년 10월에도 관동군 가운데 4,469명의 부상병에게 위문금 40만 6,360엔을 지급했고, 1933년 11월~1936년 3월에도 3,240명의 관동군 부상병에게 위문금 31만 4,450엔을 지급했다. 1932년 9월~1933년 8월 9·18사변에 참가한 180명의 조선주둔 일본군 부상병에게 위문금 1만 7,640엔을 지급했고, 1933년 11월~1935년 10월에도 9·18사변에 참가한 32명의 조선주둔 일본군에게 위문금 3,630엔을 지급했다.[51] 이와 동시에 만철은 또 정·부총재 명의로 각 전사자 추모회에 화환을 바쳤다.

1931년 10월 22일 관동군사령관 혼조 시게루는 특별히 만철총재 우치다 고사이에게 편지를 보내 만철이 지급한 구휼금과 위문금에 대하여 감사를 표시했다. 감사편지의 내용은 다음과 같다.

> 이번 사변에서 시종 열성적인 지원을 받았을 뿐만 아니라, 그전에도 전몰자를 위해 구휼금을 지급하고 이번에 다시 장애를 입은 관병을 위해 위문금을 지급하니, 우리 전체 유족 및 장애를 입은 인원은 이에 감격을 금할 수가 없으며, 이 같은 거동은 일반 사병들의 사기를 분발시키는데도 상당한 영향을 미쳤습니다. 이에 전체 관병을 대표하여 심심한 감사의 뜻을 표합니다.[52]

(3) 만주국 성립에 참여

1931년 9월말~10월초 만철의 마쓰모토 다모쓰(松本俠)와 구마이 도쿠조(駒井德三)는 각각 관동군의 국제법고문과 재정고문으로 임용되어 만주국 성립의

---

51) 숫자는 遼寧省檔案館·遼寧省社會科學院 編, 『九一八'事變前後的日本與中國東北－滿鐵秘檔選編』, 413~452쪽의 통계자료에 근거한 것이다.
52) 遼寧省檔案館·遼寧省社會科學院 編, 『九一八'事變前後的日本與中國東北－滿鐵秘檔選編』, 412쪽.

구체적 방안과 각 항의 정책초안을 기초하는데 참여했다. 아울러 10월 21일 마쓰모토 다모쓰와 관동군참모 이타가키(板垣), 이시하라(石原) 등은 공동으로 「만몽공화국 통치대강초안」을 만들어 "만몽을 중국 본토에서 철저히 분리시켜" 괴뢰정부를 수립해야 한다고 주장했다. 10월 23일 만주청년연맹이사장 가나이 쇼지(金井章次)는 또 혼조 시게루에게 「만몽자유국 건설강령」을 제출하여 머지않아 성립될 '신국가'에서 마땅히 일본인을 '직접 구성분자'로 하여 괴뢰정부를 통제해야 한다고 주장했다. 이와 동시에 만철도 대규모 인원을 파견하여 만주국 건립에 참여했다. 1931년 말에 이르러 만철이 "군부에 파견한 사원은 105명, 신국가(즉 만주국)에 파견한 사원은 188명으로 합계 293명이었다." 군부에 파견한 105명 가운데는 참사 기사 4명, 사무원·기술원·학교교원 58명, 고용인 14명, 일본인 용원 24명, 중국인 용원 5명이 있었다. 만주국에 파견한 188명 가운데는 참사 기사 15명, 사무원·기술원·학교교원 131명, 고용인 16경, 일본인 용인 21명, 중국인 용인 5명이 있었다.[53] 만주국 성립 후 "수많은 만철사원은 두각을 나타낼 기회를 얻었다."[54] "'만주청년연맹'과 '웅봉회(雄峰會)' 무리를 중심으로 한 대규모 만철사원이 만주국의 '정치무대'에 올라갔다." 만주국 건국 초기의 "일본출신 관리는 대부분 남만주철도회사 및 관계회사의 직원이었다."[55] "국도국(國道局)을 예로 들면, 일본인은 실제 총인원수의 90%를 점했고"[56] 그 중 다수는 만철사원이었다. 만주국 성립 후 만철에서 퇴직하고 정식으로 만주

---

[53] 遼寧省檔案館·遼寧省社會科學院 編,『九一八'事變前後的日本與中國東北－滿鐵秘檔選編』, 366, 369~370쪽.
[54] 만주국 '건국' 초기 공작에 참여한 일본 관리 중 고증이 가능한 사람은 52명이다(1932년 6월까지). 그 가운데 비 만철인은 29명으로 일본 출신 관리의 56%를 점했다. 만철인원은 23명으로 44%를 점했다(中央檔案館 等 合編,『日本帝國主義侵華檔案資料選編·僞滿傀儡政權』, 694~782쪽의 자료 통계에 의거). 이 통계수치는 그다지 확실하거나 완전하지 않지만, 만철인원이 만주국 성립 초기에 행한 중요한 역할을 초보적으로 설명할 수 있다.
[55] 古海忠之,「建國'前後的'滿洲國'內幕」, 孫邦 主編,『僞滿史料叢書·'九一八'事變』, 697쪽.
[56] 「滿洲國人事行政指導方針要綱」, 中央檔案館 等 合編,『日本帝國主義侵華檔案資料選編·僞滿傀儡政權』第3冊, 103쪽.

국 관리로 옮긴 사람은 244명에 달했으며, 이들은 만주국 '일본계 관리'의 주체였다. 중요 직무를 담당했던 24명의 '일본계 관리' 중 11명이 만철직원이었다. 그들은 "그야말로 옛날 시골 야외무대에서 연극이 시작되던 첫날처럼, 아무나 먼저 오는 사람이 앞자리를 차지할 수 있었다. 그래서 만철의 일개 위생과장이 일약 봉천성의 총무사장이 되었고, 원래 사법에 대해 아무 것도 모르던 일개 병원의 사무장도 갑자기 변신하여 사법부의 총무사장이 되었다. 이러한 사례는 헤아릴 수 없이 많았다."[57]

그 가운데 가장 대표적인 것은 구마이 도쿠조와 가나이 쇼지였다. 구마이 도쿠조는 도쿄 사람으로 일찍이 일본 홋카이도제국대학 농과에서 공부했다(일설에는 삿포로농업대학을 졸업했다고도 함). "만철의 직원으로 여러 해 일했고, 만주지역 생활에 풍부한 경험을 가지고 있는" 만철초기 농업부문의 핵심인원이었다. "듣건대 그는 동북에 도착한지 오래지 않아 곧「만주대두론(滿洲大豆論)」이라는 글을 써서 도쿄 군부와 재벌의 높은 평가를 받았으며 '중국통'으로 인식되었다."[58] "이 기간에 그는 일찍이 고이소 구니아키(小磯國昭) 대위와 함께 종사당(宗社黨)사건을 획책한 적이 있었고 이후 고이소와 교제하여 점점 밀접해졌다." 9·18사변 발생 후 관동군 통제부장과 특무부장에 임하여 한간들을 만주국에 규합했다. 1932년 3월 만주국이 성립하자 구마이 도쿠조는 "허점을 노리고 들어와서" 만주국 국무원 총무청 초대 총무장관으로 취임했다. "그는 고이소 차관과 친분이 있었기 때문에 군부측의 완전한 지지를 획득했다. 일본계 관원 가운데 그의 권위와 비교할 수 있는 사람이 없었으며 실로 군계일학의 형세였다."[59] 관동군은 만주국을 날조하면서 총무청을 통해 만주국을 통제하는 방침을 확립했다. 만주국 국무원총리는 표면상 비록 정샤오쉬(鄭孝胥)였으나 "'국무원'의

---

[57] 森島守人 著, 趙連泰 譯, 『陰謀·暗殺·軍刀』, 80~81쪽.
[58] 溥儀, 『我的前半生』, 319쪽.
[59] 森島守人 著, 趙連泰 譯, 『陰謀·暗殺·軍刀』, 81쪽.

진정한 총리는 정샤오쉬가 아니라 총무청장관 구마이 도쿠조였던 것이다. 실제로 일본인은 결코 이 사실을 감추지 않았다. 당시 일본 잡지 『가이조(改造)』는 공공연히 그를 '만주국 총무총리'와 '신국가 내각총리대신'이라 불렀다." 구마이 도쿠조의 직속상관은 관동군사령관이었지 결코 푸이(溥儀)라는 '명목상의 집정'이 아니었다.[60] 구마이 도쿠조는 '거칠고 분방한' 사람이었으나, 관동군의 명령을 집행하고 만주국을 통제하는 방면에서는 중대한 역할을 했다.

가나이 쇼지는 1924년 만철에 입사하여 만철 지방부 위생과장, 위생연구소 소장 등을 역임했다. 1927년에는 대련시 참사, 대련시의원으로 당선되었으며, 1930년에는 고히야마 나오토를 대신하여 만주청년연맹 이사장을 맡았다. 9·18사변 발생 후 그는 연맹회원을 인솔하여 관동군사령부 주위에서 활약했으며, 관동군이 잇따라 심양의 전등공장·심해철도·무기공장·피복공장·관은호(官銀号) 등을 점령하고 접수하는데 협조했다. 1931년 만주국이 성립하기 전 그는 만철의 모든 직무를 사직하고 몸과 마음을 모두 만주국정권 '건설'에 투입했으며, 계속해서 봉천성 총무청장, 빈강성(濱江省) 총무청장, 간도성 성장(일본인 중 최초로 성장을 맡은 인물)을 담당했다. 7·7사변 발생 후에는 몽강(蒙疆)연합자치정부 수석고문을 담당했다. 그는 괴뢰정권을 조작하고 통제하는 방면에서 중요한 역할을 했다.

(4) 기타 지원

첫째, 우치다 고사이의 귀국 유세. 위에서 언급했듯이 관동군은 우치다가 그들을 도와 귀국 유세를 펼치도록 할 필요가 있었다. 우치다는 사명을 완수하기 위해 10월 9일 회담이 끝난 후 곧 혼조의 중대한 부탁을 가지고 일본으로 돌아갔다. 10월 13일 우치다는 교토에서 일본 원로 사이온지 긴모치(西園寺公望)를

---

[60] 溥儀, 『我的前半生』, 319쪽.

회견하고, 이어서 도쿄에서 와카쓰키(若槻) 수상, 시데하라 외상, 정부의 기타 구성원과 추밀원 고관들을 회견했다. 우치다는 일본에서 3주일이나 활동했으며 11월 중순 대련으로 돌아왔다. 그는 일본 유세에서 일본 정부가 전력을 기울여 관동군을 지원하도록 중요한 역할을 했다. 우치다의 유세 아래 일본 정부는 11월 중순 완전히 관동군 쪽으로 기울어 그들의 대담한 침략행위(예를 들어 치치하얼 공격)를 지원했을 뿐만 아니라, 관동군에게 실질적인 지원을 해주었다. 우선 11월 4일 만철에 지시하여 관동군에게 '북만주 경략 모략비' 300만 엔을 지급하도록 했다. 이어서 11월 중순과 12월 중순 관동군에게 두 차례 비교적 큰 군사원조를 진행했다. 1932년 초 일본 정부는 또 동북에 건립하는 만주국 '신정권'에 관한 일도 의사일정에 올렸다.[61]

둘째, 정보방면의 지원. 일찍이 설립초기 만철은 만철조사부와 동아경제조사국 등 방대한 정보기관을 건립하여 중국 각지, 특히 동북지역의 정치·경제·사회·지리·풍토·인정 등 각 방면에 대하여 광범위한 조사를 하고 일본의 중국침략과 관동군의 군사행동에 대규모 정보를 제공했다. 9·18사변 전후 만철은 더욱 적극적으로 관동군을 위해 각종 정보를 제공했다. 만철의 기록에 의하면 1930년에 1만 948건, 1931년에는 1만 8,617건의 정보를 제공했다.[62] 1932년에는 72개 기차역의 역장 및 사무주임에게 각종 '밀정파견비'와 '정탐비' 2,492.80원을 지급했다. 그중 가장 많은 것이 120원, 가장 적은 것이 6.1원이었다.[63] 정보제공이라는 점에서 만철은 관동군을 위해 "만주와 관련된 각종 풍부하고 진지하며 명철한 견해의 자료를 온 힘을 다해 대량으로 제공했다"고 자신만만하

---

[61] 우치다 고사이는 1932년 7월 6일(일설에는 6월 27일) 외상으로 임명되어 '焦土外交'를 추진했다. 우치다가 재차 외상으로 임명될 수 있었던 것은 당연히 9·18사변에서 그의 활약과 무관하지 않다.

[62] 遼寧省檔案館·遼寧省社會科學院 編, 『'九一八'事變前後的日本與中國東北－滿鐵秘檔選編』, 373쪽.

[63] 遼寧省檔案館·遼寧省社會科學院 編, 『'九一八'事變前後的日本與中國東北－滿鐵秘檔選編』, 113~115쪽.

게 말했다.[64]

셋째, 부속지 내의 '자위단' 조직. 1928년 6월 만철 철령사무소는 신대자(新臺子)에 자위단을 조직 건립했다. 1931년 8월, 9월에는 대석교와 장춘에도 연이어 자위단이 조직되었다. 9·18사변 발생 후 만철은 "부속지 또는 기타 회사시설에 잠시 소홀했다가" 바로 중국항일지사의 습격을 받았고, 부속지 내의 일본침략자는 불안하여 밤에 편히 잘 수 없어 매우 낭패였다. 이에 부속지 내에 주재하는 회사대표는 "시국후원회의 지도 아래" "자위단을 조직하여 시설의 보호와 경비에 노력했으며, 한마음 한뜻으로 군경의 공방(攻防)에 협조하여 부속지의 안녕과 질서를 유지했다."[65]

넷째, 동북 각 철도의 접수. 9·18사변 후 만철은 관동군의 지시 아래 계속해서 심해·길장·길돈·길해·봉산·사조·조앙·조삭·제극·호해 등의 철도를 접수했다. 또 관동군과 협조하여 심해철도보안유지회를 조성, 심해철도의 운수를 회복하고 동북교통위원회 등을 통제했다. 만주국 성립 후 만철은 만주국과 「만주국 철도차관 및 위탁경영계약」(1933년 2월 9일) 등 일련의 조약과 문건에 조인함으로써 결국 중국 동북의 철도 전체를 독점하려는 목적을 실현했다.

다섯째, 동북 각지 지방정권의 통제에 참여. 1931년 11월 1일 관동군은 '자치지도부'를 하나로 규합하여 지방정권 통제기구로 이용했다. '자치지도부'의 부장은 비록 한간 위충한(于衝漢)이었지만 실권은 만철 위주의 일본고문의 수중에서 조종되었다. 당시 '자치지도부' 가운데 일본인은 무려 200여 명에 달했고, 그들은 대부분 만철 구성원, 청년연맹, 대웅봉회 구성원이었다. 이들은 '자치지도부'의 고문, 각부 부장, 부원의 자리를 장악했다.[66] '자치지도부'는 만철연선

---

[64] 遼寧省檔案館·遼寧省社會科學院 編, 『九一八事變前後的日本與中國東北－滿鐵秘檔選編』, 403쪽.
[65] 遼寧省檔案館·遼寧省社會科學院 編, 『九一八事變前後的日本與中國東北－滿鐵秘檔選編』, 403쪽.
[66] 예컨대 '자치지도부'의 부장, 고문, 각부 부장과 부원은 모두 16명이었고, 중국인 2명(부장 于衝

21개 현에 지도원(대부분 만철인원)을 파견했다. 뒤에 이들 대부분은 현공서(縣公署)의 '참사관(뒤에 부현장)'이 되어 각 현의 실권을 장악했다.

여섯째, 반동선전의 진행. 9·18사변 발생 후 만철은 즉시 각지에 사람을 파견하여 반동선전을 진행했다. 국내로 파견된 선전반은 연달아 도쿄, 오사카, 홋카이도 등 48개 도시에서 반동선전을 했다. 국외로 파견된 선전반은 잇따라 뉴욕, 파리 등 각 대도시에서 반동선전을 했다. 반동선전을 더 잘 수행하기 위해 만철은 계속해서 『만몽의 산업(滿蒙の産業)』, 『만주사진첩(滿洲寫眞帖)』, 『만몽과 만철(滿蒙と滿鐵)』, 『만주와 만철(滿洲と滿鐵)』, 『만주와 일본(滿洲と日本)』, 『만주개관(滿洲槪觀)』 등 반동간행물을 출판, 발행했다. 아울러 『만몽파사행(滿蒙破邪行)』, 『요서의 토비소탕(遼西の掃匪)』, 『혼조장군의 개선(本莊將軍の凱旋)』 등 60여 부 200여 편의 반동영화를 제작 배급했다. 그중 유성영화 『만주국전모(滿洲國全貌)』는 영어·프랑스어·독일어·이탈리아어 등의 자막을 넣어 국외로 배급했다. 만주청년연맹은 또 9월 19일과 20일 이틀간 연속하여 대련에서 '비상시기 재만일본인대회'를 열고, 14명의 대표를 5개 반[67]으로 나누어 파견하여 일본으로 돌아가 반동선전을 하도록 했다. 도호쿠반의 미사카 고조(美坂擴三)는 '센다이(仙臺)시민'을 '각성'시키기 위해 결국 강단에서 할복자살도 마다하지 않았다.

이 외에도 만철은 "북만주와 열하(熱河)에 가서 전력을 다해 성전을 진행하는" 일본군에게 "숙영과 요양 등 각종 편의를 제공하고 휴식지와 연계하여 인마(人馬)가 아주 편히 휴양하면서 군대를 정돈 보충할 수 있게 했다." "가슴 속 가득한 열정과 감격으로 군대를 위문하고 영송함으로써 실제 행동으로 일본군의 '사기'를 고무시켰다." "위령제와 초혼의식을 조직 개최하고, 충혼비를 세워

漢, 자치훈련소 陳靜遠을 제외한 나머지는 모두 일본인이었다. 그리고 2명의 고문, 총무부장, 사회부장, 조사부장과 자치훈련소 전임 관원은 모두 웅봉회 혹은 기타 만철인원이었다.

[67] 中央班, 九州班, 中國四國班, 關西班, 東北班.

전몰장병의 영령을 추모하거나, '비적 토벌'에 직접 참여했다." "혹은 감염의 위험을 무릅쓰고 군마를 치료하여 가축 전염병의 예방과 치료에 노력했다. 병상을 군대 위생반에게 공급했으며 부상자의 간호와 치료 임무를 주동적으로 담당하고, 구호와 의료방면에서 전심전력을 다했다." 동시에 "군대의 요구에 근거해 군용지를 구입하여 제공했으며, 군용도로를 건설 보수하여 군대의 기동작전을 편하게 하고 부속지를 보위했다. 또 영화상영대를 파견하여 투항한 토비의 진무를 지원하고, 현지 기관 등을 총괄했다."[68]

9·18사변 기간 3만 9,000여 명의 만철사원 중 9·18사변으로 '공을 세운'자는 무려 2만 2,254명에 달했으며 사원 총수의 57%를 점했다. 그중 99%는 일본인이었으며 나머지는 조선인이었다. 일본육군규정에 의거하여 만철의 '유공자' 모두는 현역군인에 준하여 처리되었다. 만철의 '유공자' 가운데 장군급은 30명(일본인 29명, 비일본인 1명), 영관급 220명(모두 일본인), 위관급 634명(일본인 631명, 비일본인 3명), 하사관 4,594명(일본인 4,547명, 비일본인 47명), 사병 1만 6,776명(일본인 1만 457명, 비일본인 6,319명)이었다(〈표 20-4〉 참조).[69] 이로써 9·18사변에서 만철의 역할이 컸음을 충분히 알 수 있다.

9·18사변기간 만철은 또 대규모 경비를 지출했다. 기록에 의하면 만철이 지출한 '사변경비'는 1931년도에 430만 2,600원, 1932년도에 576만 5,900원이었으며, 아울러 1933년도에는 158만 3,700원을 과도하게 지출했다.[70]

---

[68] 遼寧省檔案館·遼寧省社會科學院 編, 『九一八'事變前後的日本與中國東北－滿鐵秘檔選編』, 403쪽.
[69] 宮本通治, 『滿洲事變と滿鐵』, 535쪽.
[70] 『現代史資料(7) 滿洲事變』, 243쪽 ; 遼寧省檔案館·遼寧省社會科學院 編, 『九一八'事變前後的日本與中國東北－滿鐵秘檔選編』, 453쪽.

〈표 20-4〉 9·18사변기간 만철의 유공자 인원 상황표

공훈 원인 \ 국가별	일본인	비일본인	계
직접 전쟁참가	462	78	540
군대 길 안내와 통역담당	101	12	113
군사수송 책임(社線內)	3,438	2,454	5,892
사외선(社外線) 파견	3,243	841	4,084
군부 파견	161	3	164
자치지도부 파견	82	1	83
만주국(협화회 포함) 파견	97	5	102
경비	3,502	730	4,232
군용물품공급과 개수	1,984	1,019	3,003
사상병에 대한 의료와 처리 진행	77	3	80
의료반 참가	271	13	284
인마(人馬)방역 책임	9		9
보도선전 책임	15	1	16
관동군과 연계 및 정보수집 책임	153	14	167
군사행동 협조 책임	994	55	1,049
기타 사무	1,295	1,141	2,436
합계	15,884	6,370	22,254

출전 : 滿鐵, 『滿洲事變と滿鐵』, 533~534쪽.

마지막으로 지적해야 할 것은 만철본사가 9·18사변에 참가했을 뿐만 아니라, 만철의 관계회사들도 9·18사변에 참가했다는 것이다. 만철의 통계에 의하면 1932년 5월에 이르러 국제운수주식회사 122명, 남만주전기주식회사 39명, 동아권업주식회사 14명, 만선(滿鮮)갱목주식회사 5명, 계감철로공소(溪碱鐵路公所) 26명, 영구(營口)수도전기주식회사 33명이 동원되었다.[71] 그들은 '자동차 운전수', '통역과 향도'에 종사하거나, '군수품·식품 및 기타 운송 공작', '정보수집 혹은 조사'에 종사했다. 혹은 일본군이 "출발 도착하면 그들을 위해 숙소를 안배하거나 기타 방면에서 뒷바라지했다." 혹은 일본을 위해 "탄약 및 기타 군수품을 운반하여 직접 군사행동을 지원했다." 또한 "의용단원으로 활동하여" 9·18사변에서 중요한 능력을 발휘했다. 앞에서 언급한 철도·교량의 수리 보

---

[71] 遼寧省檔案館·遼寧省社會科學院 編, 『'九一八'事變前後的日本與中國東北 – 滿鐵秘檔選編』, 399~400쪽 자료에 근거한 통계이다.

수와 도로 등의 건설활동은 실제로 만철관계회사인 동아토목기업주식회사가 진행한 것이었다. 이와 동시에 국제운수주식회사, 대련기선주식회사, 계감철로공소, 남만주전기주식회사, 영구수도전기주식회사, 남만주가스주식회사, 동아권업주식회사, 만주일보사, 탕강자(湯崗子)온천주식회사, 하얼빈토지건물주식회사, 주식회사 요동여관, 만주시장주식회사 등의 만철관계회사도 9·18사변으로 인해 각종 경비 48만 9,073엔을 지출했다. 그중 남만주전기주식회사가 24만 284엔으로 지출이 가장 많았고, 탕강자온천주식회사가 1,071엔으로 가장 적었다.72) 위에서 서술한 이들 관계회사는 모두 만철이 주식을 지배하던 회사였기 때문에 이들 회사가 사람을 파견하여 9·18사변에 참가한 것은 당연히 만철의 지시, 동의 혹은 지지 아래 진행된 것이었다. 이들 회사가 9·18사변 후 만철에게 논공'행상'을 요구한 것도 이 점을 충분히 설명해 준다.

9·18사변기간 만철은 관동군에 협조하여 침략전쟁을 일으키는데 중대한 작용을 발휘했다. 만철은 관동군의 침략전쟁을 대대적으로 지원했을 뿐만 아니라, 관동군의 '승리'를 대대적으로 가속화시켰다. 만약 만철의 지원이 없었다면 관동군의 침략전쟁은 매우 곤란했을 것이고 심지어 진행하기 어려웠을 것이다.

9·18사변 기간 국민당의 '절대적인 부저항주의'로 인해 전쟁의 결말은 마치 벌써 결정된 것과 같았으나, 관동군이 이 '승리'의 결말을 손에 넣을 능력이 있는지 없는지는 또 다른 문제였다. 당시의 상황을 보면 단지 1만 수백 명의 관동군과 4,000여 명의 조선주둔 일본군이 경비의 부족과 교통이 불편한 상태 아래 근 수천 킬로미터나 되는 전선을 도보로 이동하며 이곳저곳에서 계속 전투하는 것은 거의 불가능했다. 그러나 만철이 개입하여 관동군을 도와 이 두 가지 중대한 난제를 해결했다. 그러므로 만철의 개입이 비록 전쟁의 결과에 큰 영향을 미치지 못했다고 할지라도, 전쟁의 진행, 즉 관동군의 '승리'와 동북군의 패배를

---

72) 宮本通治, 『滿洲事變と滿鐵』, 551쪽.

가속화시킨 것은 말할 필요도 없다.

2. 관동군이 만철에게 경영을 위탁한 동북철도

만철은 9·18사변에서 관동군을 전폭적으로 지지했고 이에 관동군은 매우 감격했다. 보답으로 관동군은 탈취한 중국 동북철도의 권리를 만철이 경영하도록 넘겨주었다.[73] 1931년 10월 10일 관동군사령관 혼조 시게루는 만철총재에게 지시를 내려 만철이 중국 동북의 각 철도를 '통제'할 것을 요구했다. 지시는 다음과 같았다.

> 이번 사변은 만몽 각 철도에 대한 통제와 국방 정비에 절호의 기회이다. 속히 아래에 열거한 각 항목의 실시에 착수하기를 희망하며, 군부는 당연히 적극 지지하고 협조할 것이다.
>
> 내역
> ① 만철회사는 차관 관계에 있는 철도 및 기타 중국의 각 철도를 위탁 경영한다.
> ② 만철회사는 이미 중국과 계약을 체결한 철도 및 군부가 희망하는 철도를 건설한다.[74]

혼조 시게루의 지시에 근거하여 만철은 중국 동북철도권 탈취를 위한 일련의 활동을 진행하기 시작했다. 10월 11일 만철의 참여 아래 봉천의 시정서장(市

---

[73] 관동군이 철도권을 만철에 넘겨주어 경영하도록 한 이유는 여러 가지였다. 예컨대 관동군은 군사조직이지 경제조직이 아니었으므로, 관동군이 스스로 동북철도를 경영하는 것은 불가능했다. 그러므로 동북철도를 경제기구에 넘겨주어 경영하도록 해야만 했다. 그러나 관동군에 대한 만철의 전폭적인 지지가 관동군이 동북철도권을 신속하게 만철이 경영하도록 넘겨준 중요한 원인이었음에 틀림없다.
[74] 吉林省社會科學院,『滿鐵史資料』, 編輯組 編,『滿鐵史資料·路權篇』第2卷 第4分册, 1108쪽.

政署長) 도이하라 겐지(土肥原賢二)는 봉천공서에서「심해철도공사판법장정(沈海鐵路公司辦法章程)」을 주재하여 통과시켰으며 '심해철도보안유지회'를 결성하여 구성원을 선정했다. 그중 감사장으로는 도이하라 겐지, 회장은 딩젠슈(丁鑒修), 이사는 우위타이(吳裕泰)·셰둥푸(謝東甫)·왕진촨(王金川)·류허난(劉赫南)·저우원잉(周文英) 등이었다. 그러나 실권을 장악하고 있던 철도 감사장 참사, 감사장 비서 및 총무, 공공토목사무, 철도운수사무, 회계 등 각 부처의 고문은 모두 만철 구성원으로, 만철이 심해철도를 장악한 것과 마찬가지였다.

10월 23일 관동군의 사주 아래 '동북 각 철도국장'이 나서서 '동북교통위원회'를 조직 결성했다. 위원장에 딩젠슈, 부위원장에 진비둥(金璧東), 수석고문에 소고 신지(十河信二, 만철이사), 대리수석고문에 무라카미 기이치(村上義一, 만철이사), 고문에 사토 오지로(佐藤應次朗, 만철사원)·야마하 죠(山葉助, 만철사원)·가나이 쇼지(만철사원)가 있었다. 만철은 괴뢰'교통위원회'의 실권을 장악했다.

1931년 11월 1일 만철은 길림성정부 장관 시챠(熙洽)와「길장길돈철도 차관 및 경영계약(吉長吉敦鐵路借款及經營合同)」을 체결했다. 계약의 내용은 다음과 같았다. 길림성정부는 만철에게 "엔화 3,630만 원"을 빌려주고 "대출기한은 50년"으로 한다. "이율은 연리 7.5%, 즉 100원에 매년 7원 5각(角)이다." "기한만료 이전에는 전부 상환할 수 없다." 차관상환을 완료하기 이전 철도는 만철이 "일체를 경영한다."[75] 같은 날 만철총재는 또 시챠와 길돈연장선 및 장대선(長大線), 길오선(吉五線), 연해철도(延海鐵路), 의란철도(儀蘭鐵路), 부여철도(扶余鐵路), 납법(拉法)에서 오상(五常)을 거쳐 호해(呼海)에 이르는 철도 등의 부설에 관한 차관과 경영양해각서를 교환했다. 만철은 상술한 각 철도의 건설권 또는 경영권을 탈취했다.

---

[75] 吉林省社會科學院,『滿鐵史資料』, 編輯組 編,『滿鐵史資料·路權篇』第2卷 第4分冊, 1125~1126쪽.

11월 28일 만철총재 우치다 고사이와 길림성정부 장관 시챠는 「길해철도경영계약(吉海鐵路經營合同)」에 서명했다. 계약서에는 "본 계약이 체결된 날로부터 50년간" 길해철도의 "경영일체"를 만철에게 "위탁"한다고 규정했다.[76] 12월 1일 우치다 고사이는 다시 사조철도관리국 국장 칸둬(闞鐸)와 「사조철도 차관 및 경영계약(四洮鐵路借款及經營合同)」을 체결했다. 이 계약서는 다음과 같이 규정했다. 괴뢰사조철도관리국은 사조철도 건설을 위해 만철에게서 "원금과 이자 합계 엔화 4,900만 원을 빌린다." "대출기한은 50년이다." "대출이율은 연리 7.5%이다." "기한만료 이전에 전부 상환할 수 없다." 사조철도국은 "차관상환을 완료하지 않는 기간 동안" 만철에게 "경영일체"를 위탁한다.[77]

12월 28일 흑룡강성 성장 장징후이(張景惠)는 관동군참모 이타가키와 철도협정을 교환했다. 협정은 다음과 같이 규정했다. "제극철도를 해륜(海倫)까지 연장한다" "조앙·제극 두 노선을 하나로 합친다" "조삭철도를 하이라얼(海拉爾) 및 만주리까지 연장한다" "제극철도를 대흑하(大黑河)까지 연장한다" "호해철도를 앞으로 건설될 부합철도(扶哈鐵路, 부여扶余에서 하얼빈)에 연결한다." 철도건설은 '청부공사[包工]' 형식으로 하고, "경영은 만철에 위임하여 처리한다."[78]

1932년 1월 5일 관동군은 다시 요녕성정부 고문 가나이 쇼지와 괴뢰교통위원회 고문 후루야마 가쓰오(古山勝夫)에게 지시하여, "봉천성정부의 관보에 봉산철도국 설립을 공포하고, 칸둬를 국장으로 임명할 것"을 요구했다. 그리고 이를 통해 봉산철도를 빼앗았다. "1월 7일 봉천성정부는 칸둬를 국장으로 임명했으며" 괴뢰봉산철도국이 설립되었다.[79] 만철은 700여 명의 사람을 파견하여 봉산철도를 접수하고 장악했다.

---

76) 吉林省社會科學院, 『滿鐵史資料』, 編輯組 編, 『滿鐵史資料·路權篇』 第2卷 第4分冊, 1130쪽.
77) 吉林省社會科學院, 『滿鐵史資料』, 編輯組 編, 『滿鐵史資料·路權篇』 第2卷 第4分冊, 1132쪽.
78) 吉林省社會科學院, 『滿鐵史資料』, 編輯組 編, 『滿鐵史資料·路權篇』 第2卷 第4分冊, 1133~1134쪽.
79) 吉林省社會科學院, 『滿鐵史資料』, 編輯組 編, 『滿鐵史資料·路權篇』 第2卷 第4分冊, 1135쪽.

1932년 1월 8일 괴뢰흑룡강성 성장 장징후이와 만철총재대리 우사미 간지(宇佐美寬爾)는 「흑룡강성 관은호 영업재개자금 차관계약(黑龍江省官銀號復業資金借款合同)」과 「호해철도경영계약(呼海鐵路經營合同)」을 체결했다. 「차관계약」은 다음과 같이 규정했다. 만철이 흑룡강성정부에게 빌려주는 "엔화 300만원은 관은호 영업재개자금으로 한다." "대출기한은 50년", "연리 7.5%", "기한만기 이전에 전부 상환할 수 없다." 차관의 원금과 이자는 "현재와 장래 호해철도 소유의 모든 동산·부동산 및 수입"을 담보로 삼는다. 흑룡강성정부는 "호해철도의 경영일체를" 만철에 "위탁"한다.[80] 이 시기 만철은 또 '조앙·조삭·제극' 등의 철도경영 사안에 대해서도 현지 괴뢰정부와 계약체결을 준비했지만, 만주국 설립이전에 완수하지 못했다.

1932년 3월 9일 만주국이 장춘에서 성립되었다. 3월 10일 관동군사령관 혼조 시게루는 만주국 집정 푸이와 장춘에서 양해각서를 교환했다. 양해각서에는, 만주국은 "이미 건설된 철도의 관리 및 새로운 철도부설을 모두" 일본 혹은 일본이 "지정한 기관"에 위임한다고 명시되어 있었다. 같은 날 혼조 시게루는 만철총재 우치다 고사이와 「철도·항만·하천의 위탁경영 및 신축 등에 관한 협정(關于鐵道港灣河川委託經營及新建等協定)」을 체결했다. 「협정」은 다음과 같이 규정했다. 혼조 시게루는 "사조선·조앙선·조삭선·제극선·호해선·길장선·길돈선·길해선·심해선·봉산선·타통선(打通線)" 및 "부대사업"[81] 모두를 만철에게 위탁하여 '경영'한다.[82] "제1차(준비)건설선"인 "돈화─도문강선",

---

80) 吉林省社會科學院, 『滿鐵史資料』, 編輯組 編, 『滿鐵史資料·路權篇』 第2卷 第4分册, 1140쪽.
81) 주로 상술한 철도의 지선을 가리킴─인용자.
82) 당시 동북의 철도는 소유제 형식에 따라 대체로 네 종류로 나눌 수 있다. 첫째, 만철이 장악한 철도, 즉 남만철도(장춘─대련 704.3km, 단동─소가둔 260.2km) 및 그 지선. 지선에는 여순선(주수자─여순 50.8km), 영구선(대석교─영구 22.4km), 무순선(소가둔─무순), 연대선(煙臺線, 연대─연대 탄광 15.6km, 모두 지금의 요양 경내), 吾妻線(대련─오처 2.9km, 오처는 지금의 大連東驛)이 있었다. 둘째, 중국과 소련이 합작(명의상 중·소 합작이었으나 실제로는 소련이 장악)한 중동철도, 즉 오늘날 하얼빈에서 서쪽으로는 만주리, 동쪽으로 綏芬河, 남쪽으로는 장춘에 이

"납합역[拉哈站]―하얼빈선", "극산(克山)―해륜선", "제2차(준비)건설선"인 "통료(通遼) 혹은 금현(錦縣)에서 적봉(赤峰)을 거쳐 열하에 이르는 노선", "장춘―대뢰선(大賚線)", "연길―해림―의란―가목사선(佳木斯線)", "착수 순서 및 시간을 별도로 협의하여 결정한" "대뢰(大賚)―조안선(洮安線), 제극선의 한 역에서 대흑하에 이르는 선, 조남―삭륜(索倫)―만주리선(또는 하이라일), 개원(開原)―서안선,[83] 무순역에서 심해 무순역에 이르는 노선, 공주령―이통선, 철령―법고문선(法庫門線), 와방점―복주선" 공사는 만철에게 위탁하여 '시행'한다. 그러나 만철의 철도경영은 당연히 관동군의 '감독' 아래 있었다. 즉 만철은

르는 철도(총1,723.3km) 및 그 지선인 梨樹線(下城子―梨樹鎭 58.9km), 道里 부두선(하얼빈―도리 부두 3.8km), 八區 부두선(하얼빈―팔구 부두 2.8km). 셋째, 중국 정부 혹은 중국인이 건설한 철도. 여기에는 奉山線[심양―산해관 419.6km, 그 지선에는 溝營線(溝幇子―영구, 91.1km. 당시 영구역이 요하 북쪽에 위치했기 때문에 일본인들은 이 선을 '하북선'이라고도 부름), 葫蘆島線(錦西―葫蘆島, 12.1km)], 길장선(길림―장춘 127.7km), 길돈선(길림―돈화 210.5km), 사조선(사평―조남 320.9km, 조남은 지금의 洮安), 조앙선(조남―三間房 220.1km, 삼간방은 昻昻溪 부근에 위치), 심해선[심양―朝陽鎭 263.5km, 조양진은 지금의 輝南. 지선에는 서안지선(梅河口―서안 69km, 서안은 서안 탄광으로 오늘날 매하구의 蓮河 부근에 위치), 해룡―조양진 16km, 서안 탄광 지선 10km가 있었다], 타통선(타호산―通遼 261.7km, 타호산은 '大虎山'이라고도 부름), 호해선(三棵樹―해륜 220.1km), 길해선(길림―조양진 183.9km), 제극선[치치하얼―泰安 123.9km, 태안은 지금의 依安. 지선으로는 訥河線(寧年―拉哈, 48km), 昻齊線(三間房―치치하얼, 30km), 楡樹線(유수둔―앙앙계, 6.4km)], 조삭선(白城子―王爺廟 82.9km, 왕야묘는 지금의 烏蘭浩特)이 있었다(이상은 국영 혹은 省營의 철도였다). 齊昻(치치하얼―앙앙계 29km, 일설에는 25.9km)경편철도, 開豊(開原 동북쪽의 石家臺―西豊 64km), 雙城경편철도(中東線 雙城驛―城內四街 7km), 金福公路(金州―城子疃 102km, 城子疃은 지금의 城子坦)(이상은 민영철도였다). 穆棱鐵路(下城子―梨樹鎭 59km), 鶴崗鐵路(佳木斯 맞은편 기슭의 蓮河口―興山 56km)(이상은 民營專業철도였다). 다음은 바로 중·일 공동 경영 혹은 일본이 중·일 공동 경영 형식으로 건설한 철도. 이 방면에서 중요한 것은 溪鹹경편철도(本溪湖―牛心臺)와 天圖경편철도(天寶山―圖們江)가 있었다. 溪鹹철도는 중·일 합작으로 1913년 착공하여 1914년 완공되었으며 전체 길이는 5km였다. 天圖철도는 일본이 중·일합작이라는 이름으로 중국에 건설한 철도이다. 1922년 착공하여 1923년 완공되었으며 전체 길이는 111km였다. 이외에 『申報年鑒』1933년의 기록에 따르면, 중동철로는 매년 순이익이 2,129만 2,316루블, 북녕철도(즉 泰山철도, 지금의 沈山철도)의 매년 순이익은 1,702만 3,686원, 길장철도의 매년 순이익은 118만 7,744원, 길돈철도의 매년 순이익은 8만 8,884원, 사조철도의 매년 순이익은 240만 5,305원, 조앙철도의 매년 순이익은 7만 5,769원, 봉해철도의 매년 순이익은 155만 7,614원, 호해철도의 순이익은 127만 8,315원이었다 (『申報年鑒』, 1933년 교통수리 부분, 9쪽).

[83] 西安線, 서안은 하나의 탄광으로, 길림성 海龍의 蓮河 부근에 위치.

"각종 중요 규정, 운임, 비용의 제정 혹은 개정과 폐지 때", "예산, 결산, 이윤처리, 중요 자산처리 및 중요한 예산변경 등"의 방면에서 반드시 '사전에' 관동군의 동의를 구해야만 했다. 만철의 철도 "시설개선방면"에서 관동군은 만철에게 "군사상 필요한 지시를 내려야 했다."[84] 이 협정은 일본 내각의 동의를 거친 후 4월 19일 정식으로 조인되었다.

4월 11일 일본 정부는 '각의(閣議)' 방식으로 만주국의 "철도와 기타 교통기관"은 반드시 일본이 "실권을 장악"해야만 하며.. 4월 11일과 15일 각의에서 일본 정부는 "본 협정[85]은 비상시의 조치로 승인할 수 있다"고 결정했다. 또 "될 수 있는 대로 빨리 그것을 정식화해야만 한다"고 결정했다. 동시에 본 협정은 만철이 "위탁을 받아들인 철도"에 국한하고 "결코 이 회사가 원래 소유하고 있던 철도[86]는 포함하지 않는다"고 결정했다. "만철이 (일본)정부에 상납하는 금액은 마땅히 만주국에 주둔하는 국군(관동군) 경비의 재원으로 삼아야" 했으며, 만철은 '위탁경영'이윤의 5%를 차지할 수 있었다.[87]

일본 정부의 "될 수 있는 대로 빨리 그것을 정식화"한다는 결의에 따라, 8월 7일 혼조 시게루는 다시 만주국총리 정샤오쉬와 「만주국정부의 철도·항만·수로·항공로 등의 관리 및 선로의 건설 관리에 관한 협약(關于滿洲國政府的鐵道港灣水路航空路等的管理及線路的修建管理協約)」을 체결했다. 그리하여 거듭 만주국은 만주국의 모든 철도 및 부속사업을 관동군에게 위탁하여 "건설관리"함을 명확히 규정했고, 관동군은 그 "경영 및 건설사업을" 만철에게 "위탁"했다. 만철은 철도경영에서 "발생하는 이윤"을 차관의 원금과 이자상환에 사용되는 것 외에, 나머지 액수는 마땅히 관동군의 "비용"으로 충당해야 했다. "만약

---

[84] 吉林省社會科學院, 『滿鐵史資料』, 編輯組 編, 『滿鐵史資料·路權篇』 第2卷 第4分冊, 1143~1146쪽.
[85] 혼조와 우치다가 체결한 「철도·항만·하천 위탁 경영 및 신축 등에 관한 협정」.
[86] 남만철도 및 그 지선을 가리킨다 - 인용자.
[87] 吉林省社會科學院, 『滿鐵史資料』, 編輯組 編, 『滿鐵史資料·路權篇』 第2卷 第4分冊, 1150~1151쪽.

그리고도 남는 것이 있다면 만주국정부 및 만철회사의 소득으로 귀속되었다."[88]

동시에 만철은 또 만주국과 「만주국철도차관 및 위탁경영계약(滿洲國鐵道借款及委託經營契約)」, 「돈화도문강 및 기타 두 철도 건설차관용 위탁경영계약(敦化圖們江及其他二鐵路建造借款用委託經營契約)」, 「천도경편철도 매입자금 대출계약(天圖輕鐵收買資金貸款契約)」,[89]「천도철도매입에 관한 비망록(關于收買天圖鐵路的備忘錄)」,[90]「천도경편철도 및 노두구탄광처리에 관한 계약(關于處理天圖輕便鐵路及老頭泃煤鑛契約)」,「만주국 철도 등 차관용 위탁경영합병에 관한 계약(關于滿洲國鐵路等借款用委託經營合併契約)」,「만철총재 하야시 히로타로와 딩젠슈의 양해각서(滿鐵總裁林博太郎與丁鑒修的換文)」 등 일련의 계약서를 체결했다. 이로써 만철은 중국 동북철도 탈취에 필요한 모든 '법률'수속을 완료했다.

이 시기 일본은 갖은 방법을 다 써서 소련에게 중동철도를 양도하도록 강요했다. 이 목표를 달성하기 위해 9 · 18사변 후 일본은 각종 수단을 동원해 중동철도의 정상적인 운행을 방해했다. 1932년 2월부터 관동군은 "폭도를 교사하여" 중동철도역을 "습격했는데" "습격의 목표는 소련인 철도직원이었다. 아울러 소련의 화물열차만을 골라 파괴하고 강탈했다." 4월 13일 관동군은 중동철도 성고자(城高子, 하얼빈 부근) 철교에서 폭발사건을 일으켜 운행 중이던 소련 군용열차 한 대를 폭파했다. 이와 동시에 관동군은 송화강 철교에서 미수에 그친 두 번째 폭발사건을 일으켰다.

1933년 3월 18일 만주국 중동철도 감독 리사오겅(李紹庚)은 중동철도 부이사장 쿠즈네초프(Кузнецов)에게 통지하여, 3월 20일을 기해 "중동철도 서부선에

---

[88] 吉林省社會科學院, 『滿鐵史資料』, 編輯組 編, 『滿鐵史資料 · 路權篇』 第2卷 第4分冊, 1160~1161쪽.
[89] 즉 천도철도의 구매와 관련된 계약. 계약은 만철이 만주국에게 635만 원을 빌려주어 천도철도를 사들인다고 규정했다.
[90] 즉 만주국이 천도철도를 매입하고 아울러 만철에게 경영을 위탁한 것에 관한 각서.

서 후가패이철도(後加貝爾鐵路)에 이르는 직통 화물열차"의 운행중지를 요구했다.[91] 3월 23일 리사오겅은 소련에게 최후통첩을 보내 "유럽으로 가는 화물의 직통운수를 중지하라고 단호하게 요구"했으며, "아울러 24일 정오 이전까지 회답해 줄 것을 요구했다." "만약 승낙하지 않으면" 만주국은 "장차 단호한 조치를 취할 것이라 했다." 만주국 교통부 철도사(鐵道司) 사장(司長) 모리타(森田)는 "31일 아침 쿠즈네초프를 만나" 만주국정부의 태도를 전달하며 이르기를, "본 문제[92]는 결국 소련 측의 동의가 없더라도 직통 중지가 결정될 것이다"라고 했다. 이보다 앞서 "신경정부(新京政府)는 다시 직통 운행금지 사안을 만주리의 국경경비대에게 통지하고, 아울러 경비대에게 '금후 만약 중동철도에서 소련영토로 직행하는 열차가 있다면 반드시 단호하게 억류해야만 한다'고 엄명했다."[93] 5월 31일 "만주국 교통부의 일본인 관원 사이토(齋藤)는 만주국 경찰 한 무리를 통솔하여 수분하역에서 무력으로 중동철도와 우수리철도(烏蘇里鐵路) 두 철도 사이의 '직통연계운송'을 차단했다."[94] 이리하여 만주리와 수분하를 거쳐 소련으로 들어가는 중동철도의 운행이 완전히 끊겼다.

중동철도가 관동군에게 차단되어 정상적인 운행이 어려워지자 소련 정부는 "보로실로프(Ворошилов) 일파의 일본에 대한 강경 의견을 설득한" 뒤 일본에게 중동철도를 매각하기로 결정했다. 사실 일찍이 9·18사변 후 오래지 않아 관동군의 활동이 창궐함에 따라 소련 측은 이미 일본에게 중동철도를 매각하려고 준비하고 있었다. 1932년 초 소련 정부는 "거듭 기회를 보고 혹은 주일본대사를 통해, 혹은 주소련 일본대사를 통해 비공식적으로 매각 의사를 표시하며 일본정부와 여론의 동향을 관찰했다." 호응의 분위기가 나날이 농후해짐을 본 후

---

[91] 吉林省社會科學院, 『滿鐵史資料』, 編輯組 編, 『滿鐵史資料·路權篇』第2卷 第4分冊, 1191~1192쪽.
[92] 중동철도의 화물열차가 만주리를 거쳐 소련으로 직통 운송되는 일을 가리킨다.
[93] 吉林省社會科學院, 『滿鐵史資料』, 編輯組 編, 『滿鐵史資料·路權篇』第2卷 第4分冊, 1192~1193쪽.
[94] 吉林省社會科學院, 『滿鐵史資料』, 編輯組 編, 『滿鐵史資料·路權篇』第2卷 第4分冊, 1217쪽.

1933년 5월 2일 소련 "외교인민위원 리트비노프(Литвинов)는 오다(太田) 주소련 일본대사에게 정식으로 북철(중동철도)의 매각을 제의했다."

일본 정부는 극동에서 중동철도의 존재는 줄곧 일본 대외침략 확대의 장애였으며 "특히 만주국 건국 후 북철에서 소련의 견고한 지위는 만주국의 시정에 아주 큰 영향을 미쳐, 이른바 왕도낙토의 순조로운 추진에 적지 않은 장애를 가져왔다고 인식했다. 이 때문에 가격 및 기타 조건이 적당하기만 하면, 설령 경제적인 측면에서 이미 별다른 가치가 없어졌다고 할지라도 정치적인 각도에서는 여전히 구입할 만하다고 생각했다." 그리하여 일본 정부는 소련의 제안을 받아들였다. 동시에 일본 정부는 "비록 소련과 정식 외교관계가 수립되어 있다고 할지라도 기왕 만주국이 존재하는 이상 일본보다는 만주국을 양도 대상으로 삼는 것이 더 적절하다"고 여겼다. 아울러 "만주국의 현 상황에 비추어 볼 때 도쿄를 교섭지점으로 삼는 것이 마땅하다"고 생각했다.[95]

6월 25일 소련 대표 유레네프(Юренев, 수석대표, 주일대사), 코즐로브스키이(Козловский, 외무인원위원회 극동부장), 쿠즈네초프(중동철도 부이사장)와 만주국대표 딩스위안(丁士源, 수석대표, 만주국 주일공사), 오하시 츄이치(大橋忠一, 만주국 외교부차장)는 도쿄에서 소련이 일·'만'에게 중동철도를 매각하는 사안에 대해 교섭을 진행했다. 교섭은 1년 10개월 동안 지속되었으며 1935년 3월 23일 협의가 이루어졌다. 그 결과「소비에트 사회주의 공화국연방(맹)의 북만철도(중동철도)에 관한 권리를 만주국에 양도하기 위해 만주국과 소비에트 사회주의 공화국연방(맹) 사이에 체결한 협정」,「최종의정서」,「삼국의정서」에 서명했다. 협정은 다음과 같이 규정했다. 소련은 중동철도의 "모든 권리를 만주국정부에 양도하며" 만주국정부는 소련에게 "일본국 통화" 1억 4,000만 엔[96]을 지불한다. 그 가운데 4,670만 엔은 현금으로 지불하고, 나머지는 "물품" 형식으

---

[95] 吉林省社會科學院,『滿鐵史資料』, 編輯組 編,『滿鐵史資料·路權篇』第2卷 第4分冊, 1219쪽.
[96] "해고당한 소련 직원에게 지불할 퇴직금 3,000만 엔은 그 안에 포함되지 않았다."

로 지불한다. 2,330만 엔의 현금은 협정에 서명한 당일 지불하고, 나머지 현금은 "3년 내에 연리 3%로 계산하여 4회 분할 상환하며" 나머지 "물품"은 3년 내에 완납한다.97)

1935년 3월 23일 중동철도 양도조인식 석상의 소련대표와 일본·괴뢰대표

또 3월 12일, 즉 「협정」 체결 이전 일본 내각은 중동철도를 만주국에게 양도한 후 이 철도는 "만주국 소유철도의 전례에 따라 남만주철도주식회사에게 위탁하여 경영한다"고 결정했다. 3월 23일, 즉 「협정」 체결 당일 만주국정부는 만철과 「북철위탁경영계약」을 체결했다. 「계약」에서 "만주국정부는 북만철도(중동철도 - 인용자)의 경영을 만철에 위탁한다"고 규정했다.98) 같은 날 만철은 중동철도를 접수했다.99)

1935년 만주국은 제앙경편철도(齊昻輕便鐵路)를 매입하여 철거했다. 1937년 만주국은 계감철도(溪碱鐵路)를 매입하여 만철에게 위탁하여 경영했다. 1938

---

97) 吉林省社會科學院, 『滿鐵史資料』, 編輯組 編, 『滿鐵史資料·路權篇』 第2卷 第4分冊, 1307~1311쪽.
98) 吉林省社會科學院, 『滿鐵史資料』, 編輯組 編, 『滿鐵史資料·路權篇』 第2卷 第4分冊, 1340쪽.
99) 만철이 접수한 후, 수분하에서 하얼빈에 이르는 철도는 濱綏線으로, 만주리에서 하얼빈에 이르는 철도는 濱洲線으로, 하얼빈에서 장춘에 이르는 철도는 哈京線으로 개칭했다.

년 목릉석탄공사(穆棱煤鑛公司)는 목릉철도를 만철에게 위탁하여 경영했다. 1939년 만주국은 학강철도(鶴崗鐵路)를 매입하고 그것을 만철에게 위탁하여 경영했다. 1939년 5월 만철은 다시 금복철도(金福鐵路)를 '매입'했다.

이리하여 중국 동북은 개풍철도(開豊鐵路)[100]를 제외하고, 나머지 철도는 모두 만철의 수중에 들어갔다.

3. 9·18사변 후의 만철

9·18사변 후 만철은 동북의 모든 수륙교통을 독점했다.

철도방면에서 만철은 요령·길림·흑룡강 등지의 철도를 차례로 빼앗았다. 1932년 1월 5일 만철은 다시 영국자본이 경영에 참가한 봉산철도를 인수했고, 1935년 3월 소련이 통제하던 중동철도도 인수했다.

만철은 동북의 모든 철도를 독점한 후 이들 철도를 더 잘 경영하기 위해 1933년 3월 1일 심양에 '철로총국'을 설립하고 철도의 지휘와 관리를 통일했다. 철로총국은 아래에 총무·경리·운수·기무(機務)[101]·공무(公務)·의무(醫務) 6개 부처를 설치했다. 철로총국 설립 후 기존에 존재하던 9개 철도국[102]은 폐지되었다. 그리고 봉산(나중에 금주錦州로 이전)·신경(新京, 길림)·하얼빈·조남(나중에 치치하얼로 이전) 4개의 철도국이 신설되어, 동북철도 전체의 지휘와 관리를 책임졌다. 이와 동시에 만철은 또 인수한 동북철도의 기존 노선명도 고쳤다. 변경 후의 노선명은 아래의 〈표 20-5〉와 같다.

---

[100] 개풍철도, 또는 西開輕便鐵路라고도 불렸다. 1935년 9월 만주국은 「私建鐵道法」을 반포하고 민간의 철도 건설을 지지했다. 그런 까닭에 이 사설 철도는 유지될 수 있었다.
[101] [역주] 기관차 등의 조종과 정비 등에 관련된 일.
[102] 원래 설치되어 있던 9개 철도국은 봉산, 심해, 길해, 길돈길장, 사조, 조앙, 조삭, 호해, 제극철도국이었다.

〈표 20-5〉 만주국 초기의 철도선명 변경상황*

원래 선로의 명칭		변경 후 명칭		노정 (km)	시공 연도	준공 연도
선명	구간	선명	구간			
沈楡線	新民 — 山海 沈陽 — 新民	奉山線	奉天 — 山海關	419.6	1894	1908
河北線	溝幇子 — 河北	營口線	溝幇子 — 營口	91.1	1894	1899
北票線	錦縣 — 北票	北票線	錦縣 — 北票	112.6	1921	1924
葫蘆島	錦西 — 葫蘆島	葫蘆島線	連山 — 葫蘆島	11.9	1910	1911
鄭通線	鄭家屯 — 通遼	大鄭線	大虎山 — 鄭家屯	367.1	1921	1929
大通線	大虎山 — 通遼					
沈海線	沈陽 — 朝陽鎭	奉吉線	奉天 — 吉林	447.6	1925	1929
吉海線	吉林 — 朝陽鎭					
西安線	梅河口 — 西安	西安線	梅河口 — 西安	74.3	1927	1927
吉長線	長春 — 吉林	京圖線	新京 — 圖們	528.0	1910	1933
吉敦線	吉林 — 敦化 敦化 — 圖們					
嫩子山(線)	蛟河 — 嫩子山	嫩子線	蛟河 — 嫩子山	10.0	1927	1934
天圖線	開山屯 — 老頭溝 朝陽川 — 延吉	朝陽線	朝陽川 — 開山屯	58.4	1922	1934
呼海線	馬船口 — 海倫 海倫 — 克山	濱北線 馬船口線	馬船口 — 克山 新松浦 — 馬船口	332.3 11.6	1926 1926	1933 1928
齊昻線	齊齊哈爾 — 昻昻溪	齊北線	海倫 — 克山	230.4	1928	1933
齊克線	齊齊哈爾 — 泰安		克山 — 昻昻溪			
納河線	寧年 — 拉哈	納河線	寧年 — 納河	86.8	1930	1930
四鄭線	四平家 — 鄭家屯	平齊線	四平家 — 齊齊哈爾	571.4	1917	1926
鄭洮線	鄭家屯 — 洮南					
洮昻線	洮南 — 三間房					
洮索線	洮南 — 懷遠鎭	洮索線	白城子 — 懷遠鎭	84.3	1921	1931
榆樹線	榆樹屯 — 昻昻溪	榆樹線	榆樹屯 — 昻昻溪	6.4	1929	1929
		拉濱線	拉法 — 濱江	271.7	1932	1933

*표 가운데 河北線의 '河北'은 지금의 영구.
출전 : 張福全, 『遼寧近代經濟史(1840~1949)』, 374~375쪽.

1936년 10월 1일 만철은 다시 심양 '철로총국(鐵路總局)'을 '철도총국(鐵道總局)'으로 개칭했다. 그리고 그 아래 직속의 각 과와 경리국·영업국·수송국·공작국·공무국·건설국·철도경무국을 설치하여 원래 만철 자신이 경영하던 사선(社線)과 만주국에게 위탁받아 경영하던 이른바 '국선(國線)'의 지휘와 관리를 통일시켰다. 동시에 항만·수운·자동차 운수 등 각 운수 계통의 관리를 책임지게 했다.

9·18사변 후 만철은 또 대규모 철도건설을 시작했다. 그 가운데 대부분은 군용 철도였다. 1945년 일본이 항복하기까지 만철이 건설한 새로운 철도노선은 무려 33개나 되었다. 그 가운데 중국 동북과 몽골에 32개, 조선에 1개가 있었다 (〈표 20-6〉 참조).

〈표 20-6〉 9·18사변 이후 일본 항복이전까지 만철이 동북에 건설한 철도(단위 : km)

노선	길이
敦化―圖們線(京圖線의 일부분)	191.9
圖們―佳木斯線(圖佳線)	580.2
拉法―三棵樹線(拉濱線)	265.5
泰東―北安線(齊北線의 일부분)	87.0
墨爾根(지금의 嫩江)―霍龍門線(同上)	102.7
長春-白城子線(京白線)	332.6
四平家―西安線(平梅線의 일부분)	82.5
金嶺寺―古北口線(錦古線의 일부분)	447.7
新立屯―義縣線(新義線)	131.5
龍井―靑道線(龍靑線)	51.0
遙陽―宮原線(遙宮線)	69.0
鴨園―大栗子線(鴨大線)	112.3
河西―東寧線(綏寧線)	91.1
綏化―佳木斯線(綏佳線)	381.5
雙峽―納金口線(同上支線)	20.2
鳳凰城―灌水線(安仁線의 일부분)	83.0
朝陽川―開山屯線(朝開線)	59.5
林口―虎頭線(虎林線)	331.8
海倫―北安線(濱北線의 일부분)	106.1
拉哈―墨爾根線(寧霍線의 일부분)	132.3
北安―黑河線(北黑線)	302.9
王爺廟(지금의 馬蘭浩特)―杜魯爾線(白杜線의 일부분)	283.0
梅河口―輯安(지금의 集安)선(梅輯線)	244.7
叶柏壽―赤峰線(叶峰線)	146.9
龍潭山―大豊漫線(龍豊線)	22.4
高臺山―新立屯線(高新線)	61.0
宮原―田師傳線(溪碱線)	86.0
新興―城子溝線(興寧線)	216.1
梨樹鎭―鷄寧線(城鷄線의 일부분)	71.1
綠神―霍龍線(霍黑線)	168.3
安東―浪頭線(安大線의 일부분)	13.0
渾江―三岔子線(渾三線)	17.2

*원주 : "이상의 각 선로 가운데 3개의 철도, 즉 安東―浪頭선, 鳳凰城―灌水선, 渾江―三岔子城선 (113km)은 비록 건설되긴 했으나 영업부서로 이관되지 않았고, 다만 건설사무소에서 임시영업을 했을 뿐이었다." 조선에 건설한 철도는 웅기―나진선으로 길이는 15.2km였다.

출전 : 滿史會 編, 東北淪陷十四年史遼寧編寫組 譯, 『滿洲開發四十年史』上, 226~227쪽.

1945년 8월 일본의 항복 전까지 만철이 경영한 철도는 이미 1만 1,479.1km('북선선北鮮線' 386.7km 포함)에 달했다.[103] 만철은 비록 동북철도를 독점하고 아울러 대규모 새로운 노선을 건설했지만, 일본군의 중국침략전쟁 요구를 만족시키기 위해 운임을 인하할 수밖에 없었다. 심지어 무상으로 일본군의 중국 침략에 봉사하기도 했다. 이로 인해 만철의 수입은 큰 폭으로 줄어들었다. 1944년 만철의 수입을 1936년과 비교하면, 이윤은 놀랍게도 무려 1,828만 5,000엔이나 감소했다. 이 상황과 관련하여 〈표 20-7〉을 참조할 수 있다.

〈표 20-7〉 만철의 철도운영 지출증가와 이윤감소 상황표

	철도운영 총지출	총수입 중 점유 %	
		지출	이윤
1936	13,861	55.0	45.0
1937	15,870	53.6	46.4
1938	21,300	57.6	42.4
1939	29,101	61.1	38.9
1940	35,213	70.2	29.8
1941	43,309	73.2	20.8
1942	50,617	69.5	30.5
1943	61,351	70.6	29.4
1944	76,417	72.3	27.7

*표에는 단위가 없다. 그러나 책에 서술된 내용을 보면 만 원으로 보인다.
출전 : 張福全, 『遼寧近代經濟史(1840~1949)』, 402쪽.

수운(水運)방면. 이 시기 만철은 송화강과 흑룡강의 수운교통을 독점했다. 1933년 2월 9일 「만주국철도차관 및 위탁경영계약」 제1조에 따르면, 만주국은 "송화강 및 그와 관련된 수로의 수운사업"을 만철에게 위탁하여 경영하도록 했다. 같은 날 만철총재 하야시 히로타로는 만주국 교통 총장 딩젠슈와 「송화강수운사업 위탁경영 세부사항계약(松花江水運事業委託經營細目契約)」을 체결했다. 「계약」은 다음과 같이 규정했다. 만주국은 송화강 수운사업의 '선박운수사업", "부두 및 창고사업", "조선 및 선거사업"과 이러한 사업에 "속하는" 관련

[103] 孔經緯, 「淸代民國僞滿時期東北社會經濟的演變」, 『史學集刊』, 1982年 第4期.

"사업"을 만철에게 "위탁하여 경영한다." 만주국은 "동북항무국(東北航務局)", "동북강운처(東北江運處)", "동북조선소", "동북상선학교(東北商船學校)", "광신항업처(廣信航業處)", "송흑양강우선국(松黑兩江郵船局)"의 각 "수운사업기관 및 그 선박, 부두시설, 공장 및 공장 부속의 토지, 건축물, 기계공구 등 모든 설비"를 만철에게 인계한다. 만주국은 "장래" "수운사업방면"에서 "선박·부두·호안·공장·토지·건축물 및 기타 시설의 신축 혹은 취득 시 당연히" 만철에게 "인계해야 한다."[104]

3월 31일 만철은 「계약」에 규정된 인수인계절차를 마무리했다(⟨표 20-8⟩ 참조). "이로부터 송화강을 중심으로 하는 북만주 하천사업은 명실상부하게 만철에 의해 통일되었다."[105] 이어서 만철은 다시 하얼빈에서 하얼빈 민간선주 61명을 모아 하얼빈항업연합회(哈爾濱航業聯合會)를 건립하고, 북만주 하천의 수운사업을 통제했다(⟨표 20-9⟩ 참조). 4월 8일 송화강 수운사업은 대외영업에 들어갔다.

⟨표 20-8⟩ 만철 인수기관 및 선박(1933년 3월 31일)

원래 기관 명칭	변경된 명칭	윤선(輪船)	소선(小船)	잡선(雜船)	계
東北航務局	哈爾濱航務處	17	18	2	37
東北江運處	哈爾濱江運處	9	24	7	40
廣信航業處	哈爾濱航業處	8	14	11	33
松黑兩江郵船處	哈爾濱郵船處	7	2	—	9
東北造船所	哈爾濱造船所	1	2	11	14
東北商船學校	1934년 6월 2일 폐지	1	—	—	1
합계		43	60	31	134

출전: 南滿洲鐵道株式會社, 『南滿洲鐵道株式會社第三次十年史』, 南滿洲鐵道株式會社, 1938, 1246~1247쪽.

---

[104] 吉林省社會科學院, 『滿鐵史資料』, 編輯組 編, 『滿鐵史資料·路權篇』 第2卷 第4分冊, 1172~1173쪽.
[105] 蘇崇民, 『滿鐵史』, 555쪽.

〈표 20-9〉 하얼빈 항업연합회 가입선박(1937년 3월 31일)

선종(船種)	객 선(客船)		객 화 선(客貨船)		예 선(曳船)	
선주[船東]	관 유	민 유	관 유	민 유	관 유	민 유
총 수	9	34	6	17	30	19
총톤수	5,898	24,245	1,514	6,305	7,746	4,636
선종(船種)	바 지 선[駁船]		풍 선(風船)		합 계	
선주[船東]	관 유	민 유	관 유	민 유	관 유	민 유
총 수	65	66	13	58	123	194
총톤수	31,117	32,099	1,036	4,895	47,311	72,180

출전 : 南滿洲鐵道株式會社, 『南滿洲鐵道株式會社第三次十年史』, 南滿洲鐵道株式會社, 1938, 1256쪽.

　1935년 만철은 중동철도를 인수한 후 다시 하얼빈철도국 안에 수운처(水運處)를 설치하고 수운사업을 통합 관리했다. 수운처 건립 후 수중에 있던 하얼빈항업연합회를 이용하여 북만주 전역의 수운교통을 통제했다. 1936년 수운처는 또 하얼빈항업연합회장정을 수정했는데, 새 장정에는 연합회가 북만주 수운을 통제 경영한다고 규정했다. 이는 이후 만철의 민간선박 합병을 위한 기초를 다지는 것이었다.

　1941년 태평양전쟁 발발 이전 관동군은 이미 소련에 대한 전투 준비를 마쳤다. 그리고 북만주 수운사업이 전쟁에 더 잘 봉사하도록 하기 위해 1938년 11월 관동군은 만철에게 「북만주수운사업혁신강요(關于北滿水運事業革新綱要)」를 하달했다. 「강요」는 만철에게 하얼빈항업연합회를 개편하여 기구에 대한 통제를 강화하고 "새로운 선박건조와 선박의 품질개선을 통해 전투상의 요구를 만족시키라고 요구했다."[106] 관동군의 지시에 따라 만철은 이듬해 3월 모든 민간선박을 강제로 사들이고 하얼빈항업연합회를 해산시켰다. 이와 함께 1939년 4월 1일 하얼빈에 만철 철도총국 직속의 북만강운국(北滿江運局)을 신설하여 수운의 경영 통일을 실현했다.[107]

---

[106] 蘇崇民, 『滿鐵史』, 558쪽.
[107] 당시 북만강운국은 "선박 310척을 소유했으며, 매년 수송량은 화물 대략 70만 톤, 여객 연인원 70만 명이었다."(蘇崇民, 「滿鐵史槪述」, 『歷史硏究』, 1982年 第5期). 孔經緯는 "'관철'이 경영

북만강운국 건립 후 북만의 항운은 일본군의 중국 침략요구에 복종하지 않을 수 없었다. 그 결과 해마다 경영적자가 났고 1939~1943년까지 누적적자는 마침내 1,081만 엔에 달했다.[108]

이 시기 만철은 또 동북지역에서 4곳의 중요한 항구, 즉 대련항·영구항·안동항·호로도항(葫蘆島港)을 독점했다. 대련항은 1899년에 처음 건립되어 러일전쟁 후 만철에게 빼앗겼다. 그리고 나머지 3개의 항구는 만철이 1931년 9·18사변 후 빼앗아 갔다.

영구항의 개항은 비교적 빨랐다. 일찍이 1858년 중국과 영국의 「천진조약」에서 우장(牛莊)을 개방한다고 규정했고, 1861년 5월 우장 개항 후 '정박 불편'으로 인해 1864년 우장 항구를 영구로 옮겼으며, 영구도 그 해에 개항되었다. 영구는 개항 후 오래지 않아 교통의 편리함으로 인해 곧 당시 중국 8대 항구 가운데 6위로 상승했다(1894년). 안동항의 개항 시기는 비교적 늦었는데, 1907년 청 정부는 중국과 미국이 1903년에 체결한 「통상선박운행연장조약(通商行船續訂條約)」에 의거하여 개항했다. 호로도항은 원래 장쉐량이 일본의 중국 경제침략에 대항하기 위해 자체적으로 건설한 항구였다. 그러나 항구가 미처 완공되기 전에 9·18사변이 발발했고, 만철은 호로도항을 탈취한 후 원래의 기초 위에 계속 건설했다. 1934년 호로도항은 부분 사용에 들어갔으며, 1936년 11월 1일 정식으로 개항하여 영업을 시작했다.

만철은 상술한 4개의 항구를 탈취하여 동북지역의 해상교통을 장악했다. 그러나 일본군의 중국침략전쟁의 영향으로 인해 만철의 해상무역은 일찍이 잠시 '번영'하기도 했지만, 아주 빠르게 쇠락하기 시작하여 내리막길을 걸었다. 이 시기 4개 항구의 무역 관련 상황은 〈표 20-10〉과 〈표 20-11〉을 참조할 수 있다.

한 수운은 1940년 영업 운행 거리가 4,889km에 달했다"고 한다(孔經緯, 「淸代民國僞滿時期東北社會經濟的演變」, 『史學集刊』, 1982年 第4期).

[108] 蘇崇民, 『滿鐵史』, 560쪽 재인용.

〈표 20-10〉 만주국 초기 동북 항구의 대외무역 상황표

	동북대외무역 총액(만원)	그중: 경유			동북 총액 중 점유 %		
		대련	안동	영구	대련	안동	영구
1932	95,583	42,304	5,864	7,142	44.3	6.1	7.5
1933	96,431	72,678	10,784	7,031	75.4	11.2	8.3
1934	104,199	78,442	12,211	6,536	75.3	11.7	6.3
1935	102,518	77,975	11,158	6,678	76.1	10.9	6.5
1936	129,462	96,895	13,550	7,905	74.8	10.5	6.1

출전 : 張福全, 『遼寧近代經濟史(1840~1949)』, 411쪽.
[역주] 1933년 영구의 동북 총액 중 점유율 8.3%는 7.3%의 오류로 보인다.

〈표 20-11〉 만주국 후기 요녕항구에 출입한 각국의 선박 상황표

	합계		대 련 항		영구항		안동항		호로도항	
	선박수 (척)	총톤수 (만톤)	선박수 (척)	총톤수 (만톤)	선박수 (척)	총톤수 (만톤)	선박수 (척)	총톤수 (만톤)	선박수 (척)	총톤수 (만톤)
1937	10,815	1,658	9,057	1,488	1,375	137	383	34	—	—
1938	10,101	1,425	8,294	1,312	1,160	107	460	15	187	6
1939	12,302	1,472	10,210	1,336	—	—	—	—	—	—
1940	13,353	1,337	11,381	1,225	1,350	83	325	9	297	19
1941	11,019	1,162	9,474	1,069	1,386	70	129	4	230	18
1942	8,737	860	7,841	814	705	39	83	3	50	5
1943	6,585	548	5,931	533	510	13	115	2	29	1

출전 : 張福全, 『遼寧近代經濟史(1840~1949)』, 419쪽.
[역주] 1937년의 총톤수 1,658은 1,659, 1938년의 총톤수 1,425는 1,440, 1939년의 선박수 12,302는 10,210, 총톤수 1,472는 1,336, 1940년의 총톤수 1,337은 1,336, 1941년의 선박수 11,019는 11,219, 총톤수 1,162는 1,161의 오류로 보인다.

자동차 운수방면. 1933년 1월 31일 만철은 도로운수와 철도운수가 중대한 관계에 있다는 것을 구실로 삼아, 관동군에게 「자동차 운수업의 경영문제에 관하여(關于經營汽車運輸業問題)」라는 신청보고서를 제출했다. 그리고 만주국이 건설할 계획인 6만km의 도로망 가운데 2.5km의 특수자동차노선을 만철이 경영할 수 있도록 넘겨 달라고 요구했다. 관동군의 압박 아래 1933년 5월 만주국은 자동차 운수방면에서 공영('국영')과 민영 두 가지 형식을 채택한다는 결정을 내릴 수밖에 없었다. 이에 중요 노선에 속하는 것은 모두 '국가' 경영에 속했으며, 중요하지 않은 노선은 민간에 의해 경영되었다. '국영'운수는 만철에게 위탁

하여 경영했다. 만철은 이때에 이르러 마침내 동북지역의 중요한 자동차 운수 노선을 탈취하게 되었다. 만철은 만주국의 '국영'노선을 탈취한 후 제멋대로 확장해 나갔다. 1934년 만철이 경영했던 자동차노선은 10개에 불과했으며, 영업운행거리는 2,674km였다. 그러나 1937년 24개로 증가했으며, 영업운행거리는 6,319km였다. 1943년이 되면 영업운행거리는 이미 1만 9,803km에 이르렀다.[109] 종업원 또한 1934년 706명에서 1943년 5,886명으로 증가했다. 만철의 운영 관련 상황은 〈표 20-12〉를 참고할 수 있다.

〈표 20-12〉 만철이 경영한 자동차의 운행거리와 종업원표

	운행거리(km)	종업원수(명)		운행거리(km)	종업원수(명)
1934	2,647	706	1939	14,478	5,175
1935	3,298	857	1940	18,230	5,326
1936	4,365	1,135	1941	18,516	5,180
1937	6,319	1,476	1942	19,877	5,566
1938	9,544	2,898	1943	19,803	5,886

출전 : 張福全, 『遼寧近代經濟史(1840~1949)』, 408쪽.

비록 만철이 경영한 자동차 운수의 규모는 계속해서 확장되었지만, 해마다 적자였다. 1933년 만철이 만주국 '국영'노선을 경영한 첫 해의 적자는 78만 엔이었다. 1934년에는 66만 엔의 적자가 났다. 1935년과 1936년 2년 동안의 누적적자는 220만 엔에 가까웠다. 1937년 67만 엔의 적자가 났고, 1938년에는 110만 엔에 달했으며 1940년에는 이미 121만 엔에 이르렀다.[110] 이러한 상황 아래 만철은 특수정책을 취할 수밖에 없었다. 즉 한편으로 경비 지출을 줄이고, 다른 한편으로 자동차 운수에 대해 각종 정돈작업을 진행했다. 이렇게 하여 만철은

[109] 孔經緯는 "'만철'이 경영한 자동차노선은 1941년 3월 영업운행거리가 1만 8,262km(정지 노선 995km 미포함)였다"고 한다(孔經緯, 「淸代民國僞滿時期東北社會經濟的演變」, 『史學集刊』, 1982年 第4期).
[110] 蘇崇民, 『滿鐵史』, 552~553쪽.

1941년에야 비로소 이익을 보게 되었다. 그러나 호시절은 길지 않았다. 1941년 7월 일본이 출병하여 프랑스령 인도차이나를 점령하고, 특히 태평양전쟁이 발발한 후 미국과 영국은 일본에 대한 휘발유 공급을 차단했다. 그리하여 만철의 자동차 운수는 연료부족현상이 나타났고, 만철은 각종 대체연료를 개발할 수밖에 없었다. 그럼에도 불구하고 만철의 자동차 운수업은 전쟁의 영향으로 인해 여전히 발을 내딛기가 어려웠다.

9·18사변 후 만철은 일찍이 관계회사를 대대적으로 발전시키고 사외(社外) 투자를 늘렸다. 쑤충민(蘇崇民)의 연구에 따르면 "1931~1937년까지 만철의 관계회사는 57개에서 80개로 증가했다. 만철의 관계회사에 대한 투자는 1억 1,000만 엔에서 2억 4,797만 엔으로 급증했다. 1936년 12월 말 동북지역 전체 신설회사 455개 가운데 만철관계회사가 29개였다. 그러나 이 29개 회사의 불입자본은 오히려 자본총액의 54.4%를 차지했다. 이로부터 만철관계회사 규모의 거대함과 지위의 중요성을 알 수 있다. 어느 한 부문 혹은 업종을 '통제'하는 특권을 가진 19개 회사와 10개의 준특수회사(准特殊公司) 가운데 만철관계회사가 각각 13개와 8개를 차지했다. 만약 여기에 9·18사변 이전에 설립된 만철관계회사까지 더한다면 동북지역에서 그것은 모두 67개나 되었다. 그것들은 각종 공업·광업·토건·수도·전기·가스·농림·금융·교통 통신·상업부문에 분포되어 있었다. 동시에 이들은 독점 혹은 매우 중요한 지위를 차지했다. 그러므로 만철은 이러한 관계회사망을 통해 동북 경제의 명맥을 완벽하게 독점했다고 할 수 있다."[111]

이 시기 만철이 직접 설립하거나 혹은 그 관계회사 가운데 중요한 것은 다음과 같았다. 소화제강소,[112] 만주탄광공사,[113] 만주채금공사,[114] 만주연광공사,[115]

---

[111] 蘇崇民, 「滿鐵史槪述」, 『歷史硏究』, 1982年 第5期.
[112] 昭和製鋼所, 1933년 鞍山에 설립.
[113] 滿洲炭鑛公司, 1934년 만주국과 연합하여 설립.

만주광업개발공사,[116] 만주경금속제조공사,[117] 일만마그네슘공업공사,[118] 동화자동차공업공사,[119] 만주전업공사,[120] 만주화학공업공사,[121] 만주조달공사,[122] 만주염업공사[123] 등. 이 시기 만철의 관계회사에 대한 투자는 〈표 20-13〉을 참고할 수 있다.

〈표 20-13〉 1936년 만철의 관계회사에 대한 투자*

	본사 소재지	창립 연월	전체 자본(만 원)		'만철'이 불입한 자본	
			명목자본	불입자본	투자(만원)	점유 %
농림업			5,130	2,465	1,238	52.0
大連農事	大連	1929.4	1,000	500	500	100.0
東亞勸業	奉天	1923.1	1,000	250	239	94.0
紫免公司	哈爾濱	1913.6	480	480	244	58.0
滿鮮坑木	安東	1919.12	150	60	60	100.0
鮮滿拓殖	京城	1936.11	2,000	800	200	25.0
滿洲林業	新京	1936.2	500	375	94	25.0
채굴공업			5,680	18,934	17,071	90.2
滿洲炭鑛	新京	1934.5	1,600	1,600	800	50.0
滿洲採金	新京	1934.5	1,200	476	125	26.3
滿洲鑛業開發	新京	1935.8	500	310	135	43.5
山東鑛業	靑島	1923.5	500	225	99	44.0
滿洲鉛鑛	奉天	1935.6	400	400	200	50.0
南滿鑛業	大連	1932.4	60	60	42	70.0
復州鑛業	復縣	1937.8	200	125	125	100.0
大滿採金	大連	1934.6	20	5	3	60.0
開平鑛務	런던	1912	200	196	5	2.6
撫順煤鑛	撫順	1906	—	14,787	14,787	100.0
烟臺煤鑛	遼陽	1906	—	—	—	100.0

[114] 滿洲採金公司, 참여, 1935년 5월 설립.
[115] 滿洲鉛鑛公司, 1935년 錦西의 楊家杖子에 설립.
[116] 滿洲鑛業開發公司, 1935년.
[117] 滿洲輕金屬製造公司, 1934년 무순에 설립.
[118] 日滿鎂工業公司, 1933년 일본 理化學興業公司와 합작하여 대석교에 설립.
[119] 同和汽車工業公司, 1934년 3월.
[120] 滿洲電業公司, 1934년 11월.
[121] 滿洲化學工業公司, 1933년 대련에 설립.
[122] 滿洲曹達公司, 1936년 장춘에 설립.
[123] 滿洲鹽業公司, 1936년 설립.

蛟河煤鑛	蛟河	—	—	—	—	100.0
老頭溝煤鑛	老頭溝	—	—	—	—	100.0
瓦房店煤鑛	復縣	1906	—	—	—	100.0
滿洲鑛業	奉天	1937.7	1,000	750	750	100.0
가공공업			33,865	27,261	19,268	70.7
昭和製鋼所	鞍山	1929.7	10,000	8,200	8,200	100.0
滿洲化學工業	大連	1933.5	2,500	1,250	646	51.7
東亞煙草	東京	1906.11	1,150	730	1	0.14
南滿製糖	奉天	1916.12	1,600	1,000	26	2.6
日滿鎂鑛	東京	1933.10	700	245	123	50.2
同和自動車工業	奉天	1934.3	620	320	145	45.3
滿洲製粉	鐵嶺	1906.12	575	355	2	0.6
滿洲石油	新京	1934.2	500	500	200	40.0
東洋窯業工業	東京	1926.12	500	125	38	30.4
滿洲曹達	新京	1936.5	800	400	100	25.0
滿洲鹽業	新京	1936.4	500	250	73	29.2
昌光硝子	東京	1925.4	200	300	120	40.0
大連製油	大連	1918.9	300	91	1	1.1
滿洲紡績	遙陽	1923.3	300	250	63	25.2
撫順水泥	撫順	1934.7	250	250	250	100.0
滿蒙毛織	奉天	1918.12	250	250	14	5.6
日本精蠟	大連	1919.2	200	200	200	100.0
滿洲大豆工業	大連	1934.9	150	150	80	53.3
大連窯業	大連	1925.7	60	60	60	100.0
大連工業	大連	1918.4	50	25	13	50.0
南滿硝子	大連	1928.11	30	30	5	16.7
大連油脂工業	大連	1916.5	50	50	34	68.0
滿洲電氣	新京	1934.11	9,000	9,000	5,914	65.7
南滿電氣	大連	1926.5	2,500	2,200	2,200	100.0
南滿瓦斯	大連	1925.7	1,000	1,000	930	93.0
滿洲畜産工業	奉天	1936.11	30	30	30	100.0
토목건축업			2,410	1,335	656	49.1
阪神築港	神戶	1929.7	1,000	300	120	40.0
奉天工業土地	奉天	1935.3	550	550	275	50.0
東亞土木企業	大連	1920.1	500	125	63	50.0
鞍山不動産信託	鞍山	1921.10	100	100	43	43.0
哈爾濱土地建築	哈爾濱	1920.5	50	50	50	100.0
營口水道電氣	營口	1906.11	200	200	100	50.0
日佛對滿	大連	1936.2	10	10	5	50.0
교통체신업			15,657	8,020	3,198	39.9
朝鮮鐵道	京城	1923.9	5,450	1,765	5	0.28
滿洲電信電話	新京	1933.8	5,000	2,938	88	3.0
大連汽船	大連	1915.1	2,570	1,445	1,445	100.0
日滿倉庫	東京	1933.5	1,000	825	825	100.0
國際運輸	大連	1926.8	500	170	170	100.0

金福鐵路	大連	1925.11	400	200	5	2.5
福昌華工	大連	1926.10	180	180	180	100.0
大都市交通	大連	1925.5	500	440	440	100.0
溪碱鐵路	本溪	1916.4	57	57	40	70.2
상업			1,573	910	432	47.5
日滿商業	新京	1936.10	1,000	600	306	51.0
錦州市場	錦州	1934.6	5	5	3	60.0
滿洲火藥販賣	奉天	1935.11	50	50	5	10.0
撫順煤販賣	東京	1927.3	300	150	83	—
生鐵共同販賣	東京	1932.8	100	25	9	—
滿蒙冷藏	東京	1922.6	100	25	—	—
滿洲市場	奉天	1917.9	40	30	15	—
安東市場	安東	1935.8	17	17	8	—
撫順市場	撫順	1918.5	10	3	—	—
新京市場	新京	1917.6	5	5	3	60.0
금융			4,050	3,065	1,077	35.1
興中公司	大連	1935.12	1,000	1,000	1,000	100.0
東亞興業	東京	1909.8	2,000	1,320	3	0.28
中日實業	東京	1913.8	500	500	6	1.2
大連火災海上保險	大連	1916.7	200	50	17	34.0
新京交易所信託	新京	1916.3	100	25	13	50.0
奉天交易所信託	奉天	1921.7	50	50	25	50.0
哈爾濱交易所	哈爾濱	1933.10	200	120	13	10.8
여관			203	118	65	55.1
遼東飯店	大連	1930.9	100	90	50	55.6
湯崗子溫泉	湯崗子	1920.3	100	25	13	50.0
登瀛閣	大連	1928.1	3	3	2	66.7
元山海浴	元山	1923.6	15	15	10	66.7
신문			140	140	115	82.1
滿洲日日	大連	1907.11	75	75	75	100.0
盛京時報	奉天	1925.11	35	35	20	57.1
哈爾濱日日	哈爾濱	1922.11	20	20	15	75.0
△		1933.10	10	10	5	50.0
滿洲弘報協會	新京	1930.9	300	250	125	50.0

*원주: 康德三年版, 『滿洲國現勢』, 345쪽; 「滿鐵」 編, 『滿鐵經營的滿洲鐵道』, 294쪽; 『南滿洲鐵道株式會社三十年略史』, 613~614쪽 등의 자료에 근거하여 정리했다.
표에서 '△'는 원래 공백이었다. 생각건대 이 시기에 만철과 관계있는 신문 사업은 마땅히 4개, 즉 만주일일, 성경시보, 하얼빈일일, 만주홍보협회였다. 하얼빈일일은 1936년 만주홍보협회에 가입으므로 이 행의 숫자와는 무관한 것 같다. 만주홍보협회 또한 이 행의 숫자와 무관한 것 같으므로, 이 행의 숫자는 마땅히 잘못 들어간 숫자인 듯하다.

출전: 張福全, 『遼寧近代經濟史(1840~1949)』, 381~384쪽.

[역주] 농림업의 투자 1,238은 1,337, 가공공업의 명목자본 33,865는 33,815, 투자 19,268은 19,468, 상업의 명목자본 1,573은 1,627, 여관의 명목자본 203은 218, 불입자본 118은 133, 투자 65는 75, 신문의 명목자금 140은 440, 불입자본 140은 390, 투자 115는 240의 오류로 보인다.

1937년 일본은 7·7사변을 일으켜 중국에 대한 전면적인 공격을 개시했다. 이 대규모의 침략전쟁을 지탱하기 위해 일본은 동북에 공업과 광업기업을 중심으로 하는 군사공업체계를 수립하여 동북지역의 각종 자원을 수탈하는데 더욱 박차를 가했다. 이를 위해서 일본은 동북에서 투자를 확대하여 원래 계획했던 투자액 25억 엔을 36억 6,000만 엔으로 확대하기로 결정했다. 이처럼 방대한 경제 침략계획은 단지 만철에게만 의지해서는 완성할 수 없었다. 따라서 일본 정부와 관동군은 새로운 합작 파트너를 찾지 않을 수 없었다. 일본산업주식회사 총재 아이카와 요시스케(鮎川義介)는 자동차와 비행기 등 군수공업 발전을 중심으로 한 전시경제를 구상해야 한다고 주장하여 일본 정부와 군부의 찬성을 얻었다. 일본 정부·군부·재벌 등 여러 방면의 획책과 지지 아래 만주중공업개발주식회사가 1937년 12월 장춘에 설립되었다. 회사설립 후 일본 정부는 만주국 명의로 명령을 발포하여, 원래 만철과 만주국이 경영하던 중공업 기업을 강제로 이 회사가 일괄 경영하도록 했다. 이에 만철은 어쩔 수 없이 동북지역의 중공업부문에서 물러날 수밖에 없었다.

만철은 비록 동북지역의 중공업부문에서 물러날 수밖에 없었지만, 여전히 동북지역에서 거대한 세력을 지니고 있었다. 이는 만철이 동북지역의 수륙교통을 독점하고 있었을 뿐만 아니라, 중공업부문 이외의 수많은 기타 경제부문을 보유하고 있었기 때문이었다. 이와 동시에 이 시기 만철은 수많은 새로운 철도노선을 건설했을 뿐만 아니라, 대련서항(大連西港), 호로도항과 조선의 나진천(羅津川), 웅기 두 항구를 증축하고, 대동항(大東港)과 대련 어업항을 신축했다. 이 모든 것이 만철의 세력을 크게 확장시켰다.

1937~1940년 사이 만철은 회사채도 계속해서 발행했다. 이 시기 만철은 잇따라 회사채 7억 9,100만 엔을 발행했다. 이미 상환한 1억 5,383만 엔 외에 1940년 여전히 회사채 14억 434만 5,000엔을 빚지고 있었다. 1940년 만철은 네 번째이자 마지막으로 증자를 실시했다. 공개적으로 발표한 자금증가는 14억 원, 2,800

만 주, 주당 가격은 50엔, 불입자금은 8억 5,620만 8,000엔이었다.[124] 만철의 자금증가 상황은 〈표 20-14〉와 같다.

〈표 20-14〉 만철 제4차 증자의 분배와 납입 상황표

	담 당		실제불입주식자금(만 엔)	실제미불입주식자금(만 엔)
	주식(만 주)	출자금(만 엔)		
일본 정부	1,400	70,000	39,620.8	30,379.2
주식모집(募股)	1,400	70,000	46,000.0	24,000.0
그중: 괴뢰정부	100	50,000	1,000.0	4,000.0

출전 : 張福全, 『遼寧近代經濟史(1840~1949)』, 386쪽.

1943년 만철의 총자산은 42억 3,000만 엔에 달했다. 1944년 9월에는 50억 9,300만 엔에 이르렀다. "그 가운데 주주 자본, 즉 자기 보유 자본은 19억 5,800만 엔(적립금 3억 9,800만 엔과 이윤 2억 2,000만 엔 포함)이고, 외부 부채, 즉 차용 자본은 31억 3,500만 엔(사원 신분 보증금 1억 6,700만 엔과 단기 부채 5억 9,200만 엔 포함)이었다."[125]

비록 이 시기 만철은 끊임없이 확대되었지만, 일본침략전쟁의 지속적인 실패에 의해 만철의 각종 위기도 나날이 더욱 표출되었다. 그런 까닭에 이 시기 만철의 확장과 '번영'은 죽기 직전 최후의 발악에 불과했을 따름이었다.

---

[124] 張福全, 『遼寧近代經濟史(1840~1949)』, 386~387쪽.
[125] 蘇崇民, 『滿鐵史』, 834쪽.

제21장

일만경제일체화와 '관동주' 경제

1. 관동군의 '경제통제'정책

'일만경제일체화(日滿經濟一體化)'와 '만주경제통제론'은 관동군이 동북을 무력으로 점령한 후 치밀하게 만들어낸 이론이었다. 그 이론의 핵심은 중국 동북의 경제를 일본 경제 통제 아래 편입시키는 것이었다. 무력을 사용해 중국 동북에서 경제이익을 최대한 수탈한 후, 동북을 일본영역에 포함시키고 이로써 해외영토 확장계획을 실현하는 것이 일본 파쇼군인들의 간절한 숙원이었다.

동북의 자원 전부를 일본인의 수중에 장악할 수 있을 것인가. 만주국 경제를 일본경제의 범주 속으로 녹아들게 하여 그것으로 하여금 일본 경제 발전의 필요에 복종하고 봉사하도록 할 수 있을 것인가. 이 문제는 관동군과 일본 군부에게 아주 중요한 것이었다. 일찍이 제1차세계대전 기간 동안 일본 군부는 유럽으로 사람을 파견하여 이 방면에 관한 자료를 수집했을 뿐만 아니라 체계적으로 연구했다. 그들이 조사연구를 통해 얻어 낸 결론은 다음과 같았다. 4년에 달하는 제1차세계대전에서 참전 각국이 동원한 병력의 규모는 세계 전쟁사에서 전대미문의 것이며, 물자소모는 더욱이 역사상 전례가 없는 것이었다. 러일전쟁은 일본 전쟁사에서 규모가 가장 크면서도 가장 참혹한 한 차례의 전쟁으로, 동원병력은 총 109만 명이었다. 그러나 단 1년 동안의 전쟁에서 일본은 전국 각지 각 계층이 와신상담하며 10년이라는 오랜 시간 동안 쌓아온 모든 것을 다 소모해버렸다. 제1차세계대전 동안 독일이 동원한 병력은 915만 명, 오스트리아헝가리제국은 705만 명, 군사동원이 가장 적었던 미국도 375만 명에 달했다.[1] 이로부터 그 물자소모를 가히 짐작할 수 있다. 이 사실은 심각하게 일본 군부를 자극했다. 현대화된 전쟁은 군사역량에만 의지하는 것에 그치지 않고, 더욱 중요한 것은 국가의 경제력과 국방자원에 의지해야만 한다는 것을 아주 깊이 느끼게 해주었다.

제1차세계대전 종결 후 일본 육군대학을 졸업한 일본 소장군관(少壯軍官)들은 자신감에 가득 차 눈앞에는 아무 것도 보이지 않았다. 그들은 적극적으로 대외전쟁을 일으키고, 영토를 확장 하는 등의 문제에 대한 연구와 토론 활동을 전개해 나갔다. 당시 참모본부의 참모를 담당한 소좌 고이소 구니아키(小磯國昭)는 『제국국방자원(帝國國防資源)』이라는 이름의 보고서를 작성하여 다음과 같이 말했다. "장기 전쟁의 최종 승리는 전시에 자급자족적 경제를 확립하고 운영할 수 있는 자의 것이다." 그는 일본의 실제 상황을 분석한 후, 일본은 "토지가 협소하고 자국에서 생산되는 원료가 전시에 필요한 전부를 공급하기에는 어쨌든 부족하다." 그러므로 "우리는 마땅히 인력으로 할 수 있는 바를 다하고, 각종 수단을 사용하여 평소 제국의 생존에서 절대적 필요조건인 전시경제의 독립을 준비해야만 한다." 어떻게 국방자원을 마련할 것인가에 대해서, 고이소는 다음과 같이 적나라하게 말했다. "제국이 필요로 하는 원료는 전부 중국에 존재

---

[1] 楊寧一, 『日本法西斯奪取政權之路』, 北京師範大學出版社, 2000, 94~95쪽.

하고 있으며" "중국의 공급력에 의존하는 부분은 장래에 더욱 증가할 것이다." 특히 만몽지역은 바로 일본 국방자원의 중요 공급지다.2)

일본 군부의 대표적 파쇼인물인 나가타 데쓰잔(永田鐵山)은 1913년 일찍이 독일과 스웨덴으로 파견되어 군사(軍事)를 연구하며 유학했다. 그는 유럽에 머무는 동안 한편으로 군사 정보를 수집하고, 다른 한편으로 유럽의 전쟁에 대해 연구했다. 아울러 1920년에 쓴 「국가 총동원에 관한 의견[關於國家總動員的意見]」이라는 제목의 보고서에서 다음과 같이 쓰고 있다. 전쟁에서 승리하기 위한 필수 조건은 "임시 혹은 영구적으로 국가 권리가 장악한 일체의 자원과 기능에 대한 통제와 배치, 그것을 가장 효과적으로 전쟁에 이용하는 것"이다. 동시에 나가타 데쓰잔은 새로운 전쟁 형식 아래서 군인이 마땅히 갖추어야할 소양에 대해서도 새로운 요구를 제기했다. 그는 다음과 같이 말했다. "군인은 단순히 전쟁에서 싸워 이기는 것에 만족해서는 안 된다. 반드시 이전보다 한층 더 법률·정치·경제방면의 지식을 갖추고 있어야 하며, 생산 상황과 사회 정황에 대해서도 상당한 이해를 가지고 있어야 한다."3)

고이소 구니아키와 나가타 데쓰잔의 이론은 관동군의 '일만경제일체화'와 '만주경제통제'이론의 기초였다. 고이소 구니아키, 이타가키 세이시로(板垣征四郎), 이시하라 간지(石原莞爾)는 모두 일본 군부 파쇼분자 가운데서도 핵심인물이었다. 그들은 자주 도쿄 해행사(偕行社)에 모여 함께 사상을 교류하거나 문제에 대해 논의했다. 후에 다시 관동군에서 함께 요직을 담당하면서 동북을 무장침략한 장본인들이었다. 그러므로 그들의 사상과 이론 체계는 완전히 일맥상통하는 것이었다.

1930년 초 관동군 고급 참모였던 이시하라 간지는 만철조사과에서 강연하는 기회를 이용하여 조사과장 사다 고지로(佐田弘治郎)에게 관동군 업무에 적극

---

2) 楊寧一, 『日本法西斯奪取政權之路』, 北京師範大學出版社, 2000, 97쪽.
3) 纐纈厚, 『總體戰研究』, 東京, 三一書房, 1981, 40~44쪽.

적으로 협조해 줄 것을 요구했고, 사다 고지로의 적극적인 호응을 얻어냈다. 9·18사변 발생 후 이시하라 간지는 조금도 지체 없이 만철조사과 법제(法制) 주임 마쓰키 다모쓰(松木俠), 미야자키 마사요시(宮崎正義) 등의 중요 인물들을 심양으로 불러 모았다. 그리고 만주국 명의로 발포되는 각종 '법령', '포고문', '방안', '강령' 등의 초안 작성을 돕도록 했다. 이로부터 관동군과 만철조사부는 이미 전면적으로 합작하는 동반자 관계를 수립하게 되었다.

관동군이 만주국 경제정책을 '지도'하기 위해 제시한 첫 번째 방안은 참모부 제3과가 1931년 12월 8일에 제출한 「만몽개발방책(滿蒙開發方策)」이었다. 「방책」의 규정은 다음과 같았다. ① "평시와 전시 두 시기의 군수자원을 확보한다." ② "만몽개발은 일본을 위해 기여하도록 해야 한다." ③ "만몽개발정책은 원칙적으로 내지(일본) 및 식민지로 하여금 만몽과 일체가 되게 하여, 계획경제아래 통제를 실행한다." 동시에 「방책」은 또 규정하기를 상술한 방침의 지도하에서 모든 경제활동의 '최대 착안점'은 당연히 철, 석탄, 혈암유(頁巖油), 마그네사이트 등 자원의 이용에 대해 특별히 중시해야 한다고 했다.[4] 그러나 이 「방책」은 방침과 구체적인 방법 면에서 모두 대략적인 것으로, 시급히 해결해야 할 실제적인 많은 문제는 여전히 언급하지 않고 있었다. 그런 까닭에 관동군은 한편으로 일본의 저명한 경제 전문가와 상공업 거두를 초청하여 금융·화폐제도·관세·전매 등 방면의 문제에 대해 자문회를 개최했다. 다른 한편으로 만철과 전문적인 경제연구기구의 설립을 논의했다. 1932년 1월 8일 관동군 참모장 미야케 미쓰하루(三宅光治)는 만철 부총재 에구치 사다에(江口定條)에게 편지를 보냈다. "만몽에서 각종 조사를 진행하고, 건설방안과 계획의 제정을 연구하여, 군부가 제출한 질의에 회답하고 아울러 군부와 합작하기 위해, 귀사가 강력한 힘이 있으면서도 거대한 조사기구 하나를 봉천에 건립하기를 삼가 청합니다.

---

[4] 解學詩, 『隔世遺思——評滿鐵調査部』, 203쪽.

특별히 간곡하게 부탁드립니다."5) 1월 21일 만철 이사회는 조사부의 핵심 역량을 뽑아내어 '만철경제조사회'(약칭 경조회經調會) 성립을 결의했다. 만철 규정에 따라 경조회는 '직접 총재의 지시를 받았고', 경비는 만철이 부담하며 "조사성과는 이사회를 통해 관동군에게 전달되었다." 그러나 실제로는 "거의 모든 자료가 직접 관동군 특무부로 전달되었다."6) 경조회는 관동군의 지휘를 전적으로 받아들임으로써 만철의 영도로부터 이탈했다. 그런 까닭에 사람들은 우스개로 관동군의 '사생아'라고 불렀다.

경조회가 조사연구를 진행하고 방안을 기초할 때 반드시 준수한 원칙은 다음과 같았다. "첫째, 일만경제를 하나로 융합하여 양자 사이에 자급자족경제를 확립한다. 둘째, 국방경제(국방자원의 개발)를 확립한다. 셋째, 인구의 역량을 키운다. 넷째, 만주의 중요한 경제 부문을 자유방임하지 않고 국가의 통제 아래에 둔다."7) 이러한 규정은 만철 이사회가 제정한 것이 아니라, 관동군이 '군사기밀'로 삼아 경조회에 특별히 요구한 것으로, 당초 제3과가 제출한 최초 방안의 기본 정신과 일치하는 것이었다.

경조회는 만철회사에서 지식분자들의 '정수'를 모았다. 그들은 모두 '중국 동북문제'의 전문가들로서 조사연구와 이론분석방면에서 각자 독보적인 면을 지니고 있었다. 그들은 관동군이 하달하는 명령을 받은 후, 각자 모두 전심전력을 다해 그것에 몰두했다. 그리고 일본제국의 이익을 위하여 할 수 있는 모든 것을 다해 자신의 '재능과 지혜'를 바칠 것을 맹세했다.

경조회는 모두 5개 부문으로 나뉘어 각각 계획을 제정하고, 대중교통·상업·농업·사법 등의 방면에 대한 조사연구작업을 진행하는 책임을 맡았다. 그 가운데 제1부는 종합부로 특히 경제통제방안을 기초하고 제정하는 책임을 졌

---

5) 草柳大藏 著, 劉耀武 等 譯, 『滿鐵調査部內幕』, 456쪽.
6) 草柳大藏 著, 劉耀武 等 譯, 『滿鐵調査部內幕』, 457쪽.
7) 滿鐵資料課 編, 『滿鐵調査機關要覽』, 大連, 1937, 213~215쪽.

으며, 미야자키 마사요시가 주임을 맡았으며, 2월 중순 봉천으로 이전했다. 종합부의 부원(部員) 호죠 히데이치(北條秀一)는 '만주국경제통제강요'의 초안 작성 임무를 맡은 후 "침식을 잊고 밤낮으로 일에 몰두하여"[8] 3월 말 「강요」 초안 작성 임무를 완수했다. 6월 호조 히데이치의 원고는 미야자키 마사요시 등의 심사를 거쳐 수정되었고, 「만주경제통제방책요지」의 제목으로 관동군 참모장 하시모토 도라노스케(橋本虎之助)에게 보고되었다. 이 원고는 관동군 특무부의 반복적인 토론과 연구를 거쳐 「만주경제통제근본방책안(滿洲經濟統制根本方策案)」으로 입안되었다. 아울러 이 안의 「설명」과 함께 경조회에 하달되었다. 경조회 제1부는 곧 특무부의 「방책안」에 근거하여 12월 15일 「만주국경제건설제1기종합계획안」의 편성 작업을 완성했다. 미야자키 마사요시, 야스모리 마쓰노스케(安盛松之助), 사이토 유키오(齋藤征生) 3명이 이 「계획안」을 재차 심사하고 수정한 후, 「만주국경제건설강요」라고 명명했다. 그 후 그들은 다시 관동군 특무부와 공동으로 마지막 한 차례의 철저한 연구를 진행했고, 1933년 3월 1일 마침내 만주국정부의 명의로 세상에 공포되었다.

관동군 특무부와 만철경조회가 1년이라는 시간 동안 심혈을 기울여 만들어 낸 이 「강요」는 만주국 경제운행을 지도하는 강령성 문건이었으며, 그 내용은 모두 10개의 부분으로 나누어져 있었다. '경제통제'이론의 정확성을 표방하기 위해 「강령」은 첫머리부터 자유자본주의를 비판하여 이르기를 "우리는 통제가 없는 자본주의의 악습에 비추어 보아, 그것을 국가가 통제하지 않으면", 경제를 발전시킬 수 없다는 것을 안다고 했다.[9] 이어서 이른바 만주국 경제건설의 근본방침이라는 것을 제기했으며, 그 주요 내용을 종합해보면 아래의 두 가지에서 벗어나지 않는다. ① "전국의 모든 천연자원을 개발 하되" 반드시 "특별히 중요한 부분에 대해서는 국가의 통제를 실행하며, 합리적인 계획을 절실히 강

---

[8] 草柳大藏 著, 劉耀武 等 譯, 『滿鐵調査部內幕』, 461쪽.
[9] 中央檔案館 等 合編, 『日本帝國主義侵華檔案資料選編 · 東北經濟掠奪』 第14冊, 30쪽.

구 한다." ② "동아시아 경제의 융합과 합리화를 목표로, 먼저 일만(日滿) 양국이 서로 의지하고 보조할 수 있는 경제 관계를 검토하여 양국의 협조를 핵심으로 하는 상호부조 관계가 한층 더 긴밀해지도록 한다."10) 비록 날조자는 중국인의 반감을 불러일으키는 것을 피하기 위해 무척 고심하며 의미가 불분명하고도 함축된 언어로 자신의 '통제' 의도를 설명하고 있지만, 여전히 세인들을 속일 수는 없었다. 이른바 '국가의 통제'라는 것은 실제로는 관동군의 통제를 말했다. 푸이(溥儀)는 단지 관동군 수중의 서명하는데 이용하는 하나의 장난감에 불과했다. 만주국은 기껏해야 관동군의 간판일 따름이었다. 그리고 "양국의 협조를 핵심으로 한다"는 것은 곧 만주국 경제로 하여금 일본 경제 발전의 필요에 복종하도록 하기 위해 일본 경제의 종속물이 되도록 한다는 것이다.「강요」의 목적은 사실 다음과 같았다. 즉 관동군이 동북의 모든 자원을 장악하고, 아울러 일본 기업을 지휘하여 '개발'을 진행함으로써 일본 국방 공업과 기타 공업 원료의 부족을 보충하는 것이었다. 이 목적을 실현하기 위해「강요」는 교통·통신·국방공업·기간산업·채금업·전기·금융 및 공익성에 속하는 산업 등 모두를 '통제'의 범위에 포함시켰다. 이와 같이 만주국 경제는 완전하게 식민지 경제와 일본 경제의 종속물로 변했다.

1933년 5월, 즉「강요」공포 2개월 후 관동군 참모장 겸 특무부장 고이소 구니아키는 만주국의 경제통제에 대해 담화를 발표했다. 이 담화는「강요」에 대한 주해와 설명이었다. 그는 다음과 같이 말했다.

> 제국(帝國)과 만주국의 관계, 즉 만주국은 제국과 불가분의 긴밀한 관계가 있음을 명확하게 인식하는 것이 만주국 경제통제의 전제조건이다. 일만 양국 경제통제의 근본방침은 바로 제국의 국토가 반석(盤石)처럼 안전하다는 것을 믿고 조금도 동요하지 않는 것이다. 만약 일만 양국 관계에 대해 명확한 인식이 있다면, 그렇다면 만주국 경제통제를 실행할

---

10) 中央檔案館 等 合編,『日本帝國主義侵華檔案資料選編 · 東北經濟掠奪』第14册, 30쪽.

때, 결코 만주국을 일본국과 대립관계에 있는 국가로 간주하여 정책을 제정하지 않을 것이며, 또 만주국을 제국의 식민지로 대하지도 않을 것이다. 그러므로 당연히 어떠한 초조함과 불안도 있을 수 없으며, 일체의 부정확한 견해는 버리고 충만한 믿음을 수립해야 한다. 이러한 신념 아래 만주국 경제통제의 근본방침을 논의해야 한다. 이 방침은 다음의 내용을 포괄한다.

① 일만 경제로 하여금 합리화되게 하고, 융합하여 일체가 되게 한다.
② 평시와 전시에 일만 양국은 공존공영하며 국민생활을 안정시킨다.
③ 일만이 공통으로 협력하여 경제력 확충의 기초를 확립한다.11)

고이소 구니아키의 담화는 더욱 명확하게 관동군 '경제통제'의 목적과 본질을 드러내고 있다.

1934년 3월 30일 일본 내각은 「일만경제통제방책요강」을 선포했다. 이는 일본 정부가 이미 공개적으로 나서서 직접 만주국 업무에 개입하기 시작했음을 상징한다. 만약 이전에 일본 정부가 국제 여론의 압력에 가로 막혀 줄곧 막후에 숨어서 관동군을 무대에 내세워 공연하게 했다고 한다면, 현재 일본은 이미 국제연맹에서 탈퇴했으므로 조금도 우려할 것 없이 무대로 달려 나와 지휘 호령할 수 있었다. 이 외에 국제 외교관례 측면을 고려해 보아도 일부 문제는 관동군도 나서서 처리할 권리가 없었으므로, 정부가 나서는 것이 더욱 유리했다. 「일만경제통제방책요강」은 첫머리에서 그 요지를 분명하게 다음과 같이 쓰고 있다. "제국의 세계적 경제력 발전의 기초를 확립하기" 위해 일본은 "일만 경제를 특별히 통일된 하나의 조직체로 간주하고" "합리적으로 융합하여" "실지주의(實地主義)를 실행"한다. 특히 "제국의 국방 요구를 제약하는 것에 대해서는 제국의 실권 아래 두고 적절하게 통제함으로써 신속한 발전을 기한다"라고 강조했다.12) 이로부터 일본의 종주국 패권 지위는 남김없이 드러났다.

---

11) 中央檔案館 等 合編, 『日本帝國主義侵華檔案資料選編 · 東北經濟掠奪』 第14册, 18~19쪽.
12) 中央檔案館 等 合編, 『日本帝國主義侵華檔案資料選編 · 東北經濟掠奪』 第14册, 36~37쪽.

만주국의 「경제건설강요」와 일본 정부의 「일만경제통제방책요강」은 일본이 동북의 자원을 전면적으로 통제하고 수탈하는 지도적 문건이었다. 그것은 일본의 동북자원 약탈방침 및 계획과 구체적인 방법에 대해 전면적이면서도 체계적으로 설명하고 있다. 자원 배치로부터 자본 출처에 이르기까지, 개발 규모와 시간 안배로부터 개발자의 자격심사에 이르기까지 완전히 일본에 의해 결정지어졌다. 계획적이고 단계별로 동북을 일본의 국방자원과 국내 생산원료의 공급지로 만드는 것이 '일만경제통제'의 최종 목적이었다.

관동주의 경제도 마찬가지로 '일만경제일체화'와 '경제통제' 체제 속으로 편입되어, 일본 경제의 수요에 따라 조정이 진행되었다. 특히 국방 공업과 관련된 산업 부문은 모두 관동국의 안배에 따라 '일·만·관(日·滿·關)경제일체화'를 실행해야만 했다.

2. 일본이 대련에 건립한 중화학공업기업

일본이 대련에 건립한 중화학공업기업은 기본적으로 모두 만철중앙시험소와 관련이 있었다.

9·18사변 이전 일본이 대련에서 이 시험소의 연구성과를 이용하여 설립한 생산기업은 대부분 민수용 화학공업기업이었다. 예를 들면 1910년 건립된 대화요업주식회사(大華窯業株式會社), 1920년 설립된 창광유리회사(昌光硝子會社), 1925년 설립된 대련요업주식회사(大連窯業株式會社) 등은 모두 중앙시험소가 개발한 도자기와 내화 재료 등의 과학 기술 연구 성과를 이용하여 건립된 건재(建材)생산기업이었다. 1915년 설립된 풍년제유주식회사(豊年製油株式會社), 1916년 설립된 대련유지공업주식회사(大連油脂工業株式會社), 1918년 설립된 대련제유주식회사(大連製油株式會社) 등은 바로 이 시험소가 개발한 콩기름

휘발유 추출법[大豆油汽油抽取法]과 경화유공업법(硬化油工業法)을 이용하여 건립한 고가공형산업(高加工型産業)이었다. 이러한 기술은 당시 세계에서도 선도적인 지위를 점하는 것이었다.

9·18사변 후 형세가 급변하여 관동군은 동북 전체를 장악하고, '일만경제일체화'와 '경제통제'정책을 추진하기 시작했다. 그러므로 과학 연구 분야와 생산기업을 막론하고, 반드시 국방과 군사 수요를 가장 우선순위에 두어야만 했다. 그 결과 모든 것이 군사방면으로 치우쳤으며 화학공업은 그 첫 공격 대상으로서 '통제'받아야 할 중요 산업이 되었다. "태평양전쟁의 진전에 따라, 중앙시험소의 후기(後期)에는 경금속과 액체연료 제조연구를 중심으로 했으며, 아울러 군수공업 연구임무를 담당했다."[13]

1933년 정식으로 공포된「만주국경제건설강요」는 화학공업방면의 "유지(油脂), 소다공업, 주정공업, 시멘트공업" 등 "국방 혹은 공익적 성질을 가진 중요기업"[14]을 '국가통제'의 범위에 넣어 만주국의 최고 통치자인 관동군이 직접 통제하게 했다. 관동군과 만철경조회는 동북의 각종 자원에 대한 전면적인 조사 실시 후, 계획에 따라 점진적으로 대련에 중화학기업을 건립하기로 결정했다. 이러한 화학기업은 평시에는 동북 자연자원의 개발, 민간 화학공업 상품생산을 위주로 하고, 전시에는 신속하게 군수물자생산으로 전환할 수 있도록 했다. 이 의도는 1934년 3월 30일 일본 내각이 반포한「일만경제통제방안요강」속에 가장 명확하게 나타나 있다. "석유공업은 신속한 발전을 다한다" "비료공업은 일만 양국 농업상의 요구와 일본 동종업의 발전 상황을 고려하여 신속한 발전을 기한다" "알칼리공업은 국방상의 요구와 일본 동종업의 발전 상황을 고려하여 신속한 발전을 기대한다."[15] 이러한 원인에 근거해 황산암모늄, 알칼리공업, 석

---

[13] 滿史會 編, 東北淪陷十四年史遼寧編寫組 譯,『滿洲開發四十年史』下, 171쪽.
[14] 中央檔案館 等 合編,『日本帝國主義侵華檔案資料選編 · 東北經濟掠奪』第14冊, 31쪽.
[15] 中央檔案館 等 合編,『日本帝國主義侵華檔案資料選編 · 東北經濟掠奪』第14冊, 40쪽.

유공업은 9·18사변 후 일본이 투자한 대련공업의 중점이었다. 일본은 잇따라 대련에 만주화학공업주식회사, 만주석유주식회사 대련공장, 만주소다주식회사를 건립했다.

1) 만주화학공업주식회사

만주화학공업주식회사(약칭 만화)는 1933년 5월 30일 관동군의 승인을 거쳐, 만철을 주요한 투자자로 하여 건립되었다. 일찍이 1927년 야마모토 쵸타로(山本條太郎)가 만철총재로 있을 때, 안산제철소(鞍山製鐵所)의 부산물 골탄(骨炭) 용광로의 가스를 이용해 황산암모늄을 생산할 계획이 있었다. 이러한 석탄가스 속의 수소는 온도가 높지 않은 저온저압 하에서 암모니아로 합성되며, 여기에 다시 황산을 첨가하면 황산암모늄(즉 화학비료)을 생산할 수 있었다. 당시 조사를 통해 일본과 동아시아지역의 황산암모늄시장은 발전 장래가 양호하며, 비교적 적은 투자로 고액의 이윤을 얻을 수 있는 것으로 입증되었다. 그리하여 만철은 즉시 합성암모니아를 생산하는 세계에서 가장 선진적인 생산기술, 즉 오특법(烏特法)의 특허권을 구입하여[16] 한번 일을 크게 벌이려고 준비했다. 그러나 만철이 200만 엔을 투자하여 생산설비를 사들이고 막 생산에 들어가려 할 때, 일본 다나카(田中)내각이 붕괴하고 야마모토 쵸타로가 만철을 떠났기 때문에 이 계획은 중단되었다.

이때 관동군과 만철은 새로 설립될 만화 본부와 공장을 모두 대련의 감정자(甘井子) 해묘둔(海猫屯, 지금의 해무가(海茂街) 일대)에 건설하여 황산암모늄 등 각종 화학비료와 기타 화학공업제품의 생산 및 수출을 주요 업무로 삼기로 결정하고, 원래 구매한 설비와 특허기술을 안산에서 대련으로 이전했다. 만화의 자본총액은 2,500만 엔으로, 그 가운데 만철이 51.7%의 주식을 가지고 있었

---

[16] 工業化學會滿洲支部, 編, 『滿洲の資源と化學工業』, 東京, 丸善株式會社, 1939, 403쪽.

다. 그 나머지 투자자는 일본구매조합연합회, 동양질소공업주식회사와 기타 개인투자자였다.

만화는 1933년 공장건설공사에 착수하여 1935년 3월 준공하고 생산에 들어갔다. 황산암모늄의 생산을 주업으로 하는 외에도, 질산암모늄, 황산, 질산, 타르, 벤젠 등의 부산물을 회수하는 설비도 갖추고 있었다. 공장의 설계생산능력은 연간 황산암모늄 18만 톤, 황산(50도) 25만 톤, 농(濃)황산 3,000톤, 질산암모늄 3,000톤, 질산(50도) 2,000톤, 벤젠 1000톤, 타르 1,000톤, 페놀유 1,000톤, 수지(樹脂) 2,000톤, 코크스 1만 톤을 생산할 수 있었다.[17] 1935~1937년 이 공장의 황산암모늄 생산량은 각각 13만 3,500톤, 13만 7,130톤, 18만 1,200톤이었다.[18]

만주화학공업주식회사

그러나 만화는 결코 기존의 성과에 만족하지 않았다. 오히려 정세와 시장 발전에 근거하여 끊임없이 새로운 생산설비를 늘려 생산능력을 높이고자 했다. 1937부터 1940년까지 만화에는 매년 새로운 조치가 있었다. 중요한 것은 황산

---

[17] 工業化學會滿洲支部 編, 『滿洲の資源と化學工業』, 404쪽.
[18] 山岸守永, 『滿洲經濟提要』(極秘), 滿鐵調査部, 1938, 347쪽.

암모늄의 연간 생산능력을 24만 톤으로 끌어 올리는 것이었다. 1940년 농(濃)질산 생산설비를 증설하고, 휘발유통[汽油桶]과 산화나프탈렌[酸化萘] 작업장을 신축했다. 또 원래의 질산, 질산암모늄, 농질산 생산 작업장을 증축하고, 접촉식(接觸式) 질산소다공장 등을 새롭게 건설했다. 1940년 만화의 황산암모늄 생산량은 16만 5,490톤이었다. 이 공장의 또 다른 주요 생산품은 질산암모늄으로 1941년 생산량은 7,348톤이었다. 황산암모늄이 주로 화학비료생산에 사용되었다면, 질산암모늄은 주로 봉천조병소(奉天造兵所)와 무순(撫順)탄광의 폭약 제조용으로 공급되었다.

이때에 이르면 만주화학공업주식회사는 이미 동아시아 굴지의 현대화된 대형 화학공업기업이 되었다. 이것은 투자자의 고심스러운 경영 외에도, 관동군이 전쟁 형세의 필요에 의거하여 '통제'를 진행한 결과였다. 1937년 일본은 전면적인 중국침략전쟁을 일으켰고, 각종 군수와 관련 있는 화학공업제품의 수요는 줄곧 급증했다. 이로 인한 만화의 생산능력 확대 또한 아주 자연스러운 것이었다.

만화가 생산하는데 필요한 주요 원료는 석탄과 유화철광석(硫化鐵鑛石)이었다. 그 가운데 석탄은 동북이 특별히 좋은 조건을 갖추고 있었기 때문에 전적으로 공급을 만족시킬 수 있었다. 그러나 유화철광석은 동북의 생산량이 매우 적었기 때문에, 조선과 일본으로부터 수입해야 했다.[19] 이는 아주 많은 불편이 따르는 것이었다. 더욱이 전쟁이 점차 확대되어 감에 따라 공급량 부족이 더욱 뚜렷해졌다. 황산암모늄 생산량은 나날이 감소했으며, 1943년에 이르면 마침내 연간 생산량이 3만 톤가량으로 떨어지게 되었다. 이러한 상황에 비추어, 만화는 상품생산의 방향을 바꾸어 군수산업생산과 밀접하게 관련이 있는 질산과 질산암모늄을 생산하기로 결정했다. 1944년 질산암모늄의 생산능력은 1만 2,000

---

[19] 工業化學會滿洲支部 編, 『滿洲の資源と化學工業』, 418쪽.

톤에 달했다.

    태평양전쟁 발발 후 만화는 정식으로 군수산업 생산궤도로 들어갔으며, 무기 원료인 질산염의 생산에 더 힘을 실었다. 군부의 지시에 따라 화약원료인 2,4-디니트로클로로벤젠(2,4-Dinitrochlorobenzene)공장 건설 경비를 모았으며, 만화는 1941년의 기업예산비용 가운데 314만 엔의 별도 자금을 추가했다. 1942년 관동군과 (봉천에 있던 일본의 무기 공장인) 만주 918부대는 공동으로 다음과 같은 명령을 하달했다. 만화는 대화염료주식회사(大和染料株式會社)와 합작하여 2,4-디니트로클로로벤젠을 연구 제조한다. 군부와 만주국정권의 주관 아래, 두 기업은 2월 13일「2,4-디니트로클로로벤젠 응급 생산 대책 강요(二硝基氯苯應急生産對策綱要)」와「만주화학공업주식회사와 대화염료주식회사 합병에 관한 협의사항(關于滿洲化學工業株式會社同大和染料株式會社合幷的協議事項)」에 서명했다. 그리고 1942년부터 두 기업이 공동으로 2,4-디니트로클로로벤젠을 연구 제조할 것을 결정했다. 아울러 일체의 관련된 구체적인 사항은 반드시 관동군의 지시에 따를 것을 명확하게 강조했다. 10월 26일 만화는 대화염료와 다시 합병계약을 체결하여, 만화가 대화염료를 합병하는 동시에 자본은 260만 엔으로 증가했다. 이 사업의 원료인 클로로벤젠은 만주소다주식회사의 개원(開原)공장이 생산을 책임졌다. 클로로벤젠의 원료 벤젠은 쇼와제강소(昭和製鋼所)와 본계호(本溪湖)석탄철강(煤鐵)회사가 제공했다.[20] 이처럼 당시 일본은 기본적으로 동북에 있는 기업 모두를 군수산업 생산궤도로 편입시켰음을 알 수 있다. 만화의 2,4-디니트로클로로벤젠의 생산은 모두 2년 동안 진행되었으며, 1943년의 생산량은 806톤, 1944년은 851톤이었다. 이러한 생산품은 모두 일본이 1942년 요양(遼陽)에 설립한 383부대[21]에 공급되어, 지뢰・유탄(榴彈)・수류탄

---

[20] 滿鐵文書: 甲, 昭和 16年, 總體, 監理, 關監, 滿洲化學, 第118冊 34, 蘇崇民,『滿鐵史』, 689쪽 재인용.

[21] 또는 遼陽造兵廠이라고 부른다.

을 생산하는 기본 원료로 사용되었다.

2) 만주석유주식회사 대련공장

석유는 중요한 에너지원으로 흔히 공업과 국방의 혈액이라고 불린다. 일본은 석유자원이 부족한 나라이다. 이 현실적인 문제는 줄곧 일본이 대륙정책을 실현하고 군비를 확충해 전쟁을 준비하는데 큰 장애가 되었다. 그런 까닭에 일본은 동북을 점령한 후 일찍이 전력을 다해 도처에서 석유를 찾았다. 1932년 12월 관동군 특무부가 제정한 「액체연료방책」은 다음과 같이 제기했다. "될 수 있는 한 빨리 석유 및 함유세일[油頁巖]자원을 조사하고, 이러한 자원을 발견한 후에는 즉시 관련 개발보존방책을 마련해야 한다."[22] 그러나 일본 탐사기술의 한계로 말미암아 당시 동북지역에서 할 수 있는 모든 것을 다하고도 대량으로 매장된 석유자원은 찾지 못했다. 이후 겨우 무순(撫順)에서 발견된 함유세일광산을 이용해 1936년 무순서정유공장[撫順西煉油廠]을 건설했다. 연간 생산량은 원유 14만 톤이었다. 그런 까닭에 이후 동북지역에 건립된 정유공장이 사용하는 원유는 거의 대부분이 수입 원유였다.

동북지역 석유생산품에 대한 통제를 더욱 강화하기 위해, 관동군은 만주국 명의로 석유의 개발과 판매를 책임지는 특수회사를 설립하기로 결정했다. 이로 인해 1933년 6월 「만주석유주식회사설립요강」을 만들었는데, 그 내용은 아래와 같다.

첫째, 방침

만주의 국방상 중요한 석유자원을 조직적으로 개발하고 아울러 초보적인 단계부터 석유의 채굴과 정련(精煉)을 잘 통제하기 위해 만주석유주식회사를 설립한다.

---

[22] 中央檔案館 等 合編, 『日本帝國主義侵華檔案資料選編 · 東北經濟掠奪』 第14冊, 370쪽.

둘째, 요점

1. 본 회사는 아래에 열거한 업무를 경영한다.

    ① 석유의 채굴

    ② 석유의 정련과 판매

    ③ 정부가 위탁 혹은 명령한 사업

    ④ 위에 열거한 각 항목의 부속 사업

2. 만주국정부는 원칙상 마땅히 국내 석유광업을 본 회사에 양도해야하지만, 군사상 봉쇄가 필요한 석유광업은 만주국이 보류할 수 있다.

3. 만주국정부는 석유정련사업을 본 회사 이외의 여타 사람에게 허가할 수 없다.

4. 본 회사는 전시·사변 속에서 만주국정부가 지정한 가격에 의거해 일만군(日滿軍)이 필요한 수량의 석유를 판매해야 할 의무가 있다. 본 회사는 평소 최소 6개월 동안 정련할 수 있는 충분한 원유를 저장해둬야 할 의무가 있다.

5. 본 회사의 장정은 마땅히 아래에 열거한 각 항목에 따라 제정한다.

    ① 만주국 법인의 일만이 공동으로 경영하는 회사로 한다.

    ② 본 회사의 업무는 (첫째) 열거한 각 항목 경영을 목적으로 한다.

    ③ 본 회사의 자본은 500만 원(엔화)으로 예정하되, 사업 계획이 확정된 후 다시 결정한다.

    ④ 본 회사가 주식을 양도할 때는 반드시 동감회(董監會)의 승인을 받아야 하며, 일만 양국 이외의 사람에게 양도할 수 없다.

6. 아래에 열거한 사항에 관해서는 사전에 반드시 만주국정부의 승인을 거친다.

    ① 이사와 감사의 임면.

    ② 이윤 처리.

    ③ 연간 사업 계획

    ④ 총회[大會] 제의 사항

    ⑤ 기타 중요 사항

    주주의 배당금에 대해서는 80% 이내로 제한하며, 그 나머지 이윤은 당연히 시험 채굴과 조사 등의 비용으로 삼아야 한다.

7. 본 회사는 되도록 빨리 설립되어야 한다. 그러나 사업계획을 공개하기가 어려우므로,

잠시 일반적인 주식모집방법은 취하지 않고 아래에 열거한 방면에서 주식을 출자한다. 만주국 100만 원(元), 만철 200만 원, 일본 민간 석유업자(日石·小倉·三井·三菱) 각 50만 원.

8. 본 회사의 사업 범위는 잠정적으로 외유(外油)를 원료로 하는 정유공장을 설립하고 석유 자원에 대해 조사와 탐사를 진행하는 것으로 정한다.

상술한 조사와 탐사작업은 회사가 설립된 후 곧 바로 착수해야 하며, 현 단계에서 조사와 탐사 비용은 최소한 50만 원을 지불한다.[23]

상술한 「요강」은 만주석유주식회사를 동북의 석유채굴권과 경영권을 독점하고, 만주국을 법인으로 하는 특수회사로 규정하고 있으며, 명의상으로는 '일만공동경영'이지만, 실제로는 관동군이 절대 권력을 장악하고 있었다. 1934년 2월 24일 회사는 정식으로 설립되었고 본사는 장춘(長春)에 두었다. 불입자본은 1,000만 엔으로, 그 가운데 만주국이 350만 엔, 만철이 250만 엔, 일본석유주식회사·미쓰이물산·미쓰비시상사가 각각 100만 엔, 오쿠라석유(小倉石油)와 만주중앙은행이 각각 50만 엔씩 출자했다.[24]

원유가공을 위해 회사는 대형 정유공장 건설을 결정했다. 당시 관동군 참모장 고이소 구니아키는 호로도(葫蘆島)에 공장 건설을 주장했다. 그러나 만철은 일찍이 대련에 정유공장 건설계획을 가지고 있었을 뿐만 아니라, 이미 준비 작업을 시작했던 터라 당국은 다수 투자자의 의견을 고려한 후, 대련 감정자 해묘둔(海猫屯)으로 결정했다.

---

[23] 中央檔案館 等 合編, 『日本帝國主義侵華檔案資料選編·東北經濟掠奪』 第14册, 370~372쪽.
[24] 山岸守永, 『滿洲經濟提要』(極秘), 221쪽.

만주석유주식회사 대련공장 공장구역(1)

만주석유주식회사 대련정유공장의 제1차 불입자본은 500만 엔이었다. 공장은 1933년 착공에 들어갔고 대련복창공사(福昌公司)와 일본석유주식회사가 시공 건설을 담당했으며 1935년 완공되어 생산에 들어갔다. 공장은 만철 감정자 부두의 한편에 1만~1만 5,000톤급 유조선이 정박할 수 있는 도크를 건설했고, 공장 내부에는 2,000여m의 송유관을 설치했다. "이 대련정유공장은 이른바 완벽한 정유공장으로, 모든 석유생산품을 정련할 수 있는 설비를 갖추고 있다. 그 설비는 모두 사내에서 설계하고 일본 국내와 관동주에서 제조된 것이었다."[25] 매년 원유 18만 톤을 가공할 수 있었다. 주요 생산품은 휘발유(비행기와 자동차용), 등유, 경유, 중유(내연 및 외연용), 윤활유, 파라핀, 윤활지(潤滑脂), 아스팔트 등이었다(〈표 21-1〉, 〈표 21-2〉 참조).

〈표 21-1〉 만주석유주식회사 대련정유공장 생산품 표(1937년 말 현재)

휘발유	등유	輕柴油	重柴油	潤滑油	床油
赤鹿牌飛機油	赤鹿牌煤油	赤鹿牌輕柴油	赤鹿牌重油	80號	1號
赤鹿牌汽車油	黃鹿牌煤油	黃鹿牌輕柴油	黃鹿牌重油	120號	2號
黃鹿牌汽車油			靑鹿牌重油	140號	

출전 : 山岸守永, 『滿洲經濟提要』(極秘), 224쪽.

[25] 中央檔案館 等 合編, 『日本帝國主義侵華檔案資料選編·東北經濟掠奪』 第14册, 373쪽.

태평양전쟁 발발 전 대련정유공장에서 가공하는 원유는 미국 캘리포니아에서 들여오는 것이었다. 태평양전쟁 발발 후 미국의 원유공급은 단절되었고 남양 등지의 원유를 사용하게 되었다.

1933년 11월 만주국은 「만주국석유전매법」을 공포했다. 아울러 동북 각지에 12개의 석유전매서를 건립하고 석유판매를 담당하도록 했다. 대련에는 석유전매관리사무소를 설치하고, 석유전매법의 각종 항목 규정에 근거하여 대련정유공장의 생산품에 대한 도매와 관리를 수행하게 했다. 대련의 석유류 생산품은 동북 각지와 관동주에 공급되는 외에도, 일부는 중국 화북과 화중지역 및 인도 등지로 판매되었다.

〈표 21-2〉 만주석유주식회사 대련정유공장 주요 생산품 생산량(단위 : 톤)

연도	汽油	煤油	輕油	重油	潤滑油
1935	20,703	12,378	6,903	6,723	2,511
1936	36,104	32,005	10,145	7,575	3,592
1937	50,271	46,992	8,743	12,035	3,527
1938	101,232	40,736	6,068	27,056	4,788
1939	141,132	51,786	8,968	28,956	6,536
1940	125,620	55,997	6,326	35,457	7,038
1941	93,709	55,199	5,366	32,700	4,887
1942	74,003	45,408	6,870	26,889	3,318
1943	638	206	912	3,800	228
1944	3,040	436	684	4,700	2,356
1945	949	—	826	543	760

출전 : 山岸守永, 『滿洲經濟提要』(極秘), 222쪽.

침략전쟁이 점차 확대됨에 따라 대련정유공장의 중요성은 더욱 뚜렷해졌다. 그리하여 일본은 끊임없이 이 공장에 대한 투자를 늘여갔으며, 한때 투자액이 무려 4,000만 엔에 달하기도 했다. 1944년 불입자본은 3,500만 엔이었다. 풍부한 자본은 새로운 생산설비의 잇따른 가동과 새로운 공장건물이 매년 건설되도록 보증해 주었다. "최근 고옥탄가의 항공휘발유 정제시설과 고급윤활유 정제시설

만주석유주식회사 대련공장 공장구역(2)

을 증설하기 위해 현재 준비 중에 있다."26) 이는 1939년 『만주석유주식회사 개황』에서 대련의 정유 발전 전망에 대한 소개이다.

1945년 일본이 패전하여 항복하기 전 대련정유공장의 주요 설비와 생산능력은 다음과 같았다.

1. 증류설비: 관류기(管溜器), 연간 처리 원유량 7만 2,000톤 ; 단독 증류로(蒸溜爐), 연간 중유 증유량 1만 8,000톤 ; 연속증류시설, 연간 착유(脫蠟油-dewaxed oil) 2만 7,000톤.
2. 분해증류: 유동접촉분해시설 2만 7,000톤 ; 파라핀분해시설 1만 3,000톤 ; 더두유분해시설 1만 4,000톤.
3. 제랍(製蠟-wax manufacturing)시설: 냉각시설 5만 톤 ; 탈랍(脫蠟-dewaxing)시설 4만 8,000톤.
4. 세척시설: 항공용 휘발유 연속 세척 5만 7,000톤 ; 자동차용 휘발유 연속 세척 7만 1,000톤 ; 휘발유 분해 연속 세척 8만 2,000톤 ; 기계유(機械油) 연속 세척 1만 3,000톤 ; 기계유 단독 세척 1만 1,000톤 ; 등유·경유 단독 세척 8만 9,000톤 ; 윤활유 세척 6만 4,000톤 ; 알코올 혼합시설 2만 6,000톤.27)

26) 中央檔案館 等 合編, 『日本帝國主義侵華檔案資料選編·東北經濟掠奪』 第14冊, 373쪽.

일본식민당국의 대련정유공장에 대한 관리는 줄곧 아주 엄격했다. 각 생산부분마다 상세한 관리제도가 있었을 뿐만 아니라, 더욱이 노동자 특히 중국인 노동자에 대해서 아주 가혹했다. 1938년 공장은 큰 화재로 인해 30여 만 엔의 손실을 입었다. 이때부터 식민당국은 공장 주변에 철조망을 부설하고, 공장 내에는 경찰·헌병주재소를 설치했다. 아울러 헌병을 시켜 공장 대문을 지키도록 했고, 노동자에 대한 관리감독을 강화했다. 이 공장 각종 정유시설의 기술 조작 등 중요한 부서는 모두 일본인들이 담당했다. 중국인 노동자는 단지 토목건축, 기름운반 등 고생스러운 육체노동에 종사할 뿐이었다. 1943년 공장에는 모두 2,143명의 직공이 있었다. 그 가운데 노동자 1,195명, 기술직 93명, 직원 및 기타 인원이 855명이었다.[28]

3) 만주소다주식회사

소다와 가성소다는 근대공업 특히 화학공업에서 대체할 수 없는 중요한 원료 가운데 하나이다. 알칼리공업의 발전은 전체 화학공업의 앞날과 관련되어 있었다. 1930년대 동아시아지역의 알칼리 수요량은 매년 약 60만 톤이었다. 그러나 중국과 일본의 매년 생산량은 합계 30만 톤에 불과하여 그 나머지 30만 톤은 구미 등지로부터 구입해야만 했다.[29] 그러므로 알칼리공업 시장의 발전 공간은 거대한 것이었다. 이 외에도 질산소다는 군수기업에서 화약의 중요한 원료로, 알칼리공업의 발전은 일본에게 경제상의 이익을 가져다줄 뿐만 아니라, 중대한 군사적 의의를 가지고 있었다.

9·18사변 후 동북에서 일본의 화학공업은 매우 빠르게 발전했다. 만주화학

---

[27] 張福全, 『遼寧近代經濟史(1840~1949)』, 519쪽.
[28] 張福全, 『遼寧近代經濟史(1840~1949)』, 519쪽.
[29] 工業化學會滿洲支部 編, 沈學源 譯, 『東三省物産資源與化學工業』, 中山文化敎育館, 1933, 535쪽. 『僞滿洲國史料』第8冊 참조.

공업주식회사와 만주석유주식회사의 건립으로 황산암모늄 및 황산의 제조와 광물유(鑛物油)의 정련은 화학공업생산의 가장 중요한 일이 되었다. 또 군수생산, 유리 제조, 방직, 염색, 종이 제조와 대두가공업이 해마다 빠르게 발전함에 따라, 알칼리의 수요량은 급격하게 증가했으며, 알칼리공업의 건립도 아주 긴박하게 되었다. 「일만경제통제방책요강」에서 알칼리공업은 "국방상의 요구와 일본 동종업의 발전을 고려해 신속한 발전을 기하는"[30] 업종으로 간주되었다.

대련은 황해와 발해 연안에 위치하고 있다. 광활한 해변에 모래사장이 펼쳐져 있어 자연 햇빛을 이용해 우수한 품질의 해염을 생산할 수 있었다. 이것은 알칼리공업의 필수적인 주요 원료였다. 1923년부터 만철과 관동청은 대형 알칼리공장 건설에 대한 견해를 가지고, 조사 연구를 시작했다. 당시 만철은 규슈제국대학 박사 니시카와 도라키치(西川虎吉)를 초빙하여 현장 실사와 연구를 진행했다. 관동청은 사무관 이마이 도시히코(今井俊彦)를 유럽에 파견하여 알칼리공업 상황에 대해 알아보도록 했다. 니시카와 도라키치는 일찍이 보란점(普蘭店)에 연간 생산량 4만 톤의 소다공장 건설방안을 제안했다. 이다이 도시히코는 대련에 돌아온 후에도 일본아사히유리회사[日本旭玻璃會社]와 공장 건설에 관한 일을 상의했지만, 기타 조건이 성숙되지 않아 실행에 옮길 수가 없었다.

9·18사변 후 만철경제조사회는 재차 황산암모늄과 알칼리공업 건립문제에 대해 조사 계획을 수립하고, 「만주황산암모늄공업·소다공업방안」을 작성했다. 동시에 '극비' 자료로 관동군에게 보고했다. 이 「방안」은 부지 선정, 에너지원, 원료, 운송 및 양자가 서로 이용할 수 있는 조건 등에 대해 전면적인 분석과 연구를 진행했다. 그리고 최종적으로 양자를 동일한 지점에 서로 인접하게 '나란히 건설'하는 것이 최상의 방안이라고 제의했다.

알칼리공장은 황산암모늄공장으로부터 염가의 부산물인 암모니아와 코크스

---

[30] 中央檔案館 等 合編, 『日本帝國主義侵華檔案資料選編·東北經濟掠奪』 第14册, 39쪽.

를 공급받을 수 있었다. 당시 시장가격에 따르면 암모니아 1톤의 가격은 250엔이었지만 황산암모늄공장의 암모니아는 1톤에 150엔의 가격으로 사용할 수 있었다. 코크스의 시장가격은 1톤에 12~14엔이었지만, 황산암모늄 공장의 코크스는 1톤에 6엔이었다. 공업용수·증기·동력의 원가 절감 및 부두·발전소 등을 함께 사용함으로써 얻는 이익은 두 공장이 모두 함께 누릴 수 있는 것이었다.

또 군부가 특별히 중시한 이점은 질산소다 생산에 유리하다는 것이었다. 알칼리공장이 소다를 생산할 때 나오는 탄산나트륨과 황산암모늄공장의 부산물인 질산을 이용하면 질산소다를 생산할 수 있었고, 그것은 전시에 화약을 제조하는 중요한 원료였다. 평소에는 질산화학비료를 생산함으로써 위장을 했으나 공개적으로 질산소다의 생산설비를 가동하자, 일단 필요하기만 하면 즉각 군수 생산으로 전환할 수 있었다. "이것이 바로 알칼리공업이 군수공업에 대해 가지는 중요한 의의가 있는 부분이다."[31]

이 방안이 관동군의 동의를 얻은 후, 만주소다주식회사는 1936년 5월 22일 정식으로 설립되었다. 본사는 신경(新京, 지금의 장춘長春)에 설치되었고 그 아래 대련공장과 개원(開原)공장이 있었으며, 니시카와 도라키치 박사가 사장에 임명되었다. 회사등록자본이 800만 엔이었으며, 투자자로는 만철, 만화, 아사히유리회사와 창광유리회사가 있었다. 이 네 투자자는 각각 25%의 주식을 보유했다. 뒤의 두 기업은 모두 미쓰비시재단의 구성원이었으므로, 만주소다주식회사는 사실상 만철과 미쓰비시재단이 공동 경영하는 기업이었다.

만주소다주식회사 대련공장은 감정자에 위치했으며 만화와 인접해 있었다. 공장건설 시 불입자본은 400만 엔으로, 제1기 공정은 1937년 5월 완공되었다. 건설된 알칼리공장의 1일 생산량은 소다 100톤이었다. 일본이 전면적으로 중국 침략전쟁을 확대해 감으로써, 각종 군수물자의 공급은 급격히 증가했다. 소다

---

31) 滿鐵經濟調査委員會, 『滿洲硫銨工業·曹達工業方案』(極秘), 立案調査書類 第6編 第12卷, 以印刷代謄寫, 36~37쪽.

에 대한 수요도 덩달아 급증했다. 일일 생산량 100톤의 소다는 뚜렷하게 그 수요를 만족 시킬 수 없었다. 그리하여 공장을 확장하여 일일 생산량을 200톤으로 향상시키기로 결정했다. 1940년 공장은 자본금 400만 엔을 증자하여, 새롭게 가성소다를 생산하는 설비를 건립했다. 그 생산능력은 연간 300톤의 가성소다를 생산할 수 있었다. 1942년 공장은 제2기 공정을 완공했으며, 소다의 연간 생산능력은 7만 2,000톤에 달했다. 1943년 공장은 다시 자금을 모으기 시작했으며, 연간 생산능력을 7만 2,000톤에서 다시 배로 끌어올릴 계획이었다. 그리하여 만주소다주식회사는 1944년 네 번째로 증자했다. 당시 명목자본은 2,500만 엔이었으나, 실제로 사용된 자본은 3,775만 엔이었다.[32]

대련에 알칼리공장을 건설하는 최대의 장점은 바로 원료염(原料鹽)을 현지에서 해결할 수 있는 것이었다. 만철경조회의 추산에 따르면, 1톤의 소다를 생산하는데 필요한 원료염은 1.85톤이었다. 연간 3만 6,000톤의 소다를 생산하기 위해 필요한 원료염은 6만 6,600톤이었다. 만약 공장의 최고 목표인 연간 소다 생산량을 14만 4,000톤으로 계산하면, 필요한 원료염은 26만 6,400톤이었다. 경조회는 이에 대해 진작 다른 계획을 가지고 있었다. 왜냐하면 경조회는, 당시의 소금 생산량은 대일 수출과 동북 시장의 정상적 수요에 대한 공급을 보증하고 나면, 근본적으로 알칼리공장의 수요를 만족시킬 수 없었으므로, 알칼리공장은 스스로 염전을 개발하여 원료염의 문제를 해결해야 한다는 것을 잘 알고 있었기 때문이다. 경조회가 제출한 해결 방안은 다음과 같았다. "첫째, 원래 동양척식회사가 염전 개발을 준비한 청수하(淸水河, 찬자하贊子河와 대사하大沙河 사이) 일대의 대지를 구입하여 직접 경영한다. 둘째, 이전에 만철이 관동청으로부터 임대한 토지는 예비용 토지로 신청했다가, 금후 염전으로 개발하고, 원료염의 부족 부분은 비자와와 쌍도만(雙島灣) 및 기타 염전으로부터 구매한다.

---

[32] 張福全, 『遼寧近代經濟史(1840~1949)』, 571쪽.

셋째, 일본염업주식회사는 특별 조정을 통해 공장이 필요로 하는 기본적인 소금을 만족시켜줄 수 있다."[33] 이 방안에 근거하여 알칼리공장은 자체적으로 500ha의 염전을 점차 개발하여 생산 수요를 확보했다.

그밖에 알칼리공장에서 필요로 하는 기타 원료로, 예를 들면 암모니아와 코크스는 만화로부터 공급 받았으며 석회석은 쇼와제강소 감정자채광장(採鑛場)으로부터 공급받았다. 공장의 생산에 필요한 전력은 감정자발전소로부터 공급받았다. 이처럼 만주소다주식회사 대련알칼리공장의 모든 생산 원료는 현지와 부근에서 완전히 해결되었다.

9·18사변 후 일본이 대련에 건립한 만주화학공업주식회사, 만주석유주식회사 대련정유공장, 만주소다주식회사 대련알칼리공장은 화학공업의 기초인 삼산일감(三酸一城)[34]으로서 동북의 3대 지주 산업이었다. 이 3대 기업을 선두로 하여 일본은 대련지역에 한 무리의 신흥 화학공업기업을 건설하기 시작했다.

관동주의 관련 자료 통계에 따르면 1943년 일본이 대련지역에 건립한 화학공업기업은 모두 129곳이었다. 총 투자액은 2억 5,000만 엔으로, 일본이 대련의 각 공업 부분에 투자한 액수 가운데 최고를 차지했다. 이로부터 일본이 대련에 대한 경제 약탈을 진행하는 과정에서 화학공업이 가장 중요한 작용을 했음을 알 수 있다.

---

[33] 滿鐵經濟調査委員會, 『滿洲硫銨工業·曹達工業方案』(極秘), 立案調査書類 第6編 第12卷, 39쪽.
[34] [역주] 三酸一城공업은 황산·질산·염산과 수산화나트륨을 기본 화학 원료로 하는 공업을 가리킨다.

3. 일본통치시기의 대련 조선업

일본통치시기의 대련 조선업은 가와사키조선소(川崎造船所) 대련출장소시기, 만주선거주식회사(滿洲船渠株式會社)시기, 대련기선주식회사(大連汽船株式會社) 선거공장시기, 대련선거철공주식회사(大連船渠鐵工株式會社)시기라는 4개의 발전 단계를 거쳤다. 1931년 12월 만철의 직계 자회사인 대련기선주식회사(약칭 대기大汽)는 만주선거주식회사의 모든 주식을 사들였고, 그것은 만철 부속의 선거공장으로 바뀌었다. 이로써 일본 통치 하의 대련 즈선업은 세 번째 발전 단계로 진입하게 되었다. 이 단계의 상황을 보다 전면적이면서도 정확하게 이해하기 위해, 이 이전 두 단계에 대한 소개를 해야만 사건의 원인과 결과에 대해 보다 분명하면서도 완전한 인식을 가질 수 있을 것이다.

1) 가와사키조선소 대련출장소시기

1904년 5월 28일 러시아군의 금주(金州) 방어선이 일본군에 의해 무너지자 대련의 러시아인은 모두 여순으로 철수했고 일본군이 대련을 점령했다. 원래 러시아인이 건설한 대련수조선창(大連修造船廠)과 중앙발전소(中央發電所)는 일본인들의 수중으로 떨어졌다. 1905년 1월 일본군은 러시아 관동도독부가 소재한 여순을 점령한 후, 원래 러시아 대련수조선창의 일부 설비를 여순선창(旅順船廠)으로 옮겼다. 이어서 일본은 여순에 역량을 집중하여 항로를 깨끗이 정비하고 도크를 수리 복구했으며 선박을 보수했다.

가와사키조선소 대련출장소

　1907년 만철은 설립 후, 일본 군부의 수중으로부터 대련수조선창과 중앙발전소의 경영관리권을 인수했다. 1908년 만철은 일본 가와사키조선소와 계약을 체결하고, 가와사키조선소가 대련수조선창을 경영하도록 임대해주기로 약속했다. 임대기간은 23년으로, 만철이 공장을 인수할 때 일본 정부에게 한 약속과 의무는 가와사키조선소가 담당하기로 했다. 또 "임대기간의 초반 3년은 무상으로 임대하며", 이후 "만 3년"마다 "양측이 협상하여" 사용 비용을 납부한다고 규정했다. 후에 양측은 다시 "무상사용" 기한의 "연장"에 합의했다. 1914년 가와사키조선소는 만철에게 사용료로 8,065엔을 납부했다. 1916년부터 만철은 매년 가와사키조선소 순수입의 60%를 사용료로 징수했다.[35] 이 외에도 만철 부총재 나카무라 요시코토(中村是公)는 가와사키조선소 소장 마쓰가타 고지로(松方幸次郎)와 공장의 기계 설비 사용료 및 기한 만기 후의 처리와 인원 배치 등의 세부적인 문제에 대해서도 각서를 체결했다. 임대 후 공장은 가와사키조선소

---

[35] 南滿洲鐵道株式會社 編,『南滿洲鐵道株式會社十年史』, 460쪽.

대련출장소(약칭 가와사키대련출장소)로 이름을 바꾸었다.

  출장소는 당시 보유하고 있던 생산 설비에 근거하여, 다음과 같이 3가지 항목의 주요 생산 업무를 확정지었다. 민간용 선박의 수리, 일반 기계 설비와 선박 기계의 제조, 소형 증기선의 제조 수주.

  민간용 선박수리방면에서 출장소는 주로 현지의 대련부두사무소, 대련축항사무소, 대련기선주식회사, 정기윤선공사(政記輪船公司) 등 항운(航運) 부문의 선박에 대해 정기적인 검사와 수리를 진행했다. 동시에 대련 항구를 드나들거나, 상해 항로, 대만 항로, 구미 항로를 항해하는 일본·중국·조선·구미의 선박에 대해서도 임시 수리를 진행했다.

  가와사키조선소가 대련수조선창을 임대한 그 해, 공장관리자인 일본 군부와 만철은 전쟁으로 파괴된 공장 설비를 복구하거나 개선하지 않았다. 그런 까닭에 가와사키대련출장소의 생산은 큰 영향을 받았고, 단지 몇몇 소형 선박의 수리와 소형 모터보트만을 제조할 수 있었을 뿐이었다. 1913년 3월 가와사키 대련출장소는 만철의 동의를 거쳐 원래 러시아가 건조한 것으로, 유일한 3,000톤급이었던 도크를 확장하기로 했다. 그리고 1914년 3월까지 모두 11만 5,300엔을 투자하여 5,000톤급의 도크로 확대 건설했다. 동시에 도크 북측에 소형의 부두 한 곳도 건설하여 선박 계류와 수리 능력을 확대시켰다.

  오래지 않아 가와사키대련출장소는 다시 도크 남쪽에 50톤급 건식 도크, 일명 조선대[36] 혹은 권양도크[卷揚船塢][37]를 건설했다. 건식 도크의 지면에는 선로를 설치했고, 선로 위의 바퀴 달린 활차(滑車)가 선박을 수중(水中)으로 보낼 수 있었다. 당시 활차에는 견인 설비가 없었기 때문에 활차를 이동시키기 위해서는 전적으로 노동자들에 의지해 와이어로프를 이용해서 끌어야만 했다. 도크

---

[36] [역주] 造船臺(slipway) 배를 만들거나 수리할 때 올려놓는 대.
[37] [역주] 여기서 卷揚(winch)은 원통형의 드럼에 와이어로프[鐵纜, wire rope]를 감아, 도르래를 이용해서 중량물을 높은 곳으로 들어 올리거나 끌어당기는 기계로 권양기라고도 한다.

가 확장 건설된 후 생산 조건은 아주 크게 변모했다. 이에 공장에 선박의 수리와 주문 제작을 의뢰하는 고객은 끊임없이 증가했다. 이외에 해상 견인 업무도 담당했다. 1915년 일본 군무서의 비준을 거쳐, 공장은 청도(靑島) 해역에서 150톤급 크레인 한 척을 인양했다. 1916년 3월 다시 청도 해역에서 500톤급 준설선 한 척을 인양했다. 인양된 선박은 대련으로 견인되어 수리와 개장(改裝)을 거친 후, 모두 일본 군부에 인도되어 사용되었다. 그 해, 공장은 다시 일본 안동경찰서가 주문한 수상 모터보트 제조 업무를 맡았다. 일본 문헌기록에 따르면 1917~1918년 공장의 생산 상황은 비교적 양호했다. 1919년에 이르기까지 공장이 수리한 선박은 100여 척에 달했다. 전체 배수량은 10만 톤이 넘었으며, 생산 총 가치는 88만 엔에 달했다.

가와사키대련출장소는 생산 발전의 필요에 따라, 계속해서 조선과 차량 제조용 각종 설비를 배치했다. 공장 내부에는 기계·철선(鐵船)·단조·목형·주조·리벳용접·함석공·보일러·로프·도장 등 10여 개의 작업장을 건설하기 시작했으며, 공장면적은 3만 700평에 달했다. 전체 공장에는 전동설비 370kW, 기동(汽動)[38]설비 22kW, 4척의 작업선이 있었다. 그 가운데 작업선 3척은 100톤을 초과하는 것이었다. 1920년대 초 공장은 동북의 기계가공업에서 이미 최대의 기업이 되었다. 1922년 도킹수리선박은 80척으로 수입은 33만 9,400엔이었다. 계류수리선박은 207척으로 수입은 2만 8,000엔이었다. 새로 제작한 소형 선박은 10척으로 수입은 20만 200엔이었다.[39]

2) 만주선거주식회사시기

1922년 열린 워싱턴회의에서는 일본 해군의 발전을 제한하기로 결의했다. 일

---

38) [역주] steam-driven.
39) 關東廳臨時土地調査部 編, 『關東州事情』 上, 大連滿蒙文化協會, 1923, 596쪽.

본 정부는 어쩔 수 없이 겉으로는 따르는 체 했다. 그리고 국제 여론의 압력에 응하여 여순에 설치 한 일본 해군요항부를 취소하기로 결정했다. 아울러 여순에 주둔하고 있던 해군함대도 철수시키고, 순찰 임무를 담당하는 선박 몇 척만을 남겨두기로 했다. 요항부는 철수하기 전 만철이 요항부 산하의 여순선창을 임대해 주기를 바라는 마음을 만철에게 전했다.

만철은 장래에 대련항이 만약 동아시아 대륙의 문호로 발전할 수 있다면, 반드시 해상항운업의 번영지가 될 것이라 여기고 있었다. 그때는 각국의 상선이 대련에 운집할 것이며, 선박수리업은 대련항에 부합하는 기업으로서 없어서는 안 될 뿐만 아니라, 발전 전망 또한 무한한 것이었다. 그리하여 만철은 1922년 10월 9일 이사회를 열어 특별히 이 문제를 다루었다. 회의는 다음과 같이 결정했다. 여순선창을 임대하는 동시에 가와사키조선소에 임대해 준 대련수조선창을 회수하여, 두 공장을 새로운 하나의 선거주식회사로 합병한다. 회의는 두 공장의 발전 방향에 대해서도 다음과 같이 결의했다. "가능한 한 여순공장을 이용하고, 지금의 대련공장은 가능한 한 축소시킨다." 대련항은 대련수조선창의 위치에 부두를 증축해야하기 때문에, "현재의 장소는 부득이한 신축과 개조확충 공사를 제외하고, 당연히 모든 건설을 중지해야 한다. 아울러 되도록 빨리 새로 이전할 부지를 결정해야만 한다."[40]

11월 20일 만철과 여순요항부는 임차계약에 서명하고 다음과 같이 규정했다. 만철은 1922년 12월 1일부터 정식으로 여순선창을 임대해 사용한다. 임대기간은 10년으로 하며, 만철은 매년 해군부에 1만 4,000엔의 임대료를 납부해야 한다. 이와 동시에 만철은 가와사키조선소가 임대한 대련수조선창을 회수했다. 1923년 4월 정식으로 만주선거주식회사(약칭 만선)가 설립되었다. 회사의 자본은 200만 엔으로, 그 산하에 대련·여순 두 개의 공장을 설치했다. 이 회사는

---

[40] 『承租旅順海軍工廠和船塢, 重新接手大連工廠和船塢及成立經營這些工廠的新社事宜』, 甲檔·一號決議, 遼寧省檔案館 소장.

만철의 직계 자회사로, 중대 사항 결정권은 만철 수중에 있었다.

만철이 만선을 위해 확정한 3가지 항목의 경영 업무는 다음과 같았다. ① 선박·발동기·차량·각종 기계설비의 제조와 수리, ② 해난구조와 선박예인, ③ 선박의 매매와 임대업무. 업무를 나누어 여순공장은 조선을 위주로 하되 다른 업무도 함께 처리했고, 대련공장은 선박 수리와 차량 및 기계의 제조에 주력했다. 불완전한 통계에 따르면 여순공장은 1925~1930년까지 모두 7척의 선박을 건조했으며 배수량은 5,000톤 안팎이었다(〈표 21-3〉 참조).

〈표 21-3〉 1925~1930년 만주선거주식회사 여순공장 조선일람표

연대	船名	종류	배수량(톤)	총중량(톤)
1925	古城丸	貨船	1,683.5	2,550
1926	旅順丸	測量船	130.0	2,515
1927	新屯丸	貨船	1,577.67	
1928	遼河丸	貨客船	1,264.29	1,660
1930	淀丸 海洋丸 風鳴丸	小型船舶	100톤 안팎 100톤 안팎 100톤 안팎	

출전 : 大連造船廠廠史編委會 編, 『大連造船廠史』, 24쪽.

선박 수리에 주력한 대련공장은 주로 대련기선주식회사, 정기윤선공사, 아와공동기선주식회사(阿波共同汽船株式會社)의 선박을 정기적으로 검사하고 수리했다. 당시 세계적인 경제위기로 인한 해운업의 불경기는 만철이 기대하고 있던 대련항운의 번영기가 오래도록 도래하지 못하게 했다. 그리하여 대련공장은 줄곧 불황상태에 처해 있었고, 1925년 공장의 손실은 13만 6,700엔에 이르렀다. 이 국면을 전환하기 위해, 만선은 한편으로는 영도그룹을 정돈하여 공장에 대한 관리를 강화했다. 다른 한편으로는 선박 수리 위주의 경영 방침을 육상용 기계 제조와 수리 위주의 경영 방침으로 조정하여, 다방면으로 시장을 개척하고 상업 기회를 찾도록 했다. 동시에 만철은 또 본래 마땅히 사하구철도공장(沙河口鐵道工廠)에서 완성해야 할 대량의 육상용 기계 제조를 만선 대련공장이

생산하도록 함으로써, 이 공장으로 하여금 도산 직전의 위기를 넘길 수 있도록 했다. 1928년 공장의 생산 상황에 전환의 기미가 나타났으며, 투자자는 처음으로 8%의 주식 배당금을 받았다.

만선은 그것이 존재한 9년 동안, 두 개 공장의 설비와 공장 건물에 대해 비교적 큰 규모의 개선과 증축을 진행했다. 대련공장을 예로 들면 1927년 5월까지 이 공장은 이미 13개의 생산 작업장, 5,000톤급 도크 한 곳, 11동의 공장 건물, 등록 작업 선박 6척, 공기압축기 2대(합계 390kW), 전동기 25대(합계 401kW), 각종 설비 192대를 가지고 있었다.[41]

1929년 만철이 네 번째 부두를 건설하면서 만선 대련공장부지를 점용해야 했기 때문에 이 공장에 대해 대대적인 이전이 진행되었다. 그 가운데 주된 것은 원래 5,000톤급 도크 동쪽의 공장 건물을 모두 대오(大塢) 서쪽으로 이전하는 것이었다. 원래 대오 "서남쪽의 건축물도 모두 철거하고, 기숙사는 전부 도로의 남쪽으로 옮겼으며 교빈(鉸鋲)작업장은 목정(木町)으로 이전했다."[42] 대련공장의 이전은 1929년 상반기에 시작하여 1930년 9월에 이르러서야 마쳤다. 새로 이전한 공장의 점유면적은 5만 400㎡였다.[43] 이전에 비해 더욱 현대화된 공장 건물과 생산설비는 생산능력을 크게 향상시켰다(〈표 21-4〉, 〈표 21-5〉 참조).

〈표 21-4〉 만주선거주식회사 생산 경영표(단위 : 엔)

期別		船舶入渠		船舶製修		陸用製修		計	
		件數	收入金額	件數	收入金額	件數	收入金額	件數	收入金額
1923年	上半期	53	30296.24	550	555414.34	107	166365.19	710	752075.77
	下半期	44	31245.27	350	374193.93	96	116465.68	490	521904.88
1924年	上半期	53	29087.66	514	450264.00	145	560882.36	712	1040234.02
	下半期	68	33782.92	465	521009.11	168	382259.41	701	937051.44
1925年	上半期	38	26793.91	476	373166.30	130	170558.57	644	570518.78
	下半期	49	24997.23	477	762067.68	114	308494.70	640	1095559.61

[41] 大連造船廠廠史編委會 編, 『大連造船廠史』, 30쪽.
[42] 『滿洲船渠株式會社大連工廠財産調』, 『大連造船廠永久檔案』 1094卷, 38쪽 참조.
[43] 大連造船廠廠史編委會 編, 『大連造船廠史』, 31쪽.

연도	期別								
1926年	上半期	54	34817.98	441	541857.25	109	237639.79	604	814315.02
	下半期	48	36098.60	429	634762.77	106	302372.55	583	973233.92
1927年	上半期	59	35073.47	439	923735.47	72	226458.29	570	1185267.23
	下半期	46	32648.04	355	363317.81	79	334750.86	480	730716.71
1928年	上半期	56	38911.85	423	521873.77	36	338617.07	515	899402.69
	下半期	47	36919.34	372	329516.22	48	470605.15	467	837040.71
1929年	上半期	47	51328.47	367	499106.30	54	361799.78	468	912234.55
	下半期	83	53058.26	520	904568.65	85	435426.79	688	1393053.70
1930年	上半期	70	41628.73	472	526070.52	84	649980.01	626	1217679.26
	下半期	57	23653.33	435	336198.00	55	315234.49	547	675085.82
1931年	上半期	68	38192.31	342	551780.27	31	4915.65	441	594888.23

출전 : 大連造船廠廠史編委會 編, 『大連造船廠史』, 25쪽.

〈표 21-5〉 만선대련공장 생산 영업표(단위 : 엔)

期別		船舶新造		船舶修理		車輛		陸用機械製作		陸用機械修理		計		損益	
		金額	%	金額	%	金額	%	金額	%	金額	%	金額	%	金額	%
1923年	上半期			364132.66	86			56837.97	13	3001.01	1	424021.64	1	16313.07	4
	下半期			299339.64	76			66733.03	17	26828.36	7	392901.03	7	25848.71	7
1924年	上半期	21000.00	3	316599.73	44			366563.06	52	5399.07	1	709561.86	1	13281.13	2
	下半期			287098.99	48			304701.74	51	2753.30	1	549554.03	1	29302.27	5
1925年	上半期	31450.00	7	294644.19	64			133142.14	29	1880.00	0	461116.33	0	11155.17	2
	下半期	30046.00	5	248178.97	44			285096.64	50	4461.83	1	567784.24	1	6290.56	1
1926年	上半期	88783.00	14	340868.62	53			203672.28	31	12522.90	2	645846.80	2	29920.95	5
	下半期			290825.13	49	103802.05	18	172091.20	29	21712.98	4	588431.36	4	51568.45	9
1927年	上半期	66671.13	12	285316.22	50	11880.00	2	193355.55	34	13841.74	2	571064.64	2	39041.91	7
	下半期	3217.90	1	255782.78	62			152654.91	37	2489.71	0	414145.30	0	18734.31	5
1928年	上半期	17005.00	2	372319.03	52			308067.94	43	18737.18	3	716129.15	3	34824.10	5
	下半期	31546.00	7	176051.67	39			234619.58	53	2278.41	1	444495.66	1	64603.41	15
1929年	上半期			343659.78	49			359742.46	51	1313.91	0	704716.15	0	78214.19	11
	下半期	14694.50	2	336348.82	45			403290.91	53	2840.14	0	757174.37	0	75823.25	10
1930年	上半期			298979.76	32			636946.58	67	9863.28	1	945789.62	1	71319.68	8
	下半期			210549.47	40			311221.68	59	3979.06	1	525750.21	1	17287.18	3
1931年	上半期			264179.07	98			3988.62	2	565.46	0	268733.15	0	84545.68	31

출전 : 大連造船廠廠史編委會 編, 『大連造船廠史』, 26쪽.

3) 대련기선주식회사 선거공장시기

비록 만주선거주식회사는 만철이 온 힘을 기울여 육성한 덕에 1928년에는 단기적인 부흥이 나타나기도 했으나, 1929~1930년 대련공장 대이전의 소모(消耗) 및 세계적인 경제 위기의 영향으로, 만선은 다시 한번 곤경 속으로 빠져들어

지속하기 어렵게 되었다.

과거 만선의 선박 수리와 제작 업무의 50%는 대련기선주식회사(약칭 대기)에서 온 것이었다. 그리고 육상용 기계의 수리와 제작 업무는 주로 사하구철도공장에서 온 것이었다. 연이어 일어나는 문제들은 사하구철도공장의 생존을 어렵게 했다. 그런 까닭에 만철은 부득이하게 원래 만선 대련공장을 지탱해 오던 육상용 기계 가공 업무를 사하구철도공장에게 돌려주었다. 그러나 그 결과 만선은 다시 생존을 유지할 방법이 없었다. 이 때문에 만철은 대기와 만선의 합병을 고려하게 되었고, 만선을 대기의 산하기업으로 삼으려 했다.

일본이 약탈한 무순의 석탄자원 및 동북의 대두와 특산물 수송에 의지하여 거액의 이윤을 벌어들인 대련기선주식회사는 1915년 만철이 55만 엔의 자본으로 창립한 해상객화운수기업(海上客貨運輸企業)으로, 만철의 직계 자회사였다. 1930년에 이르면 대기는 자본금 2,500만 엔을 보유하고 40여 척의 기선과 외부에 임대해 준 19척의 선박을 가진, 이미 동아시아 해상을 활보하며 주름잡는 대형 항운기업으로 발전했다. 비록 때마침 세계적인 경제 위기를 맞아 모든 업계가 부진했지만, 대기는 오히려 홀로 우뚝 서서 매년 이윤을 얻었다. 1918년 이윤액은 이미 무려 388만여 엔에 달했으며, 1928년에도 100여 만 엔이었다.[44]

만철은 만선을 대기에 합병시키려는 생각이 당시 일본 정부가 제창한 이른바 '산업합리화' 방침에도 부합되는 것이라고 생각했다. 그리하여 1931년 3월 만철은 대기의 만선 병합 계획을 관동청당국에 보고했으며, 6월 19일 바로 승인을 얻어냈다. 9월 26일 대기는 정식으로 대외에 선포하기를, 자본금 70만 엔을 늘려 만선을 합병하여 이름을 대련기선주식회사 선거공창(大連汽船株式會社 船渠工廠)으로 바꾸고, 그 산하에 대련과 여순 두 개의 공장을 둔다고 했다. 이

---

[44] 蘇崇民, 『滿鐵史』, 145쪽.

리하여 만선은 더 이상 존재하지 않게 되었다.

대기의 만선 합병 방안이 배태되고 실시에 이르는 기간은 마침 관동군이 9·18사변을 일으킬 즈음이었다. 이때 만철은 온 힘을 기울여 관동군을 도와 군수물자의 운송과 정보수집 등의 활동으로 바빴다. 당시 동북 전체는 긴장된 분위기 속에서 사회와 생활 질서는 혼란스러웠고 대기선거공장의 생산도 거의 중지되다시피 했다. 1931년 하반기 도킹수리선박은 겨우 25척에 불과했으며, 총 배수량은 6만 1,500톤이었다. 계류수리선박은 261건, 육상 기계의 제조와 수리는 28건이었다. 1932년 공장의 한해 생산 총 가치는 79만 엔이었다. 그 가운데 대련공장이 65만 엔으로, 이 수치는 만선시기 연평균 생산 총 가치의 43%에 불과했다.[45]

9·18사변 후 관동군은 줄곧 동북에 대한 최적의 식민통치방안을 모색하고 계획했다. 1932년 3월 만주국의 건립으로, 동북에서 일본이 실행한 괴뢰정권을 간판으로 내걸고 관동군을 최고 통치자로 하는 식민통치체계가 확정되었다. 오래지 않아 관동군 특무부는 「만주경제통제근본방책안」을 통과시켰다. 이로써 동북에서 일본이 진행한 경제약탈의 기본 강령이 확립되었다. 동북에서 일본이 진행하는 정치 통치와 경제약탈의 순조로운 진행을 보증하기 위해, 관동군이 특별히 중점을 둔 첫 번째 일은 바로 만주국군대와 경찰부대를 건립하여 일본·괴뢰의 군사력을 강화시킴으로써 중국 인민의 항일투쟁을 진압하는 것이었다. 1932년 하반기 만주국과 대기는 2척의 모터보트 건조계약서에 서명했다. 이후 매년 만주국은 이 공장에서 모터보트, 경비정, 차량과 교량, 스틸 프레임 등의 설비를 주문 구매했다. 그밖에 만철도 만주국 각지의 육상용 기계 제조와 수리 업무를 대기선거공장에게 맡겼다. 이로 인해 공장은 이른바 '군수경기'가 나타났고, "아주 훌륭한 업적이 연속적으로 나왔다."[46]

---

[45] 大連造船廠廠史編委會 編, 『大連造船歷史』, 27쪽.
[46] 大連汽船株式會社庶務課 編, 『大連汽船株式會社二十年略史』, 279쪽.

1933년부터 대기선거공장의 생산품 구조에 변화가 나타나기 시작했다. 대련 공장을 예로 들면, 점차 선박 수리, 조선, 차량 생산, 육상용 기계 제조와 수리라는 5대 품종이 형성되었다. 1933년 상반기 대련공장의 총생산가치는 63만 엔이었다. 그 가운데 조선은 5만 8,000만 엔으로 9%, 선박 수리는 38만 엔으로 60%, 차량 생산은 7만 1,000엔으로 11%, 육상 기계 제조는 11만 8,000엔으로 19%, 육상용 기계 수리는 6,000엔으로 1%를 각각 점했다. 대련공장의 차량 생산 가치가 가장 높았던 연도인 1935년은 73만 엔으로, 한해 총생산가치의 47%를 점했다. 대련공장 조선제품의 생산가치가 가장 높았던 1936년은 25만 엔으로, 한해 전체 총생산가치의 15%를 점했다.[47] 대련공장이 생산한 차량은 주로 기차의 객차였다. 동시에 기관차를 조립하고, 덤프트럭 · 통풍차(通風車) · 지시차[車掌車] 등도 제조했다. 그 가운데 객차 생산능력은 매월 80~100량이었다. 대련공장의 차량 생산능력과 생산가치의 대폭 향상은 이 공장이 이미 하나의 단일한 수리와 제조를 담당하는 조선소가 아니라, 여러 종류의 제품을 생산해 낼 수 있는 종합적인 기업으로 발전 성장했음을 말한다.

대련기선주식회사 경영하의 선거공장은 1931년 9월~1937년 7월 불황과 회복을 거쳐 발전에 이르는 세 시기를 거쳤다. 1932년 9월 이전, 공장은 거의 생산 중지 상태에 처했다. 1932년 10월~1933년 10월 사이 생산이 회복되기 시작했다. 1933년 10월 이후 만주국의 주문 상품이 증가하면서 생산 또한 비교적 큰 폭으로 증가했다. 이러한 추세는 1937년 6월까지 줄곧 지속되었다. 대련기선주식회사 선거공장의 1931년 총생산가치는 35만 엔이었으며, 1935년 일약 200여 만 엔이 되었다. 이 기간에 대련공장의 발전 속도가 가장 빨랐다. 예를 들면 1931~1937년의 6년 동안 전체 공장이 수주한 73척의 선박 가운데 대련공장이 72척을 건조했다. 연간 총생산가치는 불황시기의 27만 엔에서 170만 엔으로까지 향상되었

---

[47] 大連汽船株式會社庶務課 編, 『大連汽船株式會社二十年略史』, 280쪽.

다. 이러한 국면의 출현은 당연히 일본 군부와 만주국의 군수품주문서가 증가일로에 있었기 때문이었다. 이처럼 대련공장은 실제로 이미 군수품 생산의 지정공장으로 변해 있었다. 이 시기 대련기선주식회사의 생산경영 상황은 〈표 21-6〉, 〈표 21-7〉과 같다.

〈표 21-6〉 대기선거공장 주요 수입건수 및 수입표(단위 : 엔)

期別 (年·月~年·月)	船舶入渠		船舶製修		陸用製修		計	
	件數	金額	件數	金額	件數	金額	件數	金額
1931. 9~1932. 3	25	23482.01	261	275605.86	29	55141.75	315	354274.26
1932. 4~1932. 9	51	32036.12	417	300818.76	40	2284.02	508	335138.90
1932.10~1933. 3	57	34008.65	452	376240.25	84	44557.32	593	454806.22
1933. 4~1933. 9	63	36410.95	450	432284.51	70	62746.78	583	531442.24
1933.10~1934. 3	59	44417.96	452	848087.87	84	331763.44	595	1224269.27
1934. 4~1934. 9	68	36907.93	466	607258.31	89	668715.33	623	1312881.57
1934.10~1935. 3	67	34566.15	476	434973.45	117	1685913.62	660	2155453.22
1935. 4~1935. 6	73	39846.66	540	885213.39	83	956394.71	696	1881454.76
1935. 7~1935.12	73	42424.23	579	558679.94	150	1403720.13	802	2004824.30
1936. 1~1936. 6	92	47085.07	707	610295.28	110	1053845.29	909	1711225.64
1936. 7~1936.12	56	22940.88	462	718349.15	157	941391.95	675	1682681.98
1937. 1~1937. 6	48	23134.87	457	597640.93	153	1098738.71	658	1719514.51

출전: 大連造船廠廠史編委會 編, 『大連造船廠史』, 28쪽.
[역주] 1931. 9~1932. 3의 합계 금액 354274.26은 354229.62의 오류로 보인다.

〈표 21-7〉 대기대련공장 생산 경영표(단위 : 엔)

期別 (年·月 ~年·月)	船舶新造		船舶修理		車輛		陸機製作		陸機修理		計		損益	
	金額	%	金額	%	金額	%	金額	%	金額	%	金額	%	金額	%
1931.10 ~1932.3			324493.36	85			55395.63	15	403.05	0	380292.04		56016.16	15
1932. 4 ~1932.9	1798.00	1	252081.06	91			23141.20	8	945.57	0	276965.83		9760.10	4
1932.10 ~1933.3	21984.04	6	298525.48	80			51774.97	14	1559.69	0	373844.18		15098.53	4
1933. 4 ~1933.9	58239.34	9	379306.80	60	71080.00	11	117994.10	19	6405.50	1	633025.74		69795.79	11
1933.10 ~1934.3	85368.00	9	385544.06	40	241125.00	25	111856.23	12	138847.20	14	968740.43		109296.71	11
1934. 4 ~1934.9	68076.00	5	282768.22	19	454577.00	30	147179.98	10	550013.26	36	1502614.46		104105.95	7

1934.10 ~1935.3	172828.00	10	322094.91	19	668981.00	39	130703.68	8	421006.95	24	1715569.54	109776.82	6
1935. 4 ~1935.9	162682.35	10	368607.25	23	731499.00	47	91339.98	6	223333.55	14	1577412.13	99602.71	6
1935.10 ~1936.3	28052.19	2	358412.93	24	675000.00	44	99874.28	7	354381.12	23	1515720.52	82381.84	5
1936. 4 ~1936.9	183552.50	12	402130.38	26	687200.00	44	106821.83	7	163180.59	11	1542885.30	136005.34	9
1936.10 ~1937.3	261839.50	15	433006.42	26	725200.00	42	258448.48	15	36416.85	2	1714911.25	165333.56	10
1937. 4 ~1937.9	176951.15	9	665260.67	35	564000.00	29	510029.66	26	12837.78	1	1929079.26	180956.14	9

출전 : 大連造船廠廠史編委會 編, 『大連造船廠史』, 29쪽.

4. 9 · 18사변 후의 대련 금융업

일본은 제정러시아를 몰아 낸 후, 여전히 대련에서 자유항 제도를 실시했다. 1920년대에 이르면 세계 각지에서 대련항을 찾는 상선은 더욱더 많아졌다. 대련은 이미 동북지역의 무역과 금융의 중심이 되었다. 통계에 따르면 27개의 국내외 은행이 대련에 36개의 지점과 사무소를 설립했고, 61개의 보험공사가 대련에 72개의 지점을 설립했으며, 200여 개의 중국민간자본의 전장(錢莊) · 전당포, 100여 개의 일본민간자본의 대부업체 · 무진회사(無盡會社) 등의 금융 업종의 성격을 띤 점포도 있었다. 동시에 증권거래소와 전초(錢鈔)거래소 등의 금융기구도 아주 번성했다. 비록 대련의 금융시장이 대단히 번영했을지라도, 모두 일본식민당국의 엄격한 관리와 통제 아래 있었다.

1920년대 말 세계적 경제 위기는 예외 없이 대련으로 몰아 닥쳤고 대련 금융업은 바닥으로 떨어졌다. 대련지역의 대다수 금융기구는 영업을 중지하거나 도산했다. 겨우 11개의 은행과 40개의 전장만이 참담하게 경영될 뿐이었다. 일본정부는 즉시 감자(減資)합병[兼竝]과 저리대출 등의 조치를 취해 대련의 일본자본 금융조직을 힘써 육성했다. 이로써 그들이 실력을 보존하고, 기회를 엿보아

재기할 수 있도록 했다.

9·18사변 후 일본은 국가 권력을 이용해 일본인들의 동북 투자 활동을 촉진하기 시작했다. 그리고 대련의 일본자본 금융기구가 차츰 난관을 극복하도록 했다. 경제와 무역업이 회복된 후 일본은 대련을 기지로 삼아 점차 동북 각 지역으로 업무를 확대했다. 그러나 일본이 동북을 통치하는 정치 경제의 중심이 대련에서 장춘으로 바뀜에 따라, 대련 금융업도 줄곧 1920년대 중기의 수준을 회복할 수 없었다.

1) 9·18사변 후 일본의 금융통제정책

일본이 동북 전역을 무장 점령한 후, 관동주의 최고 통치권은 장춘에 머무는 관동국장관의 수중에 있었다. 대련에는 단지 관동주청(關東州廳)장관이 설치되어 관동국장관의 명령을 집행하는 일을 담당했을 뿐, 자주적으로 정책을 제정할 권한은 없었다. 형식상으로 볼 때 관동주는 만주국에 의해 관할되는 것이 아니라, 일본이 직접 지배하는 것 같았다. 그러나 실제로 관동주의 각종 법규와 법령은 모두 일본 정부가 '칙령'의 방식으로, '만주주재 특명전권대사'[48]에게 제정과 함께 집행하는 권한을 부여했다. 그러므로 관동주나 만주국을 막론하고 모두 동북주재 일본 최고 군사지휘자인 관동군사령관의 장악 하에 있었다. 그런 까닭에 이 시기 대련의 정치 경제 정책은 모두 관동군의 수중에서 나왔다.

관동군이 만주국에서 실행한 '경제통제'정책 가운데 금융업도 포함될 뿐만 아니라 중요한 구성 부분에 속했다. 1932년 1월 15~29일 관동군은 긴박하게 만주국정권의 건립을 계획하는 동시에 일본 국내의 저명한 경제 전문가와 상공계의 거두를 동북으로 초청하여 자문회를 개최했다. 동북의 금융정책과 금융체계

---

[48] 즉 만주국 주재 일본 특명전권대사이다. 그는 관동국 장관과 함께 관동군사령관을 겸임하였으므로 실제로는 같은 사람이다.

에 관한 문제가 회의의 중요 의제였다. 전문가들의 의견에 비추어 관동군은 만주국 건립 후 오래지 않아 '만주중앙은행'을 건립하고, 동시에 특수 회사로 정하여 '경(境)'내 금융업을 '통제'했다. 1933년 1월 공포 실시된 「만주국경제건설강요」는 다음과 같이 규정하고 있었다. "만주중앙은행은 속히 부업(附業)을 정리하고 통화의 조정과 안정을 도모하여 전적으로 금융 통제를 책임진다."[49]

만주중앙은행 총재는 원래 길림성 재정청 청장 룽허우(榮厚)였지만, 실권은 모두 일본인이 장악하고 있었다. 예를 들면 부총재인 야마나리 교로쿠(山成喬六)는 원래 일본대만은행(日本臺灣銀行)의 이사였고, 이사 와시오 이소이치(鷲尾磯一)는 원래 요코하마정금은행(橫濱正金銀行)의 대련지점장이었고, 이사 다케야스 후쿠난(武安福南)은 원래 조선은행(朝鮮銀行)의 대련지점장이었으며, 이사 이가라시 야스시(五十嵐保司)는 원래 만철 공상과(工商課) 과장, 관동군 통치부 재무과 과장이었다. 이들은 일본 정부의 "만주 금융은 적당한 통제 아래 일만 양국 금융조직 사이의 충분한 협조가 유지되도록 하며, 아울러 우리나라(일본을 가리킨다―인용자) 자본과 만주 자원 사이의 효과적이고 적절한 연계를 구현한다. 이 외에 일만 양국의 경제통제방침을 훼손하지 않는 범위 내에서 적절히 제3국의 투자를 끌어 들인다"[50]는 기정된 방침을 받들어서 만주중앙은행의 운영방침을 단단히 통제함으로써 일본 정부가 설정한 궤도를 조금도 이탈하지 못하게 했다. 만주중앙은행은 각지에 있는 지점을 통하여 동북의 금융업을 이끌며, 상술한 일본 정부의 방침과 정책을 실행했다.

이 시기 대련 금융시장은 이미 일본자본 은행에 의해 천하가 통일되었다. 그리고 각종 금융 활동은 모두 일본 정부와 관동군의 지시에 따라 진행되었다.

---

49) 中央檔案館 等 合編, 『日本帝國主義侵華檔案資料先編・東北經濟掠奪』 第14冊, 35쪽.
50) 「日滿經濟統制方策要綱」, 1934년 3월 30일, 中央檔案館 等 合編, 『日本帝國主義侵華檔案資料先編・東北經濟掠奪』 第14冊, 37쪽 참조.

2) 대련의 금융기구

1932년 이후 대련의 주요 금융기구는 정금은행, 조선은행, 동양척식주식회사라는 3대 주력 은행을 중심으로 하는 일본은행이었다. 이 3대 은행의 차이는 다만 일본 정부의 지시에 따라 어느 정도 분업을 한다는 것뿐이었다.

요코하마정금은행(橫濱正金銀行)은 외환은행으로 지정되어 전문적으로 외환환전과 예금·대출업무를 맡아 보았다. 원래 이 은행이 발행한 정금은행권(초표)은 비록 1917년에 이미 일본 정부에 의해 발행금지명령이 내려졌지만, 이 은행권은 은본위제 화폐로서 중국의 은본위제 화폐와 환전할 때 비교적 편리했다. 그러므로 동북의 중국상인들은 특산물 선물거래와 상품도매거래에서 광범위하게 사용했을 뿐만 아니라, 화남·상해 등지의 무역 결산에서도 자주 채용되었다. 만주중앙은행이 설립된 후 정금은행권은 대련 상품시장에서 유통이 금지되었으며, 거래소 결산 시에만 사용하도록 제한되었다. 설령 이와 같을 지라도 정금은행의 업무 범위는 여전히 아주 커다란 공간이 있었다. 왜냐하면 정금은행이 상대하는 것은 대련 고객뿐만 아니라, 동북과 중국 관내(關內) 더 나아가 세계 각지의 고객들이었기 때문이었다. 이 시기 대련은 이미 동아시아의 저명한 무역항으로서 정금은행을 위한 업무 발전과 시장 확장에 양호한 환경을 제공해주었다. 외화 회수 처리, 외화 지불 업무 총수량에서 이 은행보다 앞서는 것은 오직 조선은행밖에 없었다.

조선은행은 일본 정부가 지정한 동북의 발권은행이며, 일본이 자본공상기업에 대한 융자를 담당하는 주요 금융기관이기도 했다. 그것이 발행하는 조선은행권은 금본위제 화폐로 '금표(金票)'라고도 불리었다. 9·18사변 후 정금은행권은 사용이 정지되었고, 조선은행권은 대련과 만철부속지 시장에서 주요 유통화폐로 자리 잡게 되었다. 뿐만 아니라 이 은행은 또 각종 조치를 취하여 동북 각지로 그 세력을 넓혀갔다. 1934년 12월 말에 이르면 이 은행의 금표는 동북 각지에서 "유통액이 이미 9,000만 원에서 1억 원에 달했다."[51]

1936년 일본 정부는 동북에서 일본자본 은행의 분포를 새로이 조정했다. 만주국에 있는 조선은행 각 지점에 명을 내려 정륭은행(正隆銀行), 간주은행, 새롭게 설립된 만주흥업은행(滿州興業銀行)과 합병하고, 조선은행의 활동 범위를 관동주 내로 제한하며 조선은행 대련지점, 대련서부출장소, 여순지점 이 3개의 기구만을 남겨두도록 했다. 이어서 일본 정부는 다시 관동주와 만철부속지에서 조선은행권의 법정화폐 지위를 취소하고, 만주국에서의 유통을 정지시켜 단지 관동주 내에서만 유통될 수 있도록 제한했으며, 이미 만주국에 유입된 조선은행권은 만주중앙은행이 책임지고 회수하도록 하되 회수 후 다시는 시장에 내놓지 못하도록 했다. 비록 이와 같을지라도 조선은행은 대련의 일본자본 은행 가운데서 예금과 대출 또는 외환업무를 막론하고 시종 모두 1위를 차지하고 있었다.

동양척식주식회사는 주로 부동산 경영기업에 대한 융자업무를 폈쳤다. 1940년 이 회사의 연간 대출자금은 777만 엔이었다.[52] 이러한 자금은 주로 기업의 토지구매와 주택건설 등에 사용되었다.

1936년 일본의 미쓰이, 미쓰비시, 야스다(安田), 스미토모(住友)와 대만 등의 은행은 잇따라 대련에 지점과 출장소를 건립했다. 그들은 각각 동북과 중국 각지의 자기 계열기업에게 자금적인 방면에서 지원을 하거나, 자신의 특정 고객에게 서비스를 제공했다. 이들 일본자본 은행은 일본 3대 은행을 지점으로 하는 대련 금융네트워크 속에서 수립되었고 대련 금융업을 독점했다.

일본자본 은행 외에 만주국 명의로 창설된 만주중앙은행과 만주흥업은행도 대련에 지점을 설립했다.

1933년 3월 만주중앙은행은 대련시 산현통(山縣通, 지금의 인민로人民路)에

---

51) 關東局 編,『關東局施政三十年史』, 738쪽.
52) 關東州廳經濟部理財課,『關東州金融事情』, 1940年 油印, 쪽 번호 없음.

지점을 설립했다. 주요 임무는 대련에 유입되는 만주국 '국폐(國幣)'를 회수하는 것이었다. 대련은 동북의 특산물 거래의 중심이었기 때문에 많은 거래인들이 '국폐'를 이용해 결산했다. 더욱 많은 사람들이 거래하도록 끌어들이기 위해 식민당국은 거래 시 '국폐' 사용을 허락했다. 그러나 오히려 대련시장에서의 유통은 금지시켰다. 그리하여 결산 후의 '국폐'는 만주중앙은행이 맡아서 회수하도록 했다.

1936년 만주국은 제2차 산업개발5개년계획을 제정하여 1937년부터 실행할 준비를 했다. 이 계획은 군비확충과 밀접한 관련이 있는 국방자원과 공업 프로젝트 '개발'을 중점적인 우선 고려 대상으로 하고 있었다. 이 계획을 실현하는 데는 25억 엔의 자금이 필요할 것으로 추산되었다. 이 자금을 모으려면 반드시 은행이 장기 저리 대출을 제공해야만 했다. 일본 정부의 직접적인 간여 아래 만주국정부와 조선은행이 각각 1,500만 엔을 출자하여, 1936년 12월 만주흥업은행이 건립되었다. 이 은행은 1937년 정식으로 대외 영업을 시작했으며, 만주국의 준특수회사로서 만주국의 제2차 산업개발5개년계획의 프로젝트를 맡는 기업에 대한 자금 지원을 담당했다. 만주국정부의 비준을 거쳐 이 은행은 지불한 자본의 15배가 되는 흥업채권(興業債券)을 발행할 수 있게 되었다.53) 4월 채권 발행이 시작되었다.

만주흥업은행의 본점은 장춘에 설립되었다. 대련에는 8개의 지점이 있었는데 대련시내에 4개, 여순·금주·보란점·비자와에 각 1개가 있었다. 대련에 있는 만주흥업은행 각 지점은 힘써 은행채권을 판매하는 외에도, 갖은 방법을 동원하여 예금을 끌어들여 자금을 모집했다. 일본이 전면적인 중국침략전쟁을 일으킨 후, 관동주와 동북은 일본군의 군수물자 공급기지가 되었다. 이에 따라 군수산업 생산은 급격하게 팽창했고 자금 수요는 더욱 긴박해졌다. 일본 정부는

---

53) 滿史會 編著, 東北淪陷十四年史遼寧編寫組 譯, 『滿洲開發四十年史』 下, 377쪽.

일본흥업은행이 50억 엔의 흥업채권을 발행하여[54] 군수산업 생산을 돕도록 했다. 대련에 있는 흥업은행의 각 지점들은 시내의 번화한 거리에 선전 지점을 설치하고 흥업채권을 판매했다. 사실 만주흥업은행이 발행한 거액의 채권은 결코 충분한 준비금이 뒷받침 되지 않는, 즉 현금지불이 조금도 보장되지 않는 것이었다.

만주흥업은행 대련지점이 시내 중심지에 설치한 채권 판매 선전비

일본자본 은행이든 만주국 명의로 설립된 은행이든 모두 일본계 은행이었다. 불완전한 통계에 따르면 1907~1944년 대련지역 각 은행의 대부 총액은 53억 1,340만 엔으로, 그 가운데 일본계 은행의 대부가 98.5%를 차지하고 있었다. 이것은 대련의 금융업이 완전히 일본자본에 의해 독점되었음을 여실히 보여주는 것이었다.

일본자본 은행 외에도 이 시기에는 교통은행(交通銀行), 동래은행(東萊銀行), 금성은행(金城銀行), 천화은행(天和銀行), 복덕은행(福德銀行) 이렇게 5개의 중국은행도 대련에 지점을 설립했다. 또 미국의 시티은행(Citi Bank, 花旗銀行), 영국의 홍콩상하이은행(Hongkong and Shanghai Banking Corporation, 匯豊銀行)과 차티드은행(Chartered Bank of India, Australia and China, 麥加利銀行)도 대련에 지점을 설립했다. 이러한 은행들은 태평양전쟁 발발 후인 1942년

---

[54] 「臨時資金調整法」, 『關東州統治法規集』, 假製本 참조.

에 이르러 모두 강제로 영업이 중지되었다. 이로부터 대련의 금융업은 곧 일본 자본에 의해 독점되었다.

금융조합(금융합작사)은 일본의 대련통치시기 도시의 평민과 농촌의 촌민들을 겨냥하여 설립한 일종의 상호합작의 성격을 가진 금융기구였다. 그것은 사람들이 거주하는 지역을 단위로 조직되었다. 주요 직무는 조합 구성원의 예금을 받아들이고 아울러 그들에게 생산필수품 구매를 위한 소액자금을 대출해주는 것이었다. 조합에 참가하는 사람은 반드시 평의회의 심의를 통과해야 하며, 또 일정한 출자금을 내야했다. 도시조합은 일반적으로 50원, 농촌조합은 일반적으로 10원이었다. 1939년 대련지역에는 이미 8개의 농촌금융조합과 3개의 도시금융

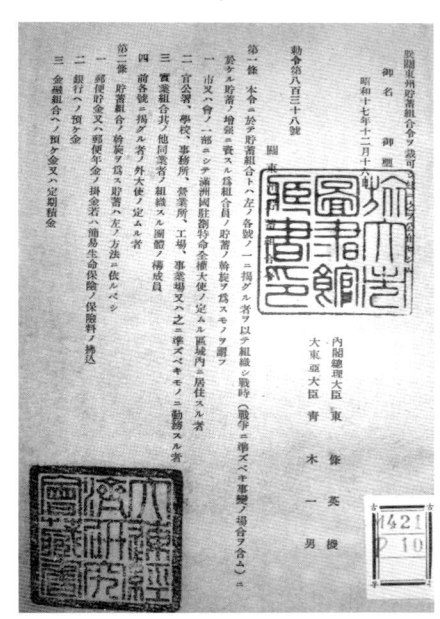

태평양전쟁 발발 후 일본 정부가 대련의 자금을 군수산업에 집중 투자하기 위해 반포한 「관동주저축조합령」

조합이 설립되었다. 농촌금융조합은 1만 3,477명의 구성원을 보유하고 있었으며, 출자액은 18만 2,460엔, 예금액은 422만 220엔, 대부액은 570만 1,070엔이었다. 도시금융조합은 1,962명의 구성원을 보유하고 있었으며, 출자액은 15만 5,150엔, 예금액은 294만 4,620엔, 대부액은 160만 2,710엔이었다. 도시금융조합과 농촌금융조합의 대부 총액은 730만 3,780엔이었다.[55]

이 시기 대련지역에 존재했던 민간 금융 조직으로는 중국인이 설립한 전장·

---

55) 木村正道, 『滿洲帝國經濟全集』 第17卷, 1940, 317~319쪽.

전당포와 일본인이 설립한 대부업체·전당포·무진회사 등이 있었다. 비록 이러한 조직의 자금은 보잘것없는 것이었지만, 당시 사회 하층민들에게 있어서는 자금을 조달하는 빠르고 편리한 한 가지 루트를 제공했다.

3) 일본·만주국·관동주 화폐의 통일

일본통치시기 대련의 화폐 유통영역에는 금·은 이 두 가지 본위제 화폐가 유통되고 있었다. 일본인이 사용한 금본위제 엔화와 중국인이 사용한 은본위제 중국 화폐는 일상적인 거래 속에서 많은 불편이 나타났다. 식민당국은 일본 화폐의 지위를 안정시키기 위해 일찍이 수많은 조치를 취했지만, 시종 철저하게 이 문제를 해결할 수 없었다. 1917년 일본 정부는 명령을 내려 조선은행이 발행한 금원권(金圓券)을 관동주와 만철부속지의 법정 화폐로 지정했다. 동북의 시장을 점령하고 중국 화폐에 타격을 주기 위해 일본식민당국은 일본상인들을 사주하여 봉천에서 동북당국[56]이 발행한 지폐인 '봉천표(奉天票)'를 사용하여 중국의 은으로 만든 경화[硬通貨幣]인 은원(銀元)으로 바꾸도록 함으로써 대량의 백은이 일본은행으로 유입되도록 했다. 그 결과 중국 측 은행의 준비자금은 약화되었고 중국 측 화폐의 신용도는 떨어졌으며 심지어 중국 측 화폐가 평가 절하되도록 했다. 그러나 대련을 거점으로 한 일본 조선은행의 금원권(金圓券)은 곧 동북지역에서 그 입지를 확고히 했고, 아울러 손쉽게 동북의 화폐시장을 점령하게 되었다.

만주국 중앙은행이 설립된 후 '국가은행'의 명의로 '국폐'[57]를 발행하여 동북의 법정 화폐로 삼았다. 이치대로라면 이 화폐는 금본위제를 실행하는 것이 일본의 이익에 가장 부합하는 것이었다. 그러나 일본은 "오랫동안 백은은 현지 통

---

[56] 張作霖 정권을 가리킨다.
[57] [역주] 즉 내화, domestic currency.

화의 기초로서, 만약 너무 성급하게 일처리를 하다보면" "폐단이 생길 수 있다"고 우려했다. 그런 까닭에 '백은링크제[連鎖制]'를 채택하여 점차 '황금링크제'로 이행하도록 결정했다.[58] 그리하여 만주국의 국폐는 은본위제를 실행했으며, 동시에 이 화폐를 이용하여 원래 동북의 화폐를 회수했다. 1935년 6월 구(舊) 화폐의 회수는 기본적으로 끝났다.

1934년 미국대통령 루즈벨트가 '은구매법[白銀收購法]'을 비준하자, 미국의 은 매수 가격이 높아졌다. 이 정책은 세계 은가격의 폭등을 가져왔고 은본위제 화폐는 빠르게 평가 절상되었다. 일본 정부는 이 시기를 이용하여, "엔화와 만주국 화폐의 가격 차이를 줄이고 만주국 화폐가 점차 엔화에 근접하도록 했다. 더 나아가 1935년 4월 '국폐'의 은본위 포기를 결정하고 관리통화제도를 실행했다. 1935년 8월 26일 다시 만주국 화폐와 엔화의 등가(等價)를 선포했다."[59] 이는 일본과 만주국이 화폐 통일을 실현했으며, 만주국의 화폐가 엔화의 종속물이 되었음을 상징하는 것이었다.

11월 4일 일본 내각은 회의를 열고 어떻게 만주국의 화폐 가치 및 경제통제 속에서 그 지위를 안정시킬 것인가에 대해 논의했다. 결의에서 만주국 화폐와 관동주의 관계에 대해 특수한 규정을 만들었다. "관동주는 경제적인 면에서 만주국과 불가분의 관계에 있다. 때문에 두 지역이 별도의 화폐제도를 채택한다면, 실제로 상당한 불편이 따를 것이다. 그러나 국폐를 법폐로 삼아 관동주에 유통시킨다면, 우리의 법제 측면에서 이치에 맞지 않는 것이다. 그런 까닭에 관동주는 본안(本案)의 화폐통일구역 속에 포함시키지 않는다."[60] 이는 곧 관동주와 만주국의 차이점을 말하는 것이었다. 비록 만주국은 일본이 획책하여 조

---

[58] 滿史會 編, 東北淪陷十四年史遼寧編寫組 譯, 『滿洲開發四十年史』 下, 355쪽.
[59] 中央檔案館 等 合編, 『日本帝國主義侵華檔案資料選編·東北經濟掠奪』 第14冊, 18쪽.
[60] 「關于滿洲國國幣價值穩定和幣制統一之件」, 1935년 11월 4일, 中央檔案館 等 合編, 『日本帝國主義侵華檔案資料選編·東北經濟掠奪』 第14冊, 17쪽.

작해낸 것이었지만, 일본은 표면상으로는 여전히 '독립국가'를 대하는 자세를 취했던 것이다. 그러나 관동주에 대해서는 곧 일본의 일부분으로 간주하여 반드시 일본의 법제에 의거하여 일을 처리했다.

1935년 말 일본은 조선은행의 금원권을 만주국에서 퇴출시킬 것을 명령하고 그것의 유통을 관동주 만으로 제한시켰다. 당시 대련지역에서 유통되던 화폐는 여전히 중국의 경화 소양(小洋)으로, 그것은 중국인 사이의 거래에 사용되었다. 1935년 12월 21일 일본 정부는 313호 칙령을 발포하여, 관동주 내에서 소양의 유통을 금지시켰다. 동시에 관동국은 소양 유통 금지에 대해 제73호와 제74호 국령(局令)을 발포했다. 그 요점은 아래와 같았다.

1. 관동주 내의 소양(小洋)은 쇼와(昭和) 11년(1936년) 4월 1일 이후 유통을 금지한다.
2. 유통 금지 이전 형성된 소양을 본위화폐로 하여 결산하는 채무는 일률적으로 조선은행권 혹은 화폐법에 규정된 화폐를 이용하여 청산하되, 유통 금지일 이전까지 결산해야한다.
3. 관동국은 소지자들의 청구에 응하여, 쇼와 11년 4월 1일부터 6월 30일까지 3개월의 기간 동안 일정한 가격으로 소양전을 구매한다.
4. 소양전의 매입은 관동국이 지정한 회(會) 혹은 회둔(會屯) 금융조합 및 은행이 그것을 대행한다. 지정된 회(會) 혹은 회둔(會屯) 금융조합 및 은행의 명칭은 별도로 공고한다.
5. 앞항의 소양전 매입기구로 지정되면 반드시 관동국에 일정한 수속비를 납부해야한다.
6. 매입하는 소양전의 가격은 별도로 공시한다.
7. 관동주 소양전의 수입(輸入)은 쇼와 10년(1935년) 12월 21일 이후로는 엄격히 금지한다.
8. 대사(大使)는 상술한 소양전 사용 금지와 관련된 사항에 대해 규정을 만들 수 있는 권한을 가진다.[61]

1936년 4월 1일 이후 대련지역에서 유통된 화폐는 조선은행의 금원권 밖에 없었다. 이와 같이 일본은 엔화를 이용해 동북지역의 화폐를 통일하려는 전 과정을 완료했다. 그리하여 일본자본으로 동북 금융업을 독점하려는 계획이 실현되었으며, 일본의 동북경제에 대한 수탈도 더욱 순조롭게 진행되어 자신들 뜻대로 할 수 있게 되었다.

5. 대련항의 증축과 자유항제도의 파산

1932년 3월 7일 관동국의 획책 아래 만주국이 설립되었다. 이튿날 일본인은 괴뢰정권의 대표 인물인 푸이에게 관동군사령관 혼조 시게루(本莊繁)와 비밀 양해각서를 체결하고 동북 육·해·공의 교통대권을 일본인이 맡아서 관리하도록 넘겨주라는 뜻을 전했다. 8월 7일 관동군사령관 혼조 시게루와 만주국의 국무총리 정샤오쉬(鄭孝胥)는 「만주국정부의 철도·항만·항로·항공선의 관리와 철도선의 부설·관리에 관한 협정(關于僞滿州國政府鐵路·港灣·航路·航空線的管理和鐵路線的敷設·管理的協定)」에 서명했다. 이로써 관동군과 만철은 동북지역 내에서 교통시설을 점령하는데 필요한 '법률'적인 근거를 취득하게 되었다. 그러나 관동군은 스스로 연출하고 연기한 이 한편의 광대놀음으로는 여론에 맞서기는 어렵다는 것을 깨닫고 그것을 비밀에 붙이고 소문 내지 않았다. 비록 이와 같을지라도 일본인은 스스로 수중에 비장의 무기와 방패를 가지고 있다고 생각했다. 그리하여 동북의 자원에 대해 더욱 거리낌 없이 미친 듯이 수탈하기 시작했다.

---

61) 關東局 編, 『關東廳施政三十年史』, 738쪽.

1) 대련항의 증축

만철은 관동군으로부터 동북 전체의 철도와 항만 경영을 정식으로 위탁 받기 이전, 이미 남만철도(南滿鐵路)와 대련항을 25년 동안 경영한 역사가 있었다. 그 동안 만철은 풍부한 경험을 쌓았을 뿐만 아니라, 이미 일본의 대륙정책을 실현하기 위한 야심으로 가득 차 있었다. 지금 일본이 동북의 육·해·공의 교통대권을 장악하고 있는 것은, 만철 입장에서는 바로 실력을 과시하기에 좋은 기회였다.

대련은 남만철도 남단의 종점이었다. 대련항은 동북에서 가장 중요한 항구로서 일본과 동북 각지를 연결하는 가장 밀접하고, 빠르고, 편리한 항구였다. 대련에서 일본의 오사카·고베·나고야에 이르는 항로는 이미 여러 해 동안 운행되고 있었으며, 거의 매일 여객화물선이 왕복 운행했다. 일본은 동북에서 약탈한 대두·콩기름·콩깻묵·석탄·선철 등의 물자를 끊임없이 이곳으로부터 일본으로 운송해 갔다. 일본의 공업 제품 또한 이곳을 통해 동북 등지로 투매 되었다. 1933년 이후 일본의 동북 자원에 대한 수탈의 강화 및 철도·군사시설과 만주국 수도 등 건설공사의 끊임없는 확대에 따라, 각종 화물 운송량은 폭증했고, 대련항의 화물 물동량도 줄곧 끊임없이 증가했다. 상세한 내용은 〈표 21-8〉과 같다.

1930년대의 대련항 전경

〈표 21-8〉 1930~1938년 대련항 화물 물동량 표(단위 : 만 톤)

연 대	1930	1931	1932	1933	1934	1935	1936	1937	1938
물동량	632.5	753.4	866.8	975	1,073.4	970.5	952.3	1,032.4	1,044.1

출전 : 劉連崗 等 編, 『大連港口紀事』, 大連海運學院出版社, 1988의 자료에 근거하여 정리했다.

9・18사변 후 만철의 대련항 증축은 3가지 주요 항목이 있었다. 그것은 감정자공업부두, 흑취자부두와 향로초부두를 건설하는 것이었다.

(1) 감정자공업부두의 건설

만주국 성립 후 대련 감정자에는 만주화학공업주식회사, 만주석유주식회사, 만주소다주식회사가 건립되었다. 이는 동북 화학공업의 3대 지주 산업으로, 만철은 이 세 회사의 기획자이자 참여자였다. 이들 기업의 생산원료와 생산품은 모두 해로를 통해 수송해야만 했다. 이를 위해 만철은 감정자에 두 개의 공업부두를 건설했다.

만화부두는 감정자 제2부두라고도 불리었다. 1934년 9월에 건설되었으며 감정자의 남쪽 해안에 자리 잡고 있었다. 이 부두는 만주화학공업주식회사를 위해 특별히 설립되었는데, 공장이 매년 필요로 하는 12만 톤의 생산 원료 수입과 18만 톤의 황산암모늄 출하 기준에 의거하여 설계된 것이었다. 이것은 돌제식 부두이며 길이는 125m, 넓이는 12m, 안벽의 연장 길이는 262m로 5,000톤급 선박이 정박할 수 있었다. 부두는 이후 더욱 확장될 것을 고려해 동・서 양측에 각각 1만 톤과 2만 5,000톤급 선박이 정박할 수 있는 자리를 미리 남겨두었다. 이 사업의 총건설비는 89만 5,000엔이었다.

만석부두는 감정자석유잔교(甘井子石油棧橋)라고도 불리었다. 만주석유주식회사가 원유와 석유 제품을 싣고 부리기 위해 건설한 것이었다. 그것은 철근과 콘크리트를 이용해 건설한 3개의 돌핀식 부두로 조성된 하나의 잔교로, 각 돌핀식 부두의 길이는 28m, 넓이가 4.2m에 달했다. 잔교의 앞부분에는 송유관 지브(jib)⁶²⁾를 설치하여 직접 유조선과 연결되도록 했다. 잔교 위에는 두 개의 송유관로를 부설하여, 공장과 석유저장탱크가 직접 연결되도록 했다. 이 부두는 1934년 10월에 준공되었다.

만주화학공업주식회사 부두

(2) 흑취자부두의 건설

흑취자부두는 1928년 「대련항 확장 예정계획」속의 프로젝트로서 전체 공정은 5개 부분으로 나뉘었다. 그것은 방파제, 입선(入船) 4부두, 입선 2부두, 입선 3부두와 어항(漁港)부두였다. 이 공사는 오늘날의 승리교(勝利橋) 북쪽 흑취자어항 일대에서 진행되었다. 이곳은 수위가 비교적 얕고, 줄곧 중국 어민의 범선 집결지였기 때문에, 만철은 항구건설 초기 이곳에 대해 고려조차 하지 않았다. 그러나 1920년대 이후 항구 물동량이 끊임없이 증가함에 따라, 원래 항구의 면적은 점차 협소해지기 시작했다. 특히 하역장이 가장 부족했다. 그리하여 1928년 이곳을 항구 확장 계획에 포함시켰다.

방파제는 1928년 6월 공사를 시작하여 1931년 준공되었다. 전체 길이는

⁶²⁾ [역주] 기중기에서 물건을 들어 올리는 팔과 같은 부분.

1,000m, 상변의 넓이는 1.8m, 높이 5m였다. 건설비용은 30만 5,000엔이었다.

입선 4부두는 지금의 대련항 3부두 동쪽에 위치했다. 1928년 5월 건설이 시작되어 1930년 말에 준공되었다. 길이 335m, 넓이 88m이며 정박지 수심은 4m 이내였다.

입선 2부두는 지금의 대련항 1부두로 1932년에 건설되었다. 길이는 160m, 넓이 60m이며 정박지 수심은 3m였다.

입선 3부두는 오늘날 대련항 2부두로 1939년 5월 착공되어 그해 12월 완공되었다. 길이 200m, 넓이 60m이며 정박지 수심은 4m이내였다. 3개의 입선 부두는 모두 돌제식 부두였다.

흑취자 어항부두는 1939년 건설이 시작되어 1942년 준공되었다. 어항 전체는 동·서쪽 두 개의 돌제식 부두와 하나의 순안식(順岸式) 부두로 구성되었다. 어항 동쪽 부두는 길이 361m, 넓이 100m였다. 어항 서쪽의 부두는 동서쪽의 길이가 각각 256m와 250.4m이며 넓이는 90m였다. 순안식 부두의 길이는 225m였다.[63] 흑취자부두는 완공된 후, 주로 화물 하역에 사용되었다. 화물 하역 구역의 증가로 인해 대련 항구의 화물 하역 부담은 크게 완화되었다.

(3) 향로초항구의 증축

1933년 이후 대련항에 나타난 뚜렷한 변화는 수입 화물의 현저한 증가였다. 이러한 추세는 줄곧 태평양전쟁 발발까지 유지되었다. 이에 따라 대련항은 수출항에서 수입항으로 변모했다.

주지하다시피 만철은 대련항을 인수한 후부터, 시종일관 동북의 자원을 최대한 약탈하는 것이 대련항 경영의 전략적 목표였다. 그런 까닭에 이 항구는 줄곧 수출항으로서 경영되었던 것이다. 항구의 설계와 계획으로부터 관리제도의 제

---

[63] 劉連崗 等 編, 『大連港史』, 大連出版社, 1995, 190~191쪽.

정에 이르기까지 모두 동북 내지 물자의 선적과 수출에 유리한 것을 그 표준으로 삼았다. 예를 들면 만철은 남만철도, 동청철도와 대련항을 하나의 선으로 연결했다. 그리하여 철도를 이용하여 동북의 화물을 대련항으로 운송한 후, 직접 항구로 몰고 들어가 하역과 선적이 가능하도록 했다. 심지어 어떤 화물은 기차의 화차에서 직접 배로 선적했다. 1930년 건설된 감정자 석탄부두는 선적의 기계화를 실행하여, 하루 선적량을 2,000톤에서 1만 4,000톤으로까지 끌어 올렸다.[64] 그리하여 석탄수출량은 큰 폭으로 상승했고, 연간 석탄수출은 300만 톤 이상에 달했다.

선적의 기계화는 매우 중시되었으나, 하역의 기계화에 대해서는 오히려 관심을 가지는 사람이 없었다. 심지어 수입화물의 하역장과 저장창고 등의 문제조차도 항구의 계획 설계 속에 포함되지 못했다. 당시의 국제관례에 따르면 일반적인 수출항의 수출화물과 수입화물의 비율은 마땅히 5:1이었다. 대련항의 수출화물과 수입화물의 비율은 1931년 7.4:1, 1932년 4.9:1로 기본적으로 국제관례 표준에 부합하는 것이었다. 그러나 1933년부터 이 비율에는 변화가 나타났다. 수입화물이 큰 폭으로 증가하여 1939년에는 뜻밖에도 그 비율이 1:1에 달했다. 상세한 내용은 〈표 21-9〉와 같다.

〈표 21-9〉 1931~1939년 대련항 수출화물과 수입화물표(단위 : 만 톤)

연대	1931	1932	1933	1934	1935	1936	1937	1938	1939
수출	648	720.3	742.5	766	680.1	638.6	647.2	610.9	536.6
수입	87.4	146.5	232.5	307.4	290.4	313.7	385.2	433.2	533.8
비율	7.4:1	4.9:1	3.2:1	2.5:1	2.3:1	2:1	1.7:1	1.4:1	1:1

출전 : 劉連崗 等 編, 『大連港口紀事』의 자료에 근거하여 정리했다.

이러한 예상치 못한 상황의 출현은 일순간 대련항의 질서가 혼란에 빠지도록 했다. 수입화물을 가득 실은 많은 선박들은 방파제 밖에서 명령을 기다려야

---

[64] 劉連崗 等 編, 『大連港史』, 164~166쪽.

만 했다. 항구 내의 조직과 인력은 밤낮으로 연장 근무를 하며 화물을 하역했지만, 체선(滯船)·체화(滯貨) 문제는 해결하기 어려웠다(상세한 내용은 〈표 21-10〉 참조).

〈표 21-10〉 대련항 방파제 밖 입항을 기다리는 선박과
야간 하역 상황표(1933~1938년)

연도	방파제 밖 정박선(척)	야간 하역 (천 톤)	연도	방파제 밖 정박선(척)	야간 하역 (천 톤)
1933	379	930	1936	199	825
1934	583	1,235	1937	686	1,746
1935	259	931	1938	1,405	2,261

출전 : 滿史會 編, 東北淪陷十四年史遼寧編寫組 譯, 『滿洲開發四十年史』 上, 390쪽.

1937년 7월 일본은 전면적 중국침략전쟁을 일으켰고 대련항은 일본의 군수물자 운송의 중요 허브가 되었다. 무기와 탄약 그리고 병참 보급품을 가득 실은 일본의 군용 선박은 줄지어 대련항으로 들어섰다. 1호 부두, 갑(甲) 부두, 3호 부두의 서부, 4호 부두의 동부(東部)와 병 부두는 모두 군사전용구역으로 분할되었다.[65] 전쟁과 관련된 기타 물품 또한 대량으로 대련항으로 쏟아져 들어왔다. 그리하여 1938년 대련항 바깥에서 하역을 기다리는 선박은 1,405척으로까지 증가하게 되었으며, 이는 1936년의 7배였다. 항구 내의 체류화물도 산더미처럼 쌓였다. 대련항의 심각한 체선·체화문제는 시급하게 해결해야 할 과제였다. 당시 만철 내부에는 두 가지 의견이 있었다. 하나는 집중적으로 대련항을 증축하여, 화물하역장소와 창고 부족 문제를 철저하게 해결하자는 주장이었다. 다른 하나는 대련항의 적체 화물을 여타의 소항(小港)으로 나누어 보내면 대련항의 부담을 완화시킬 수 있을 뿐만 아니라 소항과 대항(大港)의 발전 불균형을 해결할 수 있다는 주장이었다.

[65] 『支那事變力大連港出入船舶ニ及ホミタル影響』, 1938, 1~2쪽.

대련항에서 탱크 등의 무기를 수송하는 일본군

    1938년 7월 만철은 항만심의위원회를 설립하고, 대련항 증축 계획에 대한 초안 작성과 심의를 책임지도록 했다. 최초로 심의를 통과한 증축 방안은 사아구에 제5부두와 제6부두를 신축하는 것이었다. 그러나 이 방안은 시공을 준비할 때 중대한 착오가 발견되어 중지되었다. 당시 대련부두사무소의 부소장 후쿠시마 미나지(福島三七治)는 대련항 서부의 향로초에 대련 신항 건설을 건의했다. 이 건의는 항만심의위원회에 의해 받아들여졌고, 그리하여「대련항서부확장방안」이 형성되었다.

7·7사변 후 대련항에서 군마를 운반하는 일본군

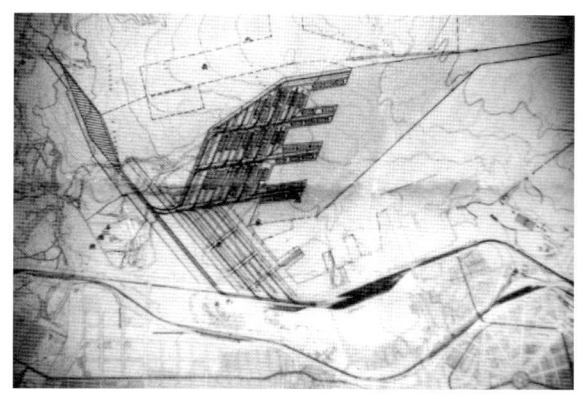
1939년 실시된 '대련서항계획도(大連西港計劃圖)'

이 방안의 주요 공사 항목은 다음과 같았다. ① 길이 360~420m에 달하는 4개의 돌제식 부두의 건설을 서부 항만구역의 핵심 공사로 한다. ② 향로초 일대는 수위가 비교적 얕아 겨울에는 쉽게 결빙된다. 그런 까닭에 길이 1,300m의 방파제 한 곳을 건설하여 얼음이 주항로로 흘러 들어가는 것을 방지한다. ③ 바다를 메워 조성한 땅에 대형 하역장 한 곳을 건설한다. 아울러 그 양끝에 각각 비탈식 하역부두를 건설한다. ④ 1,580m의 호안을 건설한다. ⑤ 부두 앞쪽의 수역 및 주항로에 대해 준설공사를 실시하여 수심이 7m가 되도록 한다. 동시에 하역장 앞쪽 수역도 준설공사를 실시하여 수심이 4m가 되도록 한다. ⑥ 부두 뒤쪽의 바다를 메워 62만㎡의 토지를 조성한다.[66] 상술한 방안이 실현되면 대련항의 연간 화물 물동량은 1,450만 톤으로 늘어날 수 있었다.[67]

「대련항서부확장방안」은 1939년부터 시작되어 1942년 6월까지 겨우 돌제식 부두 한 곳과 하역장이 건설되었을 뿐이었다. 이후 태평양전쟁의 확대로 인해 일본의 전선은 점점 더 길어졌고, 만철의 자금은 나날이 부족해져 근본적으로

---
[66] 滿史會 編, 東北淪陷十四年史遼寧編寫組 譯, 『滿洲開發四十年史』 上, 391쪽.
[67] 蘇崇民, 『滿鐵史』, 562쪽.

항구 증축을 계속 진행할 능력이 없었다. 이 시기 대련항은 일본 침략자의 운명과 마찬가지로, 한 걸음 한 걸음 몰락과 쇠락으로 향하고 있었다.

2) 대련항 화물운송과 자유항제도의 파산

일본은 동북을 무력으로 점령한 후 국제 여론의 호된 비난을 받았다. 침략 죄행을 감추기 위해 일본은 많은 거짓말을 꾸며냈지만 여전히 침략자의 이미지를 바꿀 수는 없었다. 1933년 2월 만주국은 국제연맹에 의해 부결되었고, 일본은 국제연맹을 탈퇴하지 않을 수 없게 됨으로써 국제적으로 완전히 고립 상태에 빠지게 되었다. 국제 관계의 악화는 구미와 중국의 무역시장에서 일본에게 심각한 영향을 미쳤다. 아시아에서 일본의 통제 아래에 있던 조선, 대만, 동북만이 일본 무역의 주요 시장이었다. 이에 비추어 보아 일본의 대련항 경영은 한편으로 자유항제도를 계속 실행하여 구미 각국의 환심을 샀고, 다른 한편으로 동북의 정치·경제·군사 대권을 장악한 우세를 이용하여, 일본에 유리한 관리 제도를 강력하게 추진하면서 대련항을 되도록 빨리 동북 자원의 수탈과 상품 덤핑판매의 거점으로 만들려 기도했던 것이다.

9·18사변에서 시작하여 대련항의 화물운송 상황은 일본 침략전쟁의 확대와 자유항제도의 변화에 따라 몇 차례의 기복이 있었다. 1937년 이전 자유항제도의 실행으로 인하여, 20여개 국가와 지역의 상선이 늘 대련항을 출입했다. 그들은 주로 영국·미국·프랑스·네덜란드·소련·스웨덴·노르웨이 등의 국가와 오스트레일리아 및 아시아의 몇몇 국가와 지역이었다. 일본은 서둘러 동북 산업을 '개발'하고자 많은 국민들이 동북에 공장을 설립하도록 장려했다. 그리고 이들 기업의 최종 목적은 바로 동북의 원탄(原炭) 등 광산물과 대두·콩기름 등의 지역 특산품을 끊임없이 일본으로 운송하는 것이었다. 이와 동시에 일본의 면사, 인조 견사, 완구 등의 공산품도 대량으로 중국에 판매되었다. 그리하

여 이 시기 대련항의 화물 물동량은 나날이 증가했다. 무역활동은 전례 없이 활발했고 대련의 경제도 크게 번영했다. 당시 매년 대련항을 출입하는 선박의 총톤수는 1,250~1,542만 톤 사이였다. 그 가운데 일본선박이 가장 많아서 65% 이상을 차지했다. 중국선박은 겨우 10% 안팎을 점할 뿐이었다. 1931년부터 대련항을 거치는 수출입 화물은 매년 100여 만 톤의 속도로 증가했다. 1934년에는 1,073만 4,000톤에 달해 만철이 개항한 이래 최고 기록을 세웠다. 이후 2년 동안 대련항의 화물 물동량은 소폭 하락했다. 하지만 1937년 다시 1,000만 톤의 관문을 돌파하기 시작하여 1939년에는 마침내 1,070만 4,000톤으로 상승했다. 그러나 1940년대로 들어선 후 대련항의 화물 운송량은 하락하기 시작했다. 특히 태평양전쟁이 발발하자 일본은 해운 통제를 실행하여 중·일 양국 이외 선박의 대련항 진출입을 금지시켰다. 그리하여 대련항의 운송량은 급감하게 되었다. 1942년 이후 일본의 전쟁 수송을 담당하던 대량의 선박이 격침당했고 해상 수송력은 크게 약화되었다. 많은 화물은 어쩔 수 없이 육로로 수송되었다. 이와 같이 대련항의 기능은 심각하게 위축되었고 화물 물동량은 급격히 줄어들어, 1944년에 이르면 겨우 200여 만 톤밖에 되지 않았다. 상세한 내용은 〈표 21-11〉과 같다.

대련항을 이용하여 목재를 외지로 운송하는 일본

〈표 21-11〉 1932~1944년 대련항 화물 물동량(단위 : 만 톤)

연대	합계	수출		수입	
		수량	비율(%)	수량	비율(%)
1932	866.8	720.3	83.1	146.5	16.9
1933	975.0	742.5	76.2	232.5	23.8
1934	1,073.4	766.0	71.4	307.4	28.6
1935	970.5	680.1	70.1	290.4	29.9
1936	952.3	638.6	67.1	313.7	32.9
1937	1,032.4	674.2	65.3	385.2	37.3
1938	1,044.1	610.9	58.5	433.2	41.5
1939	1,070.4	536.6	50.1	533.8	49.9
1940	817.4	379.2	46.4	438.2	53.6
1941	718.0	352.3	49.1	365.7	50.9
1942	623.3	319.3	51.2	304.0	48.8
1943	377.9	185.6	49.1	192.3	50.9
1944	232.4	113.7	48.9	118.7	50.1

출전 : 劉連崗 等 編, 『大連港史』와 『大連港口紀事』의 자료에 근거하여 정리했다.
[역주] 1937년의 합계 1032.4는 1059.4, 1944년의 수입비율 50.1%는 51.1%의 오류로 보인다.

대련항에서 일본으로 운반되기를 기다리는
식량과 식용유

일본으로 운송을 기다리는 대두

9·18사변 이후 대련항의 주요 수출화물은 대두·콩깻묵·콩기름·옥수수·수수 등의 농업부산물과 석탄·선철 등의 공업원료였다. 1932~1942년 사이 대련항은 대두 1,365만 8,000톤, 콩깻묵 724만 3,000톤, 콩기름 56만 7,000톤, 옥수수와 수수 등 528만 9,000톤, 석탄 2,309만 7,000톤, 선철 323만 2,000톤을 수출했다.[68] 그 가운데 대두와 석탄 두 종류의 화물만 해도 이 시기 대련항 수출화물

전체 수량의 60.5%를 차지했다. 대련항과 무역 관계에 있는 20여 개 국과 지역 가운데 일본은 최대의 승리자였다. 매년 대련항을 통해 일본에 수출되는 화물은 이 항구의 그해 수출총액의 60% 이상을 점했다. 1938년 이후 그 비율은 더욱 큰 폭으로 증가했고, 1942년에 이르면 놀랍게도 86.41%에 달했다. 상세한 내용은 〈표 21-12〉와 같다.

〈표 21-12〉 대련항에서 각지로 수출되는 화물의 백분율 표(단위 : %)

연 도 목적지	1938	1939	1940	1941	1942
일본내지	63.00	67.37	75.11	83.4	86.41
대 만	4.84	5.21	5.95	3.55	5.38
조 선	3.14	2.92	4.67	3.15	3.49
관동주	0.11	0.04	0.03	0.03	—
만 주	1.02	0.85	0.95	1.01	0.29
중국 본토	10.73	13.31	9.85	8.35	4.77
시베리아	—	0.15	0.09	—	—
남양·오스트레일리아·인도	0.17	0.35	0.28	0.07	0.27
유 럽	15.89	8.60	1.29	—	—
미 국	1.10	1.19	2.73	0.50	—

출전 : 滿史會 編, 東北淪陷十四年史遼寧編寫組 譯, 『滿洲開發四十年史』 上, 395쪽의 자료에 근거하여 정리했다.

같은 시기 대련항의 수입화물도 주로 일본에서 오는 것으로, 거의 모두가 공산품이었다. 인조 견사 및 그 제품, 편직품, 화장품, 통조림 등의 생활용품 외에도 일본이 동북에서 공장 건설, 철도 건설, 군사시설 건설과 대형 토목건축공사를 위해 긴급하게 필요한 시멘트, 강재(鋼材), 기계설비, 금속공구 등이 있었다. 1937년 이전 매년 일본에서 대련으로 수입되는 화물은 180만 톤 안팎이었다. 1938년 이후 일본의 중국침략전쟁의 확대에 따라 대련항으로 수입된 일본화물은 날이 갈수록 증가했다. 1938~1942년에 이르는 5년 동안 대련항으로 수입된 일본화물의 합계는 1,519만 9,000톤으로, 매년 평균 303만 9,800톤이었다.[69] 이

[68] 滿史會 編, 東北淪陷十四年史遼寧編寫組 譯, 『滿洲開發四十年史』 上, 394쪽.

시기 일본화물의 수입량은 대련항 화물수입 총수량의 70%이상을 차지했다. 상세한 내용은 〈표 21-13〉과 같다.

〈표 21-13〉 대련항 수입화물(지역별)의 백분율 표(단위 : %)

연 도 목적지	1938	1939	1940	1941	1942
일본내지	66.75	73.88	70.85	73.53	76.03
대 만	3.74	3.75	4.36	4.70	3.31
조 선	2.79	3.00	3.90	3.86	5.00
관동주	0.54	0.50	1.30	4.21	3.43
만 주	0.37	0.09	0.25	0.36	0.24
중국 본토	6.42	5.88	8.95	10.42	11.48
남양·오스트레일리아·인도	4.71	3.41	4.06	1.91	0.30
유 럽	3.83	2.04	0.57	—	—
미 국	10.87	7.34	6.46	1.07	—

출전 : 滿史會 編, 東北淪陷十四年史遼寧編寫組 譯, 『滿洲開發四十年史』 上, 397쪽의 자료에 근거하여 정리했다.

일본의 패전 이전까지 정기적으로 대련항을 오가는 선박이 가장 많을 때는 84척까지 달했다. 그것들은 대부분 일본의 각 대형 해운회사에서 온 것으로, 그 가운데는 일본오사카상선회사의 26척, 일청기선회사(日淸汽船會社) 4척, 일본유센회사(日本郵船會社) 14척, 미쓰이물산회사의 20척과 대련기선회사 12척이 있었다. 그밖에도 중국정기윤선공사(中國政記輪船公司) 4척, 혜통공사(惠通公司) 4척이 있었다. 이러한 선박들은 대련—일본 항로에서 대부분의 화물운송을 담당하고 있었다.

---

69) 滿史會 編, 東北淪陷十四年史遼寧編寫組 譯, 『滿洲開發四十年史』 上, 397쪽.

대련항을 떠나 일본으로 향하고 있는 일본선박 '열하환(熱河丸)'

이상의 상황은 조금도 의심의 여지없이 일본이 그 식민지 종주국의 지위를 기반으로 대련항의 화물운송시장을 완전히 독점했으며, 대련항을 동북의 자원을 마구 수탈하고 과잉 생산된 공산품을 투매하는 중계항으로 만들었음을 나타내 준다.

일본이 대련에서 실행한 자유항제도는 9·18사변 때에 이르면 이미 30년 가까운 길을 지나왔다. 이 기간 동안 일본은 모든 수단을 동원해 강제로 착취했으며, 대련항을 이용해 그들 국내에 시급하게 필요하거나 또는 매우 부족한 석탄·철 등의 자원과 대두 등의 농업부산물을 얻었다.

일본은 동북에서 경제통제정책을 힘써 실행했다. 그 목적은 경제 활동을 군사 궤도에 편입시키는 것이었다. 그리고 동북에서 일본의 패권이 나날이 견고해짐에 따라 자유항제도는 이미 더 이상 흡인력을 갖지 못했다. 그런 까닭에 수출입무역에 대해서도 통제하기 시작했다. 1932년 일본은 「외국환관리법(外國匯兌管理法)」을 실행했고, 관동주도 그 뒤를 바싹 쫓아 제3국의 외화 환전에 대해 새로운 관리방법을 실시했다. 실제로 이는 간접적으로 수출무역을 통제하는 것이었다.70) 이어서 일본은 다시 일본에 편향된 무역정책과 항구 관리 제도를 계속 등장시켜 연초·장뇌·알코올 등의 전매품과 석유, 화학비료, 약품 및 쌀·보리·밀 등의 농산품에 대해 무역통제를 실시하여 구미상인들의 활동은 아주 크게 제약받았다. 원래의 자유항제도는 점차 쇠퇴했다. 1933년 10월 관동청은 「관동주선박입항허가방침」을 반포하여 입항선박은 반드시 곤동청장관의 승인을 거쳐야만 비로소 입항할 수 있도록 규정했다. 이는 외국선박에 대해 취한 일종의 규제 조치였다.

7·7사변 후 대련의 자유항제도는 점차 파산으로 향해가고 있었다. 전쟁과 관련된 물자의 국외 유출을 엄격히 통제하기 위해 일본 정부는 우선 수출입무역에 대해 행동을 취했다. 1937년 12월 10일 「수출입무역허가법(進出口貿易許可法)」을 만들어 수출입물자의 허가에 대해 통제를 가하기 시작했다. 며칠 후 일본 정부는 관동주에 칙령을 내려 이 법에 따라 실행하도록 했다. 오래지 않아 일본은 이 법에 근거하여 「임시수출입허가규칙」을 제정했다. 관동국은 이 규정을 참조하여 1938년 5월 「관동주임시수출입허가규칙」을 제정했다. 그 속에는 23종류의 수출입을 허락하는 화물 명단을 열거하고 있었다. 이와 함께 이러한 물품은 반드시 만주국주재 일본특명전권대사의 심사와 비준을 거친 후에야, 비로소 수출무역을 진행할 수 있다고 명확하게 강조했다.

중국침략전쟁의 장기화로 인하여 일본의 물자공급은 더욱 곤란해졌다. 1939년 9월 일본은 그들이 점령한 동북과 화북지역의 수출입정책을 조정하기 위해, 특별히 「관동주·만주국 및 중화민국 수출조정령」을 제정하여, 이들 지역에서 수출물품의 가격과 수량에 대해 구체적인 규정을 만들었다. 조정령이 공포된 후 그 이듬해 대련항의 화물 물동량은 단번에 253만 톤이 감소했다. 1940년 관동국은 「관동주수출입허가규칙」을 공포하고, 모든 수출입 상품 수량은 관동주

---

70) 出井盛之助 編, 『關東州經濟年報』, 關東州經濟會, 1944, 202쪽.

청장관의 승인을 거쳐야 한다고 규정했다. 이는 사실상 배급제로 바뀐 것이었다. 이와 동시에 관동국은 1938년의 「관동주임시수출입허가규칙」을 폐지한다고 선포했다.

대련항에서 선적을 기다리는 화물

일본의 대련지역에 대한 무역통제의 강화로 인해 구미 무역상들은 활동공간이 점점 더 작아져 정상적인 무역활동에 종사할 수 없다고 느꼈다. 각국의 상사들은 잇달아 문을 닫고 대련에서 철수했으며, 마지막 남은 3개의 독일 무역상사만이 여전히 버텨내고 있을 뿐이었다. 1940년 일본은 정식으로 해운 운송 금지를 선포하고 제3국 선박의 대련항 입항을 금지시켰다. 이후 대련항의 화물 물동량은 매년 100만 톤씩 급격하게 감소했다. 태평양전쟁 발발 후 3개의 독일 상사도 대련에서 철수했다. 1944년에 이르면 대련항의 수출입 화물량은 겨우 232만 4,000톤이었다. 이때에 이르러 대련의 자유항제도는 파산을 선고했다.

제22장

관동주의 노동통제와 인력자원에 대한 약탈

'만몽생명선'을 확보하기 위해서 일본 관동군은 1931년 중국 동북을 침략하는 9・18사변을 일으켰다. 일본 관동군사령관 혼조 시게루(本莊繁)의 구상에 따라 전쟁을 일으킨 것은 일본 "제국의 존재 및 1등국 지위의 충실화"를 실현하기 위한 것이었다. 왜냐하면 만약 "이번 세계 금융 위기, 러시아 5개년계획의 실패, 지나가 통일을 이루지 못하고 있는 이 기회를 틈타, 우리가 30년 동안 경영해 온 만몽을 확실히 점령하고, 아울러 다이쇼(大正) 8년(1920년) 시베리아 각지로 출병했던 목적을 달성하여, 위에서 말한 각 지역과 조선 및 내지로 하여금 한 덩어리가 되게" 하지 않는다면, "우리 제국의 틀은 현재의 세계에서 공고하게 될 수 없을 것"[1]이기 때문이다. 그런 까닭에 9・18사변 후 일본은 동북에서 통제경제를 실행하기 시작했다.

---

[1] 陳覺, 『國難痛史資料』 제1권, 東北問題硏究會, 1932, 34~35쪽.

1. 관동군의 '노동통제'정책

9·18사변 전 중국 동북에서 일본의 세력은 이미 절대적인 우위를 차지하고 있었다. 경제로 말하면, 1930년 1월 일본의 동북에 대한 투자는 "거의 15억 엔에 달하여 각국 투자총액의 70% 이상을 차지하고 있었다."[2] 중국에 대한 식민통치를 강화하기 위하여 일본 관동군은 일찍이 1930년대 중기에 중국노동자에 대해 '노동통제'를 실시할 것을 제기했다. '노동통제'기구로는 '만철경제조사회'와 '관동군노동통제위원회' 등이 있었다.

1) '만철경제조사회'

(1) 조사연구활동

1907년 만철총본부는 도쿄에서 대련으로 옮긴 후 곧 조사부를 설립했다.

1932년 1월 일본 관동군은 '만몽'의 각종 상황을 조사하기 위해서 만철에 요구하기를 '만철조사부'를 해산하고 '만철경제조사위원회(이하 '경조회')'를 다시 구성하도록 했다. 표면적으로 '경조회'를 통해서 만철과 관동군은 정보조사방면에서 전면적인 합작을 실행했다. 실제적으로 '경조회'는 관동군의 하나의 기구가 되었다. 그것은 관동군의 조사연구 및 정보제공 자문기관이었고, 또한 정책결정과 실시에 참여하는 기관이었다. '경조회'는 설립 후 만주국을 위해 「제1차 산업5개년계획」을 제정했다. 또 명령을 받들어 「일본내지 광공업 및 교통업 이민방안[日本內地工鑛及交通業移民方案]」의 조사연구와 제정에 착수했다. 1930년 관동주 이민은 합계 11만여 명이었고, 그중 대련시에 9만 6,000여 명이 있었다. 1935년까지 일본도시에서 관동주로 이민 온 사람은 15만여 명에 달했으며, 대련시 이민은 1930년 보다 4만여 명이 증가했다.

---

[2] 滿洲國史編纂刊行會 編, 黑龍江省社會科學院歷史研究所 譯, 『滿洲國史·總論』, 1990, 72쪽.

이와 동시에 1933년 4월 '경조회'는 일본 관동군 참모장과 만주국 국무원에 '노동통제'를 '국책'에 포함시킬 것, 만주국에 노동통제기관을 설치할 것 및 1933년 노동과 관련한 응급정책 등 3항의 건의를 제출했다. 그 응급정책에는 6조가 있었다. ① 도시와 농촌에서 급하게 필요한 노동자의 숫자조사. ② 부족한 노동자 수가 얼마인지 계산. ③ 감축된 원래 중국 동북군 사병 및 '투항한 비적' 중 노동화해야 할 인원수의 조사. ④ 실업 해결을 요구하는 조선인노동자의 수. ⑤ 일본내지에서 모집할 직공의 인원수 결정. ⑥ '입경(入境)'을 윤허할 산동 쿨리의 인원수 결정 등. 그중 제3조가 가장 주목할 가치가 있었다. 표면적으로는 감축된 원래 중국 사병 및 체포된 반만항일 '비적'에게 노동화를 실시하는 것이었으나, 실제로는 관동군이 중국 동북을 통제하고 통치하려는 책략이었다. 이 때문에 관동군 참모부 특무부장은 '경조회'에 요구하기를 「노동자공급조절방안」을 제정하고, 아울러 계획 중인 '노동통제위원회'를 관동군 특무부에 설치하라고 했다. 이 위원회의 '특수사업'은 원래 중국 사병 및 '비적'에 대하여 노동화를 실시하는 것이었다. 그러므로 이 위원회는 관동군 특무부와 같은 권위와 기능이 필요했다.

'경조회'는 관동군 특무부의 영도 아래 각종 조사연구를 진행했다. 그러한 후에 조사연구한 대만의 중국노동자 관리, 중국 쿨리의 본적지, 토목건축노동자, 중국 임시직 노동자(打工)의 이민, 조선과 중국노동자의 관리, 농업노동자 등 상황에 근거해서, '건의서'를 만들어 관동군 특무부에 보고했다. 건의서에는 '노동통제방안' '노동자지문관리법안' '노동통제적 의미 및 그 필요성' '중국노동자의 입경 제한의 필요성' '일본내지 산업이민모집에 관한 나의 견해' '국내 쿨리의 공급수요 조절통제에 대한 연구자료' 등의 내용을 포함했다. 침략 권익의 유지, 공고화 및 확대를 위해서 '경조회'는 식민당국에 마땅히 되도록 빨리 해결해야 할 주요 문제를 제기했다. 그것은 만주국의 사회치안을 유지하고, "만주에서 한족 세력의 확장을 억제하고", "일본인이 만주에서 발전할 여지를 남겨두며",

중국 쿨리들이 고향으로 돌아감으로써 일본 "자금이 유출"되는 것을 방지하는 등의 문제였다. 이 때문에 '경조회'는 일본이 반드시 '국민통제'를 실시해야 한다고 건의했다. 그것은 만주의 모든 산업부문을 일본인이 경영하되, 중국인을 엄격하게 제한하는 것이었다. '경조회'는 실제로 관동군의 싱크탱크이자 정보부와 참모부가 되었다.[3]

(2) '노동통제' 이론

'노동통제' 정책 이론의 대표작은 1934년 12월 '경조회'가 제출한 극비 내부문건인「노동통제의 함의 및 그 필요성(勞動統制的含意及其必要性)」이었다.

이 문건에서는 다음과 같이 정의 내리고 있다. "노동통제의 개념은 노동자의 자본가에 대한 관계를 합리적으로 해결하기 위하여, 정부 혹은 정부를 대리하는 통제기관이 그 통제력을 가지고 적극적으로 고용관계를 조정하는 계획적인 행위를 가리킨다."[4] 이로부터 '노동통제'는 일본 국책을 집행하고 중국노동자를 통제하는 일종의 계획적인 행위였음을 알 수 있다.

'노동통제'의 내용에 관해서 문건은 3항이 있다고 보았다. 첫째, '노동조건의 통제'이다. 이는 최저임금제도의 제정, 노동시간의 합리적인 조정, 임금 지불 확보의 통제 3부분으로 이루어져 있었다. 둘째, '노동보호의 통제'이다. 이는 노동자 보호법규의 제정, 합리적이고 통일적인 지원 및 구제제도를 포함했다. 셋째, '노동 공급 수요 조절의 통제'이다. 이는 노동력의 유동성을 야기하는 것에 대한 통제를 강화하는 것이었다.[5] 일본 식민통치자의 '조건' '보호' '조절' '구제'는 일본 식민경제 발전의 유지 보호에 봉사하는 것이었다. 이 문건은 또 다음과

---

[3] 顧明義 等 主編,『大連近百年史』上, 707쪽.
[4] 居之芬·莊建平 主編,『日本掠奪華北强制勞工檔案史料集』上, 社會科學文獻出版社, 2003, 54쪽.
[5] 居之芬·莊建平 主編,『日本掠奪華北强制勞工檔案史料集』上, 54~55쪽.

같이 제기했다. "위에서 서술한 통제를 실행하기 위해서 반드시 선행되어야 할 중요한 통제사항이 있는데" 그것은 노동자에게 국민별 통제를 실행하는 것이었다.

'노동자의 국민별 통제'의 함의에 관해서 이 문건은 다음과 같이 지적했다. "만주 산업계에 필요한 노동력은 전부 원칙적으로 만주 오족 가운데에서 만주 본지인, 일본 내지인, 조선인이 제공하는 것에 대한 통제를 가리킨다." 이것은 동북 이외의 '쿨리'가 생계를 도모하기 위해 동북에 진입하는데 대한 일종의 통제였다. 다시 말해 만주의 노동력은 단지 현지 일본인 및 일본에 합병된 조선인만이 제공할 수 있으며, 중국 관내에서 동북으로 와서 임시공으로 생계를 도모하는 것을 절대 금지하는 것이었다. 그 최종 목적은 만주 노동시장을 완전히 식민통치자의 수중에 장악하는 것이었다. 그러나 이 문건에서는 노동자의 국민별 통제를 즉시 시행하는 것은 적절하지 않다고 여기고 있었다. "예컨대 쿨리의 입경을 즉각 금지하면, 만주의 노동력이 부족하게 되어 산업개발에 영향을 미칠 우려가 있으므로" "어느 정도 산업개발이 발전하여, 노동력의 수요와 공급의 조절이 합리화되고, 노동력의 수요와 공급이 더 이상 곤란하지 않을 때, 단호하게 입경 금지 결정을 내려야 한다"고 했다.

문건에서는 현재 단속방침은 "최저의 필요 한도 내에서, 즉 국내 전체 산업부문에 필요한 노동자 총수와 국내 노동력 공급 총수(당연히 일본인을 포함)의 차액 한도 내에서" '입경'하는 노동자의 수가 정해져야 한다고 생각했다. 즉, 만주국과 관동주 산업부문의 실제 수요에 근거해서 노동력 '입경' 인원수를 비준하는 것이었다.

문건에서는 관내의 중국 '쿨리'가 만주로 진입하는 것을 완전히 금지할 수 없는 것은 역사적, 지리적, 혈연적 원인이 있기 때문이며, 또 "다소간 비밀 입경이라는 현실을 직시하지 않을 수 없기 때문이라고" 지적했다.

문건에서는 '노동자의 국민별 통제'의 필요성은 정치적, 경제적, 사회적 요구를 포함한다고 지적했다. 이른바 '정치적 필요'는 "만주에서 한민족 세력의 증대"를 억제하는 것이 "장래 만주에서 일본인을 위해 발전의 여지를 남겨주는 것이다." 이른바 '경제적 필요'는 "외지에서 일하는 중국인 노동자의 임금이 국외로 유출되는 것을 방지"함으로써 "만주인노동자의 생활안정과 향상을 촉진하고" 그리하여 더욱더 많은 일본 '내지의 산업이민'을 만주로 끌어들이는 것이다. 이른바 '사회적 필요'는 현지 노동력의 수요 공급 관계를 유지하여 실업을 방지함으로써 "만주국의 치안을 유지하는 것이다."[6)]

이 문건은 일본식민당국이 마땅히 취해야 할 정책 2가지를 지적하고 있다. 첫째, '국외'노동자가 '입경'하는 것을 단속하는 것이다. 둘째, "비밀리에 입경한 국외 쿨리에 대해 그 취업의 기회를 단절하는 것이다." 구체적인 조치는 다음과 같다. 대동공사를 설치하고, 아울러 비교적 많은 기능을 부여하여 '입경' 인원수와 조건을 엄격하게 통제한다. 만주국에서 고용한 노동자에 대해 지문관리를 실시한다. '노동허가제'를 실행해서 노동허가증을 소지하게 하고 "기업주가 허가증이 없는 노동자를 고용하는 것을 엄격히 금지하며, 이로써 불법 입경자에 대해서 취업의 기회를 주지 않는다"고 규정했다.

이상은 관동군 예하의 싱크탱크기구인 '경조회'가 꾸며낸 '이론'이다. 이 문건으로부터 일본식민당국 및 그 정책 결정 기관의 중국노동자에 대한 통제 상황을 알 수 있다.

2) '관동군노동통제위원회'의 설립 및 그 활동

중국노동자에 대한 '노동통제'를 실현하기 위해 일본식민당국은 일찍이 수차례 비밀회의를 개최하여 '노동통제'를 실시하는 방침 및 그 구체적인 조치를 연구 토론하고, 아울러 하나의 권위 있는 영도기구의 설립을 결정했다.

---

6) 居之芬・莊建平 主編,『日本掠奪華北强制勞工檔案史料集』上, 55쪽.

관동군 특무부를 우두머리로 하여 설립하기로 한 '관동군노동통제위원회'는 중국노동자에 대해 "강도 높은 임금 착취를 실행하고, 이윤율의 고도화를 추구하는 것"을 목적으로 했다.[7] 위원장은 특무부장이 담당하고, 위원은 관동군 참모부, 특무부, '경조회'에서 각각 약간의 인원을 각출하는 외에도 대사관 참사관, 조선총독부 사무관, 관동청 내무국장, 총무사장(司長), 만주국 민정경무사장, 총무사장, 만주국 군정부 고문, 국도건설국 총무처장, 국도국 총무처장, 만철 총무부 인사과장, 만주국 실업부 총무사장, 만주국 외교부차장, 만주국 교통부 총무사장, 만철 건설국 서무과장, 철로총국 총무처장, 기술협회장, 토목건축협회 이사장 등 역시 위원이었다. 간사는 관동군과 '경조회'에서 3명을 각출하여 담당했다.[8] 최후에 다시 위원 4명, 즉 무순탄광장(撫順煤鑛長), 쇼와제강소(昭和制鋼所) 상무이사, 국제운송공사 상무이사, 복창화공(福昌華工)주식회사 전무이사를 보충했다.

1934년 1월 9일 '관동군노동통제위원회' 제1차 회의(즉 창립회의)가 만주국 수도 신경(지금의 장춘) 관동군 특무부 회의실에서 열렸다. 회의에 참여한 사람은 관동군 특무부장 고이소 구니아키(小磯國昭) 및 관동군 특약고문 등 장교 8명, 만주국 민정부 경무사장 등 3명, 관동청과 만철경조회 7명이 있었으며, 만주주재 일본대사관과 조선총독부에서도 사람을 파견해 회의에 참석했다.[9]

'노동통제위원회' 위원장 고이소 구니아키가 회의를 주재하고 연설을 했다. 회의 의제는 3가지 항목을 포함했다.

① 만주에 들어오는 노동자의 단속('감독, 관제, 관리'의 뜻)에 관한 일.
② 감축된 병사와 귀순한 비적의 고용에 관한 일.

---

[7] 居之芬・莊建平 主編, 『日本掠奪華北强制勞工檔案史料集』 上, 4~5쪽.
[8] 居之芬・莊建平 主編, 『日本掠奪華北强制勞工檔案史料集』 上, 4~5쪽.
[9] 居之芬・莊建平 主編, 『日本掠奪華北强制勞工檔案史料集』 上, 8~9쪽.

③ 노동자의 수요와 공급을 조절하기 위하여 전(全)만주노동자주식회사를 설립하는 일.10)

1934년 3월 12일 '노동통제위원회'는 제2차 회의를 개최했다. 회의에서는 '중국인 노동자의 만주입경' 단속 문제에 대하여 다음과 같이 결의했다. 노동자의 '만주입경'(관동주 포함, 이하 동일)에 관해 "치안유지와 실업방지의 각도에서 판단하여, 치안에 유해한 사람 및 취업에 희망이 없는 사람에 대해서는 만주로 들어오지 못하도록 결정한다." 중국노동자는 "대체로 토목건축, 탄광, 하역 및 농업 등의 업종에 분포하도록 하되" 그 수를 제한하고, 아울러 취업 상황 계획에 근거하여 11만 명을 모집한다. "대련, 영구, 산해관, 안동과 기타 필요한 곳에서" '만주입경'자에 대해 단속을 진행한다. 어떻게 '만주입경'자를 단속할 것인가에 대해서는 "관동군, 만주국, 관동청"이 협상하여 해결한다.11)

같은 해 4월 4일 관동군사령부, 대사관, 관동청, 만주국 민정부는 협상에서 다음과 같이 결정했다. "산동 쿨리의 입국을 극력 제한한다." 구체적인 방법은 다음과 같다. 대동공사로 하여금 비자를 발급하도록 해서, 가능한 한 화북방면에서 출발하는 사람들을 제한한다. '국경'(대련을 포함) 범위 안에서 대동공사의 비자를 가진 자를 제외한 '쿨리'의 '입국'을 금지한다. 비자의 발행 및 '입국' 허가는 만주국 민정부에서 통제하고, 아울러 당연히 대동공사와 연계한다. 관동주 내 및 만철부속지 내에서 사용하는 인원은 관동청과 만주국이 서로 협의하여 결정한다.12)

1935년 2월 13일 '노동통제위원회'에서 제3차 회의를 개최했다. 이번 회의에는 2가지 내용이 있었다. 첫째, '만주입경'(관동주를 포함) 노동자의 통제방책을 제정하는 것. 둘째, '만주입경' 노동자의 수를 제한하는 것(〈표 22-1〉 참조).

---

10) 居之芬·莊建平 主編, 『日本掠奪華北强制勞工檔案史料集』 上, 9쪽.
11) 居之芬·莊建平 主編, 『日本掠奪華北强制勞工檔案史料集』 上, 13쪽.
12) 居之芬·莊建平 主編, 『日本掠奪華北强制勞工檔案史料集』 上, 14~15쪽.

〈표 22-1〉 '만주입경' 노동자 수 한도 상황표

분류	수량(명)	분류	수량(명)
토건노동자	88,169	하역노동자	12,182
공업·광업노동자	17,757	합계	418,108
농업노동자	300,000		

출전 : 滿鐵經濟調査會, 「滿洲勞動統制方案」, 居之芬·莊建平 主編, 『日本掠奪華北强制勞工檔案史料集』 上, 42쪽.

제3차 회의에서 이전 1년간의 통제정책이 '불충분'하고 '불철저'하게 관철된 것을 비난하고 새로운 방침을 제정했다. ① '국외노동자의 만주입경'(관동주 내로 진입하는 것을 포함)은 만주국 민정부에서 지정한 '국외노동자 입경 업무 대리인'이 처리한다. '노동통제위원회'에서 결정한 제한 숫자 내에서 조건을 구비한 자에 대하여 신분증명서를 발급 받아야만 비로소 '입경'할 수 있다. ② 노동자가 '입경' 혹은 '진입'할 때, 앞항의 증명에 대하여 경찰의 검인을 받아야 하며, 조건에 부합해야만 비로소 취업할 수 있다. ③ 만주국 민정부와 관동국은 위에서 서술한 취지에 근거해서 「국외노동자단속규칙」을 제정 공포한다. 위의 단속규칙을 발표하기 전에는 임시적인 조치로서 "만주국과 관동국은 관련 기관에 대해 훈령을 발포하여 통고함으로써" 통제정책을 관철한다.[13]

1936년 '만주입경' 중국인 노동자의 인원수를 확정하기 위해서 '노동통제위원회'는 같은 해 1월 23일 관동군 참모부 강당에서 제4차 회의를 개최하고 그해 중국인 노동자 36만 명을 모집한다고 결의했는데, 이는 지난해보다 8만 명 감소한 것이었다.

1938년 7월 '전만(全滿)'노동통제협의기관인 노동통제위원회가 설립됨에 따라 '관동군노동통제위원회'는 폐지되었다.[14]

'관동군노동통제위원회'의 상술한 활동으로부터 다음을 알 수 있다. 첫째, 일

---

[13] 居之芬·莊建平 主編, 『日本掠奪華北强制勞工檔案史料集』 上, 41~42쪽.
[14] 居之芬·莊建平 主編, 『日本掠奪華北强制勞工檔案史料集』 上, 112쪽.

본식민당국은 '노동통제'를 '국책'과 관련한 중대한 문제로 보았다. 그것은 "감축된 병사와 귀순 비적의 고용"에 영향을 미칠 뿐만 아니라 더욱이 수십만 중국인 노동자가 점령지와 통치구에 출입하는 것과 관련이 있었기 때문에 처음부터 관동군이 직접 관할했다. 둘째, 위원회의 활동은 참여자가 모두 일본 군정요인이었으므로 회의의 기밀을 보증하기 위해 특별히 위원회의 소재지를 관동군 참모부에 설치했다. 셋째, 위원회가 회의를 개최하면 회의에 출석한 관원은 모두 일본인으로 만주국의 괴뢰 성격을 분명하게 표명했다. 넷째, 일본군이 중국 동북을 점령한 상황 아래 관동주와 '만철부속지'는 만주국과 이미 하나로 융합되었으며, 무릇 중대한 방침과 정책은 모두 관동국의 손에서 나왔다. 비록 만주국 혹은 관동국 등 명칭은 서로 달랐지만 그 정신은 일치했다. 이 때문에 관동주의 '노동통제'정책의 실질을 진정으로 이해하기 위해서는 반드시 '관동군노동통제위원회'의 활동을 이해해야 한다. 다섯째, 이상의 활동 자료는 모두 '만철경제조사회'가 기초하여 제정한 특급비밀문건에서 나온 것이다. 이로부터 1930년대 관동주 식민통치자의 통제방침정책 변천과정 및 중국노동자에 대한 노역 상황을 더욱 진실하게 볼 수 있다.

2. 대동공사(大同公司)

7·7사변에서 태평양전쟁 발생 전까지 중국 화북의 실업 노동력과 난민은 나날이 증가하고 화북에서 일본인의 고용이 비교적 적었기 때문에 일본은 대규모 화북노동자를 동북으로 수출했다. 주요 수단은 기만하여 모집하는 것이었다. 즉, 대동공사와 '만주노공협회'는 화북방면 군대의 지원 아래 만주에 가서 노동을 하면 각종 세금과 채무를 면제해 주고, 숙식을 무료로 해결해 주고, 돈을 벌어 가족을 부양할 수 있게 해준다고 선동하여 매년 100만 명의 화북노동자를

약취하여 동북으로 쫓아 보내 일본의 기업과 광산 그리고 군사 공정에서 고역에 종사하도록 했다. '만주노공협회'의 통계에 근거하면 1935~1941년까지 7년 동안 대동공사와 '만주노공협회'의 꾐에 빠져 '만주로 입경한' 화북노동자는 486만 3,500명에 달했다.[15] 동시에 일본군국주의와 기업이 손을 잡고 1931~1945년 사이에 상당수의 중국 전쟁포로를 노동자로 강제 노역시켰다. 그중 근 4만 명이 일본 본토에 강제로 잡혀갔다.[16]

스스로 혹은 속아서 관동주로 와서 생계를 도모했던 산동 이민(1)

---

[15] '滿洲勞工協會' 調査, 滿中國聯合會準備銀行調査室, 『中外經濟統計月報』 第4卷 第3期(1941년 9월), 第6卷 第3期(1942년 9월).

[16] 田中宏 等, 『强擄中國人資料 - 「外務省報告書」 全五冊及其他』, 現代書館, 1995, 217쪽.

스스로 혹은 속아서 관동주로 와서 생계를 도모했던 산동 이민(2)

1) 대동공사의 설립

일본은 만주국에 대해 식민 약탈을 진행하기 위해 대규모 노동력이 급히 필요했다. 따라서 중국 관내에서 노동력을 흡수할 수밖에 없었으며 일본 대동공사는 동북으로 화북의 노동자를 파는 역할을 담당했다. "대동공사의 전신은 '협화토목공사'로, 이는 1928년 '제남참안(濟南慘案)'에서 중국 군민(軍民)을 대량 학살한 망나니인 일본의 옛 군관 몇 명이 출자해서 조직한 것이었다. 1931년 9·18사변 후 '대동공사'로 이름을 바꾸었고 사장은 미노 유키치(三野友吉)였다."[17] 대동공사는 1934년 4월 1일 천진 일본군 특무기관이 자본금 10만 원으로 천진 일본 조계지 안에 설립했다. 그 기능은 '노동통제위원회'가 한정한 수량 범위 안에서 화북노동자를 모집하고 노동증명서를 발급하며, 동북으로 수송하는 등의 일을 담당했다. 대동공사는 다음과 같이 선언했다. "만주국의 노동자 입국 단속 방침에 따라서 만주로 들어가는 화북노동자의 신분에 대해 출국하기 전에 화북에서

---

[17] 居之芬, 『日本對華北淪陷區勞工的劫掠和摧殘』, 何天義, 『日軍槍刺下的中國勞工』 3, 新華出版社, 1995, 25쪽 재인용.

조사를 진행하여 신분이 조건에 부합하는 사람에게는 비자를 발급하고, 만주국은 대동공사의 비자가 없는 노동자의 입국을 금지하는 방침을 취한다."[18]

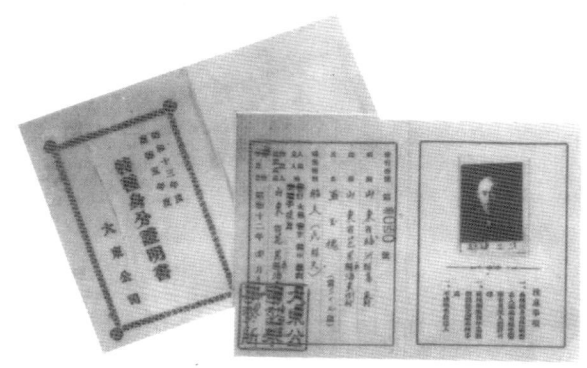

대동공사에서 발급한 종업원의 '특별신분설명서'

1934년 4월 4일 관동군 특무부가 개최하고, 관동군사령부, 만주주재 대사관, 관동청, 만주국 민정부가 참가한 제2차 '관동군노동통제위원회' 회의에서 '만주입경 중국노동자'를 단속하는 문제에 대하여 4가지 항을 결의했다. 그중 가장 중요한 항목은 화북노동자의 비자를 제한하는 권리를 대동공사에 귀속시키는 것이었다. 같은 해 12월 19~22일 「노동통제소위원회의 만주입경 중국노동자 통제방책과 대동공사 개조방책에 대한 심의[勞動統制小委員會審議入萬華工統制方策與大同公司改組方策]」를 제정하여 대동공사에서 경영하는 업무를 아래와 같이 확정했다. ① '만주입경' 중국노동자에 대한 신분증명서의 발행. ② '만주입경' 중국노동자에 대한 심사. ③ 일손이 필요한 단체를 위한 노동자의 모입과 공급. ④ '만주입경' 중국노동자 보호시설의 경영.[19] 이 장정의 본질은 '만주입경' 중국노동자에 대한 정치적 심사를 진행하는 것, 즉 '입경'을 비준할 것인가

---

[18] 居之芬·莊建平 主編, 『日本掠奪華北强制勞工檔案史料集』 上, 67쪽.
[19] 居之芬·莊建平 主編, 『日本掠奪華北强制勞工檔案史料集』 上, 18, 67~68쪽.

말 것인가를 결정하여 일본 통치당국의 노동자정책에 충실하게 봉사하는 것이었다.

비자발급소 앞에서 심사받기 위해 기다리는 노동자들

대동공사는 천진에 본부와 사무소를 설립하고 나서부터 1935년 12월까지 1년 9개월 동안 몇 차례 우여곡절을 거친 후 본사를 만주국의 수도 신경(지금의 장춘)에 설립하고, 지사를 천진에, 사무소를 대련에 설립했다. 맨 처음에는 동북 각지와 관내(주로 화북지역) 및 관동주의 기타 지방에 출장소를 설치했다. 이후에 일본 관동군과 일본 관동국의 노동통제정책을 추진하기 위해 형세의 발전 변화에 따라 잇달아 당고(塘沽), 산해관, 청도, 지부(芝罘), 위해위(威海衛), 용구(龍口) 등지에 사무소를 설립하고, 천진, 영구, 안동에 접대소를 설치했다.[20]

2)「외국인노동자단속규칙[外國勞工取締規則]」의 반포

만주국은 설립 후 오래지 않아, 즉 1934년부터 노동자의 '입국' 단속에 착수하

---

[20] 居之芬·莊建平 主編,『日本掠奪華北強制勞工檔案史料集』上, 75~76쪽.

여 '노동통제'의 첫걸음을 내딛었다. 그러나 첫 해에는 거의 실효를 거두지 못했다. 1927~1929년의 현격한 증가와 1931~1933년의 급격한 감소를 서로 상쇄하고 1934년 10월까지의 통계에 근거하여 자유로이 '만주로 입경하던' 시기 매년 평균 실제 상황을 만약 분석해 보면, 그 숫자는 다음과 같이 나타난다. 매년 평균 67만 명이 "만주로 들어오고" 38만 명이 "만주를 떠났으므로" 귀환율은 56%이고, 체류율은 44%였다. 맨 처음에 '만주노동통제'의 목표는 4가지였다. "① 일본인과 만주인의 결합강화, ② 만주의 치안회복, ③ '국내' 대중 생활의 안정화, ④ 국제수지상에서 노동임금의 '국외'유출방지 등. 위에서 서술한 입장에서 출발하여 역대로 자유로웠던 '만주'와 중원 사이의 노동자 이동에 대해서 급격한 제지와 감소를 실행했다."[21] 이러한 방침은 1933년 10월 관동군 내에 설치된 '만주노동통제위원회'에서 심의하고 결정한 것이었다. 이 위원회는 필요한 법령을 심의하고 결정했으며 그것을 실행하는 기관은 바로 대동공사였다. '노동통제위원회'가 설치되고 1934~1935년에 '입국'을 허가한 노동자수(화북노동자를 가리킴)는 44만 명, 1936년은 36만 명, 1937년은 38만 명이었다. 이러한 추세를 통해 이미 분명하게 제한되고 있다는 것, 즉 '단속'이 실효를 거두고 있다는 것을 알 수 있다(〈표 22-2〉 참조).

〈표 22-2〉 1935년 이래 만주국이 '입국'을 허가한 노동자수와 실제 '만주입경' 노동자수 대조표

연도	'입국' 허가 노동자수	'입만' 노동자수(실제)
1935	440,000	442,667
1936	360,000	364,149
1937	380,000	323,689

출전 : 興亞院華北聯絡部,『華北勞動問題槪說』, 1940년 12월, 175~177쪽 ; 居之芬·莊建平 主編,『日本掠奪華北强制勞工檔案史料集』上, 101쪽.

---

[21] 居之芬·莊建平 主編,『日本掠奪華北强制勞工檔案史料集』上, 100쪽.

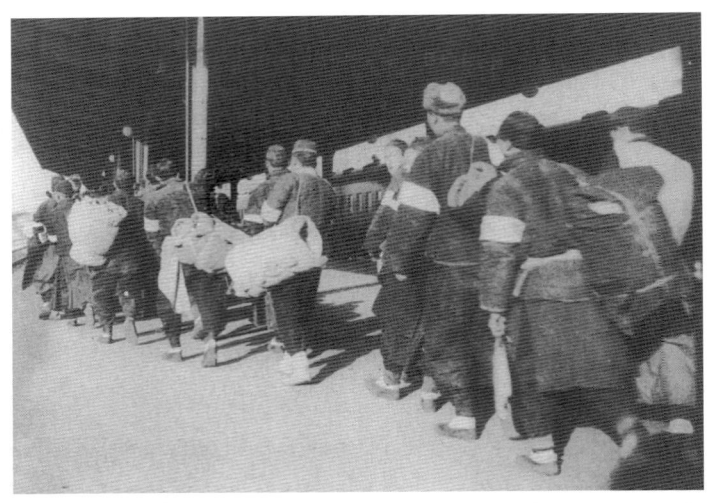
스스로 혹은 속아서 대련항으로 와서 생계를 도모했던 중국노동자

　일본의 '노동통제' 정책에 근거해서 관동국과 만주국 민정부는 1935년 3월 각각「외국인노동자단속규칙」을 제정했다. 그 내용은 기본적으로 일치했다. 그러나 관동국에서 공포했던 대상은 관동주와 '만철부속지'였고, 만주국 민정부가 공포한 대상은 만주국 전역이었다. 「관동주외국인노동자단속규칙[關東州外國勞工取締規則]」은 모두 13조였다. 여기서 말하는 '외국인노동자'란 산동과 화북에서 온 중국노동자, 즉 농업, 임업, 어업, 광업, 상업, 토목건축, 제조, 운송, 교통 혹은 기타 잡역에 종사하는 중국노동자를 가리키는 것이었다. 이 규칙의 음험한 속셈은 동북 전역은 이미 일본의 소유이므로 산해관 밖은 '외국'이라는 사실을 강조하는 것이었다. 「규칙」은 다음과 같이 규정했다. 중국노동자가 관동주 혹은 '철도부속지'로 진입할 때는 반드시 대동공사에서 발급한 신분증을 "일본 경찰관에게 제시해야 하고" 아울러 반드시 "진입허가검인을 받아야 한다." 이 「규칙」은 또 다음과 같이 요구했다. 중국노동자는 평소에 늘 '신분증'을 휴대해서 검열에 대비해야 한다. '출경(出境)'할 때는 일본 '경찰관'에게 신분증을 반

환해야 한다. 분실하거나 혹은 훼손했을 때는 대동공사에 추가 발행을 신청해야 한다. '신분증'의 내용은 대동공사에서 중국노동자가 '입경하기' 전에 기입했는데, 구체적인 내용은 다음과 같았다. ① 성명과 출생지 및 연령, ② 노동의 종류, ③ 진입지, ④ 목적지. '신분증'에는 반드시 본인의 사진을 붙이고 검인을 받아야 했으며, 반드시 일본 '만주주재 특명전권대사'의 허가가 있어야 했다.

이 「규칙」 제7조에서는 아래에 열거하는 상황에 해당하는 자는 신분증의 발급을 거절한다고 했다. ① 신분이 불분명한 자, ② 신체가 강건하지 못한 자, ③ 취업을 희망하지 않는 자, ④ 일찍이 관동주 혹은 부속지에서 거주를 금지당하거나 '입경'을 거절당한 자. 이 「규칙」을 엄격하게 집행하기 위해서 대동공사의 '업무담당자'에 대해서도 엄격히 관리했다. '업무담당자'의 임용은 반드시 일본 '만주주재 특명전권대사'의 비준을 거치는 외에 필요시 반드시 보증금을 납부해야만 했다. '대사'는 '업무담당자'가 본령을 위반하거나 혹은 치안에 해를 끼친다고 생각되면, 담당자의 자격을 취소할 수 있었다. 「규칙」은 또 규정하기를, 위에서 서술한 규정을 위반하여 배를 타고 관동주에 도달한 중국노동자에 대해서는 경찰서장이 선장에게 책임지고 그를 원래 승선한 출발지로 돌려보내도록 했고, 아울러 이 법령을 위반한 선장에 대해서는 100원 이하의 벌금에 처하도록 했다.[22] 이로부터 매년 동북으로 진입한 수십만의 중국인 노동자는 엄격한 '노동통제'에 놓이게 되었다. 당시 대동공사가 발급하는 노동자신분증의 숫자는 매년 30만 명 이내로 통제되었고, 이렇게 함으로써 만주국과 관동주의 노동력 수요에 맞추려고 했다.

---

[22] 居之芬·莊建平 主編, 『日本掠奪華北强制勞工檔案史料集』 上, 62~66쪽.

관동주노무협회

3. '관동주노무협회'

1) '관동주노무협회'의 설립

7·7사변 후 일본은 중국노동자에 대한 통제와 중공 지하공작인원 및 애국지사의 항일활동에 대한 진압을 강화하고자 했다. 그래서 일본관동군과 관동국의 조종 아래 만주국은 1937년 12월 14일 「만주노공협회법(滿洲勞工協會法)」을 제정하고, 아울러 다음해 1월 7일 재단법인 '만주노공협회'를 설립했다. 1938년 10월 26일 관동국은 「노공등록규칙(勞工登錄規則)」을 공포하고, 이어서 대련에 노동자 등기를 관리하는 기관인 '관동주노무협회'[23]을 설립했다. 이 협회의 설립은 일본식민당국의 대련지역 중국노동자에 대한 통제가 새로운 단계로 진입했음을 표시하는 것이었다.

---
23) 사실은 특무경찰의 외곽 조직 기구인 파쇼 '노동통제' 기관.

'관동주노무협회'의 영도기관은 관동주청 경찰부 외사경찰과 및 각부 민생과였다. 「노무협회장정(勞務協會章程)」에 근거해서 「관동주노무협회」 회원은 2종류로 구분되었다. 하나는 특수회원으로 '협회'에 대해 특수한 공헌이 있거나, 풍부한 학식을 갖추고 있거나, 특수경력을 가진 특수인물로서 이사회의 지명과 회장의 추천을 받은 사람을 가리켰다. 다른 하나는 일반회원으로 20명 이상의 노동자를 고용한 업주(중국인 업주 포함)였다. 일반회원은 회비를 납부하고 회원 규약을 준수할 의무가 있었다. 1941년 일본인 회원이 613명, 중국인 회원 1,668명, 기타 국가의 회원이 7명으로 모두 합쳐 2,288명이 있었다. 「노무협회장정」에서는 또 다음과 같이 규정했다. 회장은 관동주청장관이 겸임하고[24] 부회장은 관동주청 내무부장, 경찰부장, 경제부장이 겸임한다. 상무이사는 원래 대동공사 책임자가 담당하며, 이사는 8명이다. 상무이사는 '협회'의 일상 업무를 주관한다. 이외에도 감찰 2명과 평의원 29명 및 고문 몇 명을 둔다. 매년 한 차례 대회(혹은 총회)를 개최하고 결산과 기타 중요한 사항을 연구 토론한다. 집행기관의 이사회, 자문기관의 평위원회는 비정기적으로 개최하되, 필요시 회장이 주관하여 개최한다.

'관동주노무협회'의 조직기구는 방대했다. 협회에는 7과 1계, 즉 감찰과, 노수과(勞需課), 노무 제1과, 노무 제2과, 등록(등기)과, 기획(계획)과, 서무(총무)과 및 홍보계[25]를 설치했으며, 직원은 모두 318명이었다. 그 경비의 출처는 회원의 회비와 원조금 및 발급한 노공표(勞工表) 등 각종 수속비 수입이었다. 본부는 처음에 대련시 감부통(監部通) 50호(지금 장강로 민주광장 부근)에 설립했고, 후에 대련시 불로가(不老街, 지금 서강구 대동가) 61호로 이전했다.

'관동주노무협회'는 대련시내에 18개의 사무소[26]를 설치했다. 시구 외의 여

---

[24] 초기 회장은 관동주 경찰부 부장이 겸임.
[25] 일본헌병대 경찰부와 특무기관에서 파견 주둔시킨 정부기구로, 선전을 담당했으며 1941년 2월에 증설되었다. 1942년에는 다시 근로훈련소를 설립했다.

순, 금주, 감정자, 보란점, 비자와 등지에 5개의 출장소를 나누어 설치하여 공개적인 심사, 등기, 사진촬영, 지문날인 등의 임무를 처리하도록 했다. 동산장(東山莊)과 서산장(西山莊) 등 수용소 내에도 이 회의 상주인원을 파견해서 노동자의 활동을 감시하고 생활비의 출처를 심사했다. 아울러 대련수상경찰서, 대련기차역, 대련수선회(修船會)에 각각 직원파견소를 설립하여 노동자의 출입을 통제했다. 이외에도 성자탄(城子疃)에 파견소를 설립하고, 여순에 대리사무소를 설립하여 대련노동자를 통제하는 방대한 네트워크를 형성했다.

2) '관동주노무협회'의 기능

'관동주노무협회'의 각개 조직은 관동주에 있는 일본의 경찰, 헌병, 특무기관과 연계를 유지했다. 그중 관계가 가장 밀접한 것은 홍보계와 지문계 그리고 근로훈련소였다. 홍보계의 주요 임무는 다음과 같았다. ① 노동자 가운데 수상한 자와 도망자를 색출. ② 중국인이 경영하는 기업 내부에 잠입해서 노동자의 수상한 조짐을 수집. ③ '출경'자의 색출. ④ 고용수속을 밟지 않거나 사적으로 고용한 노동자를 조사 색출. ⑤ 노동자의 식량 등 물자배급 상황에 대한 반응을 조사. 지문계의 주요 임무는 다음과 같았다. ① '범죄'의 단서와 증거를 색출. ② '범죄'자를 엄격히 통제하고, 만기 석방되어 사회에서 직업을 구하려는 사람에 대해 새로운 지문등록, 사진촬영, 등기를 담당. ③ 중국인을 노역 노동에 강제동원. 이외에도 근로훈련소를 설립했는데, 주요 임무는 중국노동자에게 '대동아공영권의 건설' 등을 내용으로 하는 노예화 교육을 진행하고, 수상한 자를 색출하는 것이었다.

그러나 '관동주노무협회'의 가장 중요한 임무는 1938년 11월 관동주청이 반포

---

[26] 예컨대 北關街 등기사무소, 北大山通 등기사무소, 부두 대리사무소, 東關街 대리사무소, 운송 연락사무소 등.

한 「노동자등기규칙」에 따라서 대련에서 취업하고 있는 노동자에 대해 등기를 진행하고 노공표를 발급하는 것이었다. 등기범위는 대련의 중·일 공장과 광산 기업의 중국인 남녀 노동자를 포함했다. 이 「규칙」은 다음과 같이 규정했다. 대련에서 일하는 모든 사람은 반드시 확실한 신분으로 '관동주노무협회'에 등기하고, 노공표(후기에 노공수첩으로 변경)를 발급 받아야 한다. 노동자는 반드시 노공표를 휴대하여 언제나 검사에 대비해야 한다. 만약 분실하거나 혹은 훼손하면 반드시 신고해서 재발급 받아야 한다. 일의 종류와 직장 그리고 노동장소에 변경이 발생하면, 즉시 '관동주노무협회'에 변경 수속을 밟아야 한다.

   대련노동자가 수령한 노공표는 반드시 사증을 받아야만 했다. 사증을 받지 않으면 노공표는 폐기되었다. 사증은 연도(年度) 사증, 1년 내 귀래(歸來) 사증, 출입주(出入州) 사증 3종류로 구분되었다. '연도 사증'은 노공표가 나온 날로부터 시작해서 매년 한 차례 사증을 받는 것으로, 노공표 위에 사증표를 붙이고 도장을 찍는 것을 가리켰다. 노공표의 유효기간은 3년으로 기간이 만료되면 재발급 받아야만 했다. '1년 내 귀래(歸來) 사증'은 관동주를 떠나 1년 안에 돌아올 수 있고 믿을 만한 보증인이 있는 경우, 노공표는 회수되지 않았지만 반드시 1년 안에 돌아와서 사증을 받거나 노공표를 '관동주노무협회'에 맡겨야 했다. 그때 협회는 별도로 '노공표 교환증'을 발급하여 돌아오면 원래 노공표와 교환하도록 했다. '출입주 사증'은 관동주를 떠나거나 돌아올 때 반드시 사증을 받아야만 하는 것을 가리켰다.

   1938~1941년 사이 '관동주노무협회'에 등기한 노동자수 상황은 다음 〈표 22-3〉과 같다.

〈표 22-3〉 '관동주노무협회' 노동자 등기 숫자표

연도	노동자 등기 수	연도	노동자 등기 수
1938	33,807	1941	229,485
1939	292,846	누계	7,079,057
1940	153,388		

출전 : 態田八千雄 編, 『關東州勞務必携』, 關東州勞務協會, 1944, 595쪽.
[역주] 누계 7,079,057은 709,526의 오류로 보인다.

1938~1943년 사이 '관동주노무협회'에서 발급한 노공표 상황은 아래 〈표 22-4〉와 같다.

〈표 22-4〉 '관동주노무협회' 노공표 발급 수량표

연도	신발급	재발급	합계	연도	신발급	재발급	합계
1938	33,807	0	33,807	1942	236,584	112,940	349,524
1939	292,846	6,070	298,916	1943	132,947	53,830	186,777
1940	153,388	27,351	180,739	누계	1,079,057	247,778	1,326,835
1941	229,485	47,587	277,072				

출전 : 態田八千雄 編, 『關東州勞務必携』, 595쪽.

'관동주노무협회'의 9항 업무 가운데 가장 중요한 1항은 지문채집업무였다. 노공표에는 노동자 본인의 사진을 붙일 뿐만 아니라, 반드시 열손가락의 지문을 찍어 경찰과 헌병의 수시 검문에 대비해야 했다.

"이른바 '모든 사람이 다르고 평생 변하지 않는(萬人不同, 終生不變)' 지문은 개체를 식별하는 극히 준엄하면서도 인격을 모독하는 일종의 수단이었다."[27] '관동주노무협회'는 채집한 지문을 지문표에 표시하고, 번호를 매겨서 지문카드를 만들어 보관했다. 그리고 사진카드와 성명카드를 함께 사용해서 노무관리에 봉사하도록 했다. 또한 직접적으로 관동주청 외사경찰이 대련노동자를 감시 통제하고 형사사건과 정치사건을 수사해서 해결하는데 봉사하도록 했다. 예컨대

---

[27] 顧明義 等 主編, 『大連近百年史』 上, 720쪽.

1940년 6월 관동주청 경찰부가 대련에서 '항일모략단 대검거'를 전개할 때, '관동주노무협회'는 지문을 제공하여 사건이 해결되도록 했다. 이외에도 '관동주노무협회'는 또 '만철'소속 22개 자회사의 중국노동자 지문채집임무를 맡아서, 중국 동북에서 일본의 식민통치강화에 봉사했다.

'관동주노무협회'는 노동력이 대련시구 내외로 유동하는 것을 제한함으로써 일본이 현지에서 필요로 하는 노동력 및 그 분배를 확실하게 보증했다. 이 때문에 관동주청은, 노무협회는 노동력 시장의 수요와 등기 취업자의 업무 및 체력 등의 상황에 근거해서 대련 각 공장 및 기타 노동부문에 노동자를 보낸다고 규정했다. 「관동주노무협회 회원규약(關東州勞務協會會員規約)」은 다음과 같이 규정했다. 모든 회원은 증명서가 없는 노동자를 고용할 수 없으며, 다른 회원에게 고용되어 있는 노동자를 고용해서도 안 된다. 이를 어기면 처벌을 받는다. 이렇게 하여 대련노동자의 유동을 통제했다.

'관동주노무협회'는 관동주 내외의 노동자 모집을 일원화하기 위해서, 특히 1939년 2월 관동주 내 업주와 상의해서 '노동자모집협정[招工協定]'을 제정하여 노동자를 모집할 때 업주끼리 경쟁하는 것을 완화했다. 화북에서 노동자를 모집하기 위해서 '관동주노무협회'는 '만주노동자협회'의 「화북노동자모집협정[華北招工協定]」 제정에 참가했다. 관동주 내 노동력 유동을 제한하기 위해서 1941년 6월 다시 전체 협회 회원이 참가하는 「유동방지협정[防止流動協定]」을 제정했다. 동시에 '만주근로흥국회' 및 '화북노동자협회'와 일상적인 연계를 유지했다. '관동주노무협회'가 허가를 받아 모집한 노동자의 수에 관한 자세한 내용은 〈표 22-5〉와 같다.

〈표 22-5〉 '관동주노무협회'가 허가를 받아 모집한 노동자의 수

연도	대련을 위한 노동자 모집				만주국을 위한 노동자 모집		합계			
	대련지역에서 노동자 모집		외지에서 노동자 모집		대련지역에서 노동자 모집		대련지역에서 노동자 모집		외지에서 노동자 모집	
	건수	인수	건수	인수	건수	인수	건수	인수	건수	인수
1940	13	15,985	5	30,300	62	15,508	75	31,493	5	30,300
1941	53	20,245	11	12,670	41	5,020	94	25,316	11	12,670

출전 : 態田八千雄,『關東州勞務協會案內』, 22쪽.
[역주] 1941년의 대련지역 노동자 모집 인수 25,316은 25,265의 오류로 보인다.

3) '관동주노무협회'의 성격

'관동주노무협회' 장정에서 표방하고 있는 종지는 다음과 같았다. "관동주 내 노동자를 보호하고 노동에 관한 문제를 연구하는 것을 목적으로 한다." 그러나 그 실질은 결코 중국노동자의 이익을 꾀하는 민간단체가 아니라, 관동도독부와 관동청에서 관동주청 및 경찰기구에 이르기까지 관의 감독 관리 아래 있는 협회였다. 협회가 설립된 처음 2년은 연이어 3명의 경찰부장이 협회회장을 겸임했다. 이후에 회장은 비록 관동주청장관이 겸임하는 것으로 바뀌었으나, 부회장은 여전히 경찰부 부장이 겸임했다. 이것은 일본식민당국이 중국노동자의 감독 관리를 한층 더 강화하는 것에 유리하다는 것을 제외하면, 중국노동자에 대해서 조금도 유리한 것이 없었다고 할 수 있다.

1941년 10월의 '관동주노무협회' 월보를 보면, 그해 대련의 노무 상황을 이해할 수 있다.

관내 하북과 산동 북부 농촌에서 수해와 한해 및 심각한 병충해로 농업은 흉작이었다. 어쩔 수 없이 "관동으로 이주하는(闖關東)" 농민들의 인원이 많아졌다. 단지 10월에만 5만 8,120명으로 9월보다 2만 186명이 증가했다. 1940년의 노동자 모집계획은 140만 명이었다. 실제 노동자 모집 수는 계획한 수의 87.6%였고, 1941년 실제 노동자 모집 수는 단지 계획한 것의 74%뿐이었다. 관동주에 필

요한 중국인 노동자의 수는 1941년 10월 9,721명이고, 연간 누계는 15만 6,396명이었다. 10월 달에 대련항을 거쳐 동북으로 온 중국인 노동자는 2만 664명으로, 지난달보다 5,118명 증가했다. 본년 누계는 35만 8,437명에 달했고 작년보다 1만 5,702명 감소했다. 10월 달에 관동주에 온 중국인 노동자는 9,585명으로 본년 누계는 15만 2,599명이었다. 또 일부 중국인 노동자는 대련항을 거쳐 동북을 떠났는데, 10월 달에 떠난 사람이 1만 8,801명으로 지난달 보다 1,398명 증가했다. 이는 1940년 같은 기간과 비교해서 1,204명이 증가했고 연간 누계 1만 6,412명 증가했다.

1941년 관동주 내의 공장과 광산기업은 약 3,500개이고, 노동자 총수는 16만 7,000명에 달했다. 그중 공업은 2,500개, 노동자는 약 9만 8,000명이었다. 교통운수업노동자는 약 3만 8,000명, 토목건축업노동자는 약 2만 8,000명, 광업노동자는 약 4,000명이었다. 대련의 16만 7,000명의 노동자 가운데 남자노동자는 15만 9,900명이었다. 여자노동자는 8,000명으로, 모두 방직공업과 식품가공업에 종사하는 노동자였다. 중국노동자는 모두 15만 2,000명으로, 대련노동자 총수의 91%를 차지했다. 일본노동자는 주로 조선업, 차량제조업, 화학공업 등에 종사했고, 총수의 10% 미만이었다. '관동주노무협회'는 중국인 노동자를 안정화하고 생산 효율을 향상하기 위해서, 관동주청 관련부문에 중국 주민에게 잡곡을 정량 배급하는 기초위에서 노동자를 위해 약간의 잡곡 배급을 증가시켜 줄 것을 요구했다. 이렇게 '특별 대우'를 받는 노동자는 반드시 협회에서 발급한 '노공수첩' 및 거주소재구 구장의 증명을 소지해야 했다. 아울러 1943년 2월 1일 관동청에서 지정한 중요 공장기업의 노동자 및 그 공장의 중요성에 근거해서 갑, 을, 병 3종류로 구분하여 상응하는 보조 배급을 주었다. 통근노동자는 공장에서 배급을 책임졌고, 기숙사에 집단 거주하는 노동자는 숙소에서 배급했으며, '일용노동자[零散工]'[28]는 협회에서 떡을 만들어서 배급했다. 그러나 이로부터 설명할 수 있는 협회 성격의 한 가지 측면은 식민통치 질서를 유지하고 반'만'항일분자를 방지하는 것이었다. 게다가 더욱 직접적으로는 경찰부가 중국인 노동자를 관리 감독하는 일본 국영'국가사업'기관 아래에서, "적극적으로 관등주청, 관동국과 일본 정부가 반포한 각종 전시노동법령과 정책을 관철시키고, 전시체제 하의 생산을 발전시키고, 노동력 공급을 보증하고, 노무의 수요공급정책을 보충하고 조절하는 것이었다."29) 이에 대해 '관동주노무협회'도 스스로 다음과 같이 시인했다.

> 협회의 사업은 단지 노무사업 자체의 사업뿐만 아니라, 대동아성전의 완성이라는 국책 노선을 따라가는 국가사업이다. 오직 협회의 사업을 통해서만 비로소 대동아공영권을 확립할 수 있으며, 이것이 이런 사업에 종사하는 우리의 긍지이고, 또한 우리의 책임이다.30)

4. 태평양전쟁시기의 대련노동자

1941년 12월 8일 일본 연합함대는 미국 하와이 진주만을 기습 공격해서 태평양 전쟁을 일으켰다. 일본은 군수품과 국내 민간수요품을 해결하기 위해서 '요동조차지'의 주요 식품에 대한 '통제'를 실행했는데, 생활필수품은 모두 '통제' 품목에 들어갔다. 쌀과 밀가루는 단지 일본인에게만 공급하며, 중국인이 쌀과 밀가루를 가지고 있으면 '경제범'으로 처벌한다고 명확하게 규정했다. 태평양전쟁 발발부터 1945년까지 관동주 인민은 극심한 도탄에 빠졌다.

---

28) 零散工 : 자유공 또는 날품팔이.
29) 顧明義 等 主編, 『大連近百年史』 上, 723쪽.
30) 熊田八千雄, 「關東州勞務協會案內·結束語」, 『大連近百年史』 上, 723쪽 재인용.

1) '노동통제'의 잔혹성

태평양전쟁 발발 후 관동주 식민통치당국은 파쇼적인 '노동통제' 정책을 추진했고, 대련 중국노동자에 대한 착취와 압박은 매우 잔혹했다. 전쟁이 확대되면서 일본 군부의 '전투력' 수요에 적응하기 위해서, '대동아공영권'의 병참기지로서 관동주와 만주국은 "한층 더 강화되고 확대된 노동통제가 절실하게 요구되었다."[31] 이렇게 하여 '관동주노무협회'는 원래의 기초 위에서 새로운 임무를 더하게 되었다.

(1) 이동 제한

중국노동자에 대한 관리를 강화하기 위해서, 특히 노동자가 관동주 안에서 임의로 이동하는 것을 제한하기 위해서, 관동주 식민당국은 지문 등기의 감정에 근거해서 무단으로 이동하는 노동자를 처리했다. 1941년 6월 '관동주노무협회'가 제정한 「이동방지협정(防止流動協定)」에서 한편으로는 중국노동자의 이동 제한을 강조하고, 다른 한편으로는 노동자의 출처를 확대하기 위해서, 매년 한 차례 관동주, 만주국, 화북의 일본 점령구, 내몽골의 '노무연석회의'를 개최하여 '통제일체화'를 실행해서 노동자를 모집할 때 합작하기로 결정했다.

태평양전쟁 발발 후 관동주의 노동력 부족문제는 더욱 심각해졌다. 대련 군수공장의 노동자에 대한 요구를 만족시키기 위해서, 1943년 2월 일본 천황은 칙령 제90호로 「관동직업지도소관제(關東職業指導所官制)」를 공포했다. 3월 초에 또 대련시 상반정(常盤町) 17번지(지금 대련시 중산구 제15중학교)에 정식으로 '관동직업지도소'를 설립했다. '관동직업지도소'는 「관동주노무조정령(關東州勞務調整令)」을 집행하는 중심 기구였다. 그 요점은 노동자의 이동을 엄격하게 제한하는 것이었다.

---

[31] 熊田八千雄 編, 『關東州勞務必携』 第1, 599쪽.

중국 기술노동자가 외지로 이동하는 것을 방지하기 위해서 '관동주노무협회'는 보란점, 와방점, 비자와, 성자탄에 각각 파견소를 설치하여 '걸어서 이동하는(徒步流動)' 중국노동자를 전문적으로 체포했다. 화북에서 잡힌 중국노동자가 동북으로 가서 고역을 담당하는 것에 대해서 '관동주노무협회'는 차량 연락을 책임지며 상륙에서부터 승차하여 북상하기까지의 일체의 '주선' 업무를 도맡았다.

(2) 엄격한 감독 통제

전쟁의 수요를 만족시키기 위해서 일본은 '국민개로(國民皆勞)' 체제를 추진했고 1944년 3월까지 군수기업 및 민간기업에 징용당한 자는 288만 명에 이르렀다.[32] 이와 같은 대규모적인 징용을 진행했지만 여전히 노동력에 대한 수요를 만족시킬 수 없었다. 또한 일본군이 전장에서 잇따라 패하면서 일본식민당국은 '노무통제'를 한층 더 강화했다. 같은 해 3월 6일 일본 천황은 칙령 제107호로 「관동근로동원서관제(關東勤勞動員署官制)」를 반포하여 '관동직업지도소'를 '관동근로동원서'로 이름을 바꾸어 관동주 노무동원의 중추로 삼았다. 이로부터 대련에서 일본의 '노동통제'는 더욱 파시즘단계로 진입했고, 대련노동자의 노동과 생활 상황은 더욱 열악해졌다.

첫째, 일용노동자[零散工]에 대해 감독과 관리를 진행했다. 당시 대련시내에는 2만여 명의 일용노동자들이 있었다.[33] 그들은 각종 날품 노동과 노무 교역을 자유롭게 진행했다. 그러나 관동주청은 사회치안을 유지한다는 명목으로 그들에 대해 엄격한 제한을 가했다. '관동주노무협회'는 부두, 북관가(北關街, 지금 서강구 북관가), 추월정(秋月町, 지금 사하구구沙河口區 진공가振工街) 등지에 특별히 이른바 '알선사무소'를 설립해서 엄격하게 일용노동자를 감시했다. 게다가 이것은 경찰의 엄밀한 감시 아래 진행되었다. 이 때문에 대련의 경찰과

---

[32] 栗屋憲太郎, 『十五年戰爭期的政治與社會』, 大月書店, 1995, 205쪽.
[33] 于仁國 主編, 『大連市志 · 勞動志』, 大連出版社, 1999, 64쪽.

출소는 일본 점령 초기의 44개에서 1941년 281개로 증가되었고, 경찰 수는 1942년 2,128명에 달했다. 관동주 주민에 대해서 각각 '민적(民籍)'과 '기적(寄籍)' 2종류의 호적관리제도를 실행했다. 외지에서 대련으로 들어오되, 가족을 데려오지 않은 사람은 모두 '기류(寄留)'의 별책에 넣어 엄격하게 관리했다. 이외에도 늘 죄명을 터무니없이 날조했다. 예컨대 '정치범' '사상범' '경제범' 등의 죄명을 억지로 대련 인민의 머리에 씌웠다. 심지어 "만약 조금이라도 침략에 반대하는 의사가 드러나면 즉시 '빨갱이(赤黨)' '폭도(暴民)'라는 말을 덧붙여, 가벼울 경우에는 '잘못을 뉘우치겠다고 맹세'하고 순종하라고 강요하고, 심한 경우에는 사정없이 비밀리에 혹은 공개적으로 총살하거나 살육했다."[34] '관동주노무협회'는 또 시내 전산둔(轉山屯) 1호와 향로둔(香爐屯) 746호에 동·서 두 개의 수용소를 설치하여 중국 일용노동자를 감독 관리했다. 외출의 자유를 허락하지 않았고, 고향으로 돌아가는데 필요한 화폐의 환전조차 모두 '관동주노무협회'에서 독점했다. 수용소는 실제적으로 중국노동자의 강제수용소였다.

둘째, '관동주노무협회'는 대련항으로 출입하는 중국노동자에 대해 감시 통제(즉 사증 검열)를 진행했는데, 그것을 '수송알선'이라고 꾸며댔다. 협회 본부에는 특별히 '수송알선사무소'를 설치하고, 시내 영정(榮町, 지금 서강구 통회가 通滙街)에는 '승선사무소'를, 대련기차역에는 '파견소' 등의 기구를 설치했다. 대련에 출입하는 중국노동자는 모두 반드시 여행증명서, '휴대금'증명서, 노동증명서, 천연두 및 기타 예방주사증명서를 가지고 있어야만 비로소 차표와 선표를 구매하는 것이 허락되었다. 이러한 규정은 자연스럽게 사무소와 파견소의 직원이 사기를 치고 재물을 갈취할 수 있는 조건을 만들어 주었다. 중국노동자들은 그것을 대련 부두의 '저승문턱[鬼門關]'으로 비유했다.

셋째, 가족을 방문하는 노동자를 가혹하게 착취했다. '관동주노무협회'는 중

---

[34] 陶容芝, 「在日本侵呑之下的滿洲政治狀況」, 『布爾塞維克』 第1卷 下(影印本), 1001쪽.

국 주민이 화북에 가서 가족을 방문하는 것을 감시 통제하기 위해서 '노동표'를 가지고 있는 노동자 및 그 가족에 대해서는 여행신분증명서('출국'노무증)를 발급했다. 단지 1938~1943년까지 발급된 여행신분증명서를 계산하면 누계 연인원 759만 8,272명이었다.[35] 그 감시 통제수단은 매우 엄격했다. 1941년부터 일본은 대련항에 출입하는 중국노동자에 대해 '휴대금(携帶金)'을 제한했다. 무릇 동북에서 대련으로 들어오는 자는 반드시 지니고 있는 돈을 '송금취급사무소'에 가지고 가서 화폐로 바꾸어야 했다. 관동주 내의 취업노동자 가운데 60원 이상을 휴대한 자는 반드시 '노공표'와 취업능력보고수첩과 여행신분증명서 등의 증서를 제시해서 심사를 거쳐 오류가 없으면 비로소 환전할 수 있었다. '관동주노무협회'원은 그 과정에서 착취하기 위해 대련노동자가 산동의 가족에게 송금할 때 작업반장이 그 일을 처리하도록 했다.[36] 예를 들어 만주제마주식회사(대련마방직공장의 전신)에 성이 쑹(宋)씨인 노동자가 있었는데, "형과 둘이 모두 만마(滿麻)에서 일을 하고 있었다." 하루는 그가 반장에게 돈을 건네주고 산동에 있는 가족에게 돈을 부쳐 달라고 했으나, 결과적으로 가족들은 한 푼도 받을 수 없었다. 이 노동자는 반장을 찾아가 따지다가 2층 노동자 감시대에 있던 반장에게 발로 차여 기계 위에 쓰러졌고, 다시 기계에 의해 벽에 부딪혀서 무참하게 죽임을 당했다.[37]

(3) '근로봉공'

태평양전쟁 발발 후 일본은 '노무신체제'를 추진했다. 그 주요한 특징 가운데 하나는 '근로봉공'(노동봉사)제도를 실행하는 것이었다. 이른바 '근로봉공'은 의무적인 '봉공'이라는 명목으로 무릇 병력에 복무하지 않는 적령기의 건강한 남

---

[35] 于仁國 主編, 『大連市志·勞動志』, 65쪽.
[36] 송금할 때는 勞工票가 있어야만 했고, 노공표는 작업반장의 손에 있었기 때문이다.
[37] 大連造麻紡織廠史志辦公室, 『滿洲制麻株式會社』, 『西崗文史資料』 第2輯.

성 청년에게 3년 내에 반드시 1년 동안 노역에 봉사하도록 하는 것이었다. '근로봉공'에 편입된 자의 연령에 관해서는 1942년 5월 27일 발포한 「국민근로봉공제창설요강(國民勤勞奉公制創設要綱)」에서 "21세부터 23세까지"라고 규정하고 있었다. 뿐만 아니라 "전시 혹은 사변 때 1년을 초과하지 않는 한도 안에서 앞 항의 연령 및 기간을 연장할 수 있다"고 규정했으며, 이렇게 하여 '근로봉공'에 참가하는 자의 연령은 20~23세로 바뀌었다. 1945년 3월 1일에 이르러 만주국은 민생부를 없애고 국민근로부와 후생부를 신설했다. 아울러 11일에 「국민근로봉공법」을 수정해서 근로봉공대 적정연령의 하한을 30세까지 연장하고, '근로봉공' 참가 기간을 6년 안에 3년간 노역 복무로 연장했다. 이렇게 하여 무릇 만주국 병사로 징용되지 않은 동북의 청장년은 모두 일본이 수시로 동원할 수 있는 노동자로서 '근로봉공'대에 편성되었고, 각 공장과 광산, 기업과 공사장으로 수송되어 노역에 봉사했다.

전쟁 규모가 나날이 확대됨에 따라 일본의 노동력 자원은 갈수록 결핍되었다. 1939~1944년의 국민동원계획에서 끊임없이 증가하고 있는 인원수를 보면, 일본이 전쟁에서 필요했던 노동력의 정도를 알 수 있다(〈표 22-6〉 참조).

〈표 22-6〉 1939~1944년의 국민동원 요구와 공급 인원수 상황표(단위 : 천 명)

연대 계획인수	1939	1940	1941	1942	1943	1944
수요	1,095	1,470	2,212	1,967	2,396	4,542
공급	1,139	1,540	2,213	1,967	2,396	4,542

출전 : 『戰時戰後的日本經濟』 下, 岩波書店, 1950, 53쪽.

노동력문제를 해결하기 위해서 일본식민당국은 본국 내에서 실행하는 '개근(皆勤)'체제를 관동주로 끌어들였다. 즉, 부드러운 수단과 강경한 수단을 함께 사용하여 중국노동자에 대한 통제를 강화하는 동시에, '관동주노무협회' 주재로 관동주 공장·광산기업 '노동자개근운동'을 전개하여 개근한 노동자를 장려하는 수법으로 생산효율을 제고하는 목적에 도달하고자 했다. 1943년 1월 16일 일본관동국은 「근로봉공규칙」을 공포하고, 「관동주국가총동원령」에 근거해서 다음과 같이 규정했다. 무릇 관동주 내에 거주하고 있는 연령이 14세 이상 40세 미만의 남자 및 25세 미만, 미혼, 무직의 여자는 모두 '근로봉공대'에 의무적으로 참가해야 한다. '근로봉공대'는 학교학생(고학년)과 일반시민 두 종류로 구분된다. '근로봉공대'는 각 시의 시장, 민정서장과 회장, 교장이 조직한다. '근로봉공'의 노동기간은 일반적으로 1년에 30일이며, 필요에 따라 연장할 수 있다. 각 회와 각 학교에서 조직한 '근로봉공대'는 '관동주노무협회'가 관동주 안에서 일본의 가장 중요하고 긴급한 군수부문, 예를 들면 대련항의 화물하역과 조선수리공장 등에 각각 배치하여 '근로'하게 했다.

　1944년 초 관동주청은 「관동주근로동원방책강요」를 공포하여 학생의 '근로봉공'을 한층 더 제도화하고 정규화했다. 이 「강요」는 대련이 과거에 화북에 의지하여 노동력을 공급하던 정책을 바꾸어 관동주 내의 주민에 의지하는 것으로 전향했다. 최대 한도로 노동통제를 진행하고 '대동아전쟁'에 봉사하기 위해 비노동자 가운데에서 의무노동을 전개하고, 강제적으로 관동주 백성들에게 '특별근로봉공대'(약칭 '특근대')를 조직하도록 했다. 여성 청년은 '여자특별근로봉공대'로 조직했다.

　최대 한도로 '주민(州民)'을 '쿨리'로 바꾸는 것이 「관동주근로동원방책강요」의 핵심이었다. '특근대'는 관동주에 거주하는 나이 13세 이상 45세 미만의 중국남자 및 25세 미만의 중국여자(미혼, 무직)로 구성되었다. '근로봉공'의 시간은 연속 6개월이었으나, 필요시 1년 이상까지 연장할 수 있었다. 이러한 조치는 특별히 관동주 청장년의 노역봉사를 위해 설계된 것이었다. 1944년 4월부터 실시되었는데, 대련 민중은 이것을 '노동자잡기[抓勞工]'라고 불렀다.[38] 이로부터 대련의

---

[38] 顧明義 等 主編, 『大連近百年史』 上, 734쪽.

수천수만 청장년은 '특근대'로 강제 조직되어 1945년 일본이 전쟁에 패하여 항복할 때까지, 각각 집중적으로 대련부두와 선거(船渠, 지금의 조선창), 철도공장(지금의 기관차공장), 기계공장 및 군용비행장에서 노역에 봉사했다. 그들의 정확한 인원수, 복역부문, 당한 고통 등의 상황에 대해서는 일본이 패전하여 투항할 때 관동주청이 관련 자료를 모두 소각했기 때문에 영원히 찾을 방법이 없다.

(4) 강제 할당

태평양전쟁 후기 일본은 군사상에서 잇따라 패배함에 따라 한층 더 전쟁준비에 박차를 가하고 군사공정의 건설과 군수공장의 건립을 시작했다. 대련에서 이러한 공정건설은 모두 관동군의 직접 참여와 감독 아래 진행되었다. 그 가운데 중요한 것은 여순 삼간보(三澗堡)비행장, 금현(金縣, 지금의 대련 금주구[金州區]) 노야묘(老爺廟)비행장, 후가둔(候家屯)비행장, 금주 용왕묘(龍王廟) '군대의원'(사실은 인체세균실험장), 만주중기주식회사 금주공장(금주 중형기기공장의 전신), 대방신(大房身) 제688부대 목조선장(船場), 능수(凌水)시멘트선장 및 대련 동산(東山)고사포진지 등이 있었다. 대련 금주 용왕묘에 위치하고 있던 '군대의원' 공정은 일본이 1942년 3월 동남아전쟁을 일단락 지은 후 관동군의 원래 부대를 귀환시켜 6월 9일 일본군 대본영이 하달한 「대소련작전준비강요[對蘇作戰準備綱要]」에 근거하여 소련에 대한 전쟁 준비에 박차를 가하는 배경 아래, 동북 변경과 거리가 비교적 멀리 떨어진 금주에서 시작한 것이었다. 이 공정을 건설하기 위해서 '관동주노무협회'는 본지(대련, 여순, 금주 등지)와 외지로부터 기만과 할당 등의 수단으로 대규모 노동자를 모집해왔다. 당시 금주 관내의 곤궁한 민중들은 거의 모든 집이 노동자를 할당받았다. '군대의원' 공정은 관동군 693부대가 책임지고 있었다. 당시 일찍이 이 공정에서 통역을 담당하고 있었던 금주사람 지더이(季德一)의 회고에 따르면, 그는 다른 사람의 소개를 받아 1944년 4월 금주 용왕묘 공정에서 693부대를 위한 통역 겸 '근로봉사' 인원으로 일자리를 얻게 되었다. 이 기간 동안 그는 이 공정에서 일하는 일본인 다카하시(高橋)를 사귀게 되었다. 지더이와 다카하시는 각자의 과거와 앞으로의 일을 이야기하면서 둘 다 매우 감동했고, 서로 의기투합했다. 아래는 그들이 나눈 대화의 일부이다.

지 선생, 당신은 알고 있습니까? 북만주의 백성자(白城子) 페스트연구소가 장차 이곳으로 오는(이전) 것은 분명합니다! 나는 되물었다. 왜 이곳으로 이전합니까? 다카하시가 말하기를, 소련이 침입하니까요! 관동군은 도망을 준비하고 있어요! 이전합니다! 최후에 그는 진지하게 이야기했다. "이 공사의 이름은 (진짜가) 아닙니다. 사실은 쥐와 토끼를 이용해서 페스트 세균 시험을 하는 곳입니다! 비밀장소예요! 비밀을 지키세요! 다른 사람이 알게 되면 헌병대에게 죽습니다. 위험해요!" 여기에 하나의 흰색 빌딩(4~5층 높이)을 건설할 것인데 현재는 지하부분이고, 위에서는 볼 수가 없습니다. 그는 더욱 신중하게 나에게 이야기했다. 이곳의 쿨리는 장래 전부 이곳에서 죽여버릴 겁니다! 그래서 출입이 금지되어 있습니다! 금년에 봉사대를 데려다 노동자로 쓰는 것은 토목건축공정의 진도를 가속화하지 않으면, 소련군의 공격을 방지하고 백성자연구소를 옮겨올 수가 없기에 비로소 취한 방법입니다. 그는 거듭 나에게 떠나라고, 명심하고 속히 이곳으로부터 벗어나라고 했다!³⁹⁾

금주만인갱(金州萬人坑) 소재지

39) 季德一回憶資料, 원본은 金州史志 辦公室에 있다.

지더이의 회고는 비록 불충분한 증거이지만 상당히 신뢰할 만하다. '백사돌(百斯突)', 즉 페스트균을 대련(하가정下葭町)과 연계시키는 것은 731세균 부대에 예속된 '대련위생연구소'(해방광장의 대련제약공장, 이미 철거)가 있었기 때문이다. 또 대련은 연구와 실험, 세균 배양을 위한 편리한 조건을 갖추고 있었으므로 중국과 몽골 변경 가까운 곳에 위치하고 있는 일본군의 세균 생산과 시험 장소로는 상대적으로 안전하며 연구의 기초가 있는 대련지역으로 옮기는 것도 사리에 맞는 일이었다. 당연히 금주 용왕묘의 '군대의원' 공정의 성격이 세균을 제조하는 비밀공장이었는지 아닌지는 보다 정확한 고증이 필요하다. 그러나 수만 명의 노동자를 부려 3년여의 시간 동안 지속되었고 일본이 패전하여 투항할 때까지 여전히 미완성으로 남아 있던 이 공정은 비인간적인 노동과 생활 조건 아래 단지 '군대의원' 공정에서만 8,000여 노동자의 사망을 야기했다는 것은 부인할 수 없는 사실이다. 후에 이렇게 박해받아 죽은 사람들의 유골이 매장된 곳을 '용왕묘만인갱(금주만인갱)'이라 불렀다.

금주만인갱에서 주검을 살피는 노동자 가족들

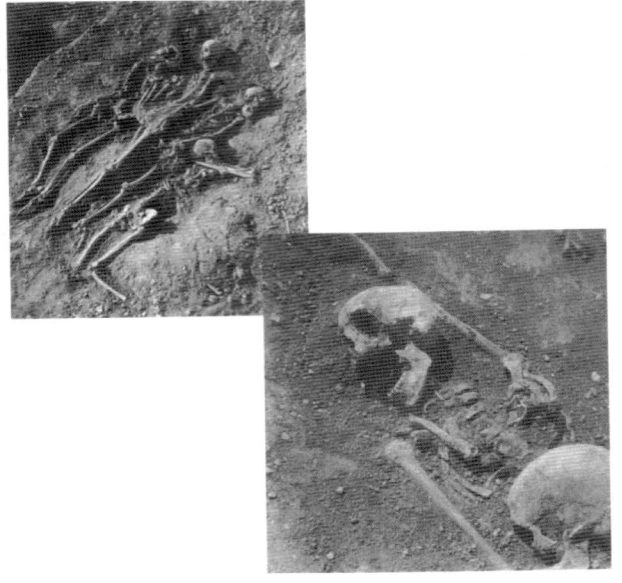
금주만인갱에서 출토된 일부 유골

(5) 노동자의 강제 체포

'노무신체제' 아래 일본이 취한 또 다른 중요한 조치는 노동자의 강제 체포였다. 노동자를 체포하는 범위는 화북과 동북의 광대한 도시와 농촌을 포함했다. 1941년 4월 5일 관동군과 화북의 일본군은 「만주입경 노동자에 관한 협의[關于入滿勞動者的協議]」를 달성했다. 그 내용은 다음과 같았다. 첫째, 매년 화북에서 동북으로 110만 명을 수송하는 것을 목표로 한다. 둘째, 화북의 '치안 공작'을 노동자 모집과 연계한다.[40] 이른바 '치안과 노동자 모집을 서로 연계하는 것은 화북의 일본군이 '토벌' '소탕' '치안 강화' 등의 방식으로 대량의 청장년 노동력을 체포해서 동북으로 보내는 것이었다. 동북에서 대규모로 노동자를 체포한 것은 '노무신체제' 확정 이후로 주로 도시에 집중되었다. 1943년 4월 18일 만

---

[40] 撫順鑛務局檔案館 日文檔案, 勞1941/385號.

주국 국무원은 「도시인구를 분산하는 긴급대책[發動都市人口疏散緊急對策]」을 제정하고, 도시에서 '부랑자'(즉 유랑자)를 체포해서 강제로 각종 노역에 종사하도록 했다. 이 정책이 나온 지 둘째 날(4월 19일) '신경(新京)'의 경찰이 전부 출동해서 3,160명을 체포하고, 그중 1,287명을 각 노동장소로 압송했다. 27일 봉천시는 3,576명을 잡고, 5월 4일 326명을 잡고, 6월 22일 다시 3,500여 명을 체포했다.[41] 체포된 사람 가운데 무릇 노동력이 있는 사람은 모두 광산 혹은 군사공정에 보내져 강제 노동했다.

이들 '공출노동', '근로봉공', 노동자 체포는 모두 '노공협회'와 '노무흥국회' 등 노무부문이 나서는 외에도 '협화회'와 경찰국 등이 서로 협조했다. '협화회'는 일본이 동북에 건립한 정치적 성향을 띠는, 관이 운영하는 파쇼조직이었다. 노무신체제 확립 후 일본·괴뢰정권에 협조해서 노동력을 수탈하는 것이 '협화회' 공작의 중점이었다. 괴뢰만주 경찰계통은 노동자에 대한 징세, 체포, 감시를 돕는 중요한 부문이었다. 괴뢰치안부는 또 지문관리국을 설치하고 노동자에게 노동 '등록'을 진행하는 동시에 지문등기를 진행했다. 이 때문에 광대한 청장년 농민과 시민은 노동자로 징용이 확정되면 탈출할 수 없었으며 일본의 임의 수탈과 착취의 대상이 되었다. 만약 도주 혹은 탈출을 시도한다면 본인 또는 가족이 모두 엄격한 처벌을 받았다. 1941년부터 시작해서 일본은 화북 등 항일전장에서 사로잡은 대규모 전쟁포로와 항일근거지에서 잡아온 청장년을 동북 각지의 큰 광산으로 수송했다. 이들을 '특수노동자'로 불렀으나 사실은 '사형수노동자[死囚勞工]'였다. 그들의 생활조건은 지극히 열악했으며 가장 위험하고 가장 힘든 노동에 종사했기 때문에 사망률도 가장 높았다. 1940~1945년까지 무순(撫順)으로 압송된 '특수노동자'의 누계는 4만여 명에 달했으나, 1945년 8월에 이르러 단지 7,000~8,000여 명만 남았다.[42] 극소수의 사람이 탈출한 것을 제외하면

---

41) 『滿洲新聞』, 1943년 4월 21일, 28일, 6월 25일.
42) 撫順憲兵分遣隊 特高系원 일본인 寶田震策의 반성자료, 撫順市 公安局 소장.

대부분은 고통스럽게 죽었고 만인갱에 버려졌다. 관동군 제886부대[43]는 대련 금주성 북쪽 용왕묘촌에 '군대의원'을 건설할 때 금주, 복주(復州), 개평(蓋平, 지금 요녕성 개주시蓋州市) 등지 및 관내에서 사기 모집, 할당, 강제로 잡아온 노동자가 모두 약 3만여 명이었다. 1944년 봄 두 명의 노동자가 동료들의 도움으로 위태로운 처지에서 탈출했으나 막 금주성 북쪽 구리촌(九里村)에 도착했을 때 그들을 감독하던 일본인에게 체포되어 그 자리에서 생매장 당했다. 일본 항복 후 구리촌 군중들은 그들이 생매장 당한 곳에 '노동자기념비'를 세웠다.

2) 노동 상황의 비참성

태평양전쟁시기의 대련공장은 공업 생산 단위라기보다는 군사 노동 감옥이었다.

노동자가 '노동표'를 가지고 공장에 들어가면 새장에 갇히는 것과 같았다. 노동자가 하루 일을 다 마치면 일본 고용자 측은 '노동표' 위에 도장을 찍어주었다. 규정대로 출근 날수를 채우지 못한 노동자는 '양민(良民)'이 아니라고 인식되어지고 경찰이 찾아와서 번거롭게 했다. 무릇 '노동표'를 가지고 있지 않는 노동자는 경찰당국이 '무업유민(無業遊民)'으로 규정하고 '관동주노무협회'에 넘기면, 강제수용소와 같은 '전시근로노동자부대(戰勤勞工部隊)'로 보내져 부역과 같은 힘든 노동을 했으며, 어떤 사람들은 무리하게 일하다 '전시근로노동자부대'에서 과로사했다.

1907년에 설립된 대련 가와사키(川崎)조선소와 1923년에 개조된 만주선거철공주식회사(약칭 선거회사, 대련조선창의 전신)를 예로 들면, 일본 고용자 측은 중국노동자에 대해 4종류의 고용노동제도, 즉 장기공, 단기공, 견습공, 일용노동자제도를 실행했다. 공장은 군수생산의 정상적인 진행을 보증하고, 또 임금

---

[43] 앞항에서 언급한 제688부대와 동일 부대로 보인다.

을 줄이기 위해서 특별히 부족한 노동자 총수의 절반을 장기공으로 고용했다. 일거리가 많을 때는 대량으로 일용노동자를 모집했다. 일거리가 적을 때면 장기공에게 60%의 급료만을 주고, 단기공과 일용노동자를 해고했다. 견습공의 날삯은 0.18~0.25원이었고, 일용노동자의 날삯은 0.30~0.40원, 단기공의 날삯은 0.50~0.80원, 장기공의 날삯은 가장 많아도 1.30원을 초과하지 않았다. 공장에 들어가서 일용노동자가 되거나 단기공에서 장기공이 되고 싶으면, 5~10원의 '인정전(人情錢)'을 내야만 했다. 설이나 명절을 맞으면 작업반장에게 '주년분전(湊年份錢)'을 줘야 했다. 임금 조정시에는 '운동비'를 줘야 하는데, 만약 주지 않으면 밥벌이를 잃을 수도 있었다. 특히 단기공과 일용노동자는 작업반장이 늘 해고하겠다고 협박했기 때문에 착취가 더욱 심각했고, 손에 쥐는 임금은 생계를 유지하기가 어려울 정도였다.

　선거회사의 중국노동자는 출퇴근할 때 고정된 정문초소를 지나야만 했다. 그들이 출근할 때 경비는 '노동표'를 조사하고, 공패(工牌)를 뒤집는 것을 감시하며, 휴대하고 있는 도시락 안의 밥과 반찬을 검사했다. 밥 안에 쌀이 있으면 '경제범'으로 간주되어 가볍게는 밥을 쏟아버리고 심하게 때렸으며, 무겁게는 체포해서 경찰서로 보냈다. 퇴근할 때 중국노동자는 반드시 줄을 서서 모욕적인 전신 검사를 받았다. 일본 경비는 '절도혐의'가 있는 사람을 비참하게 때렸다. 가볍게는 몸에 중상을 입었고, 무겁게는 불구가 되어 죽었다. 어떤 사람은 감옥에 갇혔다가 옥중에서 원한을 품고 죽었다. 1943년부터 선거회사는 공개적으로 파쇼노동통치기구인 방위과를 설립했고, 그 아래에 '방첩계'와 '경무계'를 설치했다. 감시와 관리를 강화하기 위해서 관동주청 경찰부는 원래 사하구경찰서장 간노 겐노스케(神生源之助)를 파견해서 과장을 맡게 했다. 또 잇따라 일본군인, 경찰, 헌병, 특무기관의 헌보(憲補), 밀정, 형사와 연락원 등 10여 명을 회사의 운정작업장[運整職場], 차량제조소, 선반작업장, 노무과, 요시노장(吉野莊) 노동자숙소 등에 배치하여, 노동자의 사상 동태를 수집하고, "반만항일이

의심되는" 인원을 조사하며, 소련영사관과 연계되어 있는 사람을 추적했다.

이외에도 1943년 6월부터 시작해서 대련 일본헌병대 사상대책반과 대광장(지금 중산광장)경찰서 특고계는 늘 선거회사 노무과에 사람을 파견해서 노동자카드와 노동자이력서를 심사하고, 산동에서 대련으로 온 '수상한 노동자'를 수사하며, 노동자의 출결근무상황표를 달라고 해서 노동자의 동태를 파악했다. 아울러 특무·밀정 쌍징신(桑景信)을 준직원의 명의로 '노무과'에 파견해서 특별히 노동자의 활동을 감시했다. 일본 특무기관은 또 '양성과'에 사람을 파견해서 체포되어 온 노동자의 상황을 조사했다. '양성과'에서 노동자를 관리하는 임무 가운데 하나는 바로 "그 속에서 반만항일분자와 팔로군 지하공작인원을 색출하고, 아울러 탈출하는 노동자를 추적하여 체포하는 것이었다."[44] 선거회사 부근의 '빈정파출소(濱町派出所)'는 회사 내의 일본 파쇼조직과 함께 쉬지 않고 중국노동자를 감시하고 심지어 박해했다.

대련 기타 공장의 상황은 선거회사와 대체로 같았다. 예를 들면 1934년에 설립되어 한 때 직공이 2,351명이었던 일본 식민통치시기 일본자본 주식제 정유공장인 만주석유주식회사 대련제유소(약칭 '만석', 대련석화공사大連石化公司의 전신)가 바로 이와 같았다. 이 공장의 조직기구에는 '경방과'라는 것이 있었고, 그 아래에 특무계, 헌병소대, 경위반, 소방대 등이 설치되어 있었다. 특무계에는 주임 1명과 형사 8명이 있어 특별히 노동자의 사상동태를 파악하고 노동자의 행동을 감시하는 일을 담당했다. 그들은 중국노동자를 15명씩 나누어 하나의 '연락반'으로 조직하여 그들이 생각하기에 믿을만한 '반장'을 찾아서 밀정으로 만들었다. 형사마다 약간의 '연락반'을 장악하여 조금이라도 수상한 노동자는 즉시 일본 헌병대에 보고해서 그들을 체포했다. 헌병소대는 공장에 상주하면서 주수자(周水子)헌병대 관할 아래 직속되어 수시로 사람을 체포할 수 있

---

[44] 劉子明 主編, 『大連造船廠史(1898~1998)』, 1998, 76쪽.

었다. 출퇴근할 때 경비, 헌병, 형사가 정문 초소 양쪽에 늘어서서 강제로 노동자의 단추와 바지띠를 풀고 양손을 머리 위로 들게 해서 전신을 검사했다. '의심분자' 혹은 '불량분자'를 발견하면 바로 체포해서 처벌했다.

대련 주민의 식량공급은 심각하게 부족해서 사람들은 살기 위해서 '경제범'으로 고발당하는 것과 옥살이의 위험을 무릅쓰고 벌어들인 보잘것없는 임금을 갖고 암시장에 가서 높은 가격으로 옥수수가루를 샀다. 돈이 없으면 도토리가루와 야채로 배고픔을 달랬다. 많은 사람이 온 종일 반은 굶고 반은 먹었으며 자주 밥을 짓지 못했다. 여자와 아이들 중에는 굶어죽는 사람이 부지기수였다. 대련노동자의 생활은 이때 생존을 유지하기가 어려울 지경에 이르렀다. 인구구조도 고출생, 고발병, 고사망, 저성장, 평균수명 하락의 특징이 출현했다.

제국주의가 대련을 침략하기 전인 1879년에 대련 인구출생률은 22.2‰, 사망률은 13.0‰로 당시 중국 사회의 일반적인 상태에 속했다. 일본이 대련을 통치한 1905~1945년 사이에 출생률은 20~38‰였고, 1879년과 비교해서 기본적으로 동일한 상태를 유지하면서 약간 상승했다. 그러나 사망률은 18~25‰로 1879년의 13.0‰와 비교하면 대폭 상승했다. 인구의 자연증가율은 줄곧 매우 낮았고, 일정 시간 동안 겨우 8‰ 정도였다. 1942년 대련 인구는 3만 1,552명이 사망해서 사망률은 19.92‰였다. 그중 중국인 사망률은 무려 21.6‰에 달했으나, 일본인 사망률은 10.0‰였다. 1943~1944년 중국 유아사망률은 무려 192‰에 달했으나, 일본 유아사망률은 76‰였다. 1932년 대련 총인구 평균수명은 34.5세(일본인 포함)였다. 1936년 대련 중국인 평균수명은 33세였다. 1945년 상반기 대련 중국인 평균수명은 35세로, 당시 중국 도시인 평균수명 37세보다 2살 작았다.[45] 이로부터 대련 인민에 대한 일본의 압박과 착취의 잔혹성을 엿볼 수 있다.

---

[45] 孫承岱·徐元辰 主編, 『帝國主義侵略大連史叢書·衛生卷』, 大連出版社, 1999, 291, 292, 301, 304쪽.

5. 대련항일방화단의 용감한 투쟁

일본침략자가 대련을 점령하고 노역시킨 40년간 현지 인민에게 심각한 재난을 초래했다. 그들은 생존하기 위해, 잃어버린 땅을 회복하기 위해, 자발적으로 조직적인 투쟁을 여기저기에서 끊임없이 일으켰다. 노동자, 농민, 지식분자, 민족자본가가 모두 힘차게 일어나 투쟁했다. 대련을 되찾기 위해, 국내 반제투쟁을 지원하기 위해, 피흘리는 희생을 두려워하지 않았다. 그중에 영향력이 가장 컸던 것은 대련항일방화단(즉 대련국제정보조)의 투쟁이었다.

'대련항일방화단'[46]은 공산당원과 애국청년이 참가하고 소련 붉은군대 참모부 군사정보조의 지도를 받는 항일비밀조직이었다. 이 조직은 1934년 여름부터 1940년 사이 동북의 중요 화물 환적항인 대련을 중심으로 동북, 화북, 화동 등의 지역에 두루 퍼져 방화와 폭발을 주요 투쟁수단으로 삼았다. 구성원으로는 각계 군중이 있었으나, 주로 노동자 특히 만철 부두노동자를 핵심으로 했다. 방화의 목표는 주로 부두와 정류장 차고를 위주로 한 일본군용 전략물자집산지였다. 투쟁 형식은 파쇼고압통치 하에서 동북노동자 항일정치투쟁의 주요 형식이었던 태업과 파괴를 최고 한도로 추진하는 것이었다. 비록 와해되었으나 그들은 일본군의 군수물자를 대량으로 불태워 없앰으로써 식민당국에 심각한 타격을 주었다.

1934년 대련항일방화단이 막 건립되었을 때 책임자는 자오궈원(趙國文)이었다. 그 후 리서우산(李壽山), 추스셴(秋世顯), 황전린(黃振林) 등이 책임자가 되었다(〈표 22-7〉 참조).

---

[46] 속칭 '대련항일방화단' 또는 '국제정보조' '국제공작반' '국제특과' '홍군후방별동대' '항일모략단' 등으로 불렸다.

〈표 22-7〉 대련방화단 주요 구성원 직업 조사표*

성명	직업	성명	직업
姬守先	무직	黃振林	무직
趙國文	무직	秋世顯	무직
鄒立陞	무직	黃振先	쿨리
王有佐	쿨리	吳誠江	쿨리
李化鈞	선원	孫文凱	선교사
萬緒愼	페인트공(만주도료회사)	孫玉成	쿨리(福昌華工)
李澤民	소상인	鄒包氏	무직
周文禮	농민	張玉江	기계수리공(만철고용자)
丁蘭盛	채소 행상	馬永富	양산, 솥 수리공
閻祿增	쿨리(福昌華工)	申綏章	소상인
時延壽	음식점	孫元芳	물품 행상
馬忠佐	대형 짐수레꾼	李品義	직공(滿化)
王傳周	간장 제조공	趙景海	요리사(福昌華工)
任壽光	직공(대련기계제작소)	李光嶠	농민
王泰和	페인트공		

*李壽山은 후에 방화단의 실제활동에 참가하지 않았기 때문에 표 속에 넣지 않았다.
출전 : 關東州法院刑事部, 『對日謀略放火團判決書』, 昭和 17년 3월 15일.

　대련방화단은 건립 후 일본군의 군수물자 보관 상황을 조사하여 이를 바탕으로 비밀리에 화약을 제조하고, 일본군 부두와 창고 등에 대하여 파괴활동을 진행했다.

　대련항일방화단은 1935년 6월부터 시작하여 일본군의 전략물자와 군사시설에 대해 방화활동을 실시했다. 그들은 잇따라 부두창고, 만주페인트회사, 육군창고, 만풍(萬豊)은행창고, 일청유방창고 등을 방화했다.

　항일방화단은 일본관동청 외사경찰과, 방첩위원회, 노무협회의 감시 통제에 대처하기 위해서 드러나지 않게 행동했다. 그러므로 방화방식은 주로 자연발화의 방법을 취하는 것이었다. 초기에는 주로 화학약품을 이용해서 불을 질렀다. 후기에는 일본·괴뢰가 화학약품에 대한 통제 및 부두와 정거장 창고 등지에 대하여 날로 엄밀하게 검사를 강화하자, 방화단은 전병 말이[煎餠卷], 밀가루떡 사이[大餠子夾], 도시락 안에 숨기는 등의 방법을 이용해서, 방화 재료를 부두 및 정거장 창고 등지로 가지고 갔다. 동시에 인화 재료를 취득하기 쉽고 휴대하기 쉬운 일용품으로 확대했다. 예를 들면 ① 레코드판 깨진 것, ② 나프탈린을 비단에 싼 것, ③ 대량의 성냥을 송진 안에 스며들게 한 것, ④ 담배갑 속에 위에 열거한 재료를 숨긴 것, ⑤ 석유에 담궜던 낡은 신문지, ⑥ 석유에 담군 낡은 천조각, ⑦ 기름종이로 대량의 성냥을 감아서 가늘고 긴 대나무 통을 만들어 도화선으로 대체. 이러한 재료는 획득하기 쉽고 특수한 기술이 필요 없을 뿐 아니라, 휴대하고 있어도 남의 주목을 끌지 않았다.

그중에 1938년 4월 10일의 방화 상황은 사람들의 주목을 끌었다. 이 날 자오 궈원과 추스셴은 석유노동자 우청장(吳誠江)과 요리사 루빙이(盧炳義)를 이끌고 감정자만주석유회사 15호와 16호 창고에 방화했다. 큰 불은 16시간 동안 계속되었고, 일본군이 보관하던 6만 통의 파라핀과 석유가 모두 불탔다. 당시 신문보도에 의하면, 불을 끄기 위해 현장은 혼란이 극심했다.

> 만주석유공사 방호단, 대련소방서, 금주소방서의 모든 소방대원이 출동했으나, 구조 효과가 없었으며, 또 구보(久保)와 나카무라(中村) 등 5명의 일본직원이 화상을 입었다. 당시 미우라(三浦) 주청장관, 이시이(石井) 검사관, 오와다(大和田) 경찰부장, 가토(加藤) 헌병대장 이하 경찰서 주임 및 관련기관이 모두 현장으로 달려왔다……현장은 대혼란이었다.[47]

1939년 9월에 이르러 대련항일방화단은 이미 3개조로 나누어 활동을 진행했다. 대련에서 직접 혹은 간접적으로 방화 폭파 활동에 참여한 사람은 70여 명이었고, 그 가운데 노동자와 점원이 90%를 차지했다. 대련 서강기독교 신의회(信義會) 신도 쑨원카이(孫文凱), 홍더시(洪德錫), 리쩌민(李澤民) 등도 참여했다.[48] 1940년 초 일본은 태평양전쟁을 일으키기 위해 대량의 군수품을 대련항

---

[47] 『滿洲日日新聞』, 1938년 4월 11일.
[48] 大連市史志辦公室 編, 『大連市志·宗敎志』, 遼寧民族出版社, 2002, 123~124쪽.

에 집중시켜서 각 전장으로 운송하기 편리하도록 했다. 대련항일방화단은 이 소식을 알고 즉각 방화행동을 취했다. 같은 해 6월 자오궈윈과 추스셴이 구체적으로 계획을 세우고, 왕유쭤(王有佐)가 집행하여 주수자 일본 육군창고 내의 군용 털옷과 털바지 5만여 벌과 대량의 군용 과자 등의 물자를 불살랐다. 이것은 대련항일방화단의 마지막이면서 비교적 영향력이 컸던 방화 행동이었다. 대련방화단은 일본군의 침략을 확대하려는 계획으로 하여금 심각한 좌절을 맛보게 했다.

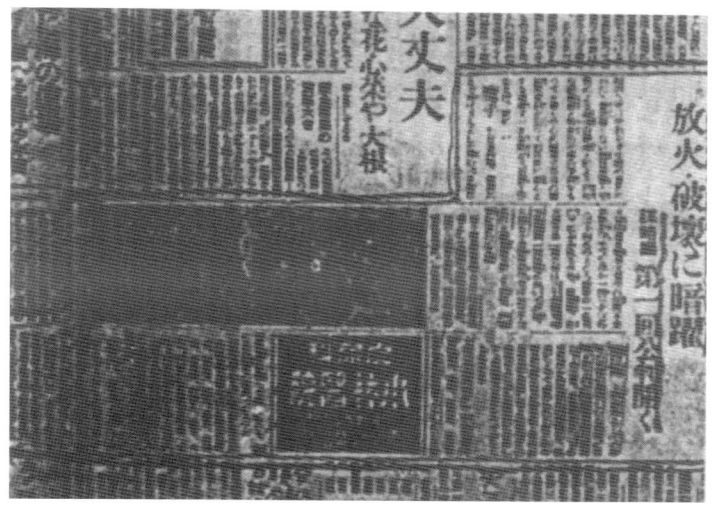

일본 신문의 항일 '방화단'에 관한 보도

1940년 2월 이후 방화사건은 더욱 빈번해졌다. 대다수가 군용물자를 목표로 했으며 일본군 통치기관으로 하여금 공포와 불안에 떨도록 했다. 이에 대해 일본 관동군사령관 우메즈 요시지로(梅津美治郎)는 1940년 7월 27일 한탄하며 말했다.

쇼와 9년(1934년-인용자) 9월부터 대련부두와 정거장 내의 모든 군용품 및 기타 물자에 종종 원인불명의 화재사건이 발생했다. 이후 헌병과 경찰이 일치단결해서 공동으로 검거에 종사하여 불면불휴(不眠不休)의 정신으로 수사를 진행했으나, 교묘한 조직과 과학적 수단에 의거한 방화여서 단서를 잡기가 매우 어려웠다. 이 때문에 사건은 나날이 증가했고, 쇼와 15년(1940년-인용자) 2월 이래 그 회수가 현저하게 증가하여 같은 해 6월 22일에 이르러 이미 50여 건에 달했다. 그들은 대량의 물자를 깡그리 없애버렸는데, 그 가운데 국방용 자재의 피해가 다수를 차지했다.[49]

일본 신문의 항일 '방화단'에 관한 보도

당시 대화재의 연소 상황에 대해서 대련의 주요 신문은 모두 보도했다. 예컨대 1938년 4월 10일 자오궈원과 추스셴은 석유노동자 우청장과 요리사 루빙이를 이끌고 감정자 석유공장에 방화하여 일본군의 대량의 석유를 불태웠다. "검은 연기가 대련만 상공에 자욱했으며" "바람을 맞받고 있던 15호 석유창고가 불탔고, 아울러 14호 창고까지 불길이 만연했다."[50] 당시의 『대련일일신문(大連日日新聞)』은 다음과 같이 보도했다.

---

[49] 『大連日日新聞』, 1941년 2월 6일.
[50] 『滿洲日日新聞』, 1938년 4월 11일.

10일 오후 4시 20분 대련시 감정자 만주석유공사 14호 창고와 해변 사이 공터에 쌓아놓은 석유통에서 불이 났다. 큰 불은 마침 서풍이 불어오면서 쌓아놓은 석유통 전체로 번졌다. 종업원이 검은 연기가 올라오는 것을 발견한 뒤 즉각 만주석유공사 방화단, 대련소방서 및 각 소방대원이 출동하여 만석 직공과 공동으로 진화에 나섰으나, 불길이 매우 맹렬하고 큰 불이 끝없이 타올라 검은 연기가 대련만 상공에 자욱했다. 화재 진압이 효과가 없었기 때문에 지속적으로 번지는 것을 방지하기 위해서, 모든 노동자를 동원하여 창고 내부 및 부근에 쌓아놓은 석유통을 안전한 지대로 옮겼으나, 불의 기세는 여전히 줄어들지 않았다.[51]

소식통에 따르면 "이번 큰 불로 인해서 만주석유공사 과장급 이상 간부는 직무상 과실로 처분을 받고, 장차 인사이동이 있을 것이라고 했다."[52] 이외에 진화에 참여했던 대련부두 소방대원 가오웨이런(高維仁)은 다음과 같이 회고했다.

당시 불길이 너무 커서 우리는 4개의 소방호수를 창고 옆으로 끌고 가서 불을 끄려고 했으나, 다른 한 창고에서 다시 불이 나서 소방대원이 불에 포위되었고, 불속에서 탈출했으나 소방호수는 불에 타버렸으며 철도는 불에 타 구부러졌다. 창고 지붕의 양철은 불길에 휩싸여 하늘위로 날아올라가 마치 종이처럼 나부꼈다. 불을 끌 방법이 없어 단지 타는 것을 바라볼 뿐이었고 물자의 손실이 특별히 많았다.[53]

이에 대해 일본 관동주청 경찰부는 깜짝 놀라 소리쳤다. 이것은 "사변으로 인해 방공(防空) 명령을 내린 대련시를 불안하게 했다."[54] 대련항일방화단은 1934년 여름 설립된 이래 어마어마한 군수물자를 파괴하고 불태워서 일본군에게 매우 큰 타격을 주었다. 통계에 따르면, 1937년 4월~1940년 6월까지 방화단

---

[51] 『大連日日新聞』, 1938년 4월 11일.
[52] 『滿洲日日新聞』, 1938년 4월 12일.
[53] 旅大市人民檢察署, 『日寇在大連破壞抗日愛國放火團事實材料』, 1952, 未刊高.
[54] 關東州廳警察部, 「對日謀略放火破壞團的活動經過」第4章 第1節, 『執行工作狀況』, 1941.

은 동북 각지에서 모두 78차례 방화를 했고, 그중 대련지역에서 57차례 방화했으며, 일본·괴뢰당국에 미친 직접적 경제손실이 2,000만 원 이상에 달했다.[55]

　대련항일방화단은 일본이 엄중하게 통치하면서 그들이 본국으로 여기고 있는 관동주 내에서 무려 7년에 달하는 오랜 시간 동안 방화활동을 하여 일본식민당국에 심각한 타격을 주었다. 그 주요 원인은 4가지가 있었다.

　첫째, 한 무리의 굳센 공산당원이 여러 차례의 항일 방화 행동을 직접 영도하고 참가해서 항일 방화 행동의 핵심이요 중추 역량이 되었다. 1932년 소련에서 훈련을 받고 돌아온 공산당원 지서우셴(姬守先), 황전린, 자오궈원 등은 1934년 초에 천진에 항일방화단연락소를 설립하고 대련, 봉천, 안동, 영구 등지에 있는 정보조직의 행동을 지휘하는 책임을 맡았다. 대련항일방화단의 임무는 일본군의 군사시설, 군수공장, 군용창고, 부두설비 등을 조사하고, 아울러 조직을 발전시켜서 조건이 성숙할 때를 기다렸다가 방화를 수단으로 파괴하여, 일본군의 전투력을 약화시키고 일본군의 침략 기세에 타격을 가하는 것이었다. 지서우셴(1910~1942)은 일찍이 대련방화단의 구체적인 방화 행동을 직접 이끌었다. 공산당원 추스셴(1914~1942)은 대련항일방화단의 책임자 가운데 한 사람이었다. 그는 1932년 11월 중국공산당에 가입했고, 1935년 '12·9' 등 학생애국운동에 참가했다. 같은 해 북경에서 항일방화단에 참가해서 방화 폭파와 비밀공작 훈련을 받았다. 다음 해 3월 대련으로 파견되어 방화단의 영도공작을 담당한 후, 노동자 속으로 깊이 들어가서 항일논리를 선전하고 조직을 확대 발전시키면서 공작 국면을 신속하게 타개했다. 그는 잇따라 '홍방자(紅房子)'노동자 가운데 10여 명을 방화단에 가입시켜 일본 군수물자에 대한 방화 파괴 활동을 전개했다. 그가 직접 지휘하여 실시한 방화가 39차례에 달했기 때문에 그는 '화신님[火神爺]'이라 불렸다. 1937년 5월 그의 지휘 아래 잇따라 일본 만철부두창고와 부두 이

---

[55] 遼寧·吉林·黑龍江總工會工運史志硏究室, 『東北工人運動大事記(1860~1954)』, 1988, 243쪽.

참(二站) 종이창고가 불탔다. 1938년 6월 그는 방화단 구성원을 지휘해서 부두 124, 126, 128, 130호 창고에 불을 질러 일본군의 군수물자를 대량으로 불태웠다. 1940년 6월 봉천에서 방화단 구성원과 일본비행기를 불태우는 방안을 연구할 때, 반역자의 배반으로 인해 일본식민당국에 체포되었으나 죽어도 뜻을 굽히지 않았다. 1942년 3월 15일 일본식민당국에게 고통스럽게 죽임을 당했다.

둘째, 한 무리의 애국열정이 충만하고 일본침략에 대해 원한이 뼈에 사무친 열혈청년과 심후한 군중의 기초가 있었다. 추스셴은 신해혁명의 영웅 추진(秋瑾)의 종손(從孫)으로 선열의 애국정조를 계승해서 노동자 속으로 깊숙이 들어가 항일 주장을 선전하고 구성원을 확대하고 조직을 강화했다. 쩌우리성(鄒立陞, 1913~1942)은 대련항일방화단이 포섭한 첫 번째 구성원으로 1935년 11월부터 대련항일방화단 책임자를 담당하면서 직접 화약을 제조하고 여러차례 방화행동을 지휘했다. 그는 또 동향 관계인 '만주페인트회사' 노동자 가오쉬선(高緒愼)과 가오쉬칭(高緒淸) 형제를 포섭하고 아내 바오위샤(包玉俠)를 동원하여 대련항일방화단에 참가하게 했다. 일본식민당국에 체포된 후 비록 갖가지 모진 고문을 받았지만, 그는 시종 뜻을 굽히지 않으면서 옥중투쟁을 견지했고 끝까지 용감하게 희생했다. 그들의 강렬한 애국사상은 방화단 구성원을 감동시키고 고무시켜 방화행동이 7년 동안 견지되도록 했다. 대련항일방화단은 심후한 군중의 기초를 가지고 있었다. 대련방화단 구성원은 보통 노동자에게 연락하여 그들의 협조를 받아 화약품을 방화현장으로 운반했다. 검사를 방지하기 위해서 그들은 하나의 교묘한 방법을 생각해냈다. 즉, 막 출근종이 울리려할 때 방화단 구성원은 3~5명이 무리를 이루어 각각 하나의 밀가루 떡[大餠]을 들고 한편으로 걷고 한편으로는 먹으면서 그 모습이 매우 급한 것처럼 보이게 했다. 검문소 문에 이르면 두 다리를 벌리고 양손을 들고 떡을 입에 물고 있으니, 일본군이 어떻게 떡 속에 화약을 말아놓았다고 생각할 수 있겠는가. 1940년 6월 방화단의 자오궈원, 추스셴, 왕유쮀 등은 이와 같은 방식으로 화약을 주수자 육군창고로 들여와서 일본군 군용털옷 5,000벌과 군용과자 수천 상자를 불태웠다.

셋째, 비교적 선진적인 방화수단을 채용하여 방화의 성공률을 보증했다. 대련항일방화단의 핵심 구성원은 대부분이 소련에서 전문적인 훈련을 받았다. 대련항일방화단이 방화행동에 사용하는 약품은 상급으로부터 수령하거나 스스로 배합해서 제조하는 2가지 경로를 취했다. 바오위샤는 일찍이 여러 차례 천진 황전린의 거처로부터 방화폭파약품을 수령하고 쩌우리성이 타이머를 연구 제조해서, 정확성을 높이고 폭발력을 강화하며 살상력을 증대시켰다. 그런 후에 그것을 구성원들에게 나누어 주고 적당한 시기를 찾아서 자연적인 화재처럼 꾸며 일본식민당국을 미혹시켰다. 1938년 4월 10일 4시 30분쯤 운반노동자 리징(李境) 등 4명은 감정자 만주석유주식회사 제40호 창고 남측 노천 석유 비축장에서 "반으로 자른 궐련을 성냥갑 안에 넣고 그 한쪽 끝과 성냥갑 안의 성냥 머리를 서로 연결하고, 아울러 다른 한쪽 끝에 불을 붙이고, 그런 후에 이 성냥으로 연소 발화시키는 장치를 기름통으로 가려진 돗자리 아래에 놓아두고 즉시 현장을 떠났다. 같은 날 오후 4시 50분 무렵 이 장치는 노천석유에 불이 나서 폭발하도록 했고, 이 공사의 석유와 휘발유 합계 4만 9,945통 및 일하는 사람이 없었던 제55호 창고 1동(이상 가격 합계는 약 33만 5,224원)을 불태웠다."[56] 이렇게 정해진 시간에 폭파하는 선진기술을 채용했기 때문에, 일본식민당국으로 하여금 비교적 긴 시간 동안 줄곧 이들 화재가 자연적인 '신화(神火)'에 속하는 것이라고 회의하도록 할 수 있었다.

넷째, 지극히 엄밀한 조직과 잘 훈련된 구성원이 있었다. 방화단의 경각심은 지극히 높았으며 일본군에게 발각되는 것을 피하기 위해서 그들은 늘 거처를 옮겼다. 예컨대 하북 창려현(昌黎縣) 사람 자오궈원(趙國文, 1912~1942)은 자오더파(趙德發), 자오궈차이(趙國財), 자오푸톈(趙福田), 룽라(龍拉), 쉬디윈(徐

---

[56] 關東地方法院, 「對日謀略工作ニヨル放火事犯判決結果通報」, 昭和 13년 9월 7일, 地檢 第541 號, 中檔, 119-1-512.

地文)이라는 이름을 이용했다. 그는 소련 모스크바에서 비밀 훈련을 받고 돌아온 후 국제정보조 대련파견조 책임자를 맡아서 청도와 안동 등지에서 일을 개척했다. 대련에서 공작을 전개하기 위해 일찍이 감정자에서 사아구까지 5~6차례 이주했었다. 추스센과 쩌우리성도 석도가(石道街), 평화가(平和街), 사아구, 흑석초 등지로 6~7차례 옮겨 다녔다. 쩌우리성의 부인 바오위샤는 늘 혼자 대련과 천진 사이를 왕래하면서 교묘하게 적의 검문을 피해 상해총본부의 밀령, 경비, 각종 방화용품을 가져왔다.[57] 이외에 대련항일방화단의 활동은 단선연락 방식을 취하여 서로 간에 횡적인 연락이 되지 않도록 했다.[58] 잦은 이주와 단선연락은 대련항일단이 조직을 보존하고 존재시간이 비교적 길었던 중요한 원인이었다.

그러나 동시에 일본식민당국 역시 대련항일방화단에 대한 경계와 진압에 박차를 가했다.

대련항일방화단을 진압하기 위해 일본식민당국은 각종 수단을 이용하여 대거 사람을 체포했다. 조사에 따르면 "1937~1940년에 화재사건으로 인해 2,000여 명의 노동자와 주민이 체포되어 혹형을 받았다. 현재 이미 밝혀진 것만 해도 전후 합쳐서 48명이 사망했으며" "심하게 맞아서 건강을 상실하거나 혹은 불구가 된 사람이 부지기수였다."[59] 1940년 6월 24일~9월 18일 관동주청 경찰부는 항일모략단 155명을 체포하고,[60] 1942년 3월 15일 일본 관동지방법원은 17명에게 유기징역, 12명에게 사형을 선고했다. 게다가 고문으로 죽은 자가 모두 48명이었다. 방화단 진압에 참여한 일본 관리, 헌병, 특무 가운데 신중국 성립 후

---

[57] 陳光眞·關桓喜,「國際反帝情報組'在大連地區活動的調査報告」,『反法西斯戰爭中的隱蔽戰線』, 黑龍江人民出版社, 2000, 276쪽.
[58] 譚曉玲,「記鄒立昇, 包玉俠夫婦早期革命鬪爭」,『旅順日俄監獄舊址百年變遷學術硏討會文集』, 吉林人民出版社, 2003, 120쪽.
[59] 旅大市人民檢察署,「關于前日寇關東州廳警察·憲兵捕殺抗日放火人員及和平居民的罪行調査報告」, 1952년 5월 30일.
[60] 關東州廳警察部,『對日謀略放火破壞團的活動經過』第2章 第7節,『檢擧狀況』, 1941.

민중에 의해 고소당한 자만해도 250명에 달했다.

대련항일방화단을 체포하고 진압하기 위해서 일본식민당국은 아래와 같은 지극히 교활하고 악랄한 수단을 취했다.

1) 조직 강화와 '밀정' 양성

항일방화단에 대처하기 위해 대련의 일본 "수사기관은 필설로 형용하기 어려운 고심을 다했다."[61] 일본군은 대련방화단을 정찰·체포하고 특무조직을 강화하며 수사망을 펼치기 위해서, 일찍이 잇따라 특수경찰대, 헌병대, '검색반', 외사경찰과, 방첩위원회 등을 설립했다. 이러한 조직은 공개적으로 검사와 순찰을 진행하는 동시에 암암리에 노동자와 직원으로 가장해서 비밀리에 노동자를 감시·체포·박해했다.

대련항 부두는 방화단이 여러 차례 공격한 장소로, 그 수가 1만여 명에 달하는 부두노동자는 특무정찰의 주요대상이었다. 일본식민당국은 한편으로 경·특의 수사반으로 하여금 늘 만철사원으로 변장하여 부두노동자 속으로 잠입해서 은밀하게 노동자의 동향을 살피도록 했다. 게다가 수십 명의 '복창화공(華工)회사'의 작업반장을 매수하여 경·특의 밀정으로 충당했다. '방화 모략' 수사를 통일적으로 영도하기 위해서 관동청 경찰부는 1938년 4월에 130여 명으로 구성된 특수경찰대를 설립했다. 경찰부 내부에도 특별반을 특설하여 방화약품을 실험하고 수사 방법을 연구하는 일을 맡도록 했다. 같은 해 6월 관동주청에서 각 경찰서와 각 공장기업에 이르기까지 층층이 방첩위원회를 설립하여 특무통치를 강화했다. 대규모의 경·특은 일본헌병대의 지휘 아래 '화재'사건이 끊임없이 발생함에 따라 사방에서 공포 분위기를 조성했다. 부두노동자 양톈언(楊天恩)은 창고화재 때문에 잇따라 3번이나 체포되었다. 관동주청 경찰부는

---
[61] 『滿洲日報』, 1941년 2월 6일.

'외사경찰과'를 수사의 핵심으로 삼아 "주청 관할 하의 각 경찰서 '외사고등계'를 동원해서 수사업무에 전력을 기울였다."[62] 다음 해 12월 항만구역 부두 137창고에서 불이 나자 수상경찰서는 다시 200~300명의 노동자를 체포했다.

전임 대련경찰부 특별고등경찰과장이면서 일찍이 대련항일방화단의 체포에 적극적으로 참여 지휘했던 일본 전범 시오우미 다쓰이(潮海辰亥)는 다음과 같이 진술했다.

> 1938년 4월 통일적으로 인식하고 통일적으로 영도하기 위해서, 나는 특수경찰대를 기초하고 조직했다. 대장은 오와다(大和田) 경찰부장이고, 부대장은 나(1938년 8월 이후 대장이 됨-인용자)이며, 각 경찰서장을 반장으로, 특고계 주임을 부반장으로, 특고계와 사법계의 계원을 대원으로 했는데, 모두 130여 명이었다. 경찰부는 아울러 특별반을 설립하고 위생과와 보안과로 구성하여 방화약품의 화학실험 및 과학적인 수사방법을 연구하는 일을 맡겼다. 나는 각 경찰서 특고계와 사법계 주임회의를 개최하여 주로 특수경찰대의 의의와 특고과 간부의 연구 분배 등에 관한 사항을 설명했다. 회의 후 오와다 경찰부장의 동의를 얻어 이 조직을 각 경찰서장에게 통보했다.
>
> 1938년 6월 특무정찰활동을 강화하고 노동자를 한층 더 엄격하게 감시하기 위해서, 나는 다시 방첩위원회(정식 명칭은 '관동주청 중앙방첩위원회'—인용자)를 기초하고 조직했다. 중앙방첩위원회 회장은 미우라(三浦) 장관이, 부회장은 오와다 경찰부장이, 위원은 각 과장이 맡았고, 나는 위원 겸 간사였다. 각 경찰서 및 각 중요 공장에 모두 방첩위원회를 설립했다. 나는 방첩위원회의 모든 사무를 주관하고, 늘 각종 소책자를 편찬하여 각 경찰서에 보내 방첩을 지도하고, 방첩자료를 수집했다. 각 경찰서의 방첩위원회는 중앙의 지시 정신에 근거해서 각 경찰서 및 각 공장 방첩위원회의 업무를 지도·독촉했다.[63]

식민당국은 특무조직을 강화했으나 큰 불은 여전히 빈번하게 발생했다. 이

---

[62] 關東州廳警察部,「對日謀略放火團的活動經過」第2章 第3節,『檢舉前的謀略事情槪況』.
[63] 『潮海辰亥口供』, 中央檔案館 等 合編,『日本帝國主義侵華檔案資料選編·東北歷次大慘案』第8冊, 中華書局, 1989, 228~229쪽.

에 일본 헌경은 다시 음험한 수단, 즉 한간과 작업반장[工頭]을 매수해서 '밀정'으로 삼아 방화단의 실마리를 파악하는 수단을 채용했다. 매수된 소공두 뉴쓰이(牛嗣義)가 방화단의 상황을 대공두 쑹훙타이(宋洪泰)에게 보고하고, 다시 쑹훙타이의 소개를 통해서 한간 순포장 쑤이윈펑(隋云葑)에게 보고되었다. 쑤이윈펑이 살기를 뿜으며 재차 관동주청 외사경찰과장 나가카와 가이(長川繢)에게 보고하여 대련항일방화단의 조직은 비참하게 체포당했다. 예컨대 방화단의 주요 구성원 황전셴과 왕유쮀이 및 위서우안(于守安) 등은 잇따라 체포되었는데, 이들은 바로 뉴쓰이가 팔아넘긴 사람들이었다.

2) 광적인 체포와 비합법적인 판결

일본·괴뢰 경찰특무는 매번 방화단이 방화를 하면 현장에서 일하는 사람을 방화혐의로 체포했다. 불이 나기 전 3일 안에 현장에서 일을 했던 사람도 혐의자로 간주하여 체포의 대열에 넣었다. 이렇게 매번 '화재' 발생 때마다 일본군은 수많은 노동자를 체포하여 가혹한 고문과 취조를 진행해서 이로부터 단서를 획득했다.

일본군은 더 많은 혐의자를 체포하기 위해서 마침내 안색을 검사해서 사람을 체포하는 '좋은 방법'을 '발명'했

일본 신문의 항일 '방화단'에 관한 보도

다. 예를 들어 1938년 4월 대련 감정자 만주석유회사에서 불이 나자 일본군, 경찰, 특무, 한간은 회사 전체 노동자를 집합시켰다. 먼저 위협적인 훈호를 진행하고 그런 다음에 노동자를 일렬종대로 줄을 세워서 노동자들에게 한 명씩 작

은 문으로 나가면서 맞은편의 사람을 체포하는 경찰차를 바라보도록 했다. 작은 문 양쪽에 가득히 서 있는 경찰, 특무, 한간은 노동자의 안색을 관찰해서 무릇 얼굴색이 변하거나 거동이 수상한 자를 즉시 체포했는데, 이렇게 한 번에 체포된 자가 수백 명이었다. 또 같은 해 6월 대련항 항만구역 124, 126, 128, 130 등 4개 군수창고에서 불이 난 후 일본 대련수상경찰서와 대광장경찰서는 모두 사람을 현장에 파견해서 수사했다. 대광장 경찰서장 이마무라 노리하치(今村矩八)는 명령을 내려 사법계와 고등계의 전체 인원을 현장으로 소집하여 수사에 나서 최후에 수상경찰서는 200여 명의 노동자를 체포했다. 이 4개의 창고에서 불이 났을 때 일본군 헌병대와 수상경찰서 특무는 부두를 지키며 노동자의 출입을 막은 후 계속해서 이전 3일 동안 4개 창고 부근에서 일한 노동자를 전부 체포했는데, 대략 300명을 잡아갔다. 노동자 후푸취안(胡福泉)은 일본인에 의해 심하게 두들겨 맞고 출옥 후 두 다리가 이미 걸을 수 없게 되었다. 1940년 2월 21일의 일청(日淸)과 삼태(三泰)유방 등지에서 불이 나자 대광장경찰서는 70여 명의 노동자를 체포한 후에 유방의 회계실[賬房]에서 심문을 진행했다. 어떤 경우 무려 2달 넘게 노동자의 외출을 허락하지 않았다. 체포된 사람이 매우 많았기 때문에 대련경찰서 구류소에는 사람이 가득차서 걱정거리였다. 일본 『대련일일신문』은 일찍이 다음과 같이 폭로했다. "혐의가 있는 노동자는 매일 지속적으로 끊임없이 경찰서로 끌려왔고, 시내의 구류소는 이미 노동자들로 가득찼다."[64] 노동자 레이잉이(雷英義)는 일본군이 노동자를 체포하는 죄행에 대해 매우 분개하면서, 일본군의 죄행을 고발할 때 일찍이 다음과 같이 말했다.

> 잔스징(戰士經)이라는 노동자가 있었는데, 1940년 정월 15일 오후 그의 친한 친구 류푸빈(劉福賓)의 집에 놀러갔다가, 한간 뤄텐이(羅天一)에게 발각되어 방화혐의분자로 오인받아 체포되었고, 두들겨 맞아 반죽음이 되었으며, 1주일 동안 구속되었다가 비로소 풀려

[64] 『大連日日新聞』, 1941년 2월 6일.

났다. 또 강더우바오(扛豆包)라는 노동자가 있었는데, 그는 복현(復縣) 사람이었다. 결혼을 한지 얼마 되지 않아 허리에 붉은 허리띠를 하고 있었는데, 나중에 일본군에 의해 발각되었다. 일본군은 그가 팔로군이며, 붉은 허리띠는 팔로군의 암호라고 했으며, 결과적으로 그는 체포되었다. 일본군은 그를 가혹하게 고문했으나 자백을 받지 못하자 경찰서에서 산채로 때려 죽였다.

대대적인 수색과 체포를 수행하기 위해서 일본은 체포와 심문기구를 설립했다. 관동주청 경찰부 소속 7과, 3계, 10서, 1소, 200여 명의 구성원은 늘 총출동하여 경찰차를 타고 큰 길과 작은 골목에서 임의로 사람을 체포했다. 무릇 방화단 구성원과 왕래가 있었던 사람은 이를 피할 수 없었다. 예컨대 일본군은 항일방화단원 리화쥔(李化鈞)을 체포하기 위해서 그의 이름과 발음이 같은 사람을 조사하여 리화쥔(李化君)과 그의 형제 리화탕(李化堂) 및 리화칭(李化卿) 등을 모두 체포했다. 방화단원 마융푸(馬永富)가 체포된 후 그의 형 마중쥐(馬忠佐)도 일본군에게 체포되었다. 마씨 형제 두 사람이 체포된 후 일본군은 다시 사람을 파견해서 주위의 이웃을 감시하며 그들과 왕래하는 것을 금지했고, 그 모친은 협박을 받아 정신이 나가 오래지 않아 사망했다. 방화단원 홍더시가 탈출하자 일본경찰은 잇따라 그의 집안사람 및 친척과 친구 20여 명을 체포했다.

일본경찰은 무고하게 체포된 사람, 상황을 전혀 모르는 평화롭게 사는 주민으로부터 자백을 받아내기 위해 체

일본 신문의 항일'방화단'에 관한 보도

포된 사람에게 가혹한 고문을 가했다. 그 형벌에는 다음과 같은 것이 있었다. 매달아 놓고 때리기, 냉수 끼얹기, 오금에 나무막대를 끼워 놓고 다리 짓누르기, 연필 자루를 손가락 사이에 끼우기, 불로 지지기 등.

1941년 10월 30일 관동지방법원 제1법정은 '공판회'를 개최하고 방화단원과 무고자에 대해서 심판을 진행했다. 형식적으로 인권'보호'를 표명하면서 법원은 변호사를 지정해서 그들을 변호하도록 했다. 10여 차례의 비밀심판을 진행한 후 관동지방법원은 지서우셴 등에 대해 판결을 선포했다.

> 군수품 및 기타 물품에 대해 방화를 실시하고, 아울러 철도에 대한 파괴를 자행한 아래 열거한 12명은 일률적으로 사형에 처한다.
> 지서우셴(紀(姬)守先], 황전린, 자오궈원, 추스셴, 쩌우리성, 황전셴, 왕유쬐, 우청장, 리화퀀, 쑨원카이, 가오쉬선, 쑨위청(孫玉成).
> 상술한 행동을 실행에 옮기기 쉽도록 도와준 아래의 4명은 각각 징역 10년에 처한다.
> 리쩌민, 저우원리(周文禮), 장위장(張玉江), 마융푸.
> 그 조직에 가입하고 아울러 기획에 참여한 아래 13명은 각각 징역 7년에 처한다.
> 쩌우바오씨(鄒包氏), 딩란성(丁蘭盛), 옌루쩡(閻祿增), 선쑤이장(申綏章), 스옌서우(時延壽), 쑨위안팡(孫元芳), 마융쬐(馬永佐), 리핀이(李品義), 왕촨저우(王傳周), 자오징하이(趙景海), 런서우쳰(任壽謙), 리광차오(李光橋), 왕타이허(王泰和).[65]

대련항일방화단은 일본식민당국에 의해 파괴당해서 그 구성원 가운데 훙더시와 왕진타이(王金泰) 2명이 탈출한 것을 제외하고 전부 체포되었다. 항일방화단의 절대 다수 구성원은 중화민족의 우수한 자녀들이라고 할만 했다. 그들은 적의 감옥 안에서나 법정에서 모두 정의롭고 위엄 있게 죽음을 두려워하지 않는 영웅의 기개를 표현하며 중화민족 정신을 충분히 드러냈다.

---

[65] 「關東地方法院對抗日放火團判決公告」, 中央檔案館 等 合編, 『日本帝國主義侵華檔案資料選編 · 東北歷次大慘案』 第8冊, 290~291쪽. 위서우안은 '심판' 전에 일본식민당국에 의해 타살되었기 때문에, 판결서에 위서우안의 이름이 없다.

일찍이 부두노동자였고 방화단의 중국 총책임자였던 지서우셴은 9·18사변 후 항일구국운동에 투신했다. 1933년 12월 중국공산당에 가입했고 같은 달 27일 항일방화단 동북책임자였던 양쬐칭(楊佐靑)에 의해 모스크바 소련 붉은군대 참모부 군사학교에 파견되어 특수임무와 폭파기술을 학습했다. 1934년 8월 국내로 돌아와서 항일방화단 중국 총책임자가 되어서 각지의 투쟁을 지휘하여 일본군 군수물자를 폭파하고 불태움으로써 일본군의 전략물자에 큰 손실을 입혔다. 후에 반역자의 배신으로 1940년 8월 15일 상해 프랑스조계에서 체포되었다. 잇따라 관동주청 경찰구류소, 관동주 형무지소(일명 '영전감옥嶺前監獄'), 여순형무소(지금의 여순감옥)에 수감되었다. 식민당국은 지서우셴에게 각종 혹형을 시행했으나, 매달아 놓고 때리기, 냉수 끼얹기, 오금에 나무막대를 끼워 놓고 다리 짓누르기, 담뱃불로 지지기 등 그 어떤 것에도 불구하고 그는 의지가 확고하여 절대 굴복하지 않았다. 1941년 하반기에 지서우셴은 난우(難友), 즉 감옥살이를 함께하는 사람들을 조직해서 단식투쟁을 전개하여, 식민당국으로 하여금 어쩔 수 없이 난우들에게 10분 동안 구보시간을 주도록 함으로써, 난우들이 매일 만날 수 있는 기회를 쟁취했다. 그는 비록 고통스럽게 가혹한 고문을 받았지만 굽힐 줄 몰랐으며, 아울러 옥중에서 시를 지어 난우들 사이에 전해져 불리게 했다. 그중에 "지사가 침착하게 감옥에 들어가니, 심신은 강철 같고, 기세는 무지개 같구나. 농민과 노동자의 혁명이 성공하는 날, 만리 강산은 온통 붉은 색으로 가득하리(志士從容入獄中, 心身似鐵氣如虹. 農工革命成功日, 萬里江山一色弘)"라는 시는 높은 산과 강처럼 굳세고 도도한 기개를 표현한 것이었다. 공판 과정에서 판관 나리타 가오루(成田薰)가 물었다. "당신들은 왜 방화를 했는가?" 지서우셴은 반문했다. "당신들은 왜 중국을 침략했는가?" '왜 우리 동포들을 살해했는가?'[66] 나리타 가오루는 할 말이 없었다. 심판장 나카자토

---

[66] 旅大市人民檢察署, 「關于前日寇關東州廳警察·憲兵殺害抗日放火人員及和平居民的罪行調査報告」, 1952년 5월 30일.

류(中里龍)가 심판할 때 쇼와(昭和) 연대를 사용하자 지서우셴은 지적하여 바로 잡으며 말했다. "우리는 중국인으로 일본 역법을 사용하지 않으니 마땅히 서기 연대를 사용해야 한다." 나카자토 류가 1937년 7월 7일 일본군이 중국 수비군을 공격한 '노구교사변'을 '지나사변'이라고 부르자, 지서우셴은 지적하여 바로 잡으며 말했다. "중일사변이다."[67] 지서우셴의 완강하고 정의롭고 늠름함은 사람들을 분발하게 했고, 그가 쓴 2수의 「만강홍(滿江紅)」 역시 사람들을 감동시키기에 충분했다.

(一)

분노가 가슴에 쌓여 억누를 수가 없으며 뱃속 가득 원한이 불타오른다. 가증스럽도다. 반역자, 앞잡이, 매국노와 한간이여! 민족을 팔아 사리를 도모하고, 동지를 모함하여 적의 환심을 사는구나. 양심을 버리고 염치를 돌보지 않으며 아들과 손자를 재난에 빠뜨리도다.

동족과 절교하고 조상을 배신하며 인명을 팔아 피값으로 받은 돈을 쓰는구나. 개와 노예가 되어 항일전선을 파괴하는구나. 군중의 분노는 적의 살을 씹을 듯하고 대중의 노여움은 주구의 심장과 간을 도려낼 듯하도다. 맹세코 제국주의자를 섬멸하여 숙원을 이루리라.

(二)

나라는 무너지고 집안은 망하여 민족의 증오는 불공대천이라. 일어나라. 반항의 거대한 물결이여! 혁명의 사나운 파도여! 무장한 노동자 농민 수백만이 강적을 오륙년 동안 막았도다. 생존하려거든 투쟁이 오래가는 것을 두려워말고 결사항전하라.

몸은 옥에 갇혔으나 뜻은 더욱 굳세도다. 머리를 자를 수는 있어도 뜻을 돌이킬 수는 없으리. 보라. 적이 용기를 잃고 진퇴양난에 빠진 모습을! 굳세고 강한 정신이 넘쳐 자유의 길을 열고, 용감한 기개가 승리의 관문을 장악했도다. 중화소비에트를 건설할 수 있다면, 죽어도 여한이 없으리![68]

---

[67] 李澤民,「致旅大市人民政府: 對前日本關東地方法院檢査局檢査官西海枝信隆等人的控訴書」, 1951년 12월 3일.
[68] 刘功成,『大连人民反抗帝國主义侵略斗争史』, 第397~398쪽.

1942년 12월 9일 식민당국이 여순감옥에서 지서우셴에 대한 사형을 집행할 때, 여순형무소 소장 소고 다케지로(十河竹次郞)가 지서우셴에게 물었다. "어디 사람인가?" 지서우셴이 대답했다. "봉천성 사람이다!" 다시 물었다. "그대는 봉천성 사람인데 일본말을 할 줄 모르는가?" 지서우셴은 듣고 크게 웃으며 대답했다. "봉천성 사람이면 일본말을 할 줄 알아야 하는가?" 소고가 또 물었다. "당신들 방화단은 몇 사람인가?" 지서우셴이 대답했다. "몇 명인지 모른다. 한 사람이 열 사람에게 전하고, 열이 백에게, 백이 천에게, 천이 만에게 전하여 현재 없는 곳이 없으므로 그 수를 헤아릴 수 없다." 소고가 재차 물었다. "그렇다면 그대는 일본에 대해 어떤 견해를 가지고 있는가?" 지서우셴이 교수대에 오르기 전에 최후에 적을 비난하며 대답했다. "당신들 일본제국주의가 중국을 침략했으나 나는 당신들이 곧바로 패망할 것이라고 생각한다."[69] 말을 마치고 지서우셴은 큰 소리로 구호를 외치면서 태연하게 정의를 위해 희생되었다. 신중국 건립 후 지서우셴은 길림성정부에 의해 혁명열사로 추존되었다.

---

[69] 中央檔案館 等 合編, 『日本帝國主義侵化檔案資料選編·東北歷次大慘案』 第8冊, 291, 314, 316쪽.

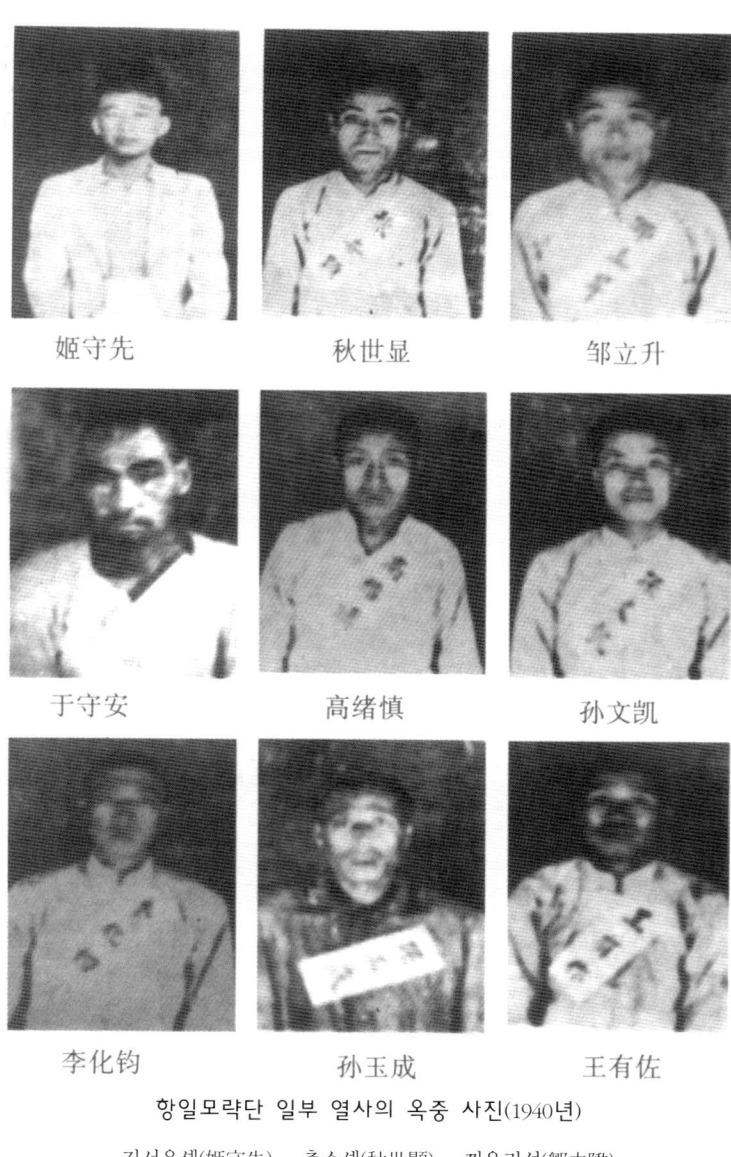

항일모략단 일부 열사의 옥중 사진(1940년)

지서우셴(姬守先)　　추스셴(秋世顯)　　쩌우리성(鄒立陞)
위서우안(于守安)　　가오쉬선(高緒愼)　　쑨원카이(孫文凱)
리화쥔(李化鈞)　　쑨위청(孫玉成)　　왕유줘(王有佐)

대련항일방화단원 가운데 개인 방화 횟수가 가장 많았던 위서우안(1903~1941)은 산동 항태현(恒台縣) 사람이었다. 1923년 생계를 도모하기 위해 대련에 와서 '복창화공(福昌華工)주식회사'에서 쿨리로 일했다. 1935년 방화단에 참가했다. 일본군이 법정에서 발표한 바에 따르면, "위서우안은 방화 횟수가 가장 많은데 모두 17번이었다." 예컨대 1939년 12월 위서우안은 부두에 방화하여 137창고에 있는 객차 10여대 분의 마초를 불태웠다. 이어서 다시 부두에 방화하여 일본군 비행기 1대 및 각종 부속품을 불태웠다. 1940년 2월 13일 부두에서 잡일을 하는 편리한 조건을 이용해서 인화약품을 137호 창고의 군량과 마초더미에 집어넣고, 또 303호 창고로 옮겨가서 다른 인화약품을 목화더미에 집어넣었다. 2차례 큰 불로 일본식민당국은 심각한 손실을 입었다. 22일(음력 정월 15일) 떠들썩한 등불놀이를 틈타 그는 다시 삼태유방의 노천 퇴적장과 일청유방의 노천 퇴적장에 잠입하여 대량의 잡곡과 군용마초를 불태웠다. 이때 불탄 잡곡과 마초의 가치는 2만 엔에 달했다. 위서우안은 담력이 크고 행동이 민첩해서 일본 관동주청 경찰부조차도 "그 활약이 매우 사람을 놀라게 한다"[70]고 인정하지 않을 수 없었다. 위서우안이 체포된 후 적은 그가 항일방화단 가운데 방화횟수가 가장 많은 사람이라는 것을 알아내고, 각종 전기고문, 쇠젓가락 끼우기, 냉수 끼얹기, 돼지목털로 마안(馬眼, 생식기) 탐(探)하기 등 잔인한 형벌을 가했다. 위서우안은 관동주청 경찰부감옥으로 압송되었을 때 맞아서 피부가 찢어지고 살이 터졌으며, 손뼈와 다리뼈가 절단되었고, 눈은 맞아서 실명되었고, 소변을 가리지 못했으나, 여전히 죽을지언정 굴복하지 않았다. 부상의 정도가 약간 호전되자 관동지방법원 심판관 나리타 가오루는 그에게 물었다. "왜 그대는 혼자 17번이나 방화를 했는가?" 위서우안이 대답했다. "왜냐하면 나는 당신들이 우리 중국인을 살해하는 것을 원망했기 때문이다!" 일본 심판관이 다시 물었다. "당

---

70) 關東州廳警察部, 「對日謀略放火破壞團的活動經過」第4章 第1節, 『大連地方狀況』.

신은 이미 잡혔다. 응당 어떻게 해야 하겠는가?" 위서우안은 분해하며 대답했다. "이미 잡혔으니 어떻게 하든지 상관없다. 잡히지 않았다면, 나는 당신들 일본침략자들에게 더욱 많이 방화했을 것이다!"71) 위서우안의 정의롭고 늠름함은 나리타 가오루 등 그 자리에 있던 일본 심판관원 모두로 하여금 "말문이 막히도록 했다."72) 1941년 초 위서우안은 대련형무소지소에서 심각한 학대로 목숨을 잃었다.

......

요컨대 대련항일방화단의 투쟁정신은 매우 고귀한 것으로, 그 절대 다수의 구성원은 일본식민당국의 법정에서든 감옥 안에서든 모두 기세가 당당하고 기상이 늠름하여 중화민족의 일체의 외세 침략에 용감하게 대항하는 투쟁용기와 조금도 두려워하지 않는 영웅적인 기개를 충분히 드러냈다.

---

71) 旅大市總公會,「對于前大連日寇警察·憲兵·特務·戰爭罪犯破壞抗日放火組織, 對工人施行大搜捕和屠殺拷打的罪行調査報告」, 1952년 2월 10일.
72) 馬永富,「致旅大市人民檢察署: 對關東州廳警察部長坂木宗武等人的控訴書」, 1951년 11월 20일.

제23장

일본 통치하의 대련 민족 경제

1. 대련 경제에서 민족 경제의 지위

대련의 민족 경제는 일찍이 청말에 이미 형성되었고, 당시 대련의 상공업자 대부분은 중국 북방에서 옮겨 온 상인들로, 주로 잡화상, 곡물도매상, 유방(油坊), 전장업주(錢莊業主) 등이었다. 이때 대련시는 아직 건설되지 않았기 때문에 대련 경제의 중심은 주로 금주(金州), 보란점(普蘭店), 비자와(貔子窩), 유수둔(柳樹屯) 등지였다. 통계에 의하면 1903년 대련 상공업자는 모두 570여 호였고 그중 중국상인은 300여 호였으며 나머지는 러시아상인이었다. 1904년 7월 러일전쟁 기간, 일본군정서는 대련지역의 중국상인에 대한 통계를 진행했다. 비록 러일전쟁의 영향을 받았지만 대련의 중국상인은 여전히 295호, 36개 업종(대부분 서비스업종)이 있었다. 그중 잡화상이 많았고, 모두 90여 호였다. 1904년 말에 이르러 대련의 중국상인은 600여 호로 증가했다.[1] 러일전쟁 후 일본침략세력이 대련지역에 진입한 초기, 일본식민당국은 자유경제정책을 시행하여 각종 경제의 자유로운 발전을 용인했다. 이와 동시에 일본식민당국은 온갖 방법을 다 써서 일본상인이 대련에 와서 상업 경영에 투자하도록 북돋웠다. 더불어 일본상인에게 각종 우대정책을 실시했다. 이때부터 대련으로 와서 상업에 종사하는 일본상인은 점점 늘어나기 시작했으며, 1905년 말에 이르러 대련에서 상업에 종사하는 일본인은 이미 80여 호에 달했다.

1906년 8월 22일 일본 정부는 대련항을 자유항으로 선포했다. 이때부터 대련으로 와서 상업에 종사하는 각국 상인은 급증했다. 통계에 의하면 연말까지 대련에 와서 상업에 종사한 일본인은 이미 1,028명에 달했으며, 중국인은 2,675명, 기타 외국인도 7명이었다. 1909년 말에 이르면, 대련에서 상점을 개설한 일본인은 이미 1,178호에 달했고, 중국인은 318호, 기타 외국상인은 10호에 달했다. 상업 종사 인원은 일본인이 1,992명, 중국인이 1,459명, 기타 외국인이 684명이었다.[2] 1910년 이후 대련 항구가 계속 확대되고 철도운수의 끊임없는 완비와 경제의 지속적인 발전에 따라, 대련에서 상업에 종사하는 중국인은 점점 증가했다. 연이어 산동, 천진, 북경, 상해, 광동, 심양, 하얼빈 등지의 상인들이 대련에 와서 점포개설에 투자하거나 공장건설에 투자했다. 1920년이 되면 대련의 중국 상인은 이미 1,258호로 증가했으며, 그중 많은 수는 식품, 잡화, 유방업이었다.

비록 대련의 중국상인이 크게 발전했다고는 해도 자본이 빈약하고 규모가 비교적 작아서 일본상인의 경제 발전 속도와는 큰 차이가 있었다. 예를 들어 대련 중국상인의 중요한 산업인 유방업은 비록 대련에서 양적으로 우세를 점하고 있다고 해도 규모와 생산량에서 모두 일본인에 비교가 되지 않았다. 1915년 대련 유방업은 모두 56호였고, 그중 일본상인이 6호, 중일합자 1호, 중국상인이 49호였다. 일본상인 유방은 규모가 비교적 크고, 중국상인은 규모가 비교적 작았다. 1907년 2월 설립된 '일청제유회사(日清制油會社) 대련공장'은 투자액이

---

1) 高橋勇八, 『大連市』, 大陸出版協會, 1931, 220쪽.
2) 大連民政署, 『大連民政三十一年記念志』, 1937(昭和 12年) 印刷, 96쪽.

300만 엔이었고, 5월에 설립된 '삼태유방(三泰油坊)'은 투자액이 30만 엔이었다. 그러나 중국인 최대의 유방인 장번정(張本政)의 '정기(政記)'유방(1908년 11월 설립)은 투자액이 불과 7만 5,000은원(銀元)이었으며, 장이춘(姜宜春)의 '공성옥유방(公成玉油坊)'(1906년 3월 설립)은 투자액이 겨우 2만 은원이었다.3) 통계에 의하면 1916년 대련 공업자본은 2,315만 3,833엔에 달했고, 그중 일본계 자본은 2,152만 7,333엔으로 대련 공업자본의 근 93%를 차지했다. 그러나 중국상인 자본은 겨우 162만 6,500엔으로 대련 공업자본의 7%를 차지했다. 중국상인 경제는 일본 경제의 예속물이 되었던 것이다.4) 이러한 상황과 관련하여 〈표 23-1〉, 〈표 23-2〉를 참조할 수 있다.

〈표 23-1〉 1916년 대련시내 중국 민족자본 공장 통계 일람표

공업종류	공장수	자본금(원)	공업종류	공장수	자본금(원)
유방	50	1,427,000	주류제조(黃酒)	1	70,000
연와(煉瓦)류	3	4,500	합계	55	1,626,500
철공업	1	125,000			

출전 : 傅立魚, 『大連要覽』, 131쪽.

〈표 23-2〉 1916년 대련시내 일본자본 공장 통계 일람표*

공업종류	공장수	자본금(원)	공업종류	공장수	자본금(원)
유방	7	1,985,000	소주	1	30,000
연와	11	390,000	과일류	1	20,000
석탄	2	12,000	제약	1	30,000
철공업	6	10,052,000	골분(骨粉) 및 아교	1	48,000
간장류	6	63,000	페인트	1	10,000
비누	4	39,500	제지	2	10,000
음료수	2	508,000	버들고리[柳箱]	1	6,000

3) 內海治一, 『滿洲油坊現勢』, 南滿鐵道株式會社, 1935, 77~79쪽. 제1차세계대전과 대전 이후 중국상인 유방은 규모와 생산량에서 한때 일본상인 유방을 넘어섰다.
4) 이러한 상황은 일본이 대련을 통치한 기간만이 아니라 제정러시아가 통치한 시기에도 역시 그러했다. 1903년 1월 1일 조사에 의하면, 러시아가 대련을 통치한 기간의 총계 50여 호의 공장 중에 몇몇 중요한 것들은 모두 러시아가 경영하는 것이었고, 중국상인 기업은 종속적 위치에 처했다.

유리	1	7,000	제철소	1	70,000
시멘트	1	1,000,000	제납(製蠟)	1	10,000
정미	1	100,000	피혁	1	6,000
제재	1	60,000	유지	1	1,000,000
철도용구	1	6,030,000	염료	1	60,000
당면(粉條子)	1	35,000	합계	57	21,527,333

*표내 자본금 합계 2,152만 7,333원은 응당 2,158만 1,500원이다.
출전 : 傅立魚, 『大連要覽』, 134~135쪽.

1927년에 이르러서도 이러한 상황에는 그다지 큰 변화가 발생하지 않았다. 대련상공회의소 통계에 의하면, 이해 말 대련의 공업투자총액은 7,621만 648은원이었다. 그중 중국상인 투자합계는 1,617만 은원으로 투자총액의 21.2%를 차지했고, 나머지는 전부 일본상인 투자였다. 10만 원 이상 투자기업은 44개였으나, 중국상인은 단지 1개(순흥철공창順興鐵工廠)에 그쳤고, 나머지는 모두 일본상인이었다.[5] 1939년에 이르러 상황은 더욱더 심각해졌다. 통계에 의하면 이해 '관동주'에는 모두 1,025개의 공장이 있었고, 그중 일본상인은 462개, 중국상인은 555개, 기타 외국상인이 8개였다. 투자총액은 4억 430만 3,316엔이었고, 그중 일본상인 투자는 3억 8,943만 4,729엔으로 투자총액의 96.3%를 차지했다. 중국상인 투자는 1,302만 9,277엔으로 투자총액의 3.2%를 차지했다. 기타 외국상인 투자는 183만 9,310엔으로 투자총액의 0.5%를 차지했다.[6] 고용노동자 수를 살펴보면, 이해 고용노동자 총수는 7만 1,208명이었고, 그중 일본상인이 고용한 노동자는 5만 9,509명으로 고용노동자 총수의 83.6%를 차지했다. 중국상인이 고용한 노동자는 1만 1,550명으로 고용노동자 총수의 16.2%를 차지했다. 기타 외국상인이 고용한 노동자는 149명으로 고용노동자 총수의 0.2%를 차지했다. 그리고 일본상인 공장의 규모는 중국상인 공장의 규모와 비교하여 훨씬 컸다. 구체적인 상황은 〈표 23-3〉과 같다.

---

[5] 大連商工會議所, 『關東州工業の現勢』, 1928年 印刷, 1~5쪽.
[6] 關東局官房文書課, 『關東州工廠統計』, 1939, 18쪽.

〈표 23-3〉 1939년 관동주 공장인원 상황비교

	1~9명	10~14명	15~29명	30~49명	50~99명	100~199명	200~499명	599~999명	1000명 이상
중국상인	230	84	121	51	45	13	1		
일본상인	119	56	83	66	52	40	29	9	8
외국	2	1	4	1					
합계	351	151	208	118	97	53	30	9	8

출전 : 關東局官房文書課, 『關東州工廠統計』, 1939, 10쪽.
[역주] 합계 가운데 151은 141의 오류로 보인다.

〈표 23-3〉을 보면 고용 노동자가 200명 이상인 공장은 중국상인이 단 1개였으나, 일본상인은 46개였다. 이로부터 일본상인 경제의 방대함을 알 수 있다.

7·7사변 특히 태평양전쟁 발발 후, 일본식민당국은 대련에 대해 엄격한 경제통제정책을 실시했고, 대련 중국상인 경제는 번영, 흥성으로부터 위축, 붕괴로 내달았다. 1945년 일본이 항복하기 이전 대련 중국상인 경제는 이미 숨이 끊어질 듯 미약했고 그저 앉아서 죽기를 기다리고 있었다.

2. 대련 민족공업의 주체 — 유방업

실제로 이 시기 대련 유방업은 대련 민족공업의 주체였을 뿐만 아니라 대련 공업의 주체였다. 때문에 이 시기 대련 유방업의 생산액과 차지하는 비중은 비교적 높았다. 이러한 상황은 〈표 23-4〉를 보면 알 수 있다.

〈표 23-4〉 1906~1936년 대련민정서 관내 공장수, 생산액, 자본금 일람표*

연도	업별	공장수	생산액(엔)	비중(%)	자본금(엔)
1906	유방	-	불명		
	기타	12	-		
	계	12	불명		271,950
1908	유방	18	2,147,543	88.6	

	기타	25	275,490	11.4		
	계	43	2,423,033		3,301,071	銀 674,900
1909	유방	35	3,180,574	92.5		
	기타	33	256,148	7.5		
	계	68	3,436,722		13,420,571	銀 1,062,900
1910	유방	42	3,925,893	72.6		
	기타	48	1,478,258	27.4		
	계	90	5,404,151		16,491,871	
1911	유방	45	14,236,803	77.7		
	기타	50	4,096,696	22.3		
	계	95	18,333,499		21,741,040	
1912	유방	46	17,207,606	80.0		
	기타	65	4,293,114	20.0		
	계	111	21,500,720		22,092,600	
1913	유방	48	17,685,711	77.8		
	기타	48	5,044,304	22.2		
	계	96	22,730,015		20,031,027	
1914	유방	46	9,571,686	70.2		
	기타	41	4,067,148	29.8		
	계	87	13,638,834		20,600,033	
1915	유방	57	22,079,544	83.6		
	기타	42	4,320,820	16.4		
	계	99	26,400,364		21,425,533	
1916	유방	57	33,784,534	80.9		
	기타	50	7,996,760	19.1		
	계	107	41,781,294		33,122,581	
1917	유방	59	43,185,646	76.1		
	기타	49	13,579,138	23.9		
	계	108	56,764,784		35,404,996	
1918	유방	57	78,269,397	71.5		
	기타	99	31,156,513	28.5		
	계	156	109,425,910		41,090,005	
1919	유방	58	117,116,882	89.1		
	기타	165	14,358,308	10.9		
	계	223	131,475,190		57,191,000	
1920	유방	59	51,754,302	78.9		
	기타	244	13,860,505	21.1		
	계	303	65,614,807		61,262,159	銀 2,407,500
1921	유방	64	67,519,709	83.0		
	기타	242	13,821,297	17.0		
	계	306	81,341,006		202,783,500	銀 5,397,430
1922	유방	74	68,475,817	80.4		
	기타	277	16,652,332	19.6		
	계	351	85,128,149		85,827,152	銀 4,624,810
1923	유방	77	86,594,188	78.1		

연도	구분	수	금액	%			
	기타	268	24,305,366	21.9			
	계	345	110,899,554		63,494,080	銀 13,180,000	
1924	유방	76	89,079,517	76.3			
	기타	237	27,665,887	23.7			
	계	313	116,745,404		69,340,363	銀 11,249,100	
1925	유방	77	99,419,885	77.4			
	기타	248	29,006,311	22.6			
	계	325	128,426,196		79,166,063	銀 12,355,000	
1926	유방	75	110,079,611	75.3			
	기타	231	36,068,388	24.7			
	계	306	146,147,999		81,017,878	銀 13,040,285	
1927	유방	74	78,459,931	66.2			
	기타	235	40,123,108	33.8			
	계	309	118,583,039		105,394,109	銀 12,603,800	
1928	유방	69	69,236,176	62.4			
	기타	251	41,791,829	37.6			
	계	320	111,028,005		130,768,744	銀 12,369,800	
1929	유방	58	50,824,532	54.6			
	기타	283	42,327,926	45.4			
	계	341	93,152,458		68,898,963	銀 11,279,000	小洋 150,000
1930	유방	52	43,582,074	54.7			
	기타	321	36,140,843	45.3			
	계	373	79,722,917		128,249,076		
1931	유방	51	45,162,425	60.7			
	기타	312	29,198,776	39.3			
	계	363	74,361,201		53,149,873	銀 8,825,315	小洋 1,086,863
1932	유방	60	62,904,003	57.6			
	기타	354	46,359,770	42.4			
	계	414	109,263,773		60,185,203		
1933	유방	48	45,119,279	45.1			
	기타	405	54,998,740	54.9			
	계	453	100,118,019		61,760,275		
1934	유방	44	57,094,403	41.3			
	기타	463	81,180,123	58.7			
	계	507	138,274,526		96,047,153		
1935	유방	41	68,100,249	40.0			
	기타	491	102,149,807	60.0			
	계	532	170,250,056		107,903,143		
1936	유방	42	64,509,861	36.4	9,496,175		
	기타	645	112,682,912	63.6	105,899,305		
	계	687	177,192,773		115,395,480		

*① 표 가운데 %는 인용자가 계산한 것이다. ② 원자료에는 1907년 통계 숫자가 없다.
출전: 大連民政署, 『大連民政三十一年紀念志』, 1937年(昭和 13年) 印刷, 1938年(昭和 13年) 發行, 100~105쪽.

제23장 일본 통치하의 대련 민족 경제 | 211

이 시기 대련 유방업은 대부분 대련민정서 관내에 설립되었다. 그리고 기타 공업투자액 10만 원 이상인 기업은 1927년 통계에 의하면 모두 44개였으며, 그 중 42개가 대련민정서 관내에 설립되었다. 나머지 2개 중 하나는 여순(만주잠사회사滿洲蠶絲會社)에 설립되었으며, 다른 하나는 금주(내외면금주공장內外棉金州工場)에 설립되었다. 대련의 공업투자총액 7,621만 648은원 중 대련민정서 관내 투자는 7,343만 648은원으로 투자총액의 96.4%를 차지했다. 여순 투자액은 28만원으로 투자총액의 0.37%를 차지했으며, 금주 투자액은 250만 은원으로 투자총액의 3.3%를 차지했다. 생산액에서 보면, 1927년 대련 공업 총생산액은 1억 2,019만 507엔이며, 그중 대련민정서 관내 총생산액은 1억 1,820만 9,049엔으로 98.4%를 차지했다. 금주 총생산액은 183만 4,308엔으로 총생산액의 1.5%를 차지했으며, 여순 총생산액은 14만 7,150엔으로 겨우 총생산액의 0.12%를 차지했다.[7] 이로써 〈표 23-4〉의 통계가 비록 대련민정서 관내 공업의 상황이지만, 실제로 전체 대련 공업의 기본 상황이라는 것을 알 수 있다. 고로 표를 보면 대련 유방업이 대련 공업 가운데서 차지하는 중요한 지위를 알 수 있다. 9·18사변 이전, 대련 유방업의 생산액은 높은 해에는 공업 총생산액의 92% 이상을 차지했으며, 낮은 해에도 54% 이상이었다. 9·18사변 이후, 유방업 생산액은 비록 하강했지만, 그럼에도 상당한 비율을 차지하고 있었다. 대련 유방업 총생산액은 공업 총생산액 가운데 이와 같이 중요한 지위를 차지하고 있었고, 그렇기에 많은 사람들이 대련을 '유방의 수도'라고 불렀던 것이다.

대련의 중국상인 유방이 전체 유방업에서 점하는 비율은 자료의 결핍으로 인하여 명확하게 말할 수 없지만, 대략적인 것은 알 수 있다. 1922년 만철 서무부 조사과 통계에 의하면, 콩깻묵 총생산량은 2,736만 7,910편(片)이며, 그중 중국상인 유방 생산량은 2,316만 4,910편으로 84.6%를 차지했고, 일본 유방 생산량

---

[7] 大連商工會議所, 『關東州工業の現勢』, 1928年 印刷, 1~12쪽.

은 420만 3,000편으로 15.4%를 차지했다.[8] 1927년 대련상공회의소 통계에 따르면, 이해 대련 유방업의 총생산액은 8,534만 6,766엔이었고, 그중 중국상인 유방업 총생산액은 6,112만 236엔으로 총생산액의 71.6%를 차지했으며, 일본상인 총생산액은 겨우 2,422만 6,530엔으로 28.4%를 차지했다.[9] 이로써 대련 중국상인 유방업은 일정 시기 동안 상당히 중요한 위치를 차지하고 있었음을 알 수 있다.

1) 대련 유방업 창립초기(1906~1913)

동북 대두착유업은 도광(道光) 연간(1821~1850)에 이미 출현했으나, 그때 제유는 대부분 수공업 위주였고, 착유 후의 콩깻묵은 모두 돼지 사료용으로 공급되었다. 후에 영구(營口)가 개항함에 따라 대두 및 그 제품은 점차 동북지역의 중요한 수출상품이 되었다. 일본은 메이지유신 이후 경제 발전으로 말미암아 대량의 대두 및 그 제품을 수입할 필요가 있어, 시야를 중국의 대두시장으로 돌려 동북의 대두 및 그 제품을 대량으로 다투어 구매하여, 대두 수출량은 격증했고 영구항은 동북에서 대두 수출의 중심지역이 되었다. 1864년 영구항은 대두 80여만 담(擔)[10]을 수출했고, 1867년에는 100만 담으로 증가했으며, 1887년에는 200만 담으로 증가했다.[11]

대두 수출의 증가는 동북 민족 착유업의 발전을 촉진했다. 착유업은 동북의 전통 공업이 되었고, 영구는 동북 착유업의 중심이 되었다. 1822년 영구에 첫 번째 유방인 서의순유방(西義順油坊)이 출현했다. 1892년에 이르면 영구의 유방은 이미 8개로 발전했다.

---

[8] 南滿州鐵道株式會社庶務部調査課, 『滿洲に於ける油坊業』, 滿洲日日新聞社, 1924(大正十三), 62~63쪽.
[9] 大連商工會議所, 『關東州工業の現勢』, 12쪽. 대련상공회의소 통계자료와 대련민정서 통계자료는 약간의 차이가 있다.
[10] [역주] 1담은 100斤이다.
[11] 滿史會 編, 東北淪陷區十四年史遼寧編寫組 譯, 『滿洲開發四十年』 上, 547쪽.

이 시기 대련은 첫째, 무역의 중심도 아니고, 둘째, 대두도 생산하지 않았기 때문에 러일전쟁 이전 대련에는 착유업이 없었다고 할 수 있다. 1905년 대련의 첫 번째 유방인 복순잔(福順棧)이 개업했다. 복순잔의 개업은 대련 유방업의 시작을 나타낸다. 그러나 설비는 보잘것없고 착유는 수공업 착유법을 채용했으며 출유률(出油率)은 겨우 대두 함유량(含油量)의 절반으로 "하루 겨우 수십 편의 콩깻묵을 생산하여 현지의 말먹이로 공급했고 생산한 콩기름은 식용과 점등용으로 사용했다."[12] 1906년 12월 금주사람 사오상중(邵尙忠)이 대련 서강(西崗)에서 쌍화잔유방(雙和棧油坊)을 개설했다. 쌍화잔유방의 개설르부터 1907년 11월까지 1년이 채 안 되는 기간 동안 대련에서는 또다시 연이어 천흥복(天興復), 공성옥(公成玉), 태동(泰東) 등 3개의 중국인 유방이 출현했다.

1906년 일본이 대련을 자유항으로 선포한 후, 대련항에서는 '특정운비(特定運費)'제도가 실행되어 운송비가 인하됨으로써 중국 영구항 및 러시아 블라디보스토크항과의 경쟁에서 더 많은 수출화물을 끌어들여 대련항을 통해 수출되도록 했다. 이로부터 영구항을 통해 수출되던 대두 및 그 제품이 대련에 모였다가 반출되기 시작했는데, 이는 대련 착유업의 발전을 한층 더 자극했다. 이와 동시에 일본상인 미쓰이물산주식회사(三井物産株式會社)가 대련에서 콩깻묵[13]과 콩기름을 구매할 때의 방법도 대련 유방업의 출현에 매우 큰 자극으로 작용했다. 미쓰이회사는 콩깻묵과 콩기름을 구매할 때 '선관후화(先款後貨)' 방법을 채택하여, 먼저 화주에게 대금을 지불하고 화주는 6개월 이내에 계속해서 미쓰이에 납품하게 함으로써 더 많은 사람들을 끌어들여 유방을 개설토록 했다. 동시에 대량의 염가 노동력이 대련에 몰려들어 유방업주에게 매우 풍부한 노동력 자원을 가져다주었다. 바로 이러한 상황 아래, 대련 유방은 우후죽순처

---

[12] 徐敬之,「解放前大連民族工商業見聞」, 馬麗芬 等 主編,『大連近百年史見聞』, 318쪽 참조.
[13] 일본상인이 대련에서 구매한 콩깻묵은 일본 국내로 운반되어 주로 농경지 비료용으로 사용되었다.

럼 발전했다. 1908~1911년까지 4년간 신설 유방은 50여 호였고, 경영이 좋지 못해 16호가 도산했으며, 매년 평균 8호가 신설되었다. 1915년에 이르면 유방 총수는 56호에 달했고, 그 가운데 중국상인은 50호, 일본상인은 6호였다.[14] 구체적인 상황은 〈표 23-5〉와 같다.

〈표 23-5〉 1906~1915년 대련 착유업 발전상황 일람표*

공장명	지역[地址]	업주	설립연월	자본금(원)	하루 주야 생산능력(片)	기계종류
雙和棧油坊	小崗子)	邵尙忠	1906.12	21,000	1,800	人力壓榨
福元油坊	군용지	王梓壽	1907.9	30,000	2,600	人力壓榨
天興福油坊	小崗子	邵尙儉	1907.11	36,000	2,700	人力壓榨
公成玉油坊	小崗子	姜宜春	1907.11	1,500	600	人力壓榨
晋豊油坊	小崗子	牛作舟	1908.6	60,000	3,200	人力壓榨
安惠棧油坊	小崗子	許億年	1908.7	30,000	1,800	人力壓榨
裕增和油坊	小崗子	王學濱	1908.8	30,000	1,900	人力壓榨
政記油坊	小崗子	張本政	1908.10	75,000	2,500	人力壓榨
恰順東油坊	小崗子	于文順	1908.10	25,000	1,000	人力壓榨
同聚厚油坊	군용지	林培基	1908.10	25,000	1,800	人力壓榨
德興成油坊	小崗子	張嚴甫	1909.1	30,000	1,400	人力壓榨
忠盛和油坊	小崗子	叢人綱	1909.1	25,000	1,500	水壓機
恒昌公油坊	須磨町	賴鑑政	1909.9	28,000	1,300	人力壓榨
同泰油坊	군용지	姜西亭	1909.9	25,000	1,200	人力壓榨
裕成東油坊	須磨町	張玉璞	1909.11	27,000	1,800	人力壓榨
豊成油坊	군용지	張愼五	1909.12	11,700	1,700	人力壓榨
同聚祥油坊	小崗子	孫希謙	1909.12	36,000	20,130	人力壓榨
德聚灃油坊	小崗子	林竹亭	1910.1	40,000	1,600	人力壓榨
東永茂油坊	土佐町	李升海	1910.5	30,000	2,700	水壓機
三泰利油坊	小崗子	劉塘基	1910.5	30,000	1,500	人力壓榨
玉昌和油坊	小崗子	李杲本	1910.10	1,500	700	人力壓榨
和生祥油坊	군용지	賴紹三	1910.12	28,000	1,600	人力壓榨
雙聚福油坊	小崗子	安承生	1910.12	30,000	1,400	人力壓榨
聚成祥油坊	군용지	王階人	1911.1	41,000	2,800	水壓機
成裕昌油坊	군용지	安新元	1911.1	55,000	3,200	人力壓榨
福順裕油坊	小崗子	孫景堂	1911.1	30,000	1,500	人力壓榨
達昌油坊	朝日町	接香庭	1911.1	13,000	1,000	人力壓榨
振成油坊	군용지	張松山	1911.4	40,000	1,500	人力壓榨
恒升油坊	군용지	曲德民	1911.4	22,000	1,200	人力壓榨

[14] 6호의 일본 유방은 日淸製油株式會社, 小寺油坊, 齋藤油坊, 泰昌油坊, 吉田油坊과 중일 합자의 三泰油坊이었다.

福順成油坊	군용지	郭學純	1911.10	80,000	3,200	人力壓榨
万慶長油坊	군용지	林尙梅	1911.10	30,000	1,500	人力壓榨
新洪順油坊	군용지	李墨國	1912.1	25,000	1,500	人力壓榨
信昌東油坊	越后町	方德宜	1912.2	20,000	1,000	人力壓榨
升源油坊	군용지	餘聽濤	1913.1	35,000	1,800	人力壓榨
德豊和油坊	須磨町	李獻甫	1913.1	21,000	1,200	人力壓榨
榮永春油坊	군용지	劉本修	1913.5	-	800	人力壓榨
同聚永油坊	군용지	孫殿賓	1913.10	-	1,300	人力壓榨
乾聚和油坊	군용지	孫源甫	1914.1	19,000	1,800	人力壓榨
同聚和油坊	군용지	林坦基	1914.1	7,000	1,200	人力壓榨
義順牲油坊	군용지	焦祝三	1914.1	30,000	1,200	水壓機
福聚恒油坊	군용지	孫巨鄕	1914.1	-	1,200	人力壓榨
義祥油坊	龍田町	姜久庵	1914.1	-	2,200	人力壓榨
福順成油坊分場	小崗子	郭學純	1914.8	-	1,700	人力壓榨
泰來油坊	小崗子	周承武	1914.9	-	900	人力壓榨
廣永茂油坊	小崗子	武維恭	1914.12	30,000	1,500	人力壓榨
興祥恒油坊	小崗子	張蘭坡	1914.12	-	2,000	人力壓榨
成順油坊	小崗子	劉鏡亭	1915.2	-	1,100	人力壓榨
成德油坊	군용지	鹿黼廷	1915.6	-	1,100	人力壓榨
政興利油坊	須磨町	蘇信洪	1915.8	-	800	人力壓榨
壽豊元油坊	군용지		1915.9	-	1,400	水壓機

* 1905년 개설한 福順棧油坊은 표에 넣지 않았다.
출전 : 顧明義 等 主編, 『大連近百年史』 下, 980~982쪽.

1911년 이전 대련 중국상인 유방 가운데 비교적 규모가 컸던 것은 8호로, 8대 유방으로 불렸다(〈표 23-6〉 참조).

〈표 23-6〉 1907~1911년 대련 중국상인 유방 가운데 비교적 큰 유방업

명칭	직공수	연생산량		명칭	직공수	연생산량	
		콩깻묵(萬片)	콩기름(萬市斤)			콩깻묵(萬片)	콩기름(萬市斤)
天興福	70	32.5	199.3	東永茂	70	42.8	209.9
晉豊	80	38.2	190.9	成裕昌	70	31.4	155.9
政記	75	36.7	184.6	聚成祥	65	38.4	199.8
東聚祥	60	38.0	189.5	福順成	100	52.1	260.1

출전 : 張福全, 『遼寧近代經濟史(1840~1949)』, 108쪽.

러일전쟁 이후 대련 유방업은 짧은 몇 년 동안 영구를 넘어서 대련 중국상인의 중요 공업이 되었고, 더불어 동북 유방의 집중지가 되었다.

2) 번영 발전시기(1913~1927)

1914년 제1차세계대전이 발발했다. 대전 기간 유럽 각국은 전쟁에 분주하여 원래의 유지공업을 군수기업으로 바꿔 무기와 탄약을 생산했기 때문에 콩기름이 부족했다. 미국도 면화 생산량의 감소로 인하여 면실유의 생산량이 급감하고 유지 부족 현상도 나타났다. 일본 재벌은 기회를 엿보고 즉시 구미 국가에 대량의 콩기름을 수출하기 시작했다. 구미 국가에 최대한도의 콩기름을 수출하기 위해 일본 재벌은 한편으로는 갖은 방법을 다 동원하여 항로를 단축하고, 다른 한편으로는 대두 및 그 제품을 우선탁송했다. 동시에 유방에 대해 감세정책을 취했다. 항로의 단축이란 주로 대련의 콩기름을 구미로 운송하는 항로가 일반적으로 대련에서 고베(神戶)를 거쳐 구미에 수출하던 것을 이때 대련항에서 직접 미국으로 수송하고(1918년부터 직접 유럽에 판매), 그런 후에 유럽으로 판매함으로써 항로가 단축되고 시간이 줄어들어 상업적 기회를 획득할 수 있었던 것을 가리킨다. 이른바 우선탁송이란 남만주철도와 대련항이 대련으로 수송하는 대두와 대련항을 통해 수출하는 대두 제품을 우선적으로 탁송 처리하여 도착하는 대로 바로 운송하되 결코 지연시키지 않았던 것을 가리킨다. 그리고 감세정책이란 식민당국이 유방업의 발전을 장려하기 위해 신설 유방에 대해 면세 혹은 감세정책을 취했던 것을 가리킨다. 이 시기 식민당국은 규정을 만들어 대련에서 신설하는 유방에게 3년 이내는 면세, 3년 이후는 매출액의 0.5‰의 생산세(1916년 1‰로 변경)만 내도록 했다. 식민당국의 격려 아래 대련 유방업의 수익은 '황금시기'로 들어섰고, 수익의 크기는 전례가 없을 정도로 커서 "1,000편의 콩깻묵을 생산할 때마다 500~600원의 이익을 얻었다."[15]

콩깻묵과 콩기름의 수출 가격이 나날이 올라가면서 유방업의 수익이 풍족해졌기 때문에 대련 유방업의 발전은 전성기를 구가했다. 기록에 의하면, 1913년

---

[15] 徐敬之,「解放前大連民族工商業見聞」, 馬麗芬 等 主編,『大連近百年史見聞』, 318쪽 참조.

대련이 유럽에 수출한 콩기름은 1만 9,933미국톤[16]이었으나, 1920년에는 8만 2,545미국톤으로 상승했다. 콩깻묵 생산량은 1914년 685만 편에서 1915년 1,670만 5,000편으로 증가했으며, 1923년에는 일약 3,222만 6,000편, 1926년에 이르러 4,020만 4,000편, 1927년에는 4,053만 4,000편이 되었다. 이 시기는 대련 콩깻묵 생산량이 절정에 다다른 시기였다(〈표 23-7〉 참조).

〈표 23-7〉 1910~1922년 대련 콩기름의 구미 수출 상황표(단위 : 미국톤)

연도	유럽	미주	연도	유럽	미주
1910	7,386	-	1917	800	136,523
1911	26,452	423	1918	75	203,735
1912	21,025	25	1919	70,283	65,665
1913	19,933	3,950	1920	82,545	50,228
1914	29,788	5,100	1921	75,661	12,305
1915	45,702	4,800	1922	95,681	9,082
1916	45,043	30,161			

출전 : 顧明義 等 主編, 『大連近百年史』 下, 983쪽.

수출량의 급격한 증가에 따라 대련 유방의 수도 급격하게 증가하는 추세가 출현했다. 1915년 대련 유방은 56호였으나, 1919년에 60호에 이르렀고, 1923년에는 89호에 달했다. 유방 증가 상황의 상세한 내용은 〈표 23-8〉과 같다.

〈표 23-8〉 1914~1923년 대련 유방업 성장 상황

연도	호수	자금총수(元)	연생산 콩깻묵수(片)	연도	호수	자금총수(元)	연생산 콩깻묵수(片)
1915	56	3,422,700	16,705,000	1920	62		25,756,000
1916	57	3,412,700	19,126,000	1921	62	10,996,000	29,274,000
1917	57	3,527,000	25,106,000	1922	79		26,918,000
1918	57	3,421,000	21,434,000	1923	89	10,293,000	32,226,000
1919	60	3,555,000	27,934,000				

출전 : 자금부분은 滿鐵調査課 編, 『在滿洲油坊業』, 1925, 顧明義 等 主編 『日本侵占旅大四十年史』, 400쪽 재인용 참조. 콩깻묵 숫자는 南滿洲鐵道株式會社庶務部調査課 編, 『滿洲に於ける油坊業』, 77쪽 참조.

---

[16] [역주] 미국톤(short ton, 美吨)은 미국의 중량단위로, '1미국톤'은 2,000파운드이다.

이들 유방의 절대 다수는 원시적 수공압착방식을 벗어나 선진적인 수압식 기계제조방식으로 바꿔 하루 생산능력이 콩깻묵 5,000~7,000덩이[塊]에 달했다. 대련 착유업의 생산총액은 1910~1919년 사이 한때 대련 공업 생산총액의 90%를 차지했고, 콩기름 수출량도 한때 중국 콩기름 수출량의 97.83%를 차지했다.[17)]

대련 유방 숫자의 급격한 증가는 유방업주의 걱정을 불러 일으켰고, 자신의 이익 보호를 위해 대련 유방업은 대련유방업연합회의 설립을 결정했다. 1912년 대련유방연합회는 전취후(全聚厚)의 경리 린신차이(林心裁)의 발기에 의해 설립되었으며, 린신차이는 회장을 맡았다.[18)] 연합회가 설립된 이후 일본식민당국은 대련 유방업을 통제할 수 없을까 염려하여 이듬해 연합회가 개선(改選)하는 기회를 이용하여 직접 나서 일청제유회사의 경리 후루사와 다이사쿠(古澤大作)를 연합회 회장으로, 린신차이를 부회장으로 지명하여 대련 유방업을 일본인의 수중에 장악되도록 했다. 1917년 연합회는 유방의 발전 속도가 너무 빠르다는 점을 고려하여 악성경쟁의 출현을 피하고자 일본식민당국에게 이후 대련에서 더 이상 유방의 개설을 금지해달라고 청원했고, 식민당국도 수긍했다. 이 때문에 일본 관동청장관 야마가타 이사부로(山縣伊三郞)는 특별히 유방개설금지령을 반포했다.

그러나 1920년 대련에서 금·은건제분쟁[19)]이 출현했을 때, 일본식민당국은 중국상인의 금표(金票) 거부 행위가 식민당국의 이익에 미칠 영향을 감안하여 중국상인 유방업에 타격을 입히고자 1921년 모든 금표 사용자는 즉시 유방을 개설할 수 있도록 결정하고 아울러 허가증을 교부했다. 이 결정은 의심할 바 없이 1917년의 유방개설금지령을 폐지하는 것과 같았다. 그래서 1921년부터 대

---

17) 劉功成, 王彥靜, 『20世紀大連工人運動史』, 55쪽.
18) 1937년에 이르러 대련유방연합회의 회원은 모두 39명이었고, 그 가운데 일본인은 5명이었다(大連民政署, 『大連民政三十一年紀念志』, 137쪽).
19) [역주] 자세한 내용은 제14장 5절 금은건 풍조 참조.

련 유방업이 다시 급증하는 추세를 나타내기 시작했다. 1923년에 이르러 유방은 이미 89호에 달했으며, 그 가운데 일본상인은 11호, 중국상인은 78호였다.[20] 몇 년 뒤 유방 수의 급격한 증가로 말미암아 악성경쟁이 나날이 격렬해지고 유방업주는 생존을 위해 어쩔 수 없이 온갖 방법을 다 동원하여 착유기술을 개선하고, 새로운 설비를 증설했으며, 개별 유방은 심지어 석유정련추출법과 수압식 기계착유법을 채용하여 콩기름을 짜고 콩깻묵을 제조했다. 마침 이 시기에 1924년 제2차 직봉전쟁(直奉戰爭)[21]이 일어났고, 봉계군벌이 발행한 봉표의 가치가 큰 폭으로 하락했다. 그 결과, 반대로 대두가격이 상승하여(매 100근이 7.62원까지 오름) 대련거래소에서 전례가 없는 고가에 도달했다. 게다가 이때 일본의 콩깻묵에 대한 수요량이 크게 증가했고, 이 또한 대련 유방업의 발전을 한층 더 자극했다. 1927년에 이르러 대련의 유방 숫자는 비록 증가하지 않았지만 생산량은 도리어 대폭 향상되었다. 이 한해 대련의 콩깻묵 총생산량은 4,000여만 편에 달하여 1925년과 비교하면 45%가 증가했으며, 각각 동북지역 콩깻묵 총생산량의 58%와 56%를 차지했다. 대련 유방업은 이로 말미암아 '황금시대'로 불렸다.[22]

3) '황금시대'에서 쇠락시기로 전환한 대련 유방업(1928~1945)

대련 유방업은 1928~1937년 점차 '황금시대'에서 쇠락시기로 접어들기 시작

---

[20] 滿鐵調査課 編, 『在滿洲油坊業』, 1925, 顧明義 等 主編, 『日本侵占旅大四十年史』, 399쪽 재인용. 1923년 대련 유방수에 대해 顧明義 等 主編의 『大連近百年史』는 87호로, 그 가운데 일본상인은 9호, 중국상인은 78호로 서술했다(같은 책, 984쪽). 徐敬之의 「解放前大連民族工商業見聞」은 82호로 서술했다.

[21] [역주] 북양군벌인 직계와 봉계와의 권력 쟁탈 전쟁으로 1922년 1차 전쟁 때에 직례과가 승리하였다. 제2차 직봉전쟁은 1924년 직계의 차오쿤과 봉계의 장쭤린 사이에서 일어났다.

[22] 「大連油坊業組合統計表」, 顧明義 等 主編, 『日本侵占旅大四十年史』, 400쪽 재인용. 그밖에 顧明義 等 主編, 『大連近百年史』下, 1066쪽에 의하면 1926년 대련 콩깻묵 생산량은 4,000만 덩이였으며 동북 총생산량의 56%를 점했다.

했다. 쇠락의 원인은 다면적이었다. 먼저, 세계 경제의 위기와 9·18사변의 영향을 받았다. 1929년 전 세계적으로 폭발한 세계 경제 위기는 일본에 더욱 심각한 타격을 주었다. 이번 경제 위기 속에서 일본의 공업생산율은 겨우 50%였으며, 농업방면에서 곡물의 가격은 50% 하락했고, 수출입무역은 각각 71.1%와 76% 하락했다. 대련 유방이 생산한 콩기름과 콩깻묵은 주로 일본에 수출되었으나, 일본의 경제 위기로 인하여 콩깻묵과 콩기름에 대한 수요량이 감소하여 대련 유방업의 생산은 심각한 충격을 받았다. "1929년 대련이 일본에 수출한 콩깻묵은 겨우 63만 9,000편, 1930년에는 64만 4,000편이었다. 이것은 1926년 일본에 수출한 콩깻묵 110만 8,000편과 비교하면, 각각 42.8%와 41.9% 감소했다."[23] 9·18사변도 동북 경제에 중대한 영향을 미쳤다. 세계 경제의 위기와 9·18사변의 이중적 충격 아래 1933년 동북 유방의 조업율은 겨우 25%였다. "위기에서 벗어나기 위해, 산병(散餠)[24] 및 콩깻묵 건조 등 생산기술의 합리화를 실행한 것은 오직 자본이 풍부한 대련의 일본 유방이었고, 자본이 적고 육체노동에 의존하는 민족 유방은 여전히 콩깻묵 생산에 고정되어, 어쩔 수 없이 쇠망으로 내달았다."[25]

둘째, 일본은 1920년대 말에 이미 유안화학비료를 생산할 수 있었고, 유안화학비료는 콩깻묵을 대체할 수 있을 뿐만 아니라 가격 또한 저렴했다. 비록 일본의 토지는 유안화학비료의 중복 사용이 불가능했지만, 일본 농가의 유안화학비료의 사용으로 인하여 콩깻묵에 대한 수요는 이미 크게 감소했다(〈표 23-9〉 참조).

---

[23] 「大連油坊業組合統計表」, 顧明義 等 主編, 『日本侵占旅大四十年史』, 401쪽 재인용.
[24] [역주] 포장을 하지 않은 콩깻묵.
[25] 滿史會 編, 東北淪陷區十四年史遼寧組 譯, 『滿洲開發四十年史』 下, 16쪽.

〈표 23-9〉 일본의 콩깻묵과 유안 소비량 지표(1926년=100)

품명	1927	1928	1929	1930	1931	1932	1933
유안	107	131	155	159	156	205	219
콩깻묵	90	77	72	71	85	51	50

출전: 滿史會 編, 東北淪陷區十四年史遼寧組 譯, 『滿洲開發四十年史』下, 17쪽.

이와 동시에 화남(華南)으로 수출하는 콩깻묵도 감소했다(〈표 23-10〉 참조).

〈표 23-10〉 화남 콩깻묵 수출 상황표

	1931	1932	1933		1931	1932	1933
廣東	25,031	35,944	7,425	福州	23,631	387	2,152
汕頭	224,249	208,624	85,246	합계	263,941	290,741	122,387
廈門	81,025	45,786	23,564				

출전: 滿史會 編, 東北淪陷區十四年史遼寧組 譯, 『滿洲開發四十年史』下, 17쪽.
[역주] 1931년의 합계 263,941은 353,935, 1933년의 합계 122,387은 118,387의 오류로 보인다.

셋째, 세수가 증가했다. 대련 유방업은 "'황금시기'에 영업세가 0.1%, 제조세가 0.3%였으나, 1928년에 이르면 영업세는 1.5%로, 제조세는 0.5%로 증가했으며, 기타 가렴잡세도 끊임없이 증가하여 거의 순이익의 절반을 차지했다."[26] 세금증가와 원가상승으로 유방업주의 이윤은 대폭 하락했으며, 이를 감당할 방법이 없는 많은 유방이 파산했다.

넷째, 운송비가 증가했다. 대련의 중국상인 유방에 타격을 주기 위해, 남만철도는 1929년부터 대두운송비를 올렸다. "1918년 화물 한 칸의 대두(30톤)를 장춘에서 대련까지 운반하는 운송비는 360여 원이었으나, 1929년에는 900여 원으로 증가했다."[27] 운송비의 순증가치는 2.5배에 달했다.

다섯째, 동북 각지 유방업의 발전 속도가 너무 빨랐다. 콩기름과 콩깻묵의 대량 수출이라는 영향 아래 대련 유방업이 빠르게 성장했을 뿐만 아니라 전체

---

[26] 徐敬之,「解放前大連民族工商業見聞」, 馬麗芬 等 主編,『大連近百年史見聞』, 319쪽 참조.
[27] 徐敬之,「解放前大連民族工商業見聞」, 馬麗芬 等 主編,『大連近百年史見聞』, 319쪽 참조.

동북의 유방업도 빠르게 성장했다. 기록에 의하면 동북의 유방은 1905~1914년에 겨우 54호였으나 1915~1924년에 75호로 증가했다.[28] 그리고 1929년에 이르면 "동북의 주요 유방은 472호가 되었고 그 가운데 하얼빈에 40호가 있었다. 그들은 대두 산지에 가까웠고 중동철도 운송비 정책의 보호를 받아 대련과 필적할만한 세력을 형성했다."[29]

여섯째, 대련에 유방이 지나치게 많아 악성경쟁이 형성되었다. 유방업이 폭리를 취하자 투자자는 다투어 몰려들었고 공급이 넘쳐나면서 악성경쟁의 국면을 형성했다. 기록에 의하면 1908년 대련의 유방 총수는 겨우 11호였으나, 1915년에 56호(그 가운데 6호는 일본상인), 1922년에 79호에 이르렀다가[30] 1927년에 78호가 되었다.[31] 이와 같이 빠른 성장 속도는 사회가 감당하기 어려운 것이었다. 생존을 위해 적지 않은 유방은 가격을 인하하여 팔 수밖에 없었고, 그러다 유지하기 어렵게 되면 어쩔 수 없이 파산을 선언했다.

일곱째, 우스이(臼井) 사기사건의 영향이었다. 이 시기 일본 우스이양행(臼井洋行)과 일단의 일본상인은 대련'거래소'에서 불법 투기활동으로 이익을 취하다 "500만 원을 편취한 후 도산을 선언했고"[32] 대련의 적지 않은 유방업은 그 영향을 받아 손실이 매우 컸다.

여덟째, 제1차세계대전 이후 유럽 경제는 매우 빠르게 회복되고 발전했다.

---

[28] 孔經緯, 『日俄戰爭至抗戰勝利期間東北的工業問題』, 43쪽.
[29] 徐敬之, 「解放前大連民族工商業見聞」, 馬麗芬 等 主編, 『大連近百年史見聞』, 319쪽 참조. 그 밖에 滿史會 編, 東北淪陷區十四年史遼寧組 譯, 『滿洲開發四十年史』 下의 기재에 의하면 "1909년 유방 분포는 대련이 35, 하얼빈이 6, 영구가 23, 안동이 8이었으며, 1923년에 이르면 대련이 87, 하얼빈이 42, 영구가 29, 안동이 26이었다(11쪽)."
[30] 이외에 만철 서무부 조사과 통계에 의하면 이해 대련지역의 유방 총수는 116호였고, 그 가운데 대련 87호(일본상인 11호), 여순 2호, 금주 1호, 보란점 13호, 비자와 9호, 와방점 4호, 아직 개업하지 않은 유방이 70여 호였다(南滿洲鐵道株式會社庶務部調査課, 『滿洲に於ける油坊業』, 62~63쪽).
[31] 大連商工會議所, 『關東州工業の現勢』, 1~12쪽.
[32] 徐敬之, 「解放前大連民族工商業見聞」, 馬麗芬 等 主編, 『大連近百年史見聞』, 319쪽 참조.

특히 독일은 원래 콩기름 수입국이었으나, 제1차세계대전 이후 콩기름 수출국이 되었으며, 그 생산품은 유럽 각지에 판매되어 중국의 유럽에 대한 콩기름 수출에 막대한 영향을 주었다. 유럽 경제 성장의 영향 아래 대련에서 유럽으로 수출하는 콩기름은 급격하게 감소했다. 예를 들어 1931년과 1932년 대련에서 유럽으로 수출한 콩기름은 1926년에 비해 각각 38.7%와 72.4% 감소했다.[33]

이상과 같은 원인으로 말미암아 대련 유방업은 성황에서 쇠퇴로 전환하기 시작했다. 1929년 말에 이르면 대련 유방 호수는 원래의 89호에서 59호(이 중 7호는 일본상인)로 감소했다. 콩깻묵 생산량도 1925년에 26만 8,481편에서 1929년 21만 8,100편으로 5만여 편이 감소했다.

그러나 대련의 중국상인 유방업에 대한 가장 심대한 타격은 9·18사변이었다. 9·18사변 이후 일본침략세력은 이미 동북 전역을 완전히 점령하고 최대한 동북의 자원을 약탈하기 위해 동북 경제 각 방면의 통제에 착수했다. 유방업에 관해 말하자면, 대두 자원을 독점하기 위해 일본침략세력은 먼저 만주국 중앙은행에 대두의 집중 수매를 지시했다. 그러나 일본상인의 반대에 직면하여 중지한 후, 다시 미쓰이와 미쓰비시 등 재벌로 하여금 동북 각지에 광범위한 농산물 수매점포망을 설치하도록 지시하여 동북의 각종 농산물을 독점했다. 미쓰이 재벌은 산하의 삼태유방(三泰油坊)을 이용하여 동북, 특히 남만철도 북부와 북만철도 등지에 광범위하게 설립된 수매점포망을 이용하여 제멋대로 각종 농산품을 수매했다. 아울러 잇따라 장춘(長春)에 총본점[總店] 1곳, 하얼빈·사평(四平)·심양에 각각 본점[主店] 1곳, 지점(支店) 33곳, 출장소 171곳을 설치하여 동북 농산물의 수매와 판매를 거의 독점하고, 동북 최대의 곡물 독점 조직이 되었다. 미쓰비시 재벌과 일본 우리타니 죠조(瓜谷長造)상점도 남만철도 연선에 각각 500여 개와 100여 개의 농산물 수매소를 개설하고 갖은 방법을 다 동원하여

---

[33] 「大連油坊業組合統計表」, 顧明義 等 主編『日本侵占旅大四十年史』, 400쪽 재인용.

농산물을 독점했다. 만철관계회사 성발동(成發東)도 이 시기 북만주에 30여 개의 수매처를 설립했다.34) 이리하여 대련 중국상인 유방업의 대두 원료는 대부분 일본상인이 독점하게 되었다. 중국상인이 필요로 하는 대두 원료는 모름지기 일본상인의 수중에서 고가로 구매해야 했으며, 원가가 인상되고 이윤이 하락함으로 인해 생산 경영은 위축되기 시작했다.

1933년 일본침략세력은 또 일본 각 재벌에게 지시하기를, 흑룡강성(黑龍江省)에서 연합하여 특산물공동판매회를 조직하고 각종 농산물의 수매와 판매를 독점하게 함으로써, 동북의 대두를 완전히 일본이 독차지하게 되어 대련 중국상인 유방의 상태는 더욱 어려워졌다.

이와 동시에 대련 식민당국은 대련 중국상인 유방에게 한층 더 큰 타격을 주기 위해 세금을 크게 올렸다. 「해방전 대련 민족 상공업 견문」의 서술처럼 "대련 유방업의 창업 시기에는 세율이 매우 낮았고, 1920년대에 세율이 다소 증가했으나, 여전히 유방업이 능히 부담할 수 있을 정도였다. '9·18'사변 후 유방업의 소득세와 초리세(超利稅)가 증가했다. 이윤이 1만 원이면 소득세 1,000원을 납부하는데, 이를 기본 소득세라고 했다. 이윤이 1만 1,000원이면 기본세 1,100원에 초리세 150원이었다. 이윤이 2만 원이면 세율은 누진되어 50%에 달했다. 동시에 또 호별할세(戶別割稅)가 있어 평균 매 호마다 6,000원이었다. 게다가 관동주청은 상회(상업회의소)를 통해 평소 늘 각종 주식을 할당했다."35)

이 시기 중국상인의 판매 상황은 〈표 23-11〉과 같다.

---

34) 曲傅林, 「解放前大連油坊業的興衰」, 『大連市志通訊』, 1986 第1期 ; 徐敬之, 「解放前大連民族工商業見聞」, 馬麗芬 等 主編, 『大連近百年史見聞』, 320쪽 참조.
35) 徐敬之, 「解放前大連民族工商業見聞」, 馬麗芬 等 主編, 『大連近百年史見聞』, 321쪽 참조.

〈표 23-11〉 1932~1936년 대련 중국상인 유방의 생산, 판매 상황 대비표

연도	호수	매년 콩깻묵 생산량(千斤)	수출 콩깻묵수(톤)	수출 콩기름수(톤)
1932	49	30,924	1,352,030	124,880
1933	50	19,658	723,759	64,684
1934	50	22,350	841,418	75,586
1935	34	17,872	754,957	69,164
1936	45	12,733	598,761	62,015

출전 : 「大連市商會各行業調査表」, 顧明義 等 主編, 『日本侵占旅大四十年史』, 405쪽 재인용.

〈표 23-11〉을 통해 알 수 있듯이 1932년에 비해 대련 중국상인 유방은 호수와 콩깻묵 생산량은 물론, 콩깻묵 수출량 및 콩기름 수출량 모두 대폭적인 하락 추세를 나타냈다. 호수 방면에서 1932년 중국상인 유방은 49호였으나 1936년에는 45호로 8% 하락했다. 콩깻묵 생산량은 1932년 3,092만 4,000근이었으나 1936년에는 단지 1,273만 3,000근으로 58.8% 하락했다. 콩깻묵 수출은 1932년 135만 2,030톤이었으나 1936년에는 겨우 59만 8,761톤으로 55.7% 하락했다. 콩기름 수출은 1932년 12만 4,880톤이었으나 1936년에는 불과 6만 2,015톤으로 50.3% 하락했다.

7·7사변 이후 일본이 일으킨 중국침략전쟁을 최대한 지원하기 위해 관동주는 전시체제를 실시하기 시작했다. 1937년 8월 27일 일본 관동군사령부는 「관동주중요산업통제령」을 발포하여 중요 산업의 생산, 원료, 설비와 자금 이동 및 수출입 무역 등을 모두 엄격히 통제하도록 규정했다. 1938년 가을 만주국정부는, 농산품은 만주양곡주식회사에서 전문적으로 경영한다고 규정했다. 1938년 10월 17일 만주국정부는 「주요특산물전관법(主要特産物專管法)」, 11월 2일에는 「주요양곡통제법」, 11월 7일에는 「미곡관리법」을 공포하여 동북 농산물과 농업부산물에 대한 통제를 실시했다. 1939년 3월 만주국정부는 「미곡통제강요(米穀統制綱要)」를 제정했다. 10월에는 또 '특산공사(特産公社)'를 설립하여 대두의 수매·매매·가공·수출 등을 전부 '특산공사'의 관리에 맡겼다. 다음해 1

월 '특산공사'는 통제가격에 의거하여 대두와 미곡을 수매하기 시작했다. 동시에 대련 양곡업과 유방업의 재고 양곡과 대두 전부에 대한 저가 수매를 규정했다. 이와 같은 거동은 대련 유방주가 고생하며 경영해 모은 자본이 일시에 60% 이상 손실되게 했다.36) 이와 동시에 일본식민당국은 또 이른바 '환관리법[匯兌管理法]'을 시행하여 유방업주로 하여금 경영 자금을 추출할 수 없도록 했다. 이로써 30여 년의 심혈을 기울인 경영으로 일찍이 한 차례 번영했던 중국상인 유방업 대부분은 도산하게 되었다. 1940년이 되자 대련 유방은 겨우 29호만 남게 되었다.

　1941년 7월 25일 관동청 식민당국은 또 '7·25' 물가동결령을 반포하고 대련 상공업자에게 질의 좋고 나쁨을 불문하고 모든 상품을 숫자대로 상세히 보고하도록 명령했으며, 만약 그렇지 않으면 엄중히 처벌했다. 같은 해 11월 1일 또 「대두전관제(大豆專管制)」를 실시하고 다음과 같이 규정했다. ① '특수회사 대두전관공사(大豆專管公社)'(정부출원 3,000만 엔)를 설립하여 대두의 매매·수출·수집배급 등에 대하여 일원화된 통제를 실시한다. ② 콩깻묵과 콩기름에 대한 통제를 강화한다.37) 이와 동시에 7·7사변 이후 각종 세금의 할당도 끊임없이 증가하여 "유방업과 양곡업의 매번 기부금은 적으면 10만, 많으면 50만이었다." 식민당국은 "또 '국방헌금' 활동을 전개하여 사람들에게 금은 장식품의 헌납을 강요했다. 또 '국방공채'와 '전시공채'를 발행하고 전시저금 등을 실시하여 사람에게 매월 급여의 20%를 공채구매에 사용하도록 강요했다."38) 일본과 만주국정부의 끊임없는 타격 아래 대련 유방업은 마지막 숨을 몰아쉬고 있었다.

---

36) 대련 유방업주의 대다수는 양곡과 제분 공업을 겸영했기 때문에, 그들은 자주 양곡 재고량의 증대를 이용하여 자금의 보험 수단으로 삼아 왔다.
37) 速水滉, 『五年計劃與滿洲工業』, 京城帝國大學大陸文化研究會, 1940, 30~31쪽.
38) 徐敬之, 「解放前大連民族工商業見聞」, 馬麗芬 等 主編, 『大連近百年史見聞』, 321쪽 참조.

1940년 가을 "관동주청은 또 '물자징용령(物價徵用令)'을 반포하여 일본 관청은 수시로 각종 물자를 징용할 수 있는 권한이 있으며, 단지 대금의 1/4만 지불한다고 규정했다."39) 동시에 수공업의 조정명령도 반포하여 대련 수공업자를 분류하여 각종 조합을 조직하고, 모든 조합은 일본인이 영도하며, 그 생산품은 조합 소유로 귀속되고 개인적으로 판매할 수 없도록 했다. 대련의 상공업자는 자주 경영의 지위를 완전히 상실했다. 1942년 10월 관동주청은 기업의 합병정돈요강을 반포했다. 이 요강 정신에 의거하여 관동주청은 1943년 3월 29호의 중국상인 유방을 업주의 출생지에 따라 강제로 합병을 진행했다. 산동 출신의 11호 유방은 '대동제유주식회사(大東製油株式會社)'로 합병되었고, 본지 출신이 경영하는 18호 유방은 '협화제유주식회사(協和製油株式會社)'로 합병되었다. 각 유방은 원래의 독립 경영되던 기업에서 양대 회사의 작업장으로 변했다. 일본이 항복하기 이전까지 29호의 유방 중 불과 17호만 남게 되었다.

3. 대련 근대 민족 공업의 대표 — 대련 순흥철공창(順興鐵工廠)

1) 순흥철공창의 건립

이 시기 대련 민족공업도 상당히 발전했으며, 그중 대표적인 것이 철공업이었다. 철공업 중 가장 대표적인 것은 대련 순흥철공창이었다. 순흥철공창은 1907년 저우원푸(周文富)와 저우원구이(周文貴) 형제가 창설한 것으로, 그 전신은 순흥철장로(順興鐵匠爐)였으며 주가로(周家爐)로 불리기도 했다. 저우씨 형제는 여순의 원보방인(元寶房人)으로, 저우원구이는 "어린 시절 학업을 그만두고 마차몰이를 업으로 삼았다."40) 저우원푸는 1892년 여순도크에서 견습생으

---

39) 徐敬之, 「解放前大連民族工商業見聞」, 馬麗芬 等 主編, 『大連近百年史見聞』, 321~322쪽 참조.

로 겸공기술(鉗工技術)을 배웠고, 러시아의 대련 점령 이후까지 그 일을 13년 간이나 계속했다. 이 시기 두 형제는 철장로 영업이 비교적 양호한 것을 보고 바로 1907년에 순흥철장로를 건설하고, "마차의 편자 장비 및 마차 제조와 마차 부속품의 정비를 전문적으로 경영했다. 장사는 나날이 융성했다."[41] 오래지 않아 노동자는 20여 명으로 증가했다. 아울러 개인 가내수공업에서 공장제수공업으로 바뀌었다. 1911년 두 형제는 순흥철장로를 순흥철공창으로 개명했다.[42]

1907~1915년 사이 대련 유방업은 끊임없이 발전했다. 대련 유방업의 부단한 발전에 따라 유방업 고유의 수공착유방식은 유방의 발전 요구를 크게 만족시킬 수 없었다.[43] 유방업의 끊임없는 발전 요구를 만족시키기 위해 저우원구이는 전심으로 연구하여 나선식 철제유장착유기[螺旋式鐵質油椿壓榨油機]를 만들었다. 이 기기를 채용한 착유는 힘과 시간을 덜어주었을 뿐만 아니라 기름의 질이 좋고 출유율이 높았기 때문에 유방의 인기를 얻었고 잇따라 50호 유방의 주문을 받았으며, 공급이 수요를 따라잡을 수 없었다. 이와 같은 상황 아

저우원구이(周文貴)

---

[40] 蔣輯五 口述, 林基永 筆錄, 「回憶愛國企業家－大連順興鐵工廠主周文貴」, 馬麗芬 等 主編, 『大連近百年史見聞』, 360쪽 참조.

[41] 蔣輯五 口述, 林基永 筆錄, 「回憶愛國企業家－大連順興鐵工廠主周文貴」, 馬麗芬 等 主編, 『大連近百年史見聞』, 361쪽 참조.

[42] 순흥철공로가 순흥철공창으로 명칭이 바뀌는 시기에 대해서는 역사서마다 다르다. 顧明義 等 主編, 『大連近百年史』에서는 개명시기를 '1911년'이라고 하지만(991쪽), 顧明義 等 主編, 『日本侵占旅大四十年史』에서는 '1910년'이라고 한다(409쪽). 필자(冷綉錦)가 周文貴의 손자 周利 선생에게 조사한 바에 의하면 '1911년'이 옳았다.

[43] 수공 착유는 연자방아로 콩을 누르고 우마로 압착하여 콩기름을 짜는 것으로 출유율이 낮고 속도도 느렸다.

래 순흥철공창은 공장 건물을 확대하고 노동자를 늘려 노동자 총수는 300여 명에 달했다. "저우원구이는 다시 그 형인 여순도크공창(旅順船塢工廠) 전문가 저우산팅(周善亭), 장지우(蔣輯五), 천융더(陳永德) 등을 초빙하여 공장에서 일하게 하고 제반 기술을 전문적으로 연구했다."[44]

저우원푸(周文富)

1908년 일본 미쓰이재벌과 중국 자본가가 연합하여 사아구(寺兒溝)에 삼태유방을 설립했다. 유방에서 사용하는 기계는 증기기관을 동력으로 하여 대두를 갈고, 냉기기(冷氣機)로써 기름을 짜고 콩깻묵을 만들었다. 삼태의 선진적인 기계로 말미암아 삼태의 착유는 적은 노력으로 갑절의 성과를 거뒀고, 제품의 품질은 대련의 모든 중국상인 유방보다 높았다. 그러나 삼태는 대련 착유업에서 영구히 선두를 유지하기 위해 기기 설계에 대한 비밀을 엄수하고, 중국인이 참관하고 모방하는 것을 허락하지 않았다. 1911년 삼태와 순흥이 협정을 체결하고 순흥은 삼태를 위해 전 공장 설비를 검수했다. 저우원구이가 파견한 장지우는 사람을 데리고 삼태유방에 가서 검수를 진행했다. 아울러 갖은 방법을 다 동원하여 냉기기 기술설계도를 획득했다. 이 기초 위에 순흥은 냉기기 착유설비를 제조하여 대련 유방업 설비를 혁신하기 시작했다. 같은 해 저우원구이는 또 일본에 가서 현지 조사를 하는 한편, 냉기기 1대를 구입하여 가지고 돌아온 후 시험 제작에 성공했다. 뒤이어 순흥은 또 신식의 유전(油碾),[45] 유둔(油囤)[46] 등의 설비를

---

44) 蔣輯五 口述, 林基永 筆錄, 「回憶愛國企業家－大連順興鐵工廠主周文貴」, 馬麗芬 等 主編, 『大連近百年史見聞』, 361쪽 참조.

제조하여 대련, 영구, 심양, 개원(開原), 사평, 장춘, 길림, 하얼빈, 치치하얼, 청도 등지에 판매했다. 이와 동시에 저우원구이는 다시 유방을 위해 자금을 출자하여 100여 명의 유방 기사를 양성했다.

빈강진흥기기창(濱江振興機器廠, 대련 순흥철공창 하얼빈지사)이 제조한 착유기계

1912년 저우원구이는 20만 원의 자본금을 모아 하얼빈에 진흥주식유한공사[振興股份有限公司]를 설립하고 장지우로 하여금 경영하게 했다. 진흥회사는 "유방기기의 제조 외에 강선(江船)의 제조와 기기의 수리 검사를 겸했다."[47]

1913년 순흥철공창은 이미 목양창[木樣廠], 번사창[翻砂廠], 차상창[車床廠], 호감창[虎鉗廠], 유공창[鉚工廠], 타철창[打鐵廠][48] 등을 포함하는 비교적 대규

---

[45] [역주] 대두를 눌러서 납작하게 만드는 기계.
[46] [역주] 두유 저장설비의 일종.
[47] 蔣輯五 口述, 林基永 筆錄, 「回憶愛國企業家 – 大連順興鐵工廠主周文貴」, 馬麗芬 等 主編, 『大連近百年史見聞』, 362쪽 참조.
[48] [역주] 목양창은 목형공장, 번사창은 주물공장, 차상창은 선반공장, 호감창은 테이블 바이스

모의 기기제조업으로 발전했다. 동시에 또 창고[大庫房] 1개, 평상(平床, 선반의 일종) 50대, 유한기상(鉚悍機床, 선반의 일종) 80대를 배치했으며, 노동자는 무려 700여 명에 달하고, 기사·장인[工匠]·견습생이 400여 명이나 되는 하나의 대형기업이었다. 이 시기 순흥은 변함없이 유방에 사용되는 기계를 경영했을 뿐만 아니라, 또한 "윤선(輪船)에 사용되는 각종 기기, 보일러와 함께 윤선 수리의 일체 공정을 도급 맡아"[49] 경영했다. 심지어 15톤 중량의 기중기까지도 생산할 수 있었다. 1917년에 이르러 순흥의 노동자 수는 이미 1,300명에 달하여 "사하구철공장(沙河口鐵工場, 지금의 대련기관차차량창), 가와사키조선소(川崎造船所, 지금의 대련조선창)와 함께 대련 3대 공장으로 정립되었다."[50] 순흥의 사업은 바야흐로 번성기로 접어들었다.

대련 순흥철공창 공장건물

(table vice)공장, 유공창은 리벳(rivet)박기공장, 타철창은 단조공장이다.
49) 蔣輯五 口述, 林基永 筆錄, 「回憶愛國企業家-大連順興鐵工廠主周文貴」, 馬麗芬 等 主編, 『大連近百年史見聞』, 362쪽 참조.
50) 傅立魚, 『大連要覽』, 86쪽.

2) 순흥철공창의 쇠락

순흥철공창의 규모가 끊임없이 확대된 이후, 그것이 일본기업에 대한 일정한 위협으로 느껴졌고 일본기업과 식민당국의 시기질투를 초래했기 때문에 그들은 반드시 순흥을 사지에 몰아넣어야 마음이 후련해질 수 있었다. 일본인 중에서 제일 먼저 순흥에 대한 파괴를 진행한 것은 만철이었다. 1918년 마침 제1차 세계대전 말기였고 국제 항운이 매우 부족하여 대련의 강재(鋼材) 등 원료가 심각하게 부족했다. 이러한 상황 아래 순흥철공창은 스스로 고로(高爐)를 건설하고 제강 제철하여 자기 수요를 만족시키고자 준비하고 있었다. 그러나 건설 과정 중에 만철이 순흥에게 두 차의 철광석 운반을 동의한 후 더 이상 운반해주지 않아 순흥은 "남북 두 공장의 영업이 부진하게 되었고" 이 때문에 손실이 17만 원이나 되었다.

1919년 순흥철공창의 끊임없는 발전에 따라 기존 공장건물은 순흥의 발전 수요에 적응할 수 없었다. 저우씨 형제는 유가둔(劉家屯, 지금의 5·1광장 민권가 부근)에 3만 6,000㎡의 토지를 구입하여 공장건물을 건설했다. 공장건물 완성 이후 저우원구이는 공장 전부를 새로운 부지로 이전하고자 준비했다. 아울러 조선(造船)과 자동차공업의 경영도 준비했다. 그러나 이 시기 일본식민당국은 공개적으로 나서 간섭하기 시작했다. 그들은 순흥유공창과 호감창만 새로운 부지로 이전할 수 있도록 허락하고, 다른 공장의 이전은 모두 불허했다. 동시에 윤선 경영과 자동차 제조 허가증은 발급하지 않고 단지 윤선의 수리만 허가했다. 또 명령을 선포하여 일본 윤선이 순흥철공창에 가서 수리받는 것을 금지함으로써 순흥철공소의 영업은 대폭 감소했다.

1920년 하얼빈에 있는 순흥의 진흥철공창에서 갑자기 불이 나서 하룻밤 사이에 공장이 잿더미로 변했다. 이때 저우원구이는 이미 회복할 능력이 없었으므로 어쩔 수 없이 진흥철공창을 정리하고 대련 기업의 경영에 전력을 다했다.

순흥기기창 작업장

　순흥철공창은 일본당국과 일본기업의 파괴 아래 생산이 급감하여 심한 불경기에 빠졌다. 저우씨 형제는 이에 탄광사업으로 전환을 결정했다. 1922년 저우원구이는 문은(紋銀) 10만 냥으로 복주만(復州灣)의 오호취자탄광[五湖嘴子煤鑛]을 매입하여 '진흥탄광[振興煤鑛]'으로 개명하고 취쿠이우(曲魁武)를 경리로 임용하여 탄광업을 경영하기 시작했다. 하루 석탄 생산량은 1,000톤 정도였고 대련, 여순에 공급하는 동시에 멀리 천진, 상해는 물론 일본에까지 판매했다. 또 일본 하치만제철소(八幡製鐵所)와 계약을 맺고 매년 하치만제철소에 3만 톤의 석탄을 공급하며 톤당 가격은 12원으로 대금을 받기로 했다. 그러나 석탄 운반과 관련하여 일본식민당국의 파괴에 부딪혔다. 일본식민당국은 일본상인에게 명을 내려 순흥의 석탄을 운송하지 못하도록 했다. 어쩔 수 없이 저우원구이는 스스로 기선 5척을 구입하여 전적으로 석탄 운수에 투입했다.

　1924년 저우원구이는 또 무순(撫順)의 금구탄광[金溝煤鑛]을 매입하는 한편, 쉬카이천(徐凱忱)을 경리로 임명하고 광업전문가인 장셴차이(張賢才)를 광사(鑛師)로 초빙했다. 신식 기계를 구매하고 채탄을 진행하여 하루 채탄량은 200여 톤이었다. 저우원구이가 금구탄광을 매입할 때 만철의 무순탄광도 이 탄광을 매입하고자 했다. 이 때문에 저우원구이 등에 대해 더욱 시기하고 미워하여 공개적으로 금구탄광의 석탄운송을 거절했다. 그 결과 금구탄광은 대량의 석탄 재고가 발생했고 마지막에는 생산을 중지하지 않을 수 없었다. 대량의 석탄 재고로 말미암은 자연 발화로 화재가 발생하여 저우원구이의 손실은 100여만 원에 달했다.

1926년 저우원구이는 복주 도업광산(陶業鑛) 1곳을 구입하고 "채굴 경영하여 상당히 호전되는 기미가 있었다." 일본 요업자본가는 즉시 일본정금은행(日本正金銀行)과 서로 결탁하여 대출관련으로 해당 광산을 강제로 몰수하고자 했고, "남만철도수비대도 무력으로 위협했다." 그러나 저우원구이는 절대로 굴복하지 않고 두 차례 일본 최고법원에 기소하여 반년을 싸워 승리했고 일본 요업자본가와 일본정금은행의 음모는 실패했다. 1927년 저우원구이는 "또 와방점(유화裕和)탄광과 합작 투자하여 기기를 구입하고 힘껏 경영했다."[51] 이때 저우씨 일가는 고정자본이 900만 원으로 동북 광업의 대부호가 되었다.

1927년 저우원구이는 대련에서 배를 타고 복주만탄광으로 가는 도중 금주성(金州城) 북쪽 삼십리보(三十里堡) 서쪽 바다를 지날 때 광풍을 만나 배가 침몰하여 불행하게도 사망했다. 나이 52세였다. 출상하는 날 대련과 여순의 수많은 사람들이 모두 거리로 뛰쳐나와 가는 길을 눈물로써 보내주었다.

저우원구이의 사망 소식이 전해지자, 채권인의 태도는 대련, 여순 백성들과 선명히 대비되었다. 채권인은 저우원구이의 사망 소식을 알게 되자 쉴 새 없이 찾아와 빚 청산을 재촉했고, 저우원구이의 형 저우원푸는 대처하기 힘들어 어쩔 수 없이 복주만탄광을 봉천성정부에 헌납하기로 결정했다.[52]

1929년 순흥철공장은 도산했다.

---

[51] 蔣輯五 口述, 林基永 筆錄, 「回憶愛國企業家－大連順興鐵工廠主周文貴」, 馬麗芬 等 主編, 『大連近百年史見聞』, 360쪽 참조.

[52] 저우원푸의 손자 저우리(周利) 선생의 말에 의하면 탄광을 봉천성정부에 헌납한 후 장쉐량은 현금 '賜條'에 250만 원을 기재하고, 정부가 자금이 허락될 때 현금으로 지불할 것을 약속했다. 그러나 이 자금은 끝내 현금으로 지불되지 않았다. 장쉐량이 써준 사조는 저우씨 후손이 '문화대혁명' 시기에 일가를 보전하기 위해서 소각했다(저우리 선생은 현재 대련화학물리연구소 부연구원이다). 蔣輯五 口述, 林基永 筆錄, 「回憶愛國企業家－大連順興鐵工廠主周文貴」에서 장쉐량이 '현금 250만 원을 하사했다'고 한 것은 오류이다.

저우씨 형제는 대련 철공업의 중요한 창시자 중 하나로 그들이 창립한 순흥철공창은 대련 공업사에서 눈부신 한 페이지를 장식했다. 그들은 일본식민당국의 고압에도 아랑곳하지 않고 용감하게 창업하는 대담한 항쟁 정신으로 영원히 대련 인민의 가슴 속에 남아 있는 애국적 민족자본가로 손색이 없다.

저우씨 형제는 순흥철공창을 창립하여 경제적으로 일본침략세력과 맞서 싸웠을 뿐만 아니라, 더욱 중요한 것은 대량의 기술 인력을 각지에 보낸 것이었다. 순흥철공창은 계속해서 근 3,000명의 기술자를 양성했으며, 파산전야에도 철공창노동자 총수는 대략 4,000명 정도였다. 공장이 도산한 이후 순흥철공창 노동자와 기술 핵심 인물은 연이어 심양, 개원, 길림, 하얼빈, 상담(湘潭) 등지로 유입되었다. 아울러 해당 지역의 공장 기술 노동자 혹은 기술 핵심 인물이 되었다.

저우씨 형제는 또 적극적으로 각종 반제애국투쟁에 참가했다. 1916년 동북 인민은 '21개조 요구'에 반대하는 애국저축운동을 전개했다. 저우원구이는 특별히 하얼빈에 가서 진흥철공창의 대표로서 하얼빈 애국저축운동대회에 참가하여 강단에 올라 연설했다. 그는 비분강개하며 "현장에서 강철 칼로 자신의 왼손 넷째 손가락 첫마디를 잘라 '저금구국(儲金救國), 물망국치(勿忘國恥)' 8자를 혈서했다."[53] 아울러 "대중 앞에서 3만 원을 헌금하

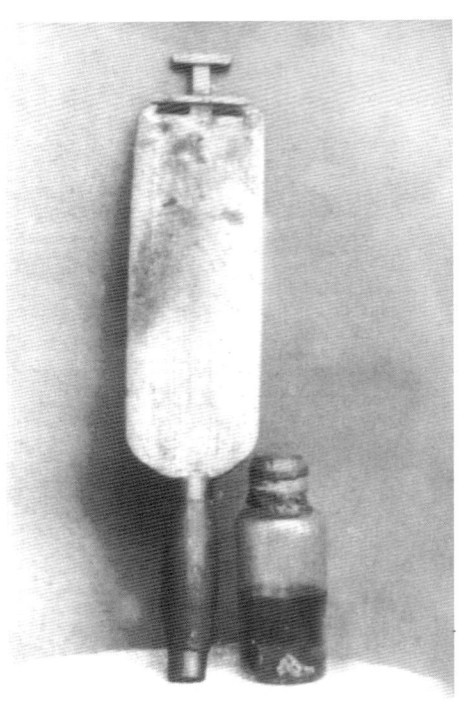

저우원구이의 손가락을 자른 칼[切指之刀]과 손가락 담은 병[裝手指之瓶]

며 제일 먼저 앞장섰다."54)

　1914, 1920, 1925년 여순지역은 연달아 자연 재해를 입어 농업의 흉작으로 농민생활은 곤란하고 몹시 빈궁했다. 저우씨 형제는 동정을 표하며 3차례에 걸쳐 10여만 원을 출자하고 동북으로부터 화물열차 28대 분의 옥수수와 수수를 구입하여 여순방가(旅順方家), 수사영(水師營), 왕가점(王家店), 영성자(營城子) 등지의 수재 농민을 3등급으로 나누어 집집마다 인구수에 따라 진휼했다. 진휼과정 중 저우원구이는 직접 양곡을 방출하며 수재 군중을 극진히 보살폈다. 이와 동시에 저우씨 형제는 매년 겨울 서강자(西崗子) 빈민에 대해 구제를 행하고, 대련의 굉제선당(宏濟善堂)에 기부하여 독거노인과 고아 등을 구휼했다.

1920년 여순 영성자(營城子)의 각 촌 농민에게 진휼미를 방출하는 저우원구이와 저우원푸

---

53) 蔣輯五 口述, 林基永 筆錄, 「回憶愛國企業家－大連順興鐵工廠主周文貴」, 馬麗芬 等 主編, 『大連近百年史見聞』, 362쪽 참조.
54) 蔣輯五·林基永, 『周義亭傳』, 大連市檔案館 소장, 全宗號 89.

1920년 여순 농민에게 진휼미를 방출하는 저우원구이와 저우원푸

저우원구이는 출신이 가난하여 소년시절 학업을 그만두었고 문화 학습의 중요성을 깊이 느꼈다. 이로 말미암아 그는 재능과 지혜가 뛰어나나 진학할 수 없는 자에 대해 항상 경제적으로 도움을 줬고 더욱 공부하여 인재가 되도록 했다. 1912년 저우원구이가 하얼빈의 공회(工會) 총리를 담당하던 때에 동화학교(東華學校)를 설립하고 공업 교육을 제창했다. 그의 경제적 도움을 받아 일본 혹은 미국으로 유학간 학생은 취푸런(瞿夫仁), 먀오젠추(苗劍秋), 위롄잉(于連瑛), 왕빙펑(王秉鋒), 딩원보(丁文渤) 등 10여 명이었다.

4. 정기윤선공사(政記輪船公司)와 노천시장

1) 정기윤선공사

이 시기 대련 운수업 중의 철도와 항공운수는 이미 모두 일본에 의해 독점되었다. 철도운수는 만철에게 독점되었으며 항공회사도 일본이 세운 항공회사에 게 독점되었다. 해상 운수와 육로운수방면에서 중국인이 차지하는 비중도 매우 적었다. 통계에 의하면 "1911년 대련지역에서 다소나마 규모를 갖춘 운수업자 는 모두 50호였다. 그중 일본상인은 44호로 88%를 차지했으며, 중국상인은 겨 우 8호로 12%를 차지했다. 이와 같은 상황은 이후 기본적으로 바뀌지 않았다."[55]

중국상인이 경영한 운수업 중에 육로운 수로 비교적 이름이 있는 것은 린쥔타이(林均泰)의 천운공사(天運公司, 후에 천운장기 天運長記로 바뀜), 추이제칭(崔節卿)의 인창공사(仁昌公司), 팡쿠이스(房魁士)의 동순창(同順昌), 리딩안(李定案)의 천화운수공사(天和運輸公司), 양환신(楊煥新)의 양가점(楊家店), 류청밍(柳成名)의 마차행(馬車行) 등이었다. 그러나 이들 운수회사의 운수 도구는 대부분 마차, 삼륜 자전거[平板車] 혹은 인력거였고 자동차운수는 매우 적 었다. 해상운수는 두 곳이 중요한데, 하나

한간(漢奸)으로 전락한 장번정(張本政)

는 마쭝하이(馬宗海)가 경영한 조흥윤선유한공사(肇興輪船有限公司)이며 다 른 하나는 장번정(張本政)의 정기윤선주식유한공사[政記輪船股份有限公司]였 다. 조흥윤선회사는 규모가 비교적 작았으나 정기윤선공사는 규모가 비교적 컸 다. 여기서는 정기윤선공사를 중심으로 서술한다.

정기윤선공사는 장번정이 창설했다. 장번정(1865~1951)의 원적은 산동의 문 등(文登)이며 이후 대련의 금주로 이주했고 다시 여순구로 옮겼다. 그의 아버

---

[55] 大連市政協文史和學習委員會 等, 『大連民營經濟發展簡史』, 東北財經大學出版社, 2003, 41 쪽.

연대(烟臺)의 정기윤선공사 빌딩

지는 중년일 때 물에 빠져 죽었다. 장번정은 여순 수사영(水師營) 사아구(寺兒溝) 향에서 태어나 이후 황니천(黃泥川)으로 옮겼다. 일찍이 사숙(私塾)에 들어가 4년 동안 공부한 후 집이 가난하여 학업을 그만두었고 어머니를 따라 소자본으로 장사를 했다. 또 일찍이 목수일을 배운 후 고향으로 돌아와 농사를 지었다. 농사를 지을 때 경작 이외에도 자주 여순에 가서 목탄을 판매했다. 그 목탄의 품질이 비교적 좋았기 때문에 구매자의 환영을 받았다. 27세 때 목탄을 팔아 얻은 돈을 가지고 다른 사람과 동업하여 여순에 '통유호(通裕號)'라는 잡화대리점을 개설했다. 후에 자금 부족으로 위탁판매가 곤란해졌고 1894년 청일전쟁이 발발하기 전에 어쩔 수 없이 문을 닫고 고향으로 돌아왔다. 청일전쟁기간 장번정은 일본군을 위해 정보를 수집하여 일본군의 높은 평가를 얻었다. 청일전쟁이 끝난 후 일본군 특무 다카사히 도베에(高橋藤兵衛, 일설엔 '慰')가 여순에 대리점을 개설했고 장번정은 다카하시를 위해 금전과 대외사무를 관장했다.

삼국간섭으로 요동이 반환된 이후 일본군은 대련에서 물러났다. 장번정은 다카하시를 따라 산동의 위해위(威海衛)로 가서 다카하시가 개설한 선상(船商) 대리점에서 금전과 대외업무를 관리했다. 후에 일본군이 위해위를 물러나자 장번정은 다시 다카하시를 따라 연대로 옮겨 다카하시의 선상대리점에서 근무했다. 1897년 장번정은 연대에서 덕합양행(德合洋行)을 설립하고 선박운수업무를 대행하며 스스로 지배인(집사)이 되었고, 적절하게 경영했기 때문에 영업은 순조로웠다. 1901년 장번정은 일본상선인 '관효환(貫效丸)'과 '우화도환(宇和島

丸)'을 임대하여 전적으로 연대―대련―대동구(大東溝) 노선에 투입했다. 러일 전쟁기간 장번정은 한편으로 자기의 윤선을 이용하여 일본군을 위해 군수물자를 운송하고, 다른 한편으로 일본군을 위해 정보를 수집하여 일본군의 신임을 얻었다. 장번정이 러일전쟁기간 적극적으로 일본군에 의탁했으므로, 식민당국은 일본군이 대련을 침략하여 점령한 후, 장번정의 일본인에 대한 충심을 표창하기 위해, 특별히 러시아의 대련통치시기 통사(통역)이자, 공익국(公益局) 국장, 와구공의회(洼口公議會) 총리였던 장더루(張德祿)가 남긴 '대덕합(大德合)'과 '소덕합(小德合)' 두 척의 윤선 및 선상의 밀가루 800여 포대를 몰수하여 장번정에게 염가로 판매했다. 장번정은 이로부터 출세하기 시작했다. 1906년(일설에는 1904년) 장번정은 연대의 덕합양행을 '정기윤선합자무한공사(政記輪船合資無限公司)'로 개명했다. 자본금은 4만 원이었으며 합자인은 장번정과 장번차이(張本才) 형제였다. 정기공사의 본사는 연대에 있었고, 대련에는 지사를 설립했다.

 정기공사가 설립된 이후 장번정은 또 1909년 '전리(專利)'와 '대리(大利)' 두 척의 윤선을 구입했다. 이듬해 또 일본기선 '인의환(仁義丸)'을 구입하여 '승리호(勝利號)'로 개명했다. 이와 동시에 장번정은 또 일본기선 '봉래환(蓬萊丸)' '일진환(日進丸)' '영전환(永田丸)' '금용환(錦龍丸)' '부상환(扶桑丸)' 등 5척을 임대하여 운행 범위를 원래의 연대, 대련, 단동(丹東) 노선에서 용구(龍口), 천진, 영구 등지까지 확대했다. 1910년 정기공사는 또 자본금을 8만 원으로 증액하고 다시 윤선 1척을 구입하여 '광리(廣利)'호로 명명했다. 이때 정기공사의 윤선 총톤수는 4,000여 톤에 달했다.

대련 정기윤선공사 빌딩

1914년 제1차세계대전이 일어난 후 구미 각국 선박이 모두 서방으로 이동하여 군수품 수송에 바빴기 때문에 중국 연해지역의 수송력은 부족했다. 장번정은 이 기회를 잡아 필사적으로 정기회사의 세력 범위를 확장했다. 그는 한편으로 힘껏 선박을 구매했고 다른 한편으로 운항 범위를 확장했다. 이 시기 장번정은 모두 9척의 윤선을 매입하였는데, 매년 평균 근 2척을 구입했다. 1920년에 이르면 정기공사는 윤선 15척을 보유했다. 운항 범위의 확대 방면에서 정기공사는 운항 범위를 원래의 황해와 발해 연안 일대로부터 화동(華東)과 화남(華南)에서 홍콩 등의 대항구까지 확대했다. 정기공사의 업무는 황금시대로 진입하기 시작했고, 그 발전 속도는 중국 근대 항운사에서도 드문 일이었다. 그해 장번정은 정기공사를 '정기윤선주식유한공사[政記輪船股份有限公司]'로 개조하여 "주식[股份] 총액을 은원(銀元) 1,000만원으로 정하고 주당 은원 100원씩 나누었다."[56] 원래 회사의 재산을 512만원으로 책정하여 개조한 회사에 팔아넘

---

56) 「政記輪船股份有限公司章程」,『交通史·航程編』제1冊, 323쪽, 顧明義 等 主編『日本侵占旅大四十年史』, 417쪽 재인용.

기고 장번정은 회사 자본의 70%를 차지했다. 더불어 종신 동사장(董事長) 겸 총경리(總經理)가 되었다. 회사의 본사는 여전히 연대에 있었으며 지사는 대련에 설치되었다. 그러나 주요 업무는 대련에서 처리했기 때문에 대련이 실제 회사 본부였다. 1922년 '정기윤선주식유한공사'는 다시 3척의 윤선을 구입했고, 운항 범위도 블라디보스토크, 베트남, 방콕, 상가포르, 필리핀 등지까지 확대되었다.

1931~1934년까지 '정기윤선주식유한공사'는 매년 평균 1척의 4,000~5,000톤급 대형 윤선을 구입하여 해외 각지로 투입했다. 1941년 태평양전쟁 발발 전야에 이르면, '정기윤선주식유한공사'는 100톤 이상의 대소 윤선 39척을 소유하게 되어 총 수송력은 6만 4,000톤이었다. 그리고 고용 선원은 근 1,650명으로 그중 일본 국적의 선원이 130여 명, 중국 선원은 1,500여 명이었다. 이미 북방 해운업계에서 최대의 기업이 되었으며, 장번정도 사람들에 의해 '항운업계의 패자'로 불렸다.

장번정은 '정기윤선주식유한공사'를 경영함과 동시에 다른 업종에도 끊임없이 투자했다. 장번정이 투자한 기타 업종 중 규모가 비교적 큰 것으로는 정기유방(政記油坊), 정기전장(政記錢莊), 정기은호(政記銀號), 정기철공창(政記鐵工廠), 정기요창(政記窯廠), 와방점요업공사(瓦房店窯業公司), 무순선매창(撫順選煤廠), 정기오금공사(政記五金公司) 대련본사 및 영구·심양·장춘·하얼빈 지사, 정기농원(政記農園), 지부상업은행(芝罘商業銀行), 연대전업공사(烟臺電業公司), 천진정기운수공사(天津政記運輸公司), 청도굉대제지창(青島宏大製紙廠), 농업은행(農業銀行), 청도지방은행(青島地方銀行), 동변도실업은행(東邊道實業銀行), 대련농업은행(大連農業銀行), 정륭은행(政隆銀行), 만주실업은행(滿洲實業銀行) 등이 있었다.

대련 정기철공창 전경

장번정이 보유한 기업 자금과 개인 재산은 1943년 당시 대련에서 200만 원의 대부호 행렬에 들도록 했다. 이때 중국 상공계에서 자산 100만 원이 넘는 자는 모두 8명이었다. 이 때문에 이들 8명은 8대 부상(八代富商)으로 불렸으며 장번정은 그중 으뜸이었다.

1932년 송호전역(淞滬戰役)시기 장번정은 "모든 선박을 대련에 집결시켜 일본 침략군의 무기와 탄약물자를 운송하며"[57] 중국침략을 도왔다. 1941년 태평양전쟁 발발 후, 장번정은 공개적으로 일본침략자에게 투신했다. 그는 정기윤선 전부를 동원하여 일본군에 봉사했을 뿐만 아니라, 독자적으로 110여만 원을 일본에 기부했다. 동시에 그는 대련 인민에게 강요하여 일본군을 위해 비행기 40여 대를 헌납토록 했으며, 전쟁 경비 1억 5,000만 원을 모집했다. 장번정이 한 모든 행위는 일본침략자의 칭찬을 받았으며, 행동에 대한 보답으로 일본 침략자는 1905~1945년 일본이 항복하기 전까지 40년간 장번정으로 하여금 49개에 달하는 많은 괴뢰직책[僞職]을 맡도록 했다. 그중 주요한 것은 관동주청 참

---

[57] 左域封 整理, 「張本政與政記輪船公司」, 中國人民政治協商會議 遼寧省委員會 文史資料研究委員會 編, 『遼寧文史資料選集』 第6輯, 遼寧人民出版社, 1981, 186쪽.

사, 대련시의회 의원, 관동주시국위원회 위원, 관동주흥아봉공연맹 총무고문 (關東州興亞奉公聯盟總務顧問), 관동주계획평의원, 관동주해군협회 위원, 대련시상회 회장, 일만경제조사협회 부회장, 만주경제협회 부회장, 선박영운회 평의원, 흥아은행기금검사위원회 위원(興亞銀行基金檢查委員會委員), 저축장려위원회 참의, 저축보국대련조합장, 관동주사과조합 위원, 대련물품거래소 평의원, 무순경금속회사 감사역, 만국도덕회 대련분회 고문, 대련홍만자회 회장 (大連紅卍字會會長), 대련적십자회 부회장, 만주박람회 주비위원, 대련국방관 발기인(大連國防館發起人), 『태동보』사 집행이사(『泰東報』社執行董事), 대련 굉제선당 총리(大連宏濟善堂總理), 여순박물관 고문, 대련위생조합 부조합장, 대련문화협회 이사 등이었다. 일본식민당국의 안중에는 장번정이 당연히 "관동주 130만 만주인의 최고 대표"였다. 1945년 8월 15일 일본이 항복할 때 정기회사의 윤선은 단지 3척만 남고 나머지는 대부분 전쟁 중에 파손되었다. 1947년 1월 장번정은 한간으로 체포되어 12년의 징역에 처해졌다. 아울러 모든 재산은 몰수되었다. 이후 장번정은 병보석을 구실로 국민당 통치 구역으로 도망쳤다가 1951년 천진에서 다시 체포되어 같은 해 5월 6일 대련에서 극형에 처해졌다.

2) 대련노천시장

대련노천시장은 청조 유신 숙친왕 산치(善耆)[58]와 일본낭인 가와시마 나니와(川島浪速)가 공동으로 창설한 것이다.

1912년 청 왕조가 전복된 후 숙친왕 산치 일가는 늘 청나라 황실의 복벽을 마음에 새기며 잊지 못했고, 12월 12일 일본낭인 가와시마 나니와는 비밀리에

---

[58] [역주] 제10대 숙친왕 산치는 1866년 북경에서 출생했다. 자는 艾堂, 愛新覺羅씨로 만주 鑲白旗 人이며 청말 귀족 중신이었다. 신해혁명 후 종사당의 핵심으로 청제 퇴위 조서에 서명을 거부하고 이후 일본이 점령한 여순으로 망명하여 두 차례에 걸쳐 만몽독립운동을 일으켜 복벽을 도모하였으나 실패했다. 1922년 여순에서 향년 56세로 병사했다. 딸 金璧輝는 일본인 川島浪速의 양녀로 일본명은 川島芳子였고 한간 간첩죄로 전후 북경에서 총살형에 처해졌다.

그들을 여순으로 호송하여 정착시켰다. 산치가 비록 청 왕실의 복벽을 항상 마음에 새기며 잊지 못했으나, 복벽 활동은 모두 실패했다. 특히 1918년을 전후하여 복벽은 전혀 이루지지 않았을 뿐만 아니라 가족의 생활조차도 의지할 곳이 없게 되었다. 이와 같은 상황을 지켜본 가와시마는 직접 나서 대련 식민당국과 협의했고, 식민당국은 숙친왕에게 대규모 토지를 주고 가와시마가 경영하도록 승인했다.59) 가와시마는 이 부지를 인수한 이후 일본은행과 동양척식주식회사로부터 30만 엔을 대출받아 노천시장60)을 건설했다. 노천시장은 모두 4구역으로 나누어 "각각 700여 칸의 간이 건물을 건축했고, 극장, 대중목욕탕, 아편방, 유곽 등 비교적 규모가 큰 것을 제외하면 그 나머지는 전부 단층의 붉은 벽돌 건축 구조였으며 일부는 판자집이었다."61)

   노천시장의 법인 대표는 숙친왕의 장손인 진롄쭈(金連祖, 숙친왕의 후손들은 성을 진씨로 변경)였으나 실제 경영 관리권은 전적으로 가와시마 나니와가 장악하고 있었다. 노천시장은 총관리처, 일명 사무소를 설치하여 노천시장 전체의 관리 책임을 맡겼다. 무릇 시장에 들어가 장사하고자 하는 자는 반드시 사전에 사무소의 동의를 구하고 다시 일본경찰서의 비준을 서면으로 요청하여야 했다. 사무소의 관리 인원은 대부분 일본 국적이었으며 중국인은 매우 적었다. 설령 중국인이라고 해도 오래도록 숙친왕을 따라 복벽운동에 종사한 종사당의 핵심 인물들이었다.

---

59) 이 토지는 현재 대련 西崗區 長江路 남쪽, 黃河路 북쪽, 長春路 동쪽, 沈陽路 서쪽 지역에 있으며 토지 면적은 3만 9,672㎡이다.
60) 속칭 고물시장, 중고시장이며 지금은 香爐礁 일대로 이전했다.
61) 孫耀廷 口述, 黃本仁 整理, 「日本植民統治時期的'大連露天市場'」, 馬麗芬 等 主編, 『大連近百年史見聞』, 345쪽 참조.

노천시장

노천시장은 취급하는 상품의 대부분을 공터 위에 진열했기 때문에 거래는 모두 노천에서 진행되었고 이 때문에 노천시장으로 불렸다. 노천시장 제1구역은 지금의 장강로(長江路) 전차길 남쪽에 있었는데, 서로는 대동가(大同街)로부터 동으로 현재 박애가(博愛街)와 북경가(北京街)에 이르는 좁고 긴 지대로 총면적은 1만 2,437㎡였다. 크고 작은 고정 건축물 22동이 세워졌으며 시장 주위로 판자와 간이 벽돌집을 이용하여 담장을 만들어 다른 지역과 격리했다. 제1구역은 노천시장의 중심 구역이기 때문에 전(全) 시장의 비교적 큰 건축물이 여기에 모두 집중되었으며 장사하는 호수 역시 무려 252호나 되었다. "구내에는 작은 거리와 골목이 있고 중간에는 동서를 횡단하는 작은 거리가 있으며 중하급 음식점이 밀집해 있었다. 작은 거리 북쪽은 영천당(瀛泉塘), 천광대극장[天光大戱院], 노천평극장(露天評劇場), 아이스크림가게[冰糕店]가, 작은 거리 남쪽은 규모가 큰 아편굴 복취루(福聚樓), 점집, 전당포, 일숫돈상점, 한약방, 일본상인의 피임기구점, 아편소매소, 그리고 저급한 유곽이 다수 있었다. 전 구역의 음식점과 유곽은 각 20~30호였고 기생은 200명 정도에 달했다."[62] 여기가 노천시장의 가장 번화한 구역이었으며, 전적으로 중국 평민에게 제공된, 먹고 마시고 놀고 즐기는 장소였다. 1구역 안에는 큰 아편굴 10여 호가 있었는데 "그중 복취루가 비교적 고급이었으며 나머지는 아편소매소였다."[63] 그 외에도 일본인의 지원을 받아 중국인이 나서 개설한 아편·도박·기생을 하나로 묶은 '쌍희구락부(雙喜俱樂部)'가 있었다. 현관에는 눈에 띄는 큰 글자로 '일본인 출입 금지' '중국인 우대'라는 두 줄의 문구가 붙어 있었다. 그리고 특히 빈곤한 마약 복용자를 위해 모르핀을 주사하고 헤로인을 흡입할 수 있는 마배관(嗎啡館) 7~8호가 있었다. 마약을 복용하고 "얼어 죽은 시체가 매일 발견되었는데, 실로 참혹하여 차마 눈 뜨고 볼 수 없을 지경이었다."[64]

2구역은 교립정(橋立町) 10호에 위치하며 1구역 바로 옆이었다. 총면적은 1만 407㎡로 크고 작은 고정 건축물 22동이 있었으며 또 적은 수이지만 대형 건축물도 있었다. 노천시장 사무실이 이 구역에 설치되어 있었다. 이 구역에는 290호가 있었으며 의원 1곳도 있었다. 여기는 오로지 재활용품을 파는 지역으로 재활용품은 대부분 의복과 폐기품 위주였으나 화장품 등과 같은 신상품도 있었다. 이곳에는 또한 "평서 공연[說評書],[65] 고사 부르기[唱鼓詞], 요지경[拉洋片],[66] 쌍황 공연[演雙簧],[67] 그림자극 공연[演驢皮影], 만담 공연[說相聲], 팔괘점[占卦], 글자 점[測字], 잡기[雜耍], 기예[賣藝], 고약(賣膏藥)과 대력환(大力丸)을 팔거나 다른 사람을 속이고 가짜 약을 파는 업종도 있었다."[68] 이 구역은

---

[62] 孫耀廷 口述, 黃本仁 整理, 「日本植民統治時期的'大連露天市場'」, 馬麗芬 等 主編, 『大連近百年史見聞』, 346쪽 참조.
[63] 孫耀廷 口述, 黃本仁 整理, 「日本植民統治時期的'大連露天市場'」, 馬麗芬 等 主編, 『大連近百年史見聞』, 346쪽 참조.
[64] 孫耀廷 口述, 黃本仁 整理, 「日本植民統治時期的'大連露天市場'」, 馬麗芬 等 主編, 『大連近百年史見聞』, 347쪽 참조.
[65] [역주] 주로 장편의 이야기를 쥘부채, 손수건, 딱딱이 등의 도구를 사용하며 강설하는 지방색 짙은 민간 설창 문예의 한 종류.
[66] [역주] 중국식 길거리 영화관.
[67] [역주] 설창 문예의 일종. 한 사람은 동작을 하고 한 사람은 뒤에서 대사나 창을 하는 것.

도박장으로 매우 유명했다. 여러 곳의 도박장은 공개적으로 사람을 모아 도박하는 것이 가능했다. 일본식민당국은 표면상 도박을 엄금했지만 이곳에서는 오히려 공개적으로 도박할 수 있었다. 중국인이 중국인을 해롭게 하는 일에 관해서는 일본식민당국은 자주 자연스럽게 진행되도록 내버려 두었다.

3구역은 2구역 남측에 위치하며 총면적 1만 139㎡였다. 구역내 고정 건축물은 19동으로 대부분 저급한 간이 건축물이었으며 영업호수는 270호였다. 3구역도 오로지 재활용품을 파는 지역으로, 파는 물품은 오래되고 낡은 옷, 각종 낡은 생활용품, 취사용품, 기타 각양각색의 용품 등이었다. "이곳의 상품은 대부분 가정생활에 필요한 것이었기 때문에 모두 고물로 가격은 싸고 품종은 다양해 '중고시장'으로 유명해졌다."[69]

4구역은 교립정 14호에 위치하며 시장의 최남단으로 총면적은 3,994㎡였다. "이 구역에는 간이 판잣집을 제외하고 대부분은 빈 공터였다. 구역 내에는 주택 건축업, 낡은 목재, 건축 재료, 공터 임대와 화물을 맡아 보관하는 창고 업무 시설이 있었다."[70] 4구역도 임시 노점상의 장사꾼과 고정 점포가 있었지만 수량은 1, 2, 3구역에 훨씬 미치지 못했다.

대련노천시장은 당시 생활용품을 사고파는 장소이자 유락 장소였으며 관광 장소이기도 했다. 이 때문에 오가는 손님은 비교적 많았으며 명성도 비교적 커서, 시내와 각지의 돈 많은 사람 및 일단의 일본 고관이 대련에 오거나 대련을 지나 외지로 가는 길에 모두 명성을 흠모하여 찾아와 관광하고자 했다.

노천시장의 고정 점포수는 매년 모두 증감이 있었다. 어떤 것은 1호가 2~3호

---

[68] 孫耀廷 口述, 黃本仁 整理, 「日本植民統治時期的'大連露天市場'」, 馬麗芬 等 主編, 『大連近百年史見聞』, 348쪽 참조.
[69] 孫耀廷 口述, 黃本仁 整理, 「日本植民統治時期的'大連露天市場'」, 馬麗芬 等 主編, 『大連近百年史見聞』, 349쪽 참조.
[70] 孫耀廷 口述, 黃本仁 整理, 「日本植民統治時期的'大連露天市場'」, 馬麗芬 等 主編, 『大連近百年史見聞』, 350쪽 참조.

를 개설하는 경우도 있었고, 어떤 것은 휴업하는 경우도 있었다(1942년 업종 단위의 통계는 〈표 23-12〉 참조).

〈표 23-12〉 1942년 노천시장 단위 통계표(단위 : 호)

	업종명칭	수량		업종명칭	수량
一	금융업	4		이발	17
	전장	1		목욕탕	1
	當鋪	3		아편굴	1
二	물품판매업	251	四	제조업	105
	新舊家具	26		洋鐵鋪	26
	木材門窓	15		鐵匠爐	25
	書報雜誌	3		가구제조	15
	新舊紡織服裝	85		製桶	4
	약재	16		복장	27
	시계	2		제화	7
	新舊金屬容器	35		豆腐房	1
	식품잡화	25	五	기타업종	46
	과일	5		치과의원	2
	신발과 모자	5		점집	3
	一般舊物	34		露天興業師[71]	2
三	접대업[接客報務業]	87		기타	39
	음식	33		합계	493
	유곽	35			

출전 : 孫耀廷 口述, 黃本仁 整理, 「日本植民統治時期的"大連露天市場"」, 馬麗芬 等 主編, 『大連近百年史見聞』, 351쪽 참조.
[역주] 합계 493은 986의 오류로 보인다.

노천시장은 비교적 이익도 많았고 지출도 컸지만 전체적으로 이익을 도모할 수 있었다. 1929~1935년 대련노천시장의 수지 상황은 〈표 23-13〉과 같다.

---

[71] [역주] 노천 공연자 혹은 떠돌이 공연자.

〈표 23-13〉 1929~1935년 대련노천시장 수지 상황표

항목	단위	1920년	1930년	1931년	1932년	1933년	1934년	1935년
수입합계	元	89,455	85,530	95,844	75,034	77,570	87,531	88,330
집세(房租)수입	元	79,953	79,497	70,015	69,881	71,610	80,975	80,951
지세(地租)수입	元	5,004	3,710	2,942	2,487	2,783	3,187	2,723
수 입	元	4,490	2,322	2,255	2,716	3,129	3,780	4,654
지출합계	元	89,240	85,488	79,034	72,207	80,446	86,042	86,112
지세(地租)지출	元	6,033	3,204	3,000	2,871	3,742	4,774	4,415
세 금	元	2,178	3,352	3,137	2,795	2,741	3,359	3,590
대부상환(償還貸款)	元	37,380	27,440	36,000	32,662	36,000	36,000	36,400
비용지출	元	25,720	16,531	13,105	10,299	13,902	17,893	18,053
왕부납부금(繳王府款)	元	16,938	24,960	24,000	24,000	24,000	24,500	24,000
잉여합계	元	206	42	-4,029	2,827	-2,900	1,904	2,213

출전 : 孫耀廷 口述, 黃本仁 整理, 「日本植民統治時期的"大連露天市場"」, 馬麗芬 等 主編, 『大連近百年史見聞』, 352쪽 참조.
[역주] 1920~1935년의 수입합계, 지출합계, 잉여합계는 전부 오류로 보인다.

노천시장의 매년 수입이 비교적 컸음으로 숙친왕 일가의 생활은 확실히 보장되었다. 그러나 숙친왕은 복벽의 소망이 원하는 대로 이루어지지 않자 우울증에 걸려 1922년 회복하지 못하고 죽었다. 또 1932년 만주국이 성립한 후 숙친왕의 자손 대부분이 장춘에 가서 괴뢰직책을 맡자 노천시장은 경영할 힘도 없고 경영할 필요도 없게 되었다. 이 때문에 산치의 딸인 가와시마 요시코(川島芳子)와 가와시마 나니와는 1941년 초 시장을 팔아치우고 그 돈을 가지고 일본으로 돌아가려고 했으나, 원하는 가격(200만 원)이 너무 비쌌기 때문에 한동안 팔 수 없었다. 줄곧 늦춰지다가 1943년에 이르러 가와시마는 125만 원(일설에는 128만 원)의 가격으로 대상인 쉬이녠(許億年), 저우쯔양(周子揚), 류쯔아오(劉子翱) 등에게 팔았다. 쉬이녠 등은 노천시장을 매입할 때 정치적 후원자를 모색하고 대한간(大漢奸) 장번정을 끌어들여 총책임자로 삼았다. 쉬이녠 등은 노천시장을 매입한 후 이를 낙천시장(樂天市場)으로 명명하고 류쯔아오에게 경영을 맡겼다.

류쯔아오 등이 노천시장('낙천시장')을 인수한 후 성과가 비교적 좋아 이익도 적지 않았다. 1945년 일본 항복 후에도 시장은 여전히 영업했다. 후에 교립정이

박애가(博愛街)로 바뀌면서 시장의 명칭도 박애시장(博愛市場)으로 바뀌었고 1949년 신중국이 성립하기 바로 직전에 문을 닫았다.

이 시기 중국상인이 경영한 시장은 노천시장 외에도 서강시장(西崗市場), 신개가야시장(新開街夜市) 등이 있었으나, 그 규모는 모두 노천시장보다 훨씬 작았다.

5. 기타 민족 경제

1) 중국상인 공업

(1) 면직업

대련 면직업은 약 1912년에 출현했다. 이해 산동성 평도현(平度縣)의 일부 소 수공업자가 금주(金州)에 와서 생계를 도모했다. 그들은 현지의 면화를 써서 수공 목제방직기로 토포를 짰는데, 현지 백성에 의해 '대백포(大白布)'로 불렸다. 이런 종류의 포는 견고하고 내구성이 뛰어났기 때문에 소비자에게 많은 환영을 받았다. 그래서 수공 직포작업장은 금주에서 흥기하여 가장 많을 때는 80여 호에 이르렀다. 그중 규모가 비교적 큰 것은 동흥면직공장(東興棉織工場)으로 직기 18대를 보유하고 노동자 근 40명을 고용했으며 연간 토포 생산량은 2,500필(1필은 100척)이었다. 1913년 전후 영구지역에 있던 면직공장 6호도 금주지역으로 이전하여 개업했다.

1923년부터 일본상인은 대련에 방직공장을 설립하기 시작했다. 이해 일본상인은 금주에 내외면주식회사 금주지점(內外棉株式會社金州支店, 현 금주방직창의 전신)을 세웠다. 1925년 또 대련에 복방창(福紡廠)을 개설했다. 일본상인 공장은 규모가 비교적 크고 설비도 선진적이었으며 생산능력도 뛰어났기 때문에 경쟁력이 강했다. 일본상인의 압박 아래 중국상인 면방직업은 막대한 타격을 받아, 1920년대 중기에 이르면 금주 중국상인 방직공장은 단지 30호만 남았다.

태평양전쟁이 일어난 후 일본식민당국이 중국상인 방직업에 대한 제한, 타격 정책을 실행함으로 말미암아 중국상인 방직업은 끊임없이 쇠락해갔다. 일본이 항복하기 이전 대련 중국상인 방직업은 오직 두 곳만 남았다.

(2) 화학공업

일본이 대련을 통치하던 시기, 1920년대부터 1930년대 말까지 대련 중국상인 화공기업은 비로소 차츰 흥기했다. 그러나 중국상인 기업은 대부분 단독으로 일하는 기업이었으며 규모도 매우 작았다. 종사하는 업종도 대부분 고무[橡膠] 제품과 화공제품 등이었다. 그중 서창호(西昌號), 진흥공창(鎭興工廠) 등은 고무신[膠皮鞋], 고무깔개[膠墊], 고무줄[膠圈]의 생산과 고무제품 수리를 위주로 했다. 1941년에 이르면 이와 같은 소기업은 36호로 대부분 고무, 비누[肥皂], 가성소다[火碱] 제품의 생산을 위주로 했다. 후에 전쟁의 영향으로 인하여 원료와 시장 모두 문제가 발생하자 도산하는 기업도 있었다. 1945년 일본의 항복 이전에 이르러 이와 같은 기업은 대부분이 도산했다.

(3) 인쇄업

대련 중국인 인쇄업은 1916년에 출현했다. 이해 중국인은 첫 번째 인쇄공장을 설립하고 창기인쇄창(昌記印刷廠)으로 명명했다. 창기인쇄창은 수입이 비교적 좋았기 때문에 중국인 인쇄업은 창기의 영향 아래 점점 많이 생겨났다. 1930년에 이르면 대련에는 모두 10호의 중국상인 인쇄공장이 있었다.

9·18사변 이후 업무 수요량이 증가함에 따라 중국상인 인쇄업은 한층 더 발

전했다. 1936년에 이르러 중국상인 인쇄업은 근 20호로 증가했다. 7·7사변 이후 일본상인 인쇄공장은 대외 가공과 역외 발전에 바빴기 때문에 중국상인 인쇄업은 이 기회를 이용하여 다시 10여 호가 증가했다. 1940년에 이르러 중국상인 인쇄업은 60여 호로 발전했다. 태평양전쟁이 일어난 후 일본식민당국이 인쇄조합을 설립하여 인쇄업을 통일적으로 통제함에 따라 중국상인 인쇄업은 반 정지 상태에 빠졌다.

(4) 건재업

대련의 중국상인 건재업(建材業)은 주로 석회, 시멘트기와, 붉은 벽돌 등 건재 생산을 위주로 대략 1920년 전후에 출현했으며, 그중 규모가 비교적 큰 것은 삼창공사(三昌公司)였다. 삼창공사는 1929년 설립되어 1940년에 이르러 직공수는 이미 300여명에 달했고 연간 석회가루(粉石灰) 2만 톤가량을 생산했다. 후에 식민당국이 생산조합을 만듦에 따라 삼창공사의 생산은 격감했다. 1945년 일본이 항복하기 직전, 삼창공사의 직공은 120여 명으로 감소했다. 전 도시 건재업도 겨우 26호만이 존속했다.

(5) 제지업

1936년 이전 대련의 제지업도 대체로 일본상인의 수중에 독점되었다. 이 시기 일본상인은 연이어 5호의 제지공장을 설립했다. 1936년 대련 서강상회(西崗商會) 회장 팡무탕(龐睦堂)은 교외 남관령 천수둔(南關岭 泉水屯)에 목당기계제지창(睦堂機製造紙廠)을 설립하고 해지(海紙), 창호지[糊窗紙], 위생지(衛生紙) 등을 생산하여 일본상인이 대련 제지업을 독점하는 국면을 타개했다. 1940년 목당기계제지창은 또 새로운 설비를 추가하여 문화용지(文化用紙)와 사무용지 등의 생산품을 생산하기 시작하여 동북지역 중국인 제지의 대가가 되었다. 태평양전쟁이 일어난 후 목당기계제지창은 일본당국의 고압적인 배제 정책에 의해 생산이 위축 상태에 처하기 시작했다.

(6) 식품업

대련의 민족 식품가공업의 역사는 오래되었지만 모두 소 수공업작업장이며 사탕[糖果]과 케이크[糕點] 제작을 위주로 했다. 일제시기 중국인의 사탕과 케이크업은 금주 익창고점(益昌糕點)이 가장 유명했다. 9·18사변 이전 대련시내 사탕과 케이크 수공업 작업장은 이미 100여 호가 존재했으며 그중 천리성(天利成), 원향촌(遠香村), 영증덕(永增德) 등이 비교적 유명했다. 1937년 7·7사변 이후 식품공업은 조합이 설립되었고, 중국인 식품공업은 조합으로 인한 원료 결핍으로 위축되기 시작했다. 1944년에 이르러 중국인 식품공업은 이미 전부 경영과 생산이 정지되었으나, 일본상인 식품공장은 계속 경영 생산했다.

(7) 피혁제조업

대련 피혁제조업은 1930년대 초에 흥기했으며, 그중 규모가 가장 큰 것은 일본상인의 대련피혁제조주식회사(현 대련피혁창 전신)였다. 이 회사는 설비가 선진적이고 고용노동자가 50명이었다. 이 시기 중국상인 피혁업도 이미 흥기하여 그중 규모가 비교적 큰 것은 영경공(永慶公), 천흥창(天興昌), 천증상(天增祥), 천흥덕(天興德) 등이었으며 모두 기계로 작업했고 직공은 대부분 약 30명 내외였다. 이외에 대련시 교외에도 복화태(福和泰), 동창화(東昌和) 등 소규모 수공업 제혁작업장이 존재했고 그 생산은 대부분 수공으로 작업했으며, 직공은 매호 5~6명으로 서로 달랐다. 후에 일본침략자가 소가죽을 군용물자로 분류함에 따라 원료가 부족하게 되어 중국상인 제혁업은 위축되기 시작했고, 1943년 이후 잇따라 조업을 중단하거나 문을 닫았다.

(8) 목공업

대련 목공업은 대부분 1931년 9·18사변 이후에 출현했다. 이 시기 대련의 매우 많은 업종에서 동북 등지로의 화물 운송으로 나무상자와 나무통 포장이 대량으로 필요함에 따라, 중국인 목공업은 시대의 필요에 의해 일어났고, 1933년에 이르면 무려 100여 호에 달했다. 그러나 이들 목공업 대부분은 수공업장이었고 규모가 작았기 때문에 대부분의 작업장은 정식 이름도 없었으며 자주 업주의 성씨를 앞에 덧붙였다. 그중 가장 큰 작업장은 노동자 30여 명을 보유했으나 작은 곳은 왕왕 몇 명에 그쳤다. 1940년 전후 목공업조합이 설립됨에 따라 중국상인이 경영하는 목공업은 규제당하기 시작했고 생산은 나날이 하락했다. 생존을 모색하기 위해 업주는 청도와 연대로 이전하여 계속 영업하거나 아예 문을 닫아버렸다.

2) 중국상인 서비스업

(1) 요식업

대련 시내 중국인 요식업은 흔히 부두와 기차역 혹은 서강(西崗) 일대에 많이 설립되었다. 주로 주식과 볶음 요리 등을 팔았으며 영업자가 많은 때는 400여 호에 달했다. 1914년 중국인 중후이천(鐘會臣)이 만철을 위해 전기화원(電氣花園, 지금의 유경쇼핑타운裕景商城 소재지)에 첫 번째 대형 음식점 등영각(登瀛閣)을 개설했다. 이어서 중국상인은 잇달아 태화루(泰華樓), 군영루(群英樓), 혜빈루(惠賓樓), 사운루(四雲樓) 등 특색 있는 음식점을 설립했다. 1937년 이후 음식 재료가 식민당국의 배급으로 바뀜에 따라 원료 결핍으로 요식업의 생산량은 급격히 하락했다. 1943년 이후 원료가 더욱더 부족해짐에 따라 중국인 음식점은 연이어 문을 닫았다.

(2) 여관업

일찍이 제정러시아가 대련을 통치하던 시기, 산동의 봉래인 자오린순(趙霖順)은 바로 지금의 민주광장 서쪽 동평가(東平街)에 2층의 붉은 벽돌 건물 대통포식(大通鋪式)[72] 여관 순풍잔(順風棧)을 개설하여 바다 건너 대련으로 생계를 도모하러 온 산동인을 주로 접대했으며 가장 많을 때는 170명까지 수용할 수 있었다.[73] 후에 대련시내에는 다시 연이어 10여 호의 여관이 설립되었으나, 규모는 비교적 작았으며, 가장 작은 것은 겨우 20~30명을 접대할 수 있었다.

일본의 대련통치시기, 대련 도시인구의 끊임없는 증가와 무역의 발전에 따라, 관영여관과 민영여관이 증가하기 시작했다. 9·18사변 이전 대련시내에는 이미 각종 등급의 여관 약 30여 호가 설립되었다. 그중 큰 여관은 300~400명을 접대할 수 있었고, 작은 여관도 역시 차이는 있었지만 수십 명을 접대할 수 있었다. 일반적으로 말하면, 큰 여관은 조건이 비교적 좋아서 대부분 부상대호(富商大戶)와 외국관광단체를 주로 접대했으나, 작은 여관은 소상인(小商小販)를 주로 접대했다. 여관의 수가 비교적 많아 경쟁이 치열했으므로 손님을 모시기 위해, 어떤 여관은 연대, 안산, 봉천, 하얼빈 등지로 자주 사람을 보내어 거기에 상주하며 손님을 유치했다. 또 어떤 여관은 외지에서 사람을 고용하여 본점에 데려와 손님을 유치하도록 했다. 숙박 손님에 대해서 여관은 왕왕 신분 내력을 묻지 않고 단지 돈만 주면 바로 접대가 가능했기 때문에 손님은 다양했다. 많은 중국상인 여관은 손님에게 하루 세 끼를 준비했고 오고 갈 때 모두 차량 혹은 인력거를 이용하여 모셨다. 이는 중국상인이 일본상인과의 경쟁 과정에서 어쩔 수 없이 실행한 일종의 영업방식이었다.

1937년 7·7사변 이후 관동주의 경제가 전쟁의 영향을 받게 됨에 따라 나날

---

[72] [역주] 通鋪는 여럿이 잘 수 있는 침대를 이른다.
[73] 이 여관은 1956년 公私合營 때까지 줄곧 경영되었으며, 대련 여관업 중 가장 오래된 여관이었다.

이 쇠락해갔고 중국상인 여관의 고객도 하루가 다르게 점점 줄어들었다. 1943년에 이르러 중국상인 여관은 대부분 문을 닫았으며, 단지 7~8호만이 남아 여전히 몸부림치고 있었다.

(3) 사진업

대련에서 중국인이 개설한 첫 번째 사진관은 상민 추위제(邱玉階)가 1908년 서강(西崗)의 번화지대인 평화가(平和街)에 개설한 화춘조상관(華春照相館)[74] 이었다. 추위제는 이전에 일본상인 최대의 사진관인 츠지다사진관(土田寫眞館)에서 견습생으로 있으면서 2년간 힘써 배웠다. 이 때문에 그의 촬영기술은 일본상인에 뒤지지 않았으며 동시에 비용은 비교적 저렴했다. 게다가 사진관은 유곽밀집지대에 위치하여 많은 기녀들이 다투어 사진을 찍어 '지기'에게 증정했기 때문에 사진관 영업은 번창했다. 사진관의 경쟁 능력을 강화하기 위해 추위제는 아들 추펑이(邱鳳儀)를 일본 도쿄사진학교(東京寫眞學校)에 보내어 배우게 하고 학업을 마치고 귀국하여 사진관 업무를 주관하도록 했다. 이와 동시에 사진관은 중국인 전업 사진사의 양성에 중점을 두어 잇따라 50여 명의 전업 사진사를 배출하여 사진 영역에서 일본상인의 독점 국면을 타파했다. 이들은 잇달아 대련 혹은 기타지역에서 사진관을 개설하여 대련지역과 기타지역의 사진업에 큰 공헌을 했다. 화춘조상관이 사진영역에서 일본상인의 독점 국면을 타파함에 따라 결국 일본상인의 시기를 받아 일본식민당국의 중점 타격대상이 되었다. 일본의 항복 전야, 일본식민당국은 물가통제[物價官制]를 위반한 죄로 화춘에 거액의 벌금을 부과했다. 화춘은 무거운 부담을 이기지 못하고 결국 경영이 쇠락했다.

---

[74] '중국인의 봄날이 오다'라는 의미이다.

(4) 이발업

중국상인 이발업은 대부분 개별 사업자였고, 규모가 큰 것은 흔히 한두 명의 점원을 고용했으며, 더 큰 이발관은 매우 적었다. 규모가 작고 설비도 매우 허술하여 기본 공구는 가위와 면도칼이었으며, 화장품은 없었고, 서비스 대상은 대부분 사회 하층 민중이었다. 1930년대 중기로 접어들면, 중국상인 이발업은 다소 발전하여 점원이 6명 이상인 이발관이 10호 출현했다. 이들 이발관은 온갖 노력을 다하여 서비스 품질을 향상시켰으며 서비스 대상을 수입이 비교적 높은 봉급생활자와 중산계급으로 확대했다. 통계에 의하면, 일본의 항복 전 대련 중국상인 이발관은 약 200여 호였다. 이발업은 당시 배급조합의 영향을 받지 않았기 때문에, 그 발전은 전쟁의 영향을 받지 않는 듯했다. 그러나 중국상인 이발업의 청장년이 일본의 징용을 피하기 위해 잇달아 도주했기 때문에, 중국상인 이발업에 대한 타격은 상당히 컸다.

(5) 목욕업

1937년 7·7사변 이전 대련 중국상인 목욕업은 인원이 모두 2,000여 명이었고 침상이 100석 이상인 목욕탕은 12호였으며, 규모가 가장 큰 목욕탕은 침상이 350석에 달했다. 그리고 그중 가장 유명한 목욕탕은 8대 부호 중 한 사람인 쉬이녠이 개설한 쌍천당욕지(雙泉堂浴池)로, 이 목욕탕은 설비도 좋고 영업실적도 좋았다. 일본의 대련 통치 후기, 목욕업은 이발업과 마찬가지로 물품통제에 그다지 큰 영향을 받지 않았지만, 일본의 징용을 두려워한 목욕탕의 청년 노동자들이 많이 도망가서 목욕탕 경영은 곤경에 빠졌다.

이 시기 대련 서비스업은 상술한 몇 가지 외에도 복장(服裝), 제화(製鞋), 시계수리[修表], 각자(刻字), 전기부품소매[電氣件零售], 자전거수리[自行車修理] 등이 있었다. 그러나 이들 업종은 대부분 소자본 영업에 속하며 사업자는 많지 않았다.

3) 중국상인의 잡화와 무역업

(1) 잡화업

이른바 잡화업은 주로 식품, 일용품, 서양의 잡화를 취급하는 업종을 가리킨다. 일본의 대련통치시기 이들 업종은 중국상인 경제에서 비교적 큰 비중을 차지했다. 통계에 의하면 "1911년 대련의 잡화상은 근 400호로, 그중 중국상인이 거의 반수를 차지했다. 1917년 중국인 잡화상은 275호(소상인은 디포함, 이하 동일)에 달했고, 1920년 445호로 급증했다."[75] 중국인 잡화상은 대부분 도·소매를 겸했으며 경영 품종은 양곡, 설탕, 연초, 종이, 산화(山貨)[76], 통조림, 마대, 면포, 건해산물 및 각종 서양 잡화 등이었다. 화물 공급원은 대부분 일본이었으며, 그 외 천진, 청도와 강절(江浙) 일대의 공급원도 비교적 많았다. 중국인 잡화상 중 비교적 규모를 갖춘 것은 원성춘(源成春), 영발상(永發祥), 익태상(益泰祥), 협무성(協茂盛) 등 20여 호였다. 1930년에 이르러 납세액이 100원 이상인 중국인 잡화상은 약 60여 호였다. 잡화상 사이의 업무를 효율적으로 중재하기 위해 잡화상들은 연합하여 잡화상협회를 설립했다. 그러나 1936년부터 일본 식민당국은「폭리단속규칙」과「관동주가격통제규칙」등을 실행하기 시작하여, 거의 모든 상품에 대해 통제를 실시했고, 거의 모든 생활필수품에 대해 배급을 실시하여, 중국인 잡화상으로 하여금 판매할 상품이 없어 유명무실해지도록 함으로써 대부분 도산하거나 거의 휴업 상태에 빠지게 했다.

(2) 무역업

대련은 자유 무역항으로 무역 활동이 비교적 활발했다. 이에 상응하여 1908년 대련에 일본식민당국이 창설한 무역상사가 출현했다. 이로부터 무역상사는

---

[75] 大連市政協文史和學習委員會 等, 『大連民營經濟發達簡史』, 37쪽.
[76] [역주] 山貨는 산에서 나는 재료로 만든 일용품이다.

부단히 출현하여 1920년에 이르러 이미 104호에 달했다. 그 사이 일부 중국인 무역상사도 연이어 출현했다. 1911년에 이르러 대련 중국인 무역상(일명 대리상)은 이미 27호였고, 1917년에는 50여 호에 달했으며, 1920년에는 60호로 증가했다. 그중 비교적 규모가 있는 것은 복순잔(福順棧)과 쌍화잔(雙和棧) 등이었다. 이들 대리상이 종사하는 무역활동은 주로 동북 특산물, 예를 들어 양곡, 대두 및 그 제품, 면사, 연초와 서양 잡화 등이 위주였다. 더 많은 이윤을 얻기 위해 일부 상인은 심지어 일본상인의 도움을 받아 무역을 진행했다. 1940년대부터 일본상인이 동북 물산의 구입과 판매 무역을 점차 독점하기 시작하면서 중국인 무역은 나날이 쇠락했다. 1942년 1월 일본침략자는 '만관무역연합회(滿關貿易聯合會)'를 설립했다. 연합회는 설립된 후 만주국과 관동주의 수출입무역 업무를 거의 독점했다. 그밖에 대련에서는 같은 해 8월 41개의 배급실업조합(配給實業組合)이 설립되어 관동주 무역을 독점했다. 이와 같은 상황 아래 중국상인 무역은 거래할 상품이 없어 유명무실해졌다.

6. 대련 중국상인 단체의 조직

일찍이 광서 23년(1897년)에 여순공의회(旅順公議會)가 탄생했다. 여순공의회는 "회장 1명, 부회장 1명을 공선했다." 대련화상공의회(大連華商公議會)는 1901년 여름에 탄생했고, "총리 3명을 공선하여 회무를 관리케 했다. 광서 30년(1904년)에 이르러 장정을 개정하고 총리와 협리 각 1명을 선출했다."[77] 1908년 대련지역에는 상술한 두 개의 상회 외에도 금주화상공의회(金州華商公議會), 소강자화상공의회(小崗子華商公議會), 보란점상무회(普蘭店商務會), 비자와상무회(貔子窩商務會)가 연이어 설립되었다. 이들 상회와 관련된 상황은 〈표 23-14〉와 같다.

---

[77] 王樹楠, 吳廷燮, 金毓黻 等 纂, 『奉天通志』 第3册, 2622쪽.

〈표 23-14〉 1908년 관동주 상회 상황표

명칭	회원수	경비예산(원)	명칭	회원수	경비예산(원)
여순화상공의회	300		대련화상공의회	411	15,370
금주화상공의회	2,122		소강자화상공의회	1,085	8,635
보란점상무회	207	2,122	비자와상무회	200	3,347

출전 : 王樹枏, 吳廷燮, 金毓黻 等 纂, 『奉天通志』 第3冊, 東北文史叢書編輯委員會 点校 出版, 1983, 2623쪽.

상술한 이들 상회 중에 비교적 영향력이 크고 일정한 규모를 갖춘 것은 대련화상공의회와 소강자화상공의회였다.

1) 대련화상공의회(大連華商公議會)

대련화상공의회는 1914년 설립되었다. 그 전신은 러시아가 대련을 통치하던 시기의 '와구공의회(窪口公議會)'였다. 이후 몇 차례 변화를 거쳤다. 여기서는 아래와 같이 네 시기로 나누어 서술한다.

(1) 와구공의회시기

1898년 러시아는 대련을 강제로 조차한 후 대련에서 축항과 도시건설을 시작했다. 러시아가 축항과 도시건설 과정에서 끊임없이 현지 인민의 이익을 침범했기 때문에, 현지 백성과 도시건설 직공은 러시아의 중국침략행위에 대해 극도로 분노하여 자발적으로 "규모가 비교적 작은……공격"을 전개했다.[78] 특별히 의화단운동시기 의화단운동은 제국주의 침략세력에게 일정한 타격을 주었다. 의화단운동을 진압하기 위해 대련주둔 러시아군대는 연이어 북경과 천진지역으로 출동했고 대련의 방어업무는 공백을 드러냈다. 대련의 치안을 확보하기 위해 러시아식민당국은 대련 중국상인에게 책임지고 자치조직을 만들어 사회치안을 유지하도록 명령했다. 그에 따라 1901년 여름 대련 '와구공의회'가 설립

---

78) [蘇] 阿瓦林, 『帝國主義在滿洲』, 商務印書館, 1980, 51쪽.

되었다. 공의회 설립 후 장더루(張德祿)를 총리(회장), 류자오이(劉肇亿)를 협리(부회장), 궈쉐춘(郭學純) 등 6명의 부호를 회동(會董)으로 삼았고, 실제 사무는 류자오이가 책임지고 처리했다. 공의회는 아래에 공의처를 설치하고 통령(統領)과 사야(師爺, 비서) 각 1명을 두었으며, 순정(巡丁) 800여 명을 배치하여 지방 치안 및 민형사 사건을 책임졌다. 1901년 이후 대련항의 초보적인 완성과 수륙교통이 한층 더 발전함에 따라 대련시내 상업 업무도 점점 번영했다. 1903년에 이르러 시내 상공업은 이미 500여 호에 달했다.[79] 이 때문에 와구공의회의 업무는 식민당국의 징세 업무와 지방 초표(鈔票) 발행 등의 업무를 대신하는 데까지 확대 발전했다. 이때 공의회는 이미 러시아 식민통치기구의 보조기구였음을 알 수 있다. 이와 동시에 공의회는 또 일단의 자선사업과 공익사업도 거행했다. 예를 들어 중국상인으로부터 모금하여 간이병원을 세우고 중국인을 진료했으며 빈민에게 진료비와 약값을 무료로 했다. 또 중국인 보통소학교를 설립했으며, 빈곤한 시민을 구제했다.

(2) 대련공의회(大連公議會)시기

러일전쟁 후 일본침략세력은 대련지역으로 진입했다. 대련 민족 경제는 본래 매우 박약하고 기술이 낙후되며 설비가 부족했기 때문에 독립 생산 능력과 고정 생산품이 없었다. 게다가 식민당국의 중국상인에 대한 각종 제한은 중국상인 경제를 더욱더 곤란한 지경에 빠뜨렸다. 1905년 10월 중국상인은 스스로의 합법적 권익을 옹호하기 위해 와구공의회를 '대련공의회'로 개조하고, 류자오이를 총리(정회장)로, 궈쉐춘(자는 징이精義)을 협리(부회장)로 선출하고, 류웨이지(劉維驥), 리쯔밍(李子明), 장번정 등 12명을 의동(議董)으로 삼았다. 소재지는 시내 애암정(愛岩町, 현재 중산구 동흥가)에 있었고, 주관 구역은 동대련(현재 중산구)이었다.

[79] 顧明義 等 主編, 『大連近百年史』 下, 964쪽.

류자오이(劉肇亿)

대련공의회의 책무는 상호 등록, 상공호의 부지 허가 신청, 상민 분규의 중재 등에 관한 각종 사무를 처리하는 외에도, 시내의 치안과 위생 등에 대해서도 일정한 책임이 있었다. 그 활동 경비는 주로 회원의 회비, 의연금 모금, 회의 재산 수입 등에서 충당했다.

경비 모금을 위해 류자오이는 1905년 11월 상해 오락 기구인 '세계대무대(世界大舞臺)'가 복권을 팔아 이익을 거두는 방법을 모방하여 대련굉제채표국(大連宏濟彩票局)의 유치를 신청하고 복권을 발행하여 매월 5,000~9,000여 원의 이익을 얻어 대련 공공사업의 진흥 기금으로 사용했다. 1907년부터 대련공의회는 이 돈을 이용하여 대련굉제선당(大連宏濟善堂)을 건설하고 휼과(恤寡), 무고(撫孤), 육영(育嬰), 양로(養老), 계연(戒煙), 시관(施棺), 의장(義葬), 제빈(濟貧) 등의 자선사업을 진행했으며, 아울러 굉제병원(宏濟病院)을 건설했다.

1908년 이후 대련시내 각 지구의 민정, 경무 기구 및 대련시청이 잇달아 설립되었기 때문에 일본식민당국은 직접 대련의 민정을 관리하고 사회의 치안을 유지하기 시작했다. 대련공의회는 이때부터 더 이상 지방 민정과 치안을 책임지지 않았으며, 진정한 의미에서 단지 중국인 상공업자들의 이익을 대표하는 하나의 자치 단체가 되었다.

(3) 대련화상공의회(大連華商公議會)시기

대련 민족 상공업의 끊임없는 발전에 따라 1912년에 이르러 대련 민족 상공업 호수는 1907년의 77호에서 204호로 증가했고, 자금은 400만 원 미만에서 2,400만 원으로 증가했으며, 생산총액은 270만 원에서 1,900만 원으로 늘어났다.[80] 그러나 여전히 식민당국의 온갖 괴롭힘과 배제, 심지어 타격을 받았다. 이에 대해 대련 상공업자는 자신의 이익을 보호하기 위한 목적에서 출발하여, 자치조직의 힘을 빌려 식민당국의 대련 중국상인에 대한 박해를 저지하고자, 대련공의회의 개조를 요구했다. 1914년 중국상인의 요구 아래 대련공의회는 '대련화상공의회'로 개조되었고,

귀쉐춘(郭學純)

귀쉐춘은 총리, 원성태(原成泰)의 경리 리쯔밍과 정기윤선공사의 경리 장번정은 협리를 맡고, 동사(董事) 32명이 임명되었다. 회원은 상호(商戶) 자체 자본의 많고 적음에 따라 정식회원과 보통회원으로 구분되었으며, 정식회원은 선거권과 피선거권이 있었다.

대련화상공의회 소재지

[80] 大連商工會議所, 『大連商工案內』, 1942, 209쪽.

대련화상공의회는 중국인 상공업자의 자치 단체였으나 심사비준권이 식민당국의 수중에 장악되었다. 식민당국은 중국 각지에서 온 중국상인에 대해 분열정책을 취하여, 본지방(本地帮)은 '황국신민'으로 간주하는 반면 외지상민은 '아직 귀화하지 않은' 것으로 보고, 이로써 화상공의회를 분열시켜 역할을 발휘하는데 영향을 미치고자 했다. 그럼에도 불구하고 대련화상공의회는 변함없이 중국 민족 상공업자를 위해 유익한 일을 많이 했다. 예컨대 대련화상공의회는 갖은 방법을 다 써가며 중국인의 경제 발전을 촉진했을 뿐만 아니라, 내륙에서 대련으로 생계를 도모하러 왔다가 곤란하게 된 자에 대해 적절하게 잘 안치할 방법을 강구하거나 혹은 되돌아갈 여비를 지급했다. 1917년 관내(關內) 하북·산동·하남 3성에 수재가 발생하자, 대련화상공의회는 부유한 부호로부터 수만 원의 의연금을 모금하여 수난동포를 구조했다. 1922년과 1923년 공의회는 또 일본식민당국이 일본 조선은행의 금본위제(金建制)로 동북의 화폐제도를 통일하려는 기도에 직접 맞서 싸워 나갔다. 이는 일본이 중국상인과 중국 주민의 백은을 약탈하고자 이미 오래전부터 꾸며온 음모였다. 중국상인의 이익을 옹호하기 위해 공의회는 연속하여 회의를 연 결과 다음과 같은 결정을 내렸다. ① 회장이 청원서를 기초한다. ② 특산물과 화폐 두 거래소는 일률적으로 거래를 정지한다. ③ 일본상인단체인 대련상업회의소에 편지를 보내어 은본위제(銀建制)의 유지에 협조해 줄 것을 호소한다. 1년여의 교섭과 투쟁을 거쳐, 이주인 히코키치(伊集院彦吉)가 관동청장관이 되어 금본위제를 '양건(兩建, 금은) 병용'의 조화로운 방법으로 바꾸고, 아울러 거듭 대련을 자유무역항으로 선포하여 어떤 국가의 화폐를 막론하고 모두 일률적으로 통용되도록 하는 정책을 추함으로써 이번 분쟁은 비로소 해결될 수 있었다.

이번 투쟁 가운데 대련화상공의회 총리 궈쉐춘은 줄곧 중국상인의 이익 보호를 견지하며 여러 차례 식민당국에게 민의를 진술했다. 아울러 60여 명의 청원단을 조직하여 일본 도쿄까지 가서 청원했다. 그 사이 두 차례에 걸쳐 누군가 그들 암살하고자 했으나 모두 미수에 그쳤다. 도쿄에서 2개월여에 걸친 교섭 끝에 마침내 다이쇼천황(大正天皇)을 접견할 수 있었다. 그해 겨울 궈쉐춘은 과로가 겹쳐 치통을 앓게 되었고, 치료를 받았으나 효과가 없어 세상을 떠났다. 대련화상공의회 총리직은 협리인 리쯔밍에게 승계되었다. 리쯔밍은 일찍이 블라디보스토크에서 상업업무를 배운 산동방(山東幇)의 책임자였다. 그는 총명하고 능력이 뛰어났으며 사람됨이 정직했고 강렬한 민족관념까지 갖추고 있었다. 특별히 금본위제에 반대하는 투쟁

리쯔밍(李子明)

에서 중국상인의 이익을 지키기 위해 여러 차례 일본식민당국과 투쟁을 전개하여 식민당국의 미움을 받고 결국 '출경(出境)'당했다. 후에 상공계의 거듭된 중재를 거쳐 대련으로 돌아왔다. 리쯔밍은 1927년에 병으로 죽었다. 이후 대련화상공의회의 영도권은 곧 친일파 인물인 장번정의 수중에 떨어졌다. 장번정은 회장, 류셴저우(劉仙洲)와 사오상젠(邵尙儉, 자 선팅愼亭)이 부회장을 맡았다.

(4) 대련시상회(大連市商會)시기

1932년 대련화상공의회는 '대련시상회'로 개칭하고, 「대련시상회장정(大連市商會章程)」을 정했다. 회원대회에서 먼저 33명의 동사(董事)를 선출하여 동사회를 구성하고 동사회는 장번정을 회장, 류셴저우와 사오상젠을 부회장으로 선출했으며, 회장은 동사 중 8명을 상임이사로 지명했다. 이후 상회는 3차례의 임원 선출이 있었으나 모두 장번정을 회장, 류셴저우와 사오상젠을 부회장으로 선출했다.

1930년대 상반기 일본은 중국으로부터 더욱 많은 자원을 강탈하기 위해 힘껏

동북에 투자했고 대련은 재차 번영 발전했다. 그러나 1932년 만주국이 새로 정한 관세 세율이 너무 높아 상공업자의 경영에 막대한 영향을 끼쳤다. 중국상인의 간절한 요구 아래 대련시상회는 서강상회(西崗商會)와 협력하여 대표단을 장춘과 일본 도쿄에 연이어 파견하여 관계당국에 사정을 감안하여 줄여줄 것을 요구했고 어느 정도 성과를 얻었다. 1934년 1월 대련시상회는 산하의 굉제다원(宏濟茶園, 일명 영선다원永善茶園)을 굉제대무대(宏濟大舞臺)로 확장하고 공연 이윤을 사회 자선사업경비에 사용했다. 1937년 식민당국은 대련시상회를 통제하기 위해 관동주청 고등형사 쉐위탕(薛餘堂)을 상회서기장으로 강제 파견하여 상회의 일상 업무를 처리하도록 했다. 이로부터 대련시상회는 회장 장번정, 서기장 쉐위탕의 통제 아래 전력을 다해 식민당국과 협력하여, 각종 경제통제법령을 시행하고, 상민에게 각종 채권을 할당하고, 국방헌금과 위문금 및 각종 명목의 저축금을 모집했지만, 중국상인의 이익을 수호하는 데는 노력하지 않았다. 따라서 장번정이 장악한 이후의 대련시상회는 이미 "반역 무리에 가담하여 조국에 해를 끼치며 악인의 앞잡이로 일하는 도구가 되었다"[81]고 할 수 있을 것이다. 이로 인해 이 시기 대련상회의 "신망은 땅에 떨어졌고" 많은 상민은 다시는 상회 조직을 믿지 않았다.[82]

2) 대련서강상회

대련서강상회(大連西崗商會)의 전신은 소강자공의회(小崗子公議會)였는데 '소강자공의처(小崗子公議處)'로도 불렸으며, 이는 상인의 자치조직이었다.

1905년 8월 일본 식민통치기구인 군정서가 민정서로 바뀌었다. 민정서 수립 이후 서강구(西崗區, 당시는 소강자로 불림)를 중국인 영업구와 거주구로 규획

---

[81] 「大連地方法院對原大連市商會副會長邵愼亭判決書」, 1947년 4월, 顧明義 等 主編,『日本侵占旅大四十年史』, 423쪽 재인용.
[82] 「原大連市商會副會長朱長城訪問錄」, 顧明義 等 主編,『日本侵占旅大四十年史』, 423쪽 재인용.

하고 중국인으로 하여금 여기에서 집을 짓고 거주하도록 허락했다. 그러나 택지와 가옥 건축허가를 신청하기 위해서는 이 일을 주관할 전문기구가 필요했고, 이에 따라 소강자상인은 스스로 조직을 만들고, 아울러 일본식민당국의 동의를 서면으로 요청하여, 1906년 봄 서강가 120호에 가옥 3칸을 임대하여 사무소를 마련하고 '서강자공의처'를 설립하여 해당 사무를 전문적으로 책임졌다.

규정에 의하면, '공의처'는 정총대(正總代) 1명, 부총대(副總代) 1명, 총대(總代) 3명을 두고, 공의처는 관할 구역을 4구로 나누어 매 1구에 정·부 구장(區長) 각 1명을 두었다. 그 주요 직무 담당 상황은 아래와 같았다.

정총대 : 쑤구이팅(蘇貴廷, 금주성내인金州城內人)
부총대 : 우윈푸(吳雲圃, 금주성동옥황정인金州城東玉皇頂人)
총　대 : 왕위탕(王餘堂, 덕창경德慶昌), 왕쯔민(王子民, 공화호公和號), 쉬루이란(徐瑞蘭, 천일당天一堂)
제1구구장 : 량가이천(梁蓋臣, 옥성호玉成號)
부구장 : 쭤화이팅(左懷亭, 태내당泰來當)
제2구구장 : 왕위탕(덕경창德慶昌)
부구장 : 잉신팅(應新亭, 천합은天合銀)
제3구구장 : 돤룽칭(段榮卿, 영흥무永興茂)
부구장 : 왕쯔민(공화호公和號)
제4구구장 : 쉬루이란(천일당天一堂)
부구장 : 한쯔펑(韓子豊, 증순덕增順德)[83]

공의처 설립 후 경비문제를 해결하기 위해 소강자의 부지 50평당(1평은 3.3㎡) 자치 의연금 1,000원을 징수하여 공의처의 활동기금으로 삼기로 결정했다. 이에 기초하여 공의처는 일련의 공익사업을 실행했다. 예를 들면, 현지 주민의

---

[83] 大連市西崗區地方志編纂委員會 編, 『西崗區志』, 大連理工大學出版社, 2005, 344쪽.

식수문제를 해결하기 위해 관정(官井, 공용 용수정) 8곳을 팠고, 부지 400㎡을 신청하여 병원 1곳과 위생사무소 1곳을 설립하고, 공중화장실 12곳을 새로 만들었으며, 또 회비를 들여 순창원(巡廠員) 8명을 모집하여 구내 사회 치안을 유지하는 등의 일을 했다.

1908년 일본식민당국은 서강구에 소강자경찰서(小崗子警察署)를 개설하여 원래 공의처가 맡았던 민정과 치안 등의 사무를 경찰서에서 접수 관리했으며, 공의처의 각 총대 및 각구 구장은 단체로 사직했다. 경찰서는 복흥공호(福興公號) 주인 류구진(劉谷金)에게 공의처 총대직을 대리하도록 위임하여 공의처의 일상 사무를 맡아 처리하게 했다. 그러나 류구진은 위신이 높지 않아 결국 공의처는 사실상 중지 상태에 빠졌다. 이런 상황 아래 소강자상민들은 다같이 원래의 공의처 회복을 요구했다. 일본식민당국은 상민의 압력 아래 1908년 10월 전(前) 총대 쑤구이팅, 돤룽칭, 위쯔전(于子楨) 및 전(前) 구장 왕위탕, 왕쯔민, 쉬루이란, 량가이천, 쥐화이팅 및 의동 뉴쥐저우(牛作舟), 저우제천(周潔臣) 등을 소집하여 회의 업무를 재정비하는 협상을 했다. 협상 결과 공의처와 총대라는 명칭을 없애고 공의처를 '소강자화상공의회(小崗子華商公議會)'로 개조하기로 결정했으며, 두서우산(杜壽山, 正祥油房)과 쑤구이팅 두 사람을 정·부회장으로 추대하고, 아울러 상술한 4구의 정·부 구장을 복직시키고, 따로 의동 26명을 추천하여 선출했다.

'소강자화상공의회' 수립 후 원래 사무실의 협소문제를 해결하기 위해 부회장 쑤구이팅이 나서서 소강가 146호의 부지 96㎡를 제공받고, 아울러 회장 두서우산이 우선 임시로 경비를 대납하여 '소강자화상공의회사무소' 사무실 4칸, 회의실 5칸을 건축했다. 동시에 구성사(九聖祠) 1곳과 공학당 1곳(지금의 대련시 제1중학)을 지어 중국상인 자제의 취학을 도왔다.

1914년 5월 '소강자화상공의회'는 일본식민당국이 「상민자치규칙(商民自治規則)」을 반포하여 상회 조직이 수장을 선거로 선출할 수 있도록 허락함에 따라 추천제를 선거제로 바꾸고 아울러 정식 회원 142명이 정·부 회장, 협판원(공의회에 머물며 회장을 도와 일상 사무를 처리), 동사 등을 선출하여 회무를 처리하기로 결정했다(〈표 23-15〉 참조).

〈표 23-15〉 제2기~제4기 화상공의회 조직 기구 및 인명록(1914~1924)

會長	牛作舟 (復縣人, 福昌油坊 經理)	協辦員	王文川(協源茂 經理) 陳蓋三(蓋和窯 經理) 呂克勤(政記油坊 經理) 劉鏡亭(成順和 經理)	董事	董事 24명
副會長	徐瑞蘭 (金州城 西北溝人, 天一堂 經理)				

출전: 大連市西崗區地方志編纂委員會 編, 『西崗區志』, 347쪽.

1917년과 1920년 '소강자화상공의회'는 두 차례의 임원 개선을 했는데, 뉴쭤저우와 쉬루이란 두 사람의 위신이 상당히 높았기 때문에 비록 두 사람이 거듭 물러나고자 했지만 계속 선출되었고 1923년 임기 만료에 이르러서야 비로소 그만두었다.

뉴쭤저우와 쉬루이란 두 사람이 임기 내에 일으킨 공익사업 중 가장 가치 있다고 칭송받은 것은 북해안 흑취자대교(黑嘴子大橋)의 건설이었다. 당시 중국 상인 유방이 비교적 많아 생산품 대부분은 대련시구 북부의 흑취자항에서 수출되었다. 그러나 흑취자항의 교통 조건이 뒤떨어져 철도와 창고가 없었기 때문에 중국상인의 화물은 일본이 통제하는 동부두에서 하역할 수밖에 없었고 결국 중국상인은 상당한 손실을 입었다. 이에 '소강자화상공의회'는 1915년 상회 명의로 직접 나서서 흑취자 부두잔교를 건설하고 중국상인에게 편리를 제공했다. 이와 동시에 공의회는 또 나서서 일본식민당국과 교섭하여 소강자기차역을 여객운송에서 화물 운송역으로 바꾸고 창고 등을 증축했다. 이외에 1917년 관내 하북·산동·하남 3성에 엄청난 수재가 발생하자 '소강자화상공의회'는 회원의 의연금을 모금했고, 모금한 1만여 원 및 대량의 물자를 재난지역에 보냈다. 이 일로 당시 북양정부 대총통 리위안훙(黎元洪)에게 칭찬을 받았으며, 특별히 "은

혜가 빈궁한 백성에게 미치다[惠及窮黎]"라는 금자(金字) 편액 하나를 받았다.

1924년 가을 '소강자화상공의회'는 임원개선을 거행했다. 선거 전에 먼저 새로운 회칙[會則]을 제정하고 전체 회원이 동사 33명을 선출하여 동사회를 조직하며, 그런 후에 다시 동사회에서 회장을 선출하도록 규정했다. 회칙은 아울러 부회장 1명의 증원과 정·부 회장 임기는 모두 3년으로 하고 한 차례 연임할 수 있도록 규정했다. 임원 개선으로 장구천(張嘏臣, 정기유방 경리)은 회장, 저우원구이와 쉬루이란은 부회장이 되었다. 장구천은 대련화상공의회(현재 중산구) 부회장 장번정의 아들로, 아들이 아버지보다 높은 위치에 있는 것은 예법에 어긋난다는 이유로 단호히 거절하며 취임하지 않았다. 이에 일본식민당국 민정서의 동의를 거쳐, 장구천 다음으로 많이 득표한 팡무탕(福順義油坊 경리)이 회장을, 저우원구이와 쉬루이란이 부회장을 맡았다. 아울러 팡무탕은 뉴쮀저우, 장구천, 저우쯔양, 쑨이탕(孫益堂), 쉬산즈(許善之), 류원자이(劉韞齋), 위이팅(于翼亭), 장란포(張蘭坡), 사오간이(邵乾一), 팡무탕, 저우산팅, 쉬루이란 등 12명을 상임이사로 지명했다.

팡무탕이 '소강자화상공의회' 회장에 취임한 이후 대련 민족 공업을 진흥하기 위해 특별히 1924년 6월 화상실업고찰단(華商實業考察團)을 이끌고 일본으로 가서 20여 일간 시찰했으며, 대련으로 돌아온 후 자금을 모아 목당조지창(睦堂造紙廠)을 창설했다. 동시에 화동신탁회사(華東信託會社) 책임자 옌즈루(閆之汝, 화동신탁회사 지배인, 신업은호新業銀號 경리)에게 위탁하여 실업보습학교 1곳을 창설하고, 팡무탕은 스스로 교장이 되어 일어, 부기, 상업 등 각종 과목을 개설하고 교사를 초빙하여 수업했으며, 중국상인 종업원을 모아 학습시켜 많은 중국청년 상인을 배양했다.

1926년 가을 '소강자화상공의회'는 재차 임원을 개선하여 팡무탕은 회장에 연임되었고 저우쯔양과 옌즈루는 부회장이 되었다. 또 동사 33명이 선출되었다. 회장 팡무탕은 장번정, 뉴쮀저우, 쉬루이란, 저우산팅 등 4명을 고문으로 초빙했고, 장지우, 왕유싼(王有三), 왕위안취안(王原泉), 류윈자이, 사오간이, 쑨이탕, 저우후이쉬안(周惠宣), 가오쯔위안(高子垣), 롼청주(欒誠久), 위이팅, 쉬셴자이(徐憲齋), 쉬산즈 등 12명이 상임이사가 되었다.

1929년 '소강자화상공의회'는 임원을 개선하여 동사 33명을 선출하고, 동사는 재차 선거하여 팡무탕을 회장, 저우쯔양과 저우쭤즈(周作之, 덕화은호德和銀號 경리)를 부회장으로 뽑았다. 팡무탕은 뉴쭤저우, 쉬루이란, 옌즈루를 고문으로 초빙했으며, 왕원촨(王文川), 롼청주, 쉬셴자이, 가오쯔위안, 사오간이, 쉬산즈, 장지우, 저우후이쉬안, 쑨바오옌(孫寶延), 위중하이(于宗海), 류사오칭(劉紹卿), 옌루탕(顏儒堂) 등 12명이 상임이사가 되었다. 팡무탕이 재차 회장에 당선되자 회장은 한 차례만 연임할 수 있다는 공의회 회칙규정에 위배됨에 따라, 총회의 토론을 거쳐 해당 조항을 "회장의 임기는 제한이 없다"로 수정했다. 이로부터 '소강자화상공의회' 회장은 줄곧 팡무탕이 맡게 되었고, 1940년 그가 옹증(癰症)에 걸려 세상을 떠날 때까지 계속 이어졌다.

1932년 임원 개선 후 '소강자화상공의회'는 식민당국의 비준을 받아 '대련서강상회'로 명칭을 바꿨다.

1932~1945년 '대련서강상회'의 기구 및 인원은 〈표 23-16〉과 같다.

〈표 23-16〉 '대련서강상회' 기구 및 인명록(1932~1945)

1932년 8기	회 장 부회장	龐睦堂 周子揚 王文川	상임동사	欒誠久 孫寶延 王少臣	于翼亭 周維禎 閆梓亭	高子垣 趙掄三 劉遠來	徐憲齋 邵鼎三 張惠恩
1935년 9기	회 장 부회장	龐睦堂 周子揚 徐憲齋	상임동사	趙掄三 周維禎 邵鼎三	閆之汝 閆梓亭 王少臣	欒誠久 孫寶亭 張國儒	于翼亭 劉遠來 劉鳳翔
1940~1945년	회 장 부회장	周子揚 徐憲齋		내부조정: 서무과 겸 문독주임: 趙子文 교제과 겸 조사과주임: 劉煥 회계과주임: 張子黎			

출전 : 大連市西崗區地方志編纂委員會 編, 『西崗區志』, 347쪽.

1936년 일본식민당국은 '대련서강상회'에 대한 통제를 한층 더 강화하기 위해, 특별히 상회에 명하여 서기장 1명을 증설하고, 여순 일본경찰서 특고형사 청궈칭(程國慶)으로 하여금 그 직을 담당하게 했다(1936~1945).

3) 서대련상회

이른바 서대련은 현재 대련 사하구(沙河口) 지역을 지칭한다. 이 지역은 제정러시아 통치시기에는 시가지에 속하지 않았으나 1908년 일본이 대련을 점령한 후 여기에 만철 사하구공장이 설립되었기 때문에 시가지 건설계획에 편입되게 되었고, 경제도 성장하는 모습을 드러냈다. 특히 제1차세계대전 기간 대련 경제의 빠른 성장에 따라 인구도 증가하여 시내는 혼잡한 현상을 보였다. 이와 같은 상황 아래 일본식민당국은 사하구지역으로 확장을 진행하기 시작했고, 이 지역의 상공업도 빠르게 발전하기 시작했다. 처음 이 지역 상공업 호수는 약 400~500호 정도였으나 1928년에 이르러 이미 1,000여 호로 늘어났다.

사하구 상공업의 끊임없는 발전에 따라 상회를 건립하는 일이 사하구 상공업자의 면전에 닥쳤다. 당시의 상황에서 보면, 사하구의 상공업자는 모두 서강상회에 합병되어 들어갈 수 있었다. 그러나 현지의 부호 쉬이녠은 남에게 얹혀 사는 것을 원하지 않았고 일가를 이룰 것을 고수했다. 1929년 쉬이녠이 나서 식민당국에 서대련상회의 수립을 신청했다. 허가를 받은 후 서대련상회는 그해 서대련에 설립되었고, 소재지는 원정(元町) 204호(현재 사하구구沙河口區 광평가廣平街)에 있었다.

서대련상회의 회원은 정식회원과 보통회원 두 종류로 나뉘었다. 설립초기 동사 40명이 동사회를 조직했다. 동사회는 쉬이녠을 회장으로 선출했다. 부회장을 맡은 사람은 앞뒤로 류셴훙(劉先鴻), 저우자비(周家璧), 추지팅(初吉亭), 뤼쭤허우(呂作厚), 장즈빈(張質彬), 주창청(朱長城) 등이 있었다.

쉬이녠은 종신회장으로, 재임하는 기간 동안 서대련 상공업자를 위해 무언가 해보려고 노력했으나 성과는 그다지 크지 않았다. 1945년 일본의 항복 이후 쉬이녠은 북경으로 도망갔고 1950년 북경에서 병으로 죽었다. 그의 나이 70세였다.

제4편 | 중일전쟁과 관동주의 몰락
(1937년 7월 7일~1945년 8월)

제24장

전시체제하의 '관동주'

1. 「관동주국가총동원령」의 강제 추진

1931년 관동군이 9·18사변을 일으킨 후 일본은 '준전시체제'로 돌입했음을 선포하고 적극적으로 군비를 증강하여 전쟁을 준비했다. 동북에서 일본은 전쟁 관련자원과 물산에 대한 조사를 더욱 가속화하고, 아울러 '개발' 방안을 제정하여 계획적으로 군수품의 생산과 비축을 진행했다.

1937년 중국에 대한 전면침략전쟁이 터지자 일본 전국은 '전시체제'로 전환했다. 군수공업과 국방물자의 생산은 전시경제궤도로 들어가 국가가 전면적으로 독점 통제했다.

일본은 자신의 통치아래 있는 대련지역에서도 적극적으로 전시체제를 추진했다. 무릇 군사와 관련 있는 부문과 산업, 예컨대 교통, 금융, 수출입무역, 화학공업, 조선, 기계, 기관차, 석유, 발전 등은 모두 반드시 관동군 혹은 관동군이 지정한 기구에서 생산과 관리권한을 장악했다. 최대한 군수생산품을 확대하고,

최대한 민간생산품을 줄이는 것이 전시경제활동의 목표였다. 도시에서부터 농촌에 이르기까지, 공장에서부터 학교에 이르기까지, 사람들은 모두 전쟁기계에 묶여 이를 따라 돌아갔고, 직간접적으로 전쟁의 희생물이 되었다.

1) 일본 「국가총동원법」과 「관동주국가총동원령」

일본의 중국침략전쟁이 끊임없이 확대됨으로 말미암아 군비지출과 군수보급 역시 대폭 증가했다. 모든 물질적 역량과 정신적 자원을 동원하여 전쟁에 투입하기 위해, 일본 정부는 1938년 4월 1일 「국가총동원법」을 반포하여, 전쟁시기에는 국가에서 무기 · 인력 · 물자 · 자금을 통일하여 전용한다고 규정했다. 이 법의 반포는 '법률'상에서 '총력전체제', 즉 전쟁시기 국가생활의 각 방면은 모두 무조건적으로 전쟁의 수요에 복종해야만 한다는 체제를 확립했다.

일본 「국가총동원법」은 전문이 50조로 내용이 복잡하고 체계가 완전했다. 그것은 국가 내지 국민의 물질영역과 정신영역의 각 방면을 망라했다.

이 법의 제1조는 첫머리에서 입법을 한 목적이 "전시에 가장 유효하게 국방의 목적을 실현하고 전력을 다 기울여 국가의 인력과 물력자원에 대한 통제를 발휘하는"[1] 것임을 밝히고 있다. 이어서 국가가 전쟁시기에 총동원하는 물자, 자금, 업무, 인력, 기관단체, 법인회사 등이 마땅히 부담해야 할 의무와 실행해야 할 구체적인 정책에 대해 모두 차례대로 명확하게 규정했다. 예를 들면 다음과 같다.

> 제2조 본법이 총동원하는 방면의 물자는 다음과 같다. ① 병기 · 함정 · 탄약 및 기타 방면의 물자. ② 국가총동원이 필요한 피복 · 식량 · 음료 · 사료. ③ 국가총동원이 필요한 약품 · 의료기계 · 기구 및 기타 위생방면에서 쓰는 물품과 가축 위생에서 사용하는 물품.

---

[1] 關東州經濟會 編, 『關東州經濟統制全書』, 關東州經濟會, 1945, 1쪽.

④ 국가총동원이 필요한 선박·비행기·차량·마필 및 기타 운수 수단. ⑤ 국가총동원이 필요한 통신물자. ⑥ 국가총동원이 필요한 토목건축과 조명용 설비와 물품. ⑦ 국가총동원이 필요한 연료와 전력 등. ⑧ 위에서 말한 물자와 관련된 생산·수리·배급 및 보존이 필요한 원료·재료·기계 도구·장치 등 기타 물자. ⑨ 위에서 말한 각 항 외에 칙령에 의해 지정된 국가총동원 시 필요한 물자.

제3조 본법이 총동원하는 업무는 다음과 같다. ① 총동원 물자와 관계된 생산·수리·배급·수출·수입·보관 관련업무. ② 통신과 운수 관련업무. ③ 금융방면 관련업무. ④ 위생·가축위생·구호방면 관련업무. ⑤ 교육 및 훈련방면 관련업무. ⑥ 실험과 연구방면 관련업무. ⑦ 정보와 선전방면 관련업무. ⑧ 경비방면 관련업무. ⑨ 위에서 말한 각 항 외에 칙령에 근거하여 지정된 국가총동원과 관련된 필요업무.[2]

이외에도 「국가총동원법」은 또 다음과 같이 규정했다. 정부는 공장기업, 공용사업, 문교위생 등 각 업종 및 그 종업원을 징발하여 총동원업무에 종사하게 할 권리가 있다. 기업과 사업의 개설, 자본의 증감, 채권의 모집, 주식의 발행 등을 제한하고 금지할 권리가 있다. 기업과 사업의 경영방식, 양도, 폐지, 사업중지, 법인합병 등을 결정할 권한이 있다. 정신사상과 문화사업 방면에서 「국가총동원법」은 다음과 같이 규정했다. 정부는 신문·잡지와 모든 출판물에 게재하는 내용을 제한하고 금지할 권한이 있다. 규정을 위반한 신문 간행물과 출판물에 대해서는 발행과 판매를 금지하거나, 구류·몰수·차압을 할 권리가 있고, 아울러 원판의 몰수를 강행할 수 있다.[3]

이 법은 물자와 업무의 총동원에 대해 정부가 가지고 있는 권리 및 기업과 사업, 국민이 짊어져야 할 의무를 밝히는 것 외에도 「국가총동원법」의 집행을 위반 방해하는 사람을 처벌하는 18항의 세칙도 있었다. 예컨대 다음과 같다. 법규정과 요구를 위반한 자에 대해서는 3,000~50,000엔의 벌금부과, 혹은 10년 이

---

[2] 關東州經濟會 編, 『關東州經濟統制全書』, 1~2쪽.
[3] 關東州經濟會 編, 『關東州經濟統制全書』, 5쪽.

하의 징역에 처할 수 있다. 총동원업무의 집행을 방해하는 자에 대해서는 6개월 이하의 금고 혹은 500엔 이하의 벌금에 처할 수 있다. 관련기밀을 분실·누설·절도하는 자에 대해서는 2년 이하의 징역 혹은 2,000엔 이하의 벌금에 처하고, 만약 공무원일 경우에는 2~5년의 징역 혹은 2,000엔 이하의 벌금에 처한다. 뇌물을 주거나 받은 자에 대해서는 2~5년의 징역에 처한다 등.

국가총동원과 총력전사상은 일본인이 발명하거나 창조한 것이 결코 아니다. 이는 유럽인들이 제1차세계대전을 통해 도출해 낸 일종의 군사이론으로, 단지 일본 정부에 계승되어 파시즘운동의 지도사상이 되었을 뿐이다. 일본 군부는 전제주의의 입장에 서서 민주사상을 극력 배제시키고, 온 힘을 다해 국가주의와 천황에게 충성하는 무사도 정신을 배양했다. 그 목적은 바로 국가총동원과 침략전쟁의 발동을 통해 자기의 특권 지위를 도모하고, 국가정권을 전면 탈취하여 국가와 민족을 전쟁의 궤도로 끌어들이려는 것이었다.

중국침략전쟁의 끊임없는 확대가 조성한 군수품의 거대한 부족을 메꾸기 위해, 일본은「국가총동원법」에 의거하여 강제로 소비물자의 생산을 축소하고 전쟁물자의 생산을 확대하여 일본 경제에 거대한 모순을 야기했다. 이러한 모순을 완화시키는 방법은 바로 식민지 경제의 이익을 수탈하여, 식민지로 하여금 일본을 위해 전쟁에 사용되는 물자·자금·노동력을 소모하는 값비싼 대가를 치르게 하는 것이었다. 이 때문에 1939년 8월 26일 일본 정부는「관동주국가총동원령」을 발표하여 '관동주'에서「국가총동원법」을 실시한다고 선포했다.

「관동주국가총동원령」제1조는 다음과 같이 규정했다. "관동주에서 국가총동원을 실시하는 것은 본령에 의거하여 동원을 진행하는 외에도「국가총동원법」에 의거하여 집행해야 한다." 제3조에서는 다음과 같이 규정했다. "「국가총동원법」의 제국신민에 대한 관련규정은 관동주에 거주하고 있는 비제국 거주민에게도 적용한다."[4] 이렇게 되어 당시 대련지역에 거주하던 110만 중국인은 일본 정부에 의해 침략전쟁의 '전차'에 강제로 묶여 일본이 일으킨 대외침략전쟁의 희생양이 되었다.

2)「관동주국가총동원령」의 강제 시행

일본은「국가총동원령」을 시행하기 위해 전쟁총동원을 진행할 때 또 각 항의 업무를 겨냥하여 200여 항의 구체적인 법령법규를 제정 발표했다. 이들 법령법규는 무릇 일본 정부가 관동주에서 실시할 필요가 있다고 생각했던 것으로, 모두 '칙령'의 형식으로 실시'령'이 선포되었다. 예컨대「관동주물자통제령」, 「관동주무역통제령」, 「관동주임시자금조정령」, 「관동주징용령」등이 그것이다. 그런 후에 다시 관동국에서「관동주국가총동원령」과 일본 정부가 선포한 각 항의 실시'령'에 의거하여 구체적인 '시행규칙', 예컨대「관동주징용령 시행규칙」등을 제정하고 선포했다. 제2차세계대전이 끝나기 전에 일본 정부와 관동국이 선포한 이와 같은 여러 법령 법규들은 비록 한우충동이라고 할 수는 없지만 확실히 너무 많아 일일이 헤아릴 수 없을 정도였다.

(1) 전시자금의 조달과 사용

1937년 9월 10일 일본 정부는「임시자금조정법」을 선포하여 다음과 같이 규정했다. 전쟁 수요에 적응하기 위해 정부는 "관련 물자와 자금에 대해 조정을 단행하고" "은행·신탁회사·보험회사 등 모든 금융기구 및 그 아래에 속한 사업이 설비와 시설을 증가·확대·개선할 때 진행하는 대출 및 유가증권의 모집은 반드시 정부의 비준을 얻어야 한다."[5] 1939~1944년간 일본은 매년 모두 전쟁형세의 변화에 근거하여 이 법을 수정해야만 했다. 일본 정부는 이 법을 공포한 후 오래지 않은 11월 10일 바로 대련지역에「관동주임시자금조정령」을 하달하

---

[4] 關東州經濟會 編,『關東州經濟統制全書』, 1쪽.
[5] 關東州經濟會 編,『關東州經濟統制全書』, 421~422쪽.

여, 즉시 대련에서「임시자금조정법」을 집행하라고 명령했다.

1942년 6월 일본 정부는「관동주 은행 등 자금운용령」을 선포하여, 은행에서 인출하여 사용하는 자금이 3만 엔 이상일 때는 모두 '만주'주재 일본전권대사의 비준을 거쳐야 한다고 규정했다. 같은 해 12월 또「관동주저축조합령」을 반포했다. 그 목적은 민간의 유휴자금을 흡수하고 기업단체와 사업단체의 근로자와 주민들을 강요하여 개인저축예금을 증가시키는 것이었다. 이에 근거하여 식민당국은 대련 각 기관·공장·사회단체와 거주민 구역에 '저축조합' 설립을 강행하여 많을 때에는 모두 800여 개에 달했다.[6]

1944년 일본 정부의 재정예산총액은 590억 엔이었다. 이와 같이 방대한 국가재정예산은 주로 세수와 국채에 의지하여 지탱되었고, 국채를 소화하는 것은 주로 민간자금에 의지했다. 이 한 해에 일본 정부가 관동주에 하달한 예금유치 임무는 1억 5,000만 엔이었다. 당시 대련공장기업의 잠재력은, 일본 정부가 하달한 군수공업 생산임무를 완성하면서 이미 거의 다 써버렸기 때문에, 은행이 다시 그 예금을 유치하는 것은 매우 한계가 있었다. 그 때문에 당국은 할 수 없이 1억 5,000만 엔의 예금임무를 개인예금의 유치를 통해 완수할 수밖에 없었다.

이 예금임무를 완성하기 위해 일본식민당국은 온갖 궁리를 다해 크게 고심하여 극히 가혹한 방법을 제정하고 강제로 시행했다. 구체적인 방법은 다음과 같았다. ① '저축지도원' 제도를 건립하여 선전을 강화한다. ② '수입 저축화'를 실행하여, 근로자가 임금을 받을 때 당국이 배급하는 생활필수품의 수량에 따라 최저생활비를 계산하고, 다시 근로자가 부담하는 가정생활비에 근거하여 기본생활비를 발급하고, 남는 임금은 강제로 저축시킨다. ③ 중국주민에 대해 마치 '보갑제'와 같은 '인보(鄰保)'예금제도를 실행하여 이웃끼리 서로 감독한다.

---

[6] 滿史會 編, 東北淪陷十四年史遼寧編寫組 譯,『滿洲開發四十年史』下, 411쪽.

"특히 중국의 암시장 교역을 근절하고 만계(滿係, 중국인)의 유동자본에 관심을 기울인다."7) 예컨대 일본인이 지정한 상점 이외의 곳에서 중국인이 식품과 생활용품을 구매하는 것이 발견되면, 즉시 '경제범'의 죄명을 씌워 엄벌에 처했다.
④ 1944년 10월부터 저축권제(儲蓄券制)를 실행하기 시작했는데, 그 처음 5개 항의 규정은 다음과 같았다. 5엔 이상 물건을 구입할 때는 반드시 소비총액 20%의 저축권을 구매해야 한다. 요식오락업종에서 한 사람 당 매번 5엔 이상 소비할 때마다 반드시 2/5의 저축권을 구매해야 한다. 단체로 오락활동을 할 때는 반드시 소비총액 3/5의 저축권을 구매해야 한다. 특별행위세를 납부하는 업종, 예컨대 이발과 미용업에서 1인당 매번 5엔 이상을 소비하는 자는 반드시 3/5의 저축권을 구매해야 한다. 여관에 투숙하는 사람으로 일회성 소비액이 10엔 이상인 자는 반드시 20%의 저축권을 구매해야 한다. 후에 더욱 발전하여 담배 3갑을 사면 반드시 50전의 저축권을 구매해야만 했다.8)

식민당국이 이상과 같은 강제적인 저축조치를 취했기 때문에 1944년 말에 이르러 관동주는 일본 정부가 하달한 저축임무를 초과 달성했다. 그러나 이렇게 하여 대련 인민들의 피와 땀 역시 철저하게 착취당했다.

전쟁경비의 조달에 더욱 박차를 가하기 위해 일본 정부는 또 거대한 액수의 '보국채권'과 '흥업채권' 등을 발행했다. 1943년 일본 정부는 다시 「관동주전쟁보험임시조치령」을 선포하여, 기업과 개인이 보유한 건물과 부속시설 등의 부동산 및 각종 운송수단(예컨대 기차, 자동차, 기선, 비행기)과 그것이 운반하는 화물은 모두 보험에 가입하여 일본 정부의 대외침략전쟁을 위한 자금조달을 도와야 한다고 규정했다.

---

7) 關東州經濟會 編, 『關東州經濟年報』, 1944년 12월, 303쪽.
8) 關東州經濟會 編, 『關東州經濟の現勢』, 1944, 24~25쪽.

(2) 전시체제하의 무역과 물자통제

「국가총동원법」과 「관동주국가총동원령」이 선포된 후 식민당국은 각종 물자에 대한 통제를 실시했고, 우선 수출입무역에 대해 엄격한 규제를 가했다.

일본식민당국이 개최한 국방전람회

① 자유무역을 대체한 전시무역

1939년 4월 관동국은 「관동주임시수출입허가규칙」을 선포하여, 23종의 수출품에 대해서는 반드시 먼저 만주주재 일본특명전권대사의 허가를 받도록 규정했다. 이듬해 당국은 또 「관동주수출입허가규칙」을 선포하여, 거의 모든 수출입상품에 대해 반드시 관동주장관의 비준을 거치도록 규정했다. 동시에 무역단체에 대한 관리감독과 통제를 강화하기 위해 특별히 '관동주무역실업조합연합회(약칭 관무련關貿聯)'를 설립하여 그 아래에 속한 36개 무역실업조합의 수출입업무를 통일 관리하는 책임을 지게 했다. 1941년 10월 일본 정부는 「관동주무역통제령」을 선포했고, 이에 근거하여 관동국은 「관동주무역통제규정」을 제정하여 10월 15일 즉시 실시했다. 「관동주무역통제령」에서는 수출입상품을 지정

물품(즉 특수물자)과 기타 물품의 두 부류로 나누어 규정했다. 오직 당국에 의해 지정된 무역기구만이 '특수물자'의 수출입업무를 받을 수 있었다. 그들은 '일만상사회사(日滿商事會社)' '관동주섬유연합회' '동화자동차(同和汽車)' '미쓰비시상사주식회사' '만주시멘트주식회사' 등 총 33개소를 헤아렸다. 이와 같이 대련에서 수십 년간 실행된 자유무역제도는 이미 완전히 전시무역제로 대체되었다.

태평양전쟁이 터진 후 물자공급이 극도로 부족했기 때문에 군용물자의 우선공급을 보장하기 위해 관동군은 온 힘을 다해 '만관(滿關)'('만주국'과 '관동주') 경제일체화를 추진했다. 관동군의 지시 아래 대련의 일본식민당국은 1942년 1월 '만관무역연합회'를 설립하고 '관무련'을 폐지시켰다. 이때 전 동북의 경제무역업 활동은 완전히 관동군에게 통제되었다. 그러나 이때 해운항로가 거의 전부 봉쇄되었기 때문에 대련 수출입무역은 급격히 추락하여 파괴적인 타격을 입었다.

② 물자통제의 파국과 그 은폐

침략전쟁이 끊임없이 확대되었기 때문에 물자공급은 갈수록 어려워졌다. 전쟁 수요를 우선적으로 만족시키기 위해 일본 정부는 연이어 대량의 물자통제 관련 법령법규를 제정하여, 대련 인민의 생활을 갈수록 상황이 나빠지게 만들었다.

물자통제방면에서 식민당국은 먼저 원료·재료·기계설비·기자재 등의 물자에 대해 통제를 진행하고, 후에는 점차 생활필수품에 대한 통제까지 확대했다. 1941년 1월 15일 관동주는 생활물자 배급표증제(配給票證制)를 실행하기 시작했다.[9]

식민당국은 종주국의 입장에 서서 중·일 거주민의 생활필수품 배급에 대해 이중 기준을 적용했다. 예컨대 대두, 쌀, 식용유, 육류(돼지고기·쇠고기·양고기), 케이크, 빵, 두부, 된장, 조미료, 청주, 맥주, 면포, 면사, 섬유제품, 고무신

---

9) 關東州經濟會 編, 『關東州經濟の現勢』, 65쪽.

등은 오직 일본인에게만 배급하고, 중국주민에게는 공급하지 못하도록 규정했다. 만약 중국인이 쌀을 먹거나 혹은 집안에 쌀을 가지고 있는 것이 발견되면 모두 '경제범'으로 다스려, 가벼우면 몰수·벌금에 처하고, 심하면 모질게 매질하거나 감옥에 가두었다. 중국주민에게 배급한 식량은 옥수수가루와 일본인이 사료로 쓰는 콩깻묵뿐이었다. 설령 같은 종류의 물품이라 해도 배급량에서 차이가 매우 컸다. 자세한 내용은 〈표 24-1〉과 같다.

〈표 24-1〉 관동주 전시체제 아래 중·일 거주민의 생활필수품 배급량 비교표

물품명	일본인	중국인
곡물	1인당 매월 24시근(市斤)[10]	1인당 매월 19.5시근
설탕	1인당 매월 1시근	1인당 3개월에 0.25시근
채소	2일마다 호(戶)별로 1차례 공급	3일마다 호별로 1차례 배급
생선	3일마다 1차례 배급	5일마다 1차례 배급
간장	매월 1인당 2~10합(合,일본 계량단위)	매월 각 호마다 4합
식초	1인당 매월 5~50작(勺)	매월 각 호마다 5작
성냥	매월 각 호마다 1포(包)	매월 각 호마다 1합
세숫 비누	매월 2명에 한 개	매월 24명에 한 개
빨래 비누	1인당 매월 한 개	매월 12인에 한 개

출전 : 顧明義 等 主編, 『大連近百年史』 上, 535쪽.

뿐만 아니라 배급점도 중국인과 일본인의 구분이 있었기 때문에, 상품이 부족한 상황에서 식민당국은 우선 일본인 배급점의 상품 공급을 보증하여 중국인 배급점은 공급할 수 있는 상품이 늘 모자랐다. 이 때문에 중국주민에게 주는 배급품은 흔히 '공수표'에 지나지 않았다.

태평양전쟁이 터진 후 식민당국은 군수품 공급을 우선 보증했다. 물자동원을 한층 더 강화하기 위해 1942년 12월 일본 정부는 「관동주물자통제령」을 선포하여, 관동주의 각급 식민기구는 각종 물자의 관리와 조절에 대해, 가능한 모든 방법을 동원하여 최대한도로 민간용 물자를 줄여서 군수물자를 확보해야 한다고 규정했다. 대련은 또 해상 교통운송이 기본적으로 봉쇄되었기 대문에 물

---

[10] [역주] 1시근은 500그램에 해당한다.

자공급이 더욱 궁핍해졌다. 그 때문에 일본당국이 중국주민에게 공급하는 식량은 대부분 곰팡이가 핀 옥수수가루와 도토리가루 위주였다.

1943년 12월 일본은 「관동주금속류회수령」을 선포하여 철·구리·알루미늄 등의 금속과 이러한 금속이 함유된 합금물, 유휴 설비, 아직 완성되지 않은 기기 등을 전부 회수하여 선박·비행기·무기 등을 제조하는데 긴급히 필요한 각종 금속원료를 해결하려 했다. 아울러 일본 군수대신이 구체적인 책임을 지도록 명령했다.[11] 이를 위해 단지 일본 국내뿐만 아니라 그 점령 아래 있는 중국 동북에서도 대규모 금속 회수운동을 일으켰다. 관동주 각급 식민부서는 임무를 완성하기 위해 필사적으로 이를 독촉하여, 무릇 주민 집안의 금속으로 된 문과 창문, 취사도구와 물건 등은 모두 사냥의 목표가 되었다. 낭속정(浪速町, 지금의 천진가天津街)의 상가에 여러 해 동안 설치되었던 높이 5m, 넓이 12m의 '門'자형 대형 가로등 철제구조물 30여 벌조차도 전부 해체하여 회수했다. 동시에 시내의 각 대형건물에 설치된 금속 장식품 역시 운 좋게 피한 것은 하나도 없었다. 이러한 대재난을 거치면서 대련 시가지는 도처에 몰락의 광경이 나타났고, 일본 식민통치가 쇠락해가는 모습이 이미 여지없이 폭로되고 있었다.

(3) 관동주의 전시생산체제

대련은 동북과 화북을 이어주는 수륙교통의 중추이며, 또 동북아지역 화물운송의 중계지이자 물산집결지였다. 동시에 일본이 중국침략전쟁과 태평양전쟁을 개시한 군수공업 생산지이자 물자공급 기지였다. 일본은 이곳의 충분한 원료 공급과 편리한 교통이라는 유리한 조건을 틀어쥐고 각종 광공업 기업, 특히 군수공업 생산과 밀접한 관계가 있는 화학공업, 기계, 조선, 자동차, 금속제조, 건축자재, 방직 등의 공장을 힘껏 일으켜 세웠다.

---

[11] 關東州經濟會 編, 『關東州經濟統制全書』, 164쪽.

1936년 대련에는 각종 공장 832개소가 있었고, 1937년 1,021개소, 1941년 1,372개소,[12] 1943년에 이르면 이미 공장 1,825개소가 있었다. 이들 공장 중에서 군수공업 생산에 직접 종사하고 군사를 위해 봉사하는 것은 1,179개소로 당시 관동주 공장총수의 73.9%를 점했다. 그중 금속공업은 265개소, 기계공업 331개소, 화학공업 129개소, 요업 171개소, 방직공업 92개소, 목재공업 191개소였다. 공장 외에 교통운수・에너지・통신 등의 부문도 일본식민당국에게 통제되어 전쟁의 불가결한 부분이 되었다. 이때의 대련은 이미 일본이라는 '전쟁기계'의 중요부품 가운데 하나가 되었다. 만약 이 부품에 문제가 생긴다면 반드시 일본의 대외침략전쟁에 중대한 영향을 끼치게 될 것이었다.

일본이 일으킨 침략전쟁을 물자방면에서 최대한 떠받치기 위해, 관동주식민당국은 일본 정부가 선포한 「국가총동원법」과 「관동주국가총동원령」의 관련규정을 엄격하게 따랐다. 그래서 공장기업의 생산관리와 원자재 공급 및 노무 등 각 항목의 사무에 대해 엄격한 통제를 진행하며 조금도 태만하지 않았다. 1943년 12월 일본 정부는 「관동주기업정비령」을 선포하고, 관동국은 「관동주기업정비령실시규칙」을 선포했다. 이에 근거하여 대련 일본식민당국은 1944년 6월 '관동주기업정비위원회'를 수립하고 구체적인 기업 '조정강요(調整綱要)'를 제정했다. '강요'는 "군수공업의 비약적인 발전에 적응하기 위해" 식민당국은 관할구역 내의 공장에 대해 체계적인 조정을 진행할 권한이 있다고 규정했다.[13] 조정이 시작된 후 일본식민당국은 먼저 생산능력이 낮고 기술설비가 나쁜 공장에 대해 "폐쇄・중단・합병・전환"을 진행하고, 남겨진 공장들은 주문공장[14]과 협력공장으로 나누었다. 주문공장은 외래주문 임무를 맡아 생산품의 주요 부분에 대한 생산가공과 생산품 조립을 책임졌다. 협력공장은 부속품과 부품의 생산

---

[12] 永井和歌丸, 『關東州經濟事情』, 關東州工業會, 1943, 3쪽.
[13] 滿史會 編, 東北淪陷十四年史遼寧編寫組 譯, 『滿洲開發四十年史』 下, 413쪽 재인용.
[14] 기본공장이라고도 부른다.

가공을 책임졌고, 주문공장과 합작 관계를 유지했다. 동시에 동일 계통의 공장은 예컨대 유휴설비가 있다면 마땅히 상호 조정하여 설비이용률을 제고시키고 낭비를 감소시켜야 한다고 규정했다.

생산을 더욱 강화하기 위해 식민당국은 1942년 12월 24일 생산을 지도하는 '참모본부', 즉 '관동주임시생산증강위원회'를 설립했다. 이 기구는 관방 생산지도 기구에 속했으며, 생산결정권을 갖고 전쟁에 급히 필요한 물자의 생산가공지도를 책임졌다. 그리고 기업과 정부 측 기구 사이에 발생하는 문제를 해결하는데 협조하고, 필요할 때는 임시적인 긴급명령을 하달할 수 있었다. 동시에 업계에서는 이와 서로 대응하는, 각 기업 수뇌부로 조직된 '관동주전시생산증강추진협의회'가 설립되어[15], 업종 간 생산관계의 조정 사무를 해결하고, 또 생산을 증가시키고 노무를 통제하는 등의 구체적인 조치와 방법을 제정할 책임을 졌다.

1943년에 이르러 일본은 대외침략전쟁의 형세가 끊임없이 악화되어 물자에 대한 수요가 더욱 급박해졌기 때문에, 관동주 식민당국은 이러한 상황에 대처하기 위해 또 '관동주임시생산증강위원회' 아래 '관동주생산증강추진반'을 설립했다. 이 조직의 주요임무는 각 중점 생산기업의 작업현장에 깊이 들어가서 공장에서 생산 중에 존재하는 각종 생산방해문제를 조사하고 해결하는 것이었다. 이 조직은 관동주청의 경제부·내무부·경찰부의 부장들과 체신국·해무국(海務局)의 국장들이 직접 통솔자가 되어 총 5개 반이 조직되었으며, "1943년부터 1944년까지 관동주 내의 30개 중요공장, 생산현장에 대해 파견 공작을 진행하여" "생산을 방해하는 사항을 배제시켜 생산능력을 증강시켰다."[16] 이와 동시에 각 공장 역시 그에 상응하는 생산추진반을 설립했다.

---

15) 關東州經濟會 編, 『關東州經濟年報』, 53쪽.
16) 關東州經濟會 編, 『關東州經濟年報』, 53~54쪽.

2. 관동주의 재정과 전쟁경비의 조달

일본통치 하의 대련지역 재정은 일본 육군성, 외무성, 척식국, 대장성 등의 정부 부서에서 주관했다. 그러나 주관 부서가 어떻게 변하든 관동주 재정의 식민지적 특성은 변함이 없었다.

1) 관동주 재정의 관리체계

1907년 3월 일본 정부는 제국 법률 제17호로 「관동도독부특별회계법」[17]을 공포하고, 제48호 칙령으로 「관동주지방비령」을 공포했다. 이 두 문건은 관동주 재정의 관리체계, 즉 일본통치 하의 대련지역 재정을 국가재정과 지방재정 두 부분으로 나누어 관리하는 체계를 확립시켰다. 이러한 권력 구조는 일본이 패전할 때까지 줄곧 사용되었다.

이른바 '특별회계'는 국고 예산과 결산을 관리하는 재무업무, 즉 국가재정의 수지업무를 가리켰다. 일본 재정의 관례에 따라 국가 재정수입은 주로 국세, 국유 재산, 국유기업의 수입에서 나왔다.

'관동주 특별회계'(국가재정)의 수입은 국고수입으로 계산에 넣었다. 관동도독은 동북에서 일본 최고행정장관으로서 관동주 특별회계 지출 등 중요 업무를 주관했다. 1919년 4월 일본은 관동도독부를 폐지하고 관동청을 설립했다. 재정의 명칭은 원래의 '관동도독부 특별회계'에서 '관동청 특별회계'로 바뀌었으며 관동청장관이 재정업무를 주관했다. 1934년 일본이 장춘(長春)에 동북 최고식민기구인 관동국을 설립할 때 재정의 명칭은 '관동국 특별회계'로 바뀌었으며 관동국장관이 재정업무를 관장했다.

'관동주 지방비회계'(지방재정)는 지방재정의 수지를 관리하는 업무로, 일본

---

[17] 회계법은 중국 재정 전문용어의 '예산법'과 같다.

국내 지방자치단체의 재정에 해당하는 것이었다. 그 수입의 주요 원천은 지방세와 관동주에서 관리하는 재산 및 기업에서 나왔다. 1907년 관동도독은 「관동주지방비현금관리방법」을 선포하여, 아래에 소속된 각 부서는 반드시 전문 관원을 두어 재정수지 사무를 주관하고, 현금의 보관과 출납을 처리해야 한다고 규정했다. 1911년 9월 식민당국은 대련과 여순에서 지방비 현금관리소 제도를 실시하여, 정륭(正隆)은행을 관동주 지방비 관리소의 직무대행기관으로 삼았다.[18] 1923년 이후에는 또 용구(龍口)은행도 지방비 관리소의 직무대행기관으로 만들었다. 관동주 지방비 회계는 관동주 최고행정장관인 관동 도독, 관동청장과 뒷날의 관동국장관이 주관했다.

2) 관동주 재정의 원천과 지출

관동주 특별회계의 주요 원천은 크게 세 부분이 있었다. 그것은 국세 수입, 관영 산업 수입, '일본 정부 일반회계'의 보충금이었다.

일본이 대련지역에서 징수한 국세는 직접 국세와 간접 국세로 나뉘었다. 이른바 직접 국세는 전가할 수 없는 세수로서, 예컨대 지조, 소득세, 부동산세, 법인자본세 등이었다. 간접 국세는 염세, 거래소세, 주세, 연초세 등이 있었다. 이러한 세수는 상품의 가격을 높이는 방법을 통해 세수 부담을 소비자에게 전가시킬 수 있었다.

1907년 「관동주특별회계법」이 반포될 때 징수하던 국세는 단지 지조와 염세 두 종류뿐이었다. 이 두 세수는 1919년 이전 관동도독부 통치시기에 일본이 대련지역에서 징수하던 국세였다. 그중 지조수입은 145만 630엔이었고 염세수입은 186만 7,560엔으로, 합치면 331만 8,190엔이었다. 이 시기 관동주의 국세수입은 평균 매년 25만 5,200엔이었다. 1920~1934년의 관동청 통치시기에 대련지역

---

[18] 關東局 編, 『關東局施政三十年史』, 689쪽.

의 국세는 소득세, 거래소세, 주세, 연초세 4종류가 늘어났다. 이때의 6종류의 국세수입총액은 5,666만 8,520엔으로, 평균 매년 377만 7,900엔이었고, 이는 관동도독부시기 국세수입의 14.8배였다. 1935~1945년 관동주청이 대련지역을 통치한 시기는 바로 일본이 중국에 대한 전면침략전쟁과 태평양전쟁을 일으킨 가장 광기어린 시기로, 일본은 전쟁경비를 조달하기 위해 세수 등의 수단을 통해 민간인의 재산을 필사적으로 수탈했다. 불완전한 통계에 의하면 1935년 이후 일본은 대련지역에서 새로 24개 항목의 국세를 늘렸다. 1944년에 이르기까지 10년 동안 관동주의 국세수입은 5억 765만 6,660엔이었고 연평균 수입은 5,076만 5,670엔으로, 이는 관동도독부시기 국세수입의 198.83배였다.[19]

관동주 국고수입의 두 번째 원천은 '관산관업(官産官業)' 수입이었다. 일본 식민통치자들의 이른바 '관산'은 주로 두 종류였다. 하나는 「포츠머스조약」에 근거하여 러시아 측으로부터 물려받은 토지와 재산이다. 그중에는 러시아국가가 관리했던 토지·건축물·항구·철도·시정(市政) 설비 및 그 부속물이 포함되며, 또 러시아 동청철도공사 등의 기업이 보유한 것과 러시아 관원 개인이 구매한 토지·부동산·각종 설비 및 그 부속물도 있었다. 다른 한 종류는 일본이 대련을 점령하는 과정에서 강탈한 토지와 재산이 있었다. 예컨대 러일전쟁 시기에 일본이 군사행동에 방해된다는 핑계로 고시를 발표하여 몰수한 토지와 건축물, 식민당국이 대련에서 임시토지조사를 진행할 때 새로 등기한 토지, 일본이 대련을 점령한 후에 '기증'받은 토지와 건축물 등이 있었다.[20]

1906년 식민당국은 관동주 관유지의 수량이 택지 404만 5,800㎡, 츠지 39만 2,700㎡, 모밭(苗圃) 43만 8,900㎡, 경지 4,668만 8,400㎡라고 선포했다. 1914년 식민당국은 대련지역에서 임시토지조사를 진행한 후 관동주 토지 총면적의 1/4

---

[19] 이상의 숫자는 關東局 民政部 編, 『關東局稅務統計』와 關東州經濟會 編, 『關東州經濟年報』의 관련 통계숫자에 근거하여 분석, 종합한 것이다.
[20] 關東局官房文書課 編, 『關東局要覽』, 1942, 71쪽.

은 관유지라고 선포했다.[21] 1935년 일본식민당국의 통계에 의하면 관동주의 관유지는 2억 8,782만 5,570평으로, 환산하면 9억 4,982만 4,390m²이며, 관유부동산의 면적은 26만 7,590평으로, 환산하면 88만 3,040m²였다. 비록 식민당국이 일찍이 여러 차례 관유지와 부동산을 팔았지만, 그 보유한 수량은 갈수록 많아졌다. 단지 이 한 사례만으로도 일본이 시종일관 중국 토지와 건물에 대한 대량 약탈을 멈춘 적이 없었다는 것을 증명할 수 있다. 관산(官産)수입은 관유지와 부동산을 세주거나 경매해서 얻은 소득이었다. 이른바 '관업(官業)'수입이란 전력 · 전화 · 수돗물 · 병원 · 학교 · 감옥 등 부문에서 거두어들인 자금을 가리켰다. 9 · 18사변 후 '관산관업'방면의 수입은 매년 모두 1,000만 엔 이상이었고, 1944년에는 최고봉에 도달하여 1,664만 5,000엔이었다. 자세한 내용은 〈표 24-2〉와 같다.

〈표 24-2〉 9 · 18사변 후 관동주 관산관업(官産官業)수입 상황표(단위 : 만 엔)

연도	고정 수입	임시 수입	총계
1932년	1,440.6	42.8	1,483.4
1933년	1,440.6	58.2	1,498.8
1934년	1,244.9	82.0	1,326.9
1935년	1,056.0	100.8	1,156.8
1936년	1,248.2	155.1	1,403.3
1937년	1,178.0	97.9	1,275.9
1938년	810.5	197.2	1,007.7
1939년	891.0	122.8	1,013.8
1940년	929.2	109.2	1,038.4
1941년	1,172.6	108.3	1,280.9
1942년	1,338.9	114.5	1,453.4
1943년	1,496.2	82.8	1,579.0
1944년	1,570.5	74.0	1,644.5

출전 : 關東局官房文書課 編, 『關東局統計三十年誌』, 關東州經濟會 編, 『關東州經濟圖說』, 『關東州經濟年譜』의 통계자료에 근거하여 정리했다.

'일본 정부 일반회계'는 관동주 특별회계에 대한 보충금으로, 이는 관동주 국

---

[21] 關東局 編, 『關東局施政三十年史』, 719쪽.

고수입의 제3의 원천이었다. 일본이 대련을 통치하던 초기에는 상공업기업이 바야흐로 투자건설의 시기에 처해 있어, 각종 세수가 아직 만족스러운 수준이 아니었다. 그래서 단지 그 지역의 한정된 재정수입에만 의지해서는 근본적으로 식민당국의 방대한 지출을 지탱할 방법이 없었다. 그래서 일본 정부는 매년 관동주 특별회계에 보충금을 보내야만 했다. 1907년에는 보충금 300만 엔이 들어갔고, 1909년 이후에는 관동주 수입이 점차 증가됨에 따라 차츰 감소했다. 9·18사변 후에는 식민당국이 동북 인민들의 항일투쟁을 진압하는데 사용하는 군비와 경찰비용이 대폭 증가했고, 이에 따라 보충금 역시 증가하여 1933년 600만 엔에 달함으로서 보충금의 최고기록을 수립했다. 1934년 관동주 특별회계는 일본 정부로부터 400만 엔의 보충금을 받아 수입과 지출이 균형을 이루었다. 1935년 대폭 하강하여 194만 7,000엔으로 줄었다. 1939년에 이르면 겨우 1,000엔 뿐이었다.[22]

일본이 대련을 통치하던 시기에 국고재정수입은 위에서 서술한 3대 주요원천 외에도 인지수입[23]과 잡수입이 있었는데, 이 두 항목의 수입은 매년 200~300만 엔이었다.

관동주 특별회계수입은 1907년에 427만 3,000엔이었다. 1941년에 이르러서는 마침내 1억 4,644만 4,000엔에 달하여 1907년에 비해 34배 증가했고[24] 평균 매년 2배씩 늘어났다. 시간적으로 보면 대련지역 인민들에 대한 일본식민당국의 착취와 약탈이 해마다 급증한 것은 모두 전쟁의 수요에 봉사하기 위한 것이었다.

관동주 특별회계의 지출 항목 내용은 주로 식민통치기구의 각종 비용이었다. 예컨대 관동도독부·관동청·관동국 직속기구의 각종 비용, 또는 경찰·법원·

---

[22] 關東州經濟會 編,『關東州經濟圖說』, 1941, 23쪽.
[23] 인지는 印花稅에 해당한다.
[24] 關東州經濟會 編,『關東州經濟の現勢』, 30쪽.

감옥의 지출 및 의료위생·교육·통신 등 사업부문의 비용이었다. 위에서 서술한 각 항목 외에도 특별회계는 매년 관동주 지방비회계에 일정 액수의 보조금을 제공해야만 했다.

1938년 이후 관동주 재정은 "'결전체제'로 편입되어, 그 잔금은 임시 군비로 사용되었고, 관동국의 예산중에서 날이 갈수록 큰 비중을 점하게 되었다."[25] 이 항목의 지출은 평균 매년 70% 이상의 폭으로 증가했다. 1942년 이후에는 2배로 증가했다. 1944년에 이르면 결국 관동주 재정 중에서 1억 2,400만 엔이 임시 군사경비로 넘어갔다.[26]

관동국 특별회계의 '세출'통계 안에는 27개 항목이 있는데 그중 군사와 직접 관계가 있는 항목은 8개였다. 1939년 이전에는 단지 이 8개 항목의 지출이 그 해 재정지출총액의 50%를 점했다. 태평양전쟁이 터진 후인 1942~1944년에는 62% 이상으로 올라갔다. 자세한 내용은 〈표 24-3〉과 같다.

〈표 24-3〉 관동주 특별회계에서 식민기구 지출과 군사적 지출[開資]*(단위 : 만 엔)

항목 \ 연도	1935년 결산	1936년 결산	1937년 결산	1938년 결산	1939년 결산	1940년 예산	1941년 예산	1942년 예산	1943년 예산	1944년 예산
관동국	179.6	205.5	222.4	217.0	231.7	250.3	279.4	2,237.7	2,692.7	2,220.2
법원과 감옥	55.8	58.6	64.6	71.7	77.9	68.8	81.1	—	—	—
경찰비	441.9	458.0	425.5	231.7	245.4	254.3	263.4	68.4	54.7	102.3
전신	311.1	330.5	314.8	228.6	249.3	285.6	321.6	—	—	—
만주사변비	289.3	291.1	211.0	—	—	—	—	—	—	—
'임시군사비'로의 전입	—	—	—	459.0	780.7	1,296.1	2,386.8	5,619.4	6,202.4	8,781.4
방공비(防空費)	—	—	—	—	—	—	—	79.5	75.5	109.1
임시대책 제반비용	—	—	—	—	—	—	—	100.5	82.6	115.9
총 계	1,277.7	1,343.3	1,238.3	1,208.0	1,585.0	2,155.1	3,332.3	8,105.5	9,107.9	11,328.1

*이 표의 1940년 이후는 예산 숫자로 실제 결산한 것은 이 숫자보다 훨씬 높다.
출전 : 關東州經濟會 編, 『關東州經濟圖說』과 『關東州經濟年譜』의 자료에 근거하여 정리했다.
[역주] 1936년 결산 총계 1,343.3은 1,343.7, 1944년 예산 총계 11,328.1은 11,328.9의 오류로 보인다.

---

[25] 關東州經濟會 編, 『關東州經濟の現勢』, 18쪽.
[26] 關東州經濟會 編, 『關東州經濟の現勢』, 18쪽.

관동주 지방비회계는 즉 지방재정이다. 그 원천은 주로 지방세였고, 그 외에도 관동주 지방에 속한 사업과 재산수입 및 관동주 특별회계에서 획득한 보조금이 있었다.

일본이 대련에서 징수한 지방세는 영업세와 잡종세 두 종류가 있었다.

영업세의 징수는 1905년 4월에 시작되었으며, 영업세를 징수하는 업종은 다음과 같았다. 상업, 은행업, 보험업, 기금회(基金會), 송금이체업[滙兌業], 전장(錢莊), 신탁, 교역업종, 제조업, 운수업, 운수대행업, 화물창고업(貨棧), 창고업, 철도업(전차 포함), 물품대여업, 중개, 하청업, 대리업, 사진업 등.

1935~1941년 관동주의 영업세 수입총액은 1,485만 4,000엔으로, 연평균 수입이 212만 2,000엔이었다.[27]

지방비회계 속의 잡종세는 1905년부터 징수하기 시작했다. 잡종세의 납세대상은 주로 목수, 미장이, 함석장이, 백정, 마부, 인력거꾼, 접대부, 곡예 배우, 창기 등의 자영업자였다. 그들은 대부분 사회의 최하층에 처해 있었지만 인원수가 매우 많아, 식민당국이 착취하는 중요 대상이 되었다. 1935~1941년 사이 잡종세 총수입은 1,094만 4,000엔으로, 평균 매년수입은 156만 3,000엔이었다. 이는 관동주 지방재정의 중요 원천 가운데 하나였다. 관동주 지방세수 수입 상황은 〈표 24-4〉와 같다.

〈표 24-4〉 1935~1942년 관동주 지방세수 수입표(단위 : 만 엔)

연도 항목	1935년 결산	1936년 결산	1937년 결산	1938년 결산	1939년 결산	1940년 예산	1941년 예산
영업세	185.2	188.5	167.6	186.4	250.2	213.8	293.7
잡종세	100.8	112.0	122.3	113.7	139.0	109.5	167.9
총계	286.0	300.5	289.9	300.1	389.2	323.3	461.6

출전 : 關東州經濟會 編, 『關東州經濟圖說』, 1939년과 1941년 판의 관련 통계자료에서 정리했다.

---

[27] 關東州經濟會 編, 『關東州經濟圖說』, 1939년과 1941년판의 관련 통계자료에 근거하여 정리했다.

지방재정의 '사업수입과 재산수입'은 지방세의 수입액과 비교적 비슷했다. 그중 '사업수입'은 주로 공공사업 부문, 예컨대 전기요금, 수도요금, 버스 등 방면의 수입이었다. '재산수입'은 토지와 건축물의 임대료 수입이었다. 1935~1941년 동안 이 항목의 수입총액은 2,036만 9,000엔으로, 매년 평균 291만 엔이었다.[28]

지방재정 수입의 또 다른 원천은 '특별회계'로부터 얻는 보조비였다. 1916년부터 지방재정 수입의 증가로 인하여 특별회계 보조비는 일찍이 한 차례 중지되었다. 1927년 이후 만철 지방부가 관할하는 지방사업 시설이 끊임없이 확대되어 경비 보조를 필요로 했기 때문에, 다시 특별회계의 보조비를 받게 되었다. 1935년의 보조비는 174만 7,000엔이었고, 이후 매년 모두 100만 엔 이하였으며, 1938년은 겨우 3,000엔이었다.

1907년 관동주의 지방재정수입은 89만 5,000엔이었다. 1943년에 이르면 2,525만 3,000엔까지 증가했는데, 1907년에 비해 28배 증가한 것이며 매년 평균 80%의 속도로 상승한 것이다. 이는 근대 세계경제 발전사에서 보기 드문 것이다.

관동주 지방재정 지출은 주로 회(會)와 둔(屯) 사무소의 판공비, 시정 건설비, 건축물 유지비, 교육비, 위생비 등에 사용되었다. 1907년 지방재정 지출은 75만 6,000엔이었다. 1943년에 이르면 지출이 1,578만 1,000엔[29]에 달하게 되는데, 이는 1907년의 20.9배였다.

관동주 재정수입 중에서 특별히 주의를 기울일 가치가 있는 문제가 하나 있는데, 그것은 바로 아편 수입이었다. 20세기 초 아편은 이미 세계 각국에서 인류의 공해물로 확정되어 국제아편금지조약이 제정되었다. 일본은 조약서명국 가운데 하나였고 아울러 본국에서 아편을 금지하기 시작했다. 그러나 일본은 대련을 점령한 후 대련을 중국 각지로 아편을 밀수하는 기지로 만들어 불의의 재물을 크게 벌어들였다. 일본은 심지어 아편의 중개판매를 관동주의 재정 부

---

[28] 關東州經濟會 編, 『關東州經濟圖說』, 1939년과 1941년판의 관련 통계자료에 근거하여 정리했다.
[29] 『關東州租稅法規講本』, 1944, 115~117쪽.

족을 해결하는 중요한 조치로 보고 온 힘을 다해 추진했다(제3장 참조). 1927년 이전 일본식민당국은 아편수입을 지방재정 수입으로 만들어, 지방비회계의 고정수입인 '잡수입' 과목(科目) 아래 '특허비' 항목 속에 집어넣었다. 1928년 이후 아편수입은 또 특별회계(국고 수입) 속의 고정수입에 넣어, '관산관업' 과목의 '전매수입' 항목 아래에 나열했다. 자세한 내용은 〈표 24-5〉, 〈표 24-6〉과 같다.

〈표 24-5〉 1927년 이전 관동주 지방재정 '특허비'에 편입된 아편수입(단위 : 만 엔)

연도	수입	연도	수입	연도	수입
1906년	0.762	1914년	20.486	1922년	127.190
1907년	3.124	1915년	233.247	1923년	111.887
1908년	7.377	1916년	259.354	1924년	128.544
1909년	8.449	1917년	542.289	1925년	161.078
1910년	8.639	1918년	489.440	1926년	163.460
1911년	8.931	1919년	225.364	1927년	144.530
1912년	10.287	1920년	373.762		
1913년	13.263	1921년	158.532		

출전 : 『關東局稅務統計書』, 『關東局統計要覽』, 『關東局統計三十年誌』 등의 자료에 근거하여 정리했다.

〈표 24-6〉 1928년 이후 관동주 국가재정 '전매비'에 편입된 아편수입(단위 : 만 엔)

연도	수입	연도	수입
1928년	204.358	1936년	602.811
1929년	276.838	1937년	550.385
1930년	202.843	1938년	271.682
1931년	249.639	1939년	320.792
1932년	452.804	1940년	458.982
1933년	683.974	1941년	735.263
1934년	637.633	1942년	712.317
1935년	435.429		

출전 : 『關東局稅務統計書』, 『關東局統計要覽』, 『關東局統計三十年誌』 등의 자료에 근거하여 정리했다.

일본이 대련을 통치하던 시기 시급(市級)과 회급(會級)의 재정 역시 지방재정의 일부분이었다. 1915년 9월~1924년 4월은 대련과 여순의 시제(市制)가 시험 실시되던 시기였다. 이때의 시급기구는 단지 지방자치적인 기구여서 식민당국의 정식 행정편제에 들지 못했으며, 시장 및 보조 인원 역시 정부 직원의 대우를 누리지 못했다. 시의 기능은 "교육·위생 및 기타 특별히 지정된 사무를 관장"[30]하는 책임을 지는 것이며, 필요한 경비는 시 재정수입에서 해결했다. 시 재정수입은 주로 시세(市稅)였다. 1915년에 징수하기 시작한 시세는 '호두세(戶頭稅)'(호구에 따라 납세)라고 불렸으며, 일본인은 '호별할(戶別割)'이라고 불렀다. 1919년부터는 '유락세'를 징수하기 시작했고, 1920년부터는 '차량사용세'와 부동산부가세[31]를 징수하기 시작했다. 이에 이르러 시세는 이미 4종류의 세금이 있게 되었다.

1924년 5월 일본 정부는 「관동주시제(關東州市制)」를 반포하여, 대련과 여순 두 도시를 일본의 정식 국가행정편제에 넣었다. 7월 1일 관동청은 「관동주시제시행규칙」을 공포하여, 그날 당일부터 시세를 징수하기 시작했다. 시세는 모두 3종류로 나뉘어졌다. 첫째는 국세 부가세, 즉 지조 부가세와 부동산세 부가세였다. 두 번째는 지방세 부가세, 즉 영업세 부가세와 부동산취득세 부가세였다. 세 번째는 독립적인 세금, 즉 호두연(戶頭捐), 유락세, 건물임대세, 상품대리판매세, 차량사용세였다.

경제가 발전하고 시급 행정제도가 정식으로 확립됨에 따라 시 세수(稅收)제도 역시 점차 완비되고 완벽해졌다. 1930~1942년 식민당국은 연이어 각종 시세의 징수규칙을 제정하여 징세대상과 징세기준을 명확히 규정했다. 1941년 대련시 재정수입 예산은 466만 1,000엔으로 1939년에 비해 2배로 증가했다. 그중 호두연 수입은 451만 엔으로 그해 시 재정수입의 96.8%를 점했다.[32]

시 재정이 지출하는 주요 항목은 일본인 교육비와 위생비로, 예컨대 중등학

---

30) 淺野虎三郎, 『大連市會志』, 1943, 20쪽.
31) 이 세금은 관동주 지방세의 부가세이다.
32) 關東州經濟會 編, 『關東州經濟圖說』, 31쪽.

교·청년학교·국민학교에 대한 지출이 있었다. 기타 지출항목으로는 또 도살장, 화장장, 직업소개소, 공원 등 도시공공사업과 시정공공시설의 건립·경영·유지비가 있었다. 구체적인 상황은 〈표 24-7〉과 같다.

〈표 24-7〉 1937~1941년 대련시 재정수지 상황표(단위 : 만 엔)

연도	항목	수입	지출	연도	항목	수입	지출
1937		477.2	438.8	1940		688.0	688.0
1938		365.1	286.1	1941		924.1	824.1
1939		592.7	524.8				

출전 : 關東州經濟會 編, 『關東州經濟圖說』의 자료에 근거하여 정리했다.

'회(會)'는 관동주당국이 시 교외와 농촌에 건립한 최하층 통치기구였다. 거기에는 회장·회계·서기·보조기사 등이 있었으며 이들은 모두 유급 인원이었다. 회(會)의 직책은 관할구역 내의 공공사무를 처리하고, 식민당국을 도와서 지방의 치안질서를 유지하고, 노예화 교육을 추진하고, 식량을 매상하는 것 등이었다. 1919년 관동주당국은 「회행정규칙(會行政規則)」을 제정했다. 1925년 6월 20일 일본 정부는 「관동주회제(關東州會制)」를 선포하여 회를 정식으로 일본 정부 행정관리체계에 포함시키고, 동시에 회는 '회세(會稅)'를 징수하여 회의 지출을 해결할 수 있다고 규정했다.

회세는 주로 '호두연(戶頭捐)'(호구에 따라 납세), '지무연(地畝捐)'(토지 면적에 따라 납세), 회세 특별세가 있었다. 회세 특별세는 또 영업세와 잡세 두 종류로 나뉘었다.

3) 대련에서 전쟁경비를 조달하기 위한 일본의 재정조치

1937년 일본이 일으킨 전면중국침략전쟁은 큰소리로 떠들어댔던 것처럼 몇 달 안에 속전속결로 중국을 정복할 수 없었다. 오히려 전쟁의 수렁에 빠져 스스로 헤어날 수 없게 되었다. 그러나 보유한 에너지원과 군수물자로는 전쟁을 지탱할 방법이 없게 되자 일본은 1941년말 미치광이처럼 태평양전쟁을 일으켰다. 그래서 동남아에서 프랑스와 네덜란드의 식민지를 탈취하여, 그곳에서 에너지원과 기타 전쟁에 필요한 물자를 획득하려고 했다.

중국침략전쟁과 태평양전쟁에 필요한 군수품의 보급을 더욱 확대하고 전쟁 경비를 조달하기 위해, 대련 경제에 대한 일본의 착취는 이전보다 훨씬 더 가혹해졌으며 수단방법을 가리지 않게 되었다. 그것은 재정방면에서 온갖 방법으로 세비(歲費) 수입을 증가시키는 현상으로 나타났고, 후에는 결국 공공연히 '관동주북지사건(北支事件)특별세' '관동주지나사변특별세' '관동주대동아전쟁특별세'를 꺼내 놓았다.

침략전쟁 '헌금'을 위해 대련에서 거행한 스모자선시합

1937년 8월 26일 일본 정부는 「관동주북지사건특별세령」을 하달했다. 이튿날 관동국은 「관동주북지사건특별세령 시행규칙」을 공포했다. 세령에는, 관동주 북지사건특별세는 다섯 종류의 세금, 즉 소득특별세, 임시소득특별세, 이윤

배당특별세, 공채(국채) 및 사채이자특별세, 물품특별세가 있다고 규정했다. 그 중 앞의 네 종류는 오래전에 이미 징수하기 시작한 국세의 부가세로 2차 징세였다. 새로 징수하는 물품특별세는 만주주재 일본특명전권대사의 규정에 근거하여 관동주 내에서 판매하는 보석·귀금속 제품과 사진기·환등기·영사기·유성기·악기 및 그 부속품에 대해 징수하는 특별세였다.

1939년 3월 31일 일본 정부는 제210호 칙령을 선포하여 「관동주국지사건특별세령」을 「관동주지나사변특별세령」으로 개명했다. 개명한 후의 세령은 다섯 가지 특별세의 세율을 높이고 징세범위를 확대했을 뿐만 아니라, 특별통행세, 입장세, 특별입장세라는 세 종류의 세금을 증가시켰다.

특별통행세는 기차·전차·버스·기선을 타는 승객에게 징세했다. 무릇 교통수단을 타고 40km 이상 가는 자는 여정의 거리에 따라 세금을 납부해야 했다. 12세 이하는 반액을 받았다.

1938년 5월 일본 당국이 군비 조달을 위해 동북 및 대련에서 발행한 '지나사변 보국채권'

입장세는 오락 장소에 들어가는 사람에게 징세했다. 무릇 극장, 영화관, 경마장, 박람회장, 전람회장, 공원, 댄스홀, 마작장, 당구장, 골프장에 들어가는 자는 모두 소비한 금액에 따라 납세해야만 했다.

특별입장세는 체육장·체육관에 들어가 시합하는 학생에게 징세했으며, 세율은 입장료의 5%였다.

1942년 3월 27일 일본 정부는 「관동주지나사변특별세령」을 다시 「관동주대동아전쟁특별세령」으로 고치고, 대련지역에서 '대동아전쟁특별세'를 징수하기 시작했다. 이 세금은 '관동주지나사변특별세'의 기초 위에서 건축세와 유락음식세가 새로 추가되었으며, 아울러 기타 세금의 세율과 징세범위를 더욱 높이고 확대했다.

새로 추가된 건축세는 건물을 건축(혹은 개축)한 자에게 징수한 세금이었다. 유락음식세는 오락 장소에서 오락 활동을 하거나 여관·호텔에서 숙박하고 아울러 먹고 마시는 자에게 징수한 세비였다.

이상과 같이 전쟁을 위해 증가시킨 각종 특별세들은 아래와 같은 특징을 갖고 있었다. 첫째, 징수하기 시작한 세금 종류는 모두 '국세'의 부가세로, 즉 제2차 징세였다. 둘째, 모두 '전쟁체제' 아래 임시로 징수하기 시작한 세금 종류로, 매우 강한 임시성을 갖고 있었다. 셋째, 징수한 세금은 특별자금에 속하여, 전부 일본 국고수입의 임시군사경비 항목에 편입되었다. 자세한 사항은 〈표 24-8〉과 같다.

〈표 24-8〉 관동주 특별세 수입표(단위 : 만 엔)

세목\연도	1937	1938	1939	1940	1941	1942	1943	1944
소득특별세	5.6	51.9	12.5	21.2	3.0	4.3	—	—
임시소득특별세	—	19.8	10.7	17.5	1.3	3.3	—	—
이윤배당세	11.5	67.3	19.3	71.3	50.4	158.9	136.8	1576.8
공(사)채이자세	0.5	0.3	—	0.2	0.3	0.2	0.2	0.3
물품특별세	22.4	126.9	257.8	344.5	604.0	1,216.2	1,733.2	682.3
통행세	—	7.3	10.7	21.4	27.6	119.9	106.7	91.7
입장·특별입장세	—	9.2	13.6	20.9	31.1	76.1	121.1	88.1
건축세	—	—	0.1	1.3	3.9	7.7	8.3	5.2
유락음식세	—	—	109.1	216.7	303.6	165.4	1036.4	750.7
총계	40.0	282.7	530.1	715.0	1,025.2	1,752.0	3,142.7	3,195.1

출전 : 『關東州租稅法規講本』, 『關東局統計書』 第1~37號 자료에 근거하여 정리했다.
[역주] 1939년의 총계 530.1은 433.8의 오류로 보인다.

전쟁경비를 조달하기 위해 일본은 대련지역에서 '전쟁특별세'를 징수한 것 외에도, 1942년 이후에는 다시 잡다한 명목의 간접국세, 예컨대 청량음료세, 골

패세(骨牌稅), 광고세, 마권세, 특별행위세 등을 징수하기 시작했다.

일본이 대련을 통치하던 시기의 재정상황을 종합해 보면, 세비수입을 재정원천으로 삼아 이를 확보하기 위해 노력했으며, 각종 세금의 확립은 일본 국내와 전쟁의 진행 정도와 밀접한 관련이 있었다. 일본이 중국에 대한 전면침략전쟁을 일으킨 후 대련지역의 재정은 즉시 '전시체제'로 편입되어 "그 남은 금액은 임시군사경비로 사용되었고, 관동국의 예산에서 날이 갈수록 더 큰 비중을 차지했으며" "본년도(1944년) 관동국 예산 추가액 중에서 1억 2,430여 만 엔은 임시군사경비로 전용되어" "진실로 관동주 재정이 '결전화'체제 속에서 큰 역할을 발휘했음을 보여준다."[33]

일본식민당국의 관방자료인 『관동국통계서(關東局統計書)』 제1~37호와 『관동국통계삼십년지(關東局統計三十年誌)』의 통계에 의하면, 1905년 관동주의 1인당 세수부담은 0.68엔이었다가 1942년에 이르면 74.61엔까지 상승했다. 이는 1905년의 109.7배였다.

관동주 특별회계 수입항목 가운데 하나는 일본 정부 일반회계에서 넘어온 보조금이었다. 어떤 사람은 이에 근거하여 "일본이 관동주를 경영한 것은 손해를 보는 것이었다"고 한다. 이러한 견해는 매우 유치하고 가소로운 것으로, 보아하니 관동주 재정에 대해 전면적이고 깊이 있는 연구를 하지 않은 것 같다. 이러한 보조금이 가장 많았던 해는 1933년으로 600만 엔이었고, 관동주 특별회계가 식민기구의 행정비, 인건비와 군사·경찰·법원·감옥 및 통신업 등에 사용한 비용이 매년 지출의 50% 이상을 차지했다. 더구나 1934년 이후부터 관동주 특별회계에서 일본 '임시군사특별회계'로 넘어간 군사경비는 이미 보조금 액수를 훨씬 초과하고 있었기 때문이다.

생산력이 매우 낮았던 20세기 초에서 1940년대에 이르기까지, 일본 식민통치

---

[33] 關東州經濟會 編, 『關東州經濟の現勢』, 18쪽.

기구가 대련지역의 중국 인민들에 대해 겹겹이 세금을 징수하고 제멋대로 착취했던 것에서, 당시 대련 백성들의 생존의 어려움을 가히 짐작할 수 있다.

3. 전쟁을 위해 봉사한 대련선거철공주식회사

대련기선주식회사 선거공장은 1933년 하반기부터 만주국이 중국 항일무장세력을 진압하고 '치안 유지'를 위해 필요한 대량의 군수품 업무를 위탁 받은 것이 전기가 되어 생산이 계속 증가했으며 연간 생산액이 줄곧 170~200만 엔 사이에서 안정되었다. 이때 만철은 만주국의 모든 '국유'철도의 경영 업무를 담당했는데, 이것은 동북 전역의 철도가 모두 만철의 수중에 들어갔다는 말이다. 이는 만철의 권한을 옛날과 비교할 수도 없을 만큼 확대시켰을 뿐만 아니라, 철도와 관계있는 차량, 육상용 기계 등의 설비와 용품의 수요량이 급증함으로써 그들에게 무한한 상업적 기회를 가져다주었다. 그래서 만철은 선거공장을 분리해내어 독립 경영할 시기가 이미 무르익었다고 생각했다. 이 때문에 1937년 8월 만철은 선거공장을 대련기선주식회사에서 분리하여 대련선거철공주식회사(大連船渠鐵工株式會社, 대선철공으로 약칭)를 설립했다. 선거공장은 비록 독립했으나 사실상 여전히 만철이 통제하는 직계 자회사였다. 이 회사의 자본은 1,000만 엔이며, 실제 불입된 금액[實繳]은 750만 엔이었다.[34] 1938년 4월 대련기선주식회사가 가지고 있던 원래 만주선거주식회사의 200만 엔 주식 역시 전부 만철에게 양도되었다.

---

[34] 長島高春, 『滿鐵と關係會社』, 大連滿鐵會社, 1940, 26~27쪽.

1) 차량생산을 위주로 하던 시기

대련선거철공주식회사가 설립되었을 때 일본의 중국에 대한 전면침략전쟁이 이미 터졌다. 따라서 대선철공이 설립되자마자 군수공업 생산에 투입될 것이란 점은 의심의 여지가 없었다. 이 시기의 만철은 중국침략 일본군의 군사운수를 주관하는 역할을 맡아 전력투구하여 화북으로 군인과 군수물자를 수송했다. 단지 1938년 7월 하순에만 "만철이 화북에 배속한 것은 기관차 179량, 객차 160량, 화물차 4,838량, 차장차(守車)[35] 116량으로 모두 합쳐 5,293량이었다."[36] 이러한 대규모의 차량 수요는 자연히 대선철공의 참여와 떼어놓을 수 없다.

차량생산은 태평양전쟁 이전 대선철공의 주요 생산항목이었다. 1939년 10월~1940년 3월 이 공장의 차량생산총액은 389만 9,000엔으로, 전체 공장 생산총액의 51%를 점했다. 1938년 4월~1940년 9월 이 공장은 모두 철도용 유개(有蓋) 화물차, 무개(無蓋)화물차 및 각종 덤프차, 통풍차(通風車)[37], 40톤 화물차, 50톤 광석운송차, 60톤 석탄운반차, 65톤 용선과차(熔銑鍋車)[38] 등 2,338량을 생산했다.[39] 이들 차량은 전부 직간접적으로 중국침략전쟁에 사용되었다.

2) 선박정비업의 전성시대

선박수리는 대선철공에서 차량생산에 버금가는 또 하나의 생산항목이었다.

---

[35] 차장채(守車)는 瞭望車라고도 불렀다. 이것은 화물열차의 꼬리부분에 달린 운전차장이 타는 工作車였다. 일반적으로는 화물차의 꼬리부분에 달아 차량을 조망하고, 브레이크를 걸어 차량의 감속을 돕는 용도로 사용했다.

[36] 蘇崇民, 『滿鐵史』, 746쪽.

[37] [역주] 과일과 같이 통풍이 필요한 화물을 운송하기 위해 통풍기를 설치하고 바닥과 주변에 통풍구멍을 낸 화차이다.

[38] [역주] 한국에서는 '용선차' 또는 '토피도 카'라고 부르며, 영어로는 'torpedo ladle car'이다. 고로에서 만들어진 쇳물을 실어 제강까지 운반하는 용도로 사용한다.

[39] 大連造船廠史編委會 編, 『大連造船廠史』, 1998, 44쪽.

러시아가 1902년 대련수조선창(大連修造船廠)을 건립한 이래 30여 년을 지나면서 주인이 몇 번이나 바뀐 뒤에도 이 항목의 생산은 여전히 계속하기가 어려웠다. 그렇게 1930년대 말까지 참고 기다린 끝에 마침내 이 공장의 선박정비업은 전성시대를 맞이하게 되었다.

9·18사변 후 대련항은 일본이 동북의 자원을 약탈하는 주요 수출항이 되어, 연간 물동량이 1,100만 톤에 달하여 동아시아 일류 대형 항구의 대열로 도약했다. 비록 대련항에 출입하는 각국 상선의 수가 해마다 증가했지만, 대련과 일본 사이를 왕래하는 일본선박이 여전히 절대적인 우세를 점했다. 그들은 대련을 대륙에서 자신의 수리와 휴식 기지로 만들어, 이곳에서 선박을 수리했을 뿐만 아니라, 선박에 대한 정기 검사와 유지 보호를 진행했다. 이처럼 대련항만의 전체 설비는 해운업이 발전하는 것에 비해 하루하루 정체되고 있는 약점이 드러났다. 그 외에 여순선창(旅順船廠)이 1936년에 일본 해군에 회수당하여, 대선철공의 선박수리능력이 더욱 취약해졌다.

대선철공의 선박수리능력을 높이기 위해, 만철은 1938년 4월부터 1939년 말까지 약 180만 엔을 투자하여 이 공장을 확장건설하기로 결정했다. 이번 확장건설의 내용은 주로 5개 항목이었다. ① 만철에 이 공장과 인접해 있는 10만 6,600㎡의 토지를 빌려, 확장건설 용지로 삼는다. ② 8,000톤급의 도크(dock) 1곳을 새로 건설한다. ③ 8,000톤급의 계선거(繫船渠)[40] 1곳을 새로 건설한다. ④ 4,000톤급의 선대(船臺) 1곳을 새로 건설한다. ⑤ 그에 상응하는 공장건물을 증설하고, 기계설비를 늘린다.

8,000톤급 도크를 새로 건설하는 것은 이번 확장건설의 최대 프로젝트였다. 1924년 만철이 제4부두를 건설할 당시, 러시아가 대형 도크를 건설하기 위해 준비한 택지를 이용하여, 잠함(潛函)[41]을 전문적으로 제작하는데 필요한 도크,

---

[40] [역주] 원문은 '繫泊船塢'. 배를 매어두고 승객의 승강 및 화물의 적재, 양륙에 사용하는 구조물이다. 계선 도크라고 부르기도 한다.

즉 '잠함도크(沉箱船塢)'를 만들었다. 이번에 건설된 8,000톤급 도크는 바로 잠함도크를 이용하여 개축한 것이었다. 1938년 12월에 착공하여 1939년 11월에 완공되었고, 공정의 총건설비는 25만 엔이었다.

이것과 서로 맞추기 위해 원래 계선부두[42]로 사용하던 빈정(濱町, 지금의 빈해가濱海街)잔교를 150미터 더 길게 하여, 길이가 326.62m에 달하는 잔교부두로 만들었으며, 선박 정박능력은 배수량 8,000톤에 도달했다.

새로 건설된 4,000톤급의 선대는 8,000톤 도크의 서북쪽 측면에 위치했다. 1938년 12월에 착공되어 1939년 11월에 준공되었고, 투자총액은 10만 엔이었다. 이 선대는 전체 길이 165m였고, 최대 길이 125m, 넓이 16.5m, 깊이 10m의 선박을 건조할 수 있었다.

이번 확장건설에서 증설된 공장은 조선, 보일러, 모형, 주강(鑄鋼), 도장, 화물차 제조와 설치 등이 있었다. 새로 건설된 공장건물의 면적은 8,946m²였다. 동시에 중요 기계설비 60대, 441kW의 압축공기 동력설비, 5대의 크레인을 구입하여 설치하고, 또 전용철도 1,500m를 부설했으며, 아울러 조립라인을 건립했다.

확장건설 이후 공장의 점지면적은 15만 300m²였고, 조선 8,500톤, 선박수리 53만 톤, 차량 1,450량의 연간 생산능력을 갖추게 되었다.

1940년에 대선철공은 168척, 합계 22만 7,430톤의 선박을 수리했다. 1941년에는 201척, 합계 29만 1,180톤의 선박을 수리했다. 이는 공장이 창업된 이래 선박수리 최고기록이었다.[43]

대련선거철공주식회사의 조선능력으로 말하면, 공장이 확장되기 전인 1937

---

[41] [역주] 원문은 '沉箱'. 토목건축의 기초공사를 할 때, 압축공기를 보내어 지하수가 솟아오르는 것을 막으면서 그 속에서 공사를 할 수 있게 해주는 철근 콘크리트로 만든 상자
[42] [역주] 원문은 '繫泊碼頭'. 항구 안에 배를 매어두기 위해 설치한 부두.
[43] 大連造船廠 廠史編委會 編, 『大連造船廠史』, 44쪽.

년 10월~1939년 3월 사이 각 영업기간 내의 생산총액은 같은 시기 공장 전체 생산총액의 겨우 9.3%를 점했다. 공장이 확장된 이후인 1939년 9월~1941년 3월 사이 각 영업기간 내의 생산총액은 같은 시기 공장 전체 생산총액의 19%를 점하여 10%가 높아졌다.

3) 태평양전쟁시기의 조선 생산

일본은 중국에 대한 전면침략전쟁을 일으키면서 3개월만 하면 중국을 멸망시킬 수 있을 것이라는 환상을 가졌다. 그러나 기대와는 달리 일본군은 몇 년을 고전하면서도 여전히 승리의 희망을 보지 못했다. 1939년 말에 이르면 일본군은 이미 50여 만 명의 사상자를 내었다. 인력과 물자의 소모는 일본 및 그 통제 아래에 있는 대만, 조선, 만주국이 감당하기 어려운 것이었고, 걸음을 앞으로 내딛기 어려울 정도였다. 독일과 영국으로부터의 물자공급도 제2차세계대전의 발발로 인해 단절되었다. 미국과의 석유·무기무역 역시 남경에서 일본군의 잔학행위 때문에 '도의적 수출금지[道義禁運]'를 당했다. 동시에 미국은 또 1911년 일본과 체결한 상업조약을 폐지한다고 선언했다.[44] 물자공급의 위기는 일본으로 하여금 전쟁의 도박판에서 모든 것을 걸고 승부를 보게 했다.

프랑스와 네덜란드의 점령아래에 있던 동남아 각국에는 석유, 고무, 주석, 니켈, 알루미늄 등의 광물 및 쌀 등의 농작물이 풍부했다. 이러한 전략적 자원은 일찍부터 이런 물자가 급히 필요했던 일본의 주의를 끌었다. 1940년 봄 독일이 프랑스를 공격하여 점령한 것은 일본에게 프랑스령과 네덜란드령 동남아국가를 침략할 기회를 만들어 주었다. 일본은 이 목적을 달성하기 위해 전쟁준비와 외교활동을 병행했다. 한편으로는 미국과 담판하여 미국으로 하여금 '무역금지'

---

[44] [英] 米瑞·哈里斯, 蘇茜·哈里斯 著, 葉廷燊 譯, 『日本皇軍興亡史』, 臺北, 金禾出版社, 1994, 218쪽.

를 풀도록 독촉했다. 다른 한편으로는 적극적으로 전쟁준비를 진행하여, 일단 담판이 틀어지면 즉각 침략전쟁을 발동하려고 했다. 그래서 일본은 1940년부터 태평양전쟁을 일으키기 위해 준비했다. 일본은 이 전쟁이 해전 위주가 될 것이며, 설령 지상전이라고 하더라도 역시 광대한 대양 속의 섬 위에서 일어날 것이므로, 병력이든 물자든 모두 선박수송과 불가분의 관계가 있다고 생각했다. 동시에 점령지역에서 자원을 약탈하는 것 역시 일본 본토로 운송할 선박이 필요했다. 따라서 선박은 이번 군비의 주요 항목이었다.

1940년 일본은 전국에서 모두 각종 선박 600만 톤을 보유하고 있었다. 이번 군비에서 일본은 또 1941~1945년 사이 전국적으로 선박 400만 톤을 증가시킨다는 웅대한 계획을 제정했다. 대련선거철공주식회사는 일본의 조선계획을 완성시키는 지정 공장에 포함되었다. 1942년 이 공장이 청부 맡은 각종 선박 주문 총량은 67척에 달했다. 그중에는 일본 정부 전시경제관리기구 기획원에서 하달된 항목도 있고, 일본 해군의 '내부 명령'으로 내려온 임무도 있었으며, 일본의 각종 대(大)상선회사와 해운회사의 주문도 있었다. 이들 주문은 모두 1945년 말 이전에 납품을 요구했다. 청부받은 선박의 종류는 3,000톤급 D형 전시표준선, 8,100톤급 전시표준 광석운수선, 4,500톤급 C형 전시표준선, 220kW급 예인선, 갑형정(甲型艇)과 쾌속정 등이 있었다. 이들 주문서에서 3,000톤급 이상의 중대형 선박은 11척[45], 총톤수는 4만 6,900톤이었다. 이들 임무를 완수하기까지 남은 순수시간[淨剩時間]은 오직 꼬박 3년뿐이었으므로, 반드시 매년 평균 1만 5,600톤을 완성해야만 했다.

대선철공이 제1차 확장건설 후 도달할 수 있었던 연간 최고 조선능력은 단지 8,500톤으로, '전시조선계획'의 수요를 만족시키기에는 턱없이 부족했으므로, 할 수 없이 제2차 확장 건설을 진행했다. 제2차 확장건설 이전인 1940년 이 공

---

[45] 大連造船廠廠史編委會 編, 『大連造船廠史』, 47~49쪽.

장은 일찍이 160만 엔을 투자하여 공장 일부를 확장하고, 일부 설비를 개조하여 생산능력을 어느 정도 높일 수 있었다.

대선철공의 제2차 대규모 확장건설은 1942년 4월 1일부터 시작되어 1943년 말에 끝났으며, 투자액은 무려 1,000만 엔에 달했다.[46] 이번 확장건설의 주요 항목은 다음과 같았다. ① 3,000톤급 선대 1곳을 신축한다. ② 각 기계공장의 설비를 증설한다. ③ 선거공장 서쪽과 인접한 만철 사택용지를 확장하여 기계가공공장과 신축하는 단조·주조·모형공장 및 강철재료창고 용지로 변경한다. ④ 5,000톤급 도크 북쪽의 기계공장을 확장 건설한다. ⑤ 8,000톤급 도크 남쪽의 선박수리공장을 확장 건설한다. ⑥ 사무소 1곳을 신축한다. ⑦ 발전소 1곳을 신축한다.

1943년 4월 일본 전시조선계획의 증가된 수요 때문에 대선철공은 이번 확장건설에 대해 다시 '보충계획방안'을 제출하고, 아울러 830만 엔을 추가 투자했다.

1941년 12월 8일 일본은 태평양전쟁을 일으켜 전격전술로 '백일 승리'를 얻어, 빠른 속도로 동남아, 서태평양과 남태평양지역 및 이 지역의 제해권과 제공권을 탈취함으로써, 러일전쟁 때의 영광을 재현했다. 그러나 좋은 시절은 오래가지 않았다. 1942년 봄의 미드웨이 해전은 일본 해군에게 심각한 타격을 주었다. 이로부터 연합군은 반격을 개시했고, 일본군은 점점 패퇴하여 제해권과 제공권을 다시 잃었다. 1943년에 이르러 일본은 이미 260만 톤의 함선이 격침당했는데, 이는 전쟁을 일으키던 시기에 참전한 함선의 1/2에 가까운 숫자였다.[47] 이 때문에 전 국민의 힘을 일으켜 전선에 선박을 제공하는 것은 일본 정부가 잠시도 지체할 수 없는 급선무가 되었다. 이를 위해 일본 정부는 연이어 「해운국가관리강요」와 「전시해운관리령」 등의 명령을 반포하고, 아울러 '선박운영회'를

---

[46] 大連造船廠廠史編委會 編, 『大連造船廠史』, 55쪽.
[47] 若槻泰雄, 『日本的戰爭責任』, 25쪽.

설립하여 전국의 선박을 일괄 배치한다고 선포했다. 대련 역시 '관동주선박운영회'를 설립하여, 만철과 그 아래에 소속된 대련기선주식회사는 선박을 전부 이 운영회에 넘겨주어 통일적으로 전용하게 했다. 온 힘을 다해 선박의 생산능력을 높이기 위해 1943년 10월 만철은 연간 조선능력 10만 톤을 실현한다는 목표를 제출하고, 대련선거철공주식회사에 대해 제3차 확장건설을 진행했다. 이번 확장건설의 구체적인 항목은 다음과 같았다.

(1) 조선공장의 확장

구체적인 내용은 다음과 같다. ① 조선공장과 이웃해 있는 육군 운수부, 육군 요새, 만철 공사구(工事區), 만철 창고를 다른 곳으로 이전시키고 그 땅을 전부 조선공장 용지로 만든다. ② 조선 생산에서 "완전한 컨베이어 작업방식을 채택"하기 위해, 각 생산부문의 위치와 공장 규모 및 각종 설비의 사용을 합리적으로 계획한다. 재료 선택에서부터 선대 조립[船臺合攏], 방수 검사, 선체 진수, 내부 기계 설치 등 각 생산 부분에 이르기까지 6개 공정의 컨베이어 작업법을 실행한다.[48] ③ 3호 선대를 개축하고 4호 선대를 신축한다. 제2차 확장건설 때 건설한 길이 126m, 넓이 18m의 3호 선대의 머리 부분을 40m 연장하고, 아울러 롤러식 컨베이어 장치 1세트, 3~6톤 타워 크레인 3대, 교량형 크레인 6대, 18kW와 25kW 전기용접기 10대, 5톤 전동식 권양기 1대를 설치한다. 그 외에 3호 선대의 북쪽에 전체 길이 183.5m, 넓이 18m의 4호 선대를 신축한다.

(2) 엔진제작공장의 확장

엔진제작공장은 주로 선박용 주엔진, 증기 보일러와 기타 보조엔진 등을 생산했다. 당시 이 공장의 생산은 조선업 생산의 급증하는 수요를 크게 만족시키

---

[48] 大連造船廠 廠史編委會 編, 『大連造船廠史』, 56~57쪽.

지 못했다. 특히 각종 보조엔진의 수요는 대련시의 기타 공장으로 주문이 갔다. 이번 확장건설의 목표는 이 공장이 매년 자체 제작하는 선박용 보일러와 각종 주엔진이 16대에 이르는 것이었다.

(3) 발전소의 확장

이번 확장계획은 발전소의 동력실에 221kW의 공기압축기 1대를 증설하여, 공기압축기의 총 출력을 1,508kW에 도달하게 하는 것이었다. 동시에 변전소 1곳을 신축하여 압록강발전소의 1만V 고압 전원과 연결되는 변압설비 1대를 설치하고자 했다.

(4) 차량제작소의 확장

이번 확장 건설에서는 원래의 차량공장을 이전하여 조선공장과 엔진제작공장을 위해 부지를 비워주어야 했다. 따라서 차량공장이 이전하는 부분에 대해 확장건설을 진행함과 동시에 또 1,280㎡의 기계 작업 현장, 1,500㎡의 기계조립 생산현장, 690㎡의 도장 작업장을 신축할 필요가 있었다. 확장건설 후의 차량제작소는 매년 차량 1,400대를 생산할 수 있었다.

그러나 제3차 확장건설이 전부 완성되기 전에 일본은 패전했다. 그렇지만 이 공장은 여러 차례의 확장건설을 거치면서 이미 동북지역에서 유일한 대형 선박 제조수리공장이 되었다. 1944년 10월 공장 전체에는 모두 30개 업무과(소所와 공장 포함), 57개 업무 고계(股係, 안산출장소 포함)와 21개 생산현장(37개 생산업무로 구분)이 있었다.

1945년 9월의 통계에 의하면 이 공장의 점유면적은 14만 6,430㎡이고, 4,000톤급 이하의 선대 3곳(4호 선대), 5,000톤급과 8,000톤급 도크 각각 1곳, 선박수리 제조용 진수대(進水臺, 선가船架[49] 포함) 2곳, 의장(艤裝)부두 2곳(빈정잔교 포함)을 옹유하고 있었다. 또 금속절삭, 기중, 용접, 운송 등 각종 기계설비 680여 대를 보유하고 있었다. 고정자산 총액은 1,599만 3,100엔, 재산총액은 4,155만 1,900엔이었다.

이 시기 대련선거철공주식회사가 생산한 중대형 선박은 〈표 24-9〉와 같다.

〈표 24-9〉 대련선거철공주식회사가 생산한 중대형 선박표(1942~1945)

선박 명칭	주요 치수(m)	종류	총톤수 (톤)	중량톤 (톤)	메인 엔진 출력(kW)	최대 시속 (해리/시간)	제조 시간 착공	제조 시간 인도	주문자
淸河丸	85.73×12.50×6.50	화물선	2,091	3,045	956	12.72	1941. 3. 27	1942. 7. 6	大連汽船會社
海河丸	85.73×12.50×6.50	화물선	2,088	3,045	1,153	13.19	1942. 1. 15	1943. 4. 24	大連汽船會社
福嶺丸	120.00×16.5×9.30	운반선	5,969	8,369	2,059	15.12	1942. 7. 11	1943. 11. 16	東亞海運會社
柳河丸	93.33×13.70×7.60	화물선	2,813	4,522	1,482	14.28	1943. 1. 15	1943. 12. 27	大阪商船會社
大慈丸	93.33×13.70×7.60	화물선	2,813	4,522	1,776	14.51	1943. 6. 25	1944. 5. 27	大阪商船會社
莊河丸	93.33×13.70×7.60	화물선	2,813	4,522	1,442	14.40	1943. 10. 7	1944. 6. 30	大阪商船會社
大亞丸	85.00×13.40×7.20	화물선	2,200	4,043	851	11.13	1944. 4. 12	1944. 10. 16	大阪商船會社
大宇丸	85.00×13.40×7.20	화물선	2,200	4,043	930	11.43	1944. 6. 5	1944. 11. 23	大阪商船會社
大吉丸	85.00×13.40×7.20	화물선	2,200	4,043	844	11.43	1944. 8 10	1945. 2 23	大阪商船會社
大黑丸	85.00×13.40×7.20	화물선	2,200	4,043	809		1944. 11. 4	1945. 5. 16	大阪商船會社
大康丸	85.00×13.40×7.20	화물선	2,200	4,043	809		1945. 1. 26	1945. 8. 8	大阪商船會社

출전: 大連造船廠史編委會 編, 『大連造船廠史』, 51쪽.
[역주] 중량톤은 배에 실을 수 있는 화물의 최대 중량을 나타내는 단위로, 배에 화물을 최대한 실었을 때의 무게에서 배 자체의 무게를 뺀 것을 말한다.

대련선거철공주식회사는 만철이 전액 출자한 직계 자회사로, 일본의 중국침략전쟁이 확대됨에 따라 생겨난 산물이었다. 따라서 그 앞길과 운명은 필연적으로 일본의 침략전쟁과 밀접한 관련이 있었다.

1941년 이전 일본군이 중국 화북과 화중지역을 침략할 때는 주로 철도에 의지하여 군사와 물자를 수송했다. 따라서 대량의 철도전용차량이 필요했고, 이 공장은 전쟁의 수요에 응하여 차량 생산을 위주로 했다. 후에 이 공장이 끊임없이 설비를 늘리고 공장건물을 확장한 것 역시 차량생산 능력 재고에 초점을 맞추어 진행한 것이었다.

태평양전쟁이 터진 후 일본은 침략전쟁을 동남아와 태평양제도까지 확대시

---

49) [역주] 배를 수리하기 위해 땅위로 끌어올리는데 사용하는 설비.

켰으며, 군사 운송은 수많은 선박에 의지하여 완성해야만 했다. 이에 따라 이 공장의 생산 중심은 곧 조선과 선박수리업으로 방향을 바꾸었다. 이를 위해 이 공장은 또 여러 차례 공장건물을 확장하고 시설과 설비를 늘렸다.

  전쟁이 끊임없이 확대됨에 따라 대선철공의 투자 역시 날로 증가했고, 마지막에는 결국 본전을 따지지 않는 미치광이 같은 정도까지 발전했다. 그러나 이 공장은 일본의 침략전쟁이 실패함에 따라 결국 생산을 중단하고 도산했다.

제25장

만철과 7·7사변

1. 만철의 7·7사변 가담

7·7사변 이전 만철은 이미 중국에 주둔하고 있던 일본군대의 침략활동에 가담했다.

1935년 5월 29일 화북에 주둔하고 있던 일본군은 중국이 "당고협정(塘沽協定)을 위반"했다는 명분으로, 북평군(北平軍) 분회주임 허잉친(何應欽)에게 각종 무리한 요구를 제기함과 동시에 무력을 사용하여 중국 정부에 압력을 가하기로 결정했다. 6월 12일 만철은 일본군의 요구에 응해 열차 7편과 객차 168량을 출동시켜, 관동군을 조남(洮南)·장춘 등지로부터 산해관으로 수송했다.

1935년 11월 3일 중국 정부는 화폐제도에 대한 개혁을 선포했다. 이 개혁은 직접적으로 일본의 중국침략이익에 영향을 주었기 때문에, 일본 군부와 일본군 중앙부는 다음과 같이 표시했다. "중국의 화폐제도개혁은 중국의 4억 민중을 멸망으로 이끌 뿐이다." "일본은 중국 민중의 복지를 위해서라도 묵시할 수가 없다."1) 일본 정부는 중국 화폐제도개혁에 대해 "시종 반대하는 태도를 견지"했을 뿐만 아니라,2) 중국에 대해 군사적인 위협을 가할 것을 결정했다. 11월 12일 만철은 일본군의 지시 아래 열차 10편과 객차 230량을 집결시켜 대규모의 일본군을 산해관으로 수송했고, 12월 하순에 이르러서야 비로소 이를 돌려받았다.

같은 해 11월 만철은 천진에 천진사무소를 설립하고 화북에 대한 조사를 실시했다.

관내(關內)로 파견된 완전 무장한 만철사원

1937년 7월 9일, 즉 7·7사변 발생 후 3일째 되던 날 만철은 산해관에 봉천철도사무소 차무과장(車務課長) 오니시 마사히로(大西正弘)를 우두머리로 하는 수송반을 설립했다. 아울러 21일 천진으로 이전하여 명칭을 천진수송반으로 고쳤다. 8월 11일 다시 군부의 명령에 따라 "철도부의 지도 아래 편입되어" 전적으로 군용수송을 담당했다. 7월 12일 만철은 총재실 문서과 내에 '만철본사연락본부'를 설치했다. 7월 19일 만철은 '임시북지사변사무국(北支事變事務局)'을 설립하여 일본군과 군사물자 운송에 편리를 제공했다. 만철은 일본군 수송임무를 완수하기 위해 7월 하순까지 기관차 179량, 객차 160량, 화물 열

---

1) 「日駐華使館武官磯谷就中國幣制改革發表的聲明」, 南開大學馬列主義敎硏室中共黨史敎硏組 編, 『華北事變資料選編』, 河南人民出版社, 1983, 304쪽.
2) 「日外務省就中國幣制改革發表的聲明」, 南開大學馬列主義敎硏室中共黨史敎硏組 編, 『華北事變資料選編』, 310쪽.

차 4,838량, 차장차(守車) 116량, 즉 각종 열차 합계 5,293량을 화북에 투입했다.3) 9월 1일 만철은 관동군 '야전철도사령관'의 지휘 아래로 배치되었다.

만철은 10월까지 매일 평균 일본군의 중국침략을 지원하는 기관차 155량, 객차 113량, 화차 4,526량을 동북과 조선으로부터 화북으로 투입했다.4) 또 잇따라 "800명의 공정(工程)기술관리 인원을 화북으로 파견하여 철도를 복구하고 관리하는데 협조하도록"했다.5) 8월 6일 만철은 결정하기를 "우사미(宇佐美) 이사, 스기(杉) 수송위원장, 오키타(沖田) 인사과장, 고가(古賀) 복지과장, 기타 16명"의 인원으로 구성된 위문반을 파견하여 "북지(北支, 중국 화북 – 인용자)로 가서 위문하도록 했다."

만철의 장갑열차

위문 대상은 다음과 같았다. "① 중국 화북으로 파견된 일만(日滿) 철도직원,

---

3) 興亞院華北連絡部, 『華北交通株式會社創立史』, 極秘 第9號, 520~522쪽. 蘇崇民, 『滿鐵史』, 746쪽 재인용.
4) 居之芬·張利民 主編, 『日本在華北經濟統制掠奪史』, 天津古籍出版社, 1997, 90쪽.
5) 居之芬·張利民 主編, 『日本在華北經濟統制掠奪史』, 88~89쪽.

② 북녕(北寧)철도직원, ③ 부상자." 위문품은 다음과 같았다. "① 일본국적 사원 1인당 5엔, 1,500인분, ② 만주국적 사원 1인당 1엔 50전(錢), 500인분, ③ 북녕철도직원 1인당 밀가루 1/3포대, 약 1엔 60전, 8,200인분, ④ 부상병 1인당 60전(과일사탕), 1,700인분." "위문 여정은 8월 6일 봉천을 출발하고, 8월 7일에는 산해관을 출발하여 길을 따라 각 역을 위문하고 마지막으로 천진에 도착할 예정이었다."⁶⁾ 8월 6일 만철은 다시 "북지사변에 참여한 황군(皇軍) 장병들을 위문하기 위해, 3만 엔을 헌납하여 '진중위문금(陣中慰問金)'으로 삼아, (일본군) 전사자에 대해서는 조위금을 지급하고, 부상자에 대해서는 위문금을 전달"⁷⁾하기로 결정했다. 12월 8일 만철총재 마쓰오카 요스케(松岡洋右)는 또 상해를 침범한 일본군 제3함대사령관 해군중장 하세가와 기요시(長谷川淸), 상해 특별육전대(特別陸戰隊)사령관 해군소장 오카와 치덴시치(大川內傳七)에게 전보를 보내어 상해를 침범한 일본 육해군에 대해 위로를 표했다. 위문 전도에서 이르기를 "이번 사변에서 황군 장병 여러분들의 노고에 깊은 감사를 표하는 바이며,

만철이 일본군을 위해 배치한 통역

---

6) 遼寧省檔案館, 「關于滿鐵與'七七事變'的一組檔案史料」, 『民國檔案』, 2001年 第3期.
7) 遼寧省檔案館, 「關于滿鐵與'七七事變'的一組檔案史料」, 『民國檔案』, 2001年 第3期.

특별히 나카니시(中西) 이사를 본사대표로 파견하여 안부를 여쭈는 것이니, 이 점 주지해 주시기 바랍니다"라고 했다.[8]

오래지 않아 마쓰오카 요스케는 재차 하세가와 기요시, 오카와 치덴시치, 주중 일본대사관 육군무관 육군소장 하라다 구마키치(原田熊吉), 해군무관 해군소장 혼다 다다오(本田忠雄), 육군대장 마쓰이 이와네(松井石根)에게 편지를 보내어 일본군의 상해 진공에 대해 위로를 표시했다. 그는 위문편지에서 다음과 같이 말했다.

> 이번 사변 발발 이래 황군은 가는 곳마다 육해공 각 방면에서 모두 연전연승하여 중외(中外) 인사들의 면전에 혁혁한 전과를 아낌없이 드러내고 있습니다. 우리의 충성스럽고 용감한 장병들의 분투에 대해 후방의 국민들은 몹시 탄복하고 있습니다.
> 상해의 지형은 천연의 요새일 뿐만 아니라, 상대는 최정에 부대를 동원하여 이 지역을 사수하고 있습니다. 우리 군 장병들이 처한 정세가 몹시 어렵다는 것을 너무도 잘 이해하고 있습니다. 이에 대해 우리들은 아주 감격해 마지않고 있습니다.
> 이곳에서 불행하게 전사한 용사들의 영령에 대해 삼가 깊은 애도를 표합니다. 아울러 부상당한 모든 장병들에 대해서는 그들이 조속히 건강을 회복하기를 축원합니다. 기후와 풍토가 다른 이국 타향에서 싸우고 있는 모든 장병들에 대해서는, 그들이 국가를 위해 더욱 자중(自重)하기를 희망합니다.
> 이로써 삼가 진중(陣中)의 장병들에게 간략하나마 위로를 전하며, 아울러 무운장구(武運長久)를 기원하는 바입니다.[9]

7·7사변 후 만철은 또 관동군의 '위탁'을 받아 '승덕(承德)·고북구(古北口)·통주(通州)를 연결하는 철도' 238km를 부설했으며, 1938년 초에 건설을 완료했다.

---

[8] 遼寧省檔案館, 「關于滿鐵與'七七事變'的一組檔案史料」, 『民國檔案』, 2001年 第3期.
[9] 遼寧省檔案館, 「關于滿鐵與'七七事變'的一組檔案史料」, 『民國檔案』, 2001年 第3期.

기관차 전복 현장의 만철사원들

만철은 7·7사변에 개입함으로써 일본군에 협력하여 함께 중국을 침략했다. 이는 일본 정부, 관동군, 화북주둔 일본군으로부터 많은 찬사를 받았다. 1937년 9월 일본 육군대신 스기야마 하지메(杉山元)는 마쓰오카 요스케에게 편지를 보내 만철의 위문금 기부에 대하여 감사를 표했다. 감사장에서 이르기를 "귀사가 이번 사변에 참여한 군대를 위문하기 위해 특별히 위문금을 배포한 것에 대하여 감사한 마음을 금할 길 없어 심심한 사의를 표하는 바입니다"라고 했다.10)

같은 해 11월 해군대신 요나이 미쓰마사(米內光政)도 마쓰오카 요스케에게 편지를 보내어 위문금 배부에 대해 감사를 표했다. 감사장에서 이르기를 "귀사가 이번 사변에 참여한 해병 장병들을 위해 위문금을 배포한 것에 대하여 정말 감사드리며 심심한 사의를 표하는 바입니다"라고 말했다.11)

관동군사령관 우에다 겐키치(植田謙吉)도 만철의 위문금 배부에 대하여 감사를 표했다. 감사편지에서 이르기를 "북지 및 내몽골로 출동한 우리 군의 전몰 장병들에게 위문금을 증여한 것에 대하여 정말 감사드리며 사의를 표합니다"라고 했다.12)

---

10) 遼寧省檔案館, 「關于滿鐵與'七七事變'的一組檔案史料」, 『民國檔案』, 2001年 第3期.
11) 遼寧省檔案館, 「關于滿鐵與'七七事變'的一組檔案史料」, 『民國檔案』, 2001年 第3期.

1938년 2월 28일 관동군사령관 우에다 겐키치는 또 만철에게 감사장을 수여하고, 만철이 반년만에 승고선(承古線, 승덕承德—고북구古北口), 통고선(通古線, 통주通州—고북구) 두 개의 군용철도를 완공한 것에 대해 감사를 표했다. 감사장에서는 다음과 같이 말했다.

> 쇼와 12년 7월 지나사변의 발발에 따라 만지(滿支)를 연결하는 승덕·고북구·통주철도건설은 매우 긴박하게 되었습니다. 이 철도를 신속하게 부설하기 위해 남만주철도주식회사에게 위탁했습니다. 회사는 뛰어난 식견으로 이 철도건설의 중요성을 깨닫고, 굳은 결심으로 이 철도건설을 받아들였습니다. 아울러 전심전력을 다하고 매서운 추위와 어려움을 이겨내며 높은 산과 험한 고개를 두려워하지 않고, 공사를 시작한 후 겨우 반년 만에 238km의 철도를 건설했습니다. 이는 시대에 획을 긋는 공사라고 할 수 있으며, 철도건설 역사에서도 영원히 그 이름이 전해질 것입니다. 실제로 이는 관련부문 직원들의 국가에 헌신하는 지극한 정성과 꿋꿋하게 흔들리지 않는 노력 및 수많은 고생을 치른 결과입니다. 이에 이 감사장을 수여하며 이로써 가슴 가득한 감사의 뜻을 표하고자 합니다.13)

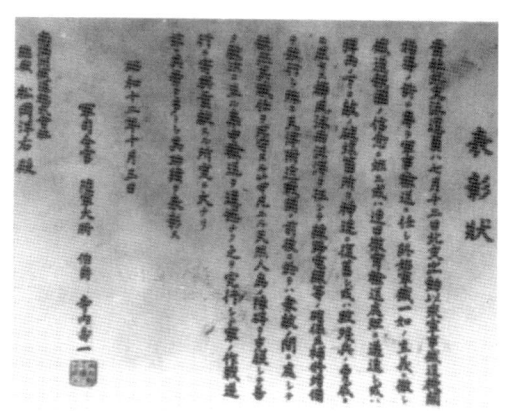

화북주둔 일본군사령관이 만철에 수여한 표창증서

---

12) 遼寧省檔案館, 「關于滿鐵與'七七事變'的一組檔案史料」, 『民國檔案』, 2001年 第3期.
13) 遼寧省檔案館, 「關于滿鐵與'七七事變'的一組檔案史料」, 『民國檔案』, 2001年 第3期.

같은 날 화북주둔 일본군사령관도 만철에게 감사장을 수여하고, 만철이 상술한 철도를 건설한 일에 대해 감사를 표했다. 감사장에서는 다음과 같이 말했다.

열하(熱河)의 중심인 승덕과 평진(平津)의 요지인 북경을 연결하는 철도의 건설은 정치와 전쟁 두 방면에서 모두 일본군의 오랜 소망이었습니다. 이번 사변의 발발에 따라 귀사에 이 철도의 신속한 부설을 위탁했습니다. 귀사는 통주사변(通州事變) 후 철도연변에서 패전 장병들이 여전히 이리저리 출몰하는 상황에도 불구하고 각종 항목의 준비를 완료했습니다. 뿐만 아니라 군부의 의도를 세심하게 살피어 군과 철도를 동일시하는 열성으로 힘차게 공사를 시작하여, 모든 자연적이고 인위적인 장애를 극복하고 겨우 반년이라는 매우 짧은 시간 안에 이 철도를 건설하고, 아울러 레일 연결 경축의식을 거행했습니다. 이 철도의 건설에 헌신한 관련 인원의 노고와 귀사의 혁혁한 공적에 대해 깊은 감사의 뜻을 표하는 바입니다. 시공 과정에서 불행히도 순직한 영령들에 대해서도 삼가 진정으로 애도를 표합니다.[14]

7·7사변 후 만철은 잇따라 5,000여 명을 파견하여 일본군이 만철에게 경영을 위탁한 '군관리(軍管理)' 철도를 접수했다. 만철이 접수한 철도는 〈표 25-1〉과 같다.

〈표 25-1〉 만철이 접수한 화북 각 철도 일정표

철도선명 및 구간		인수 연월	철도점령부대	접수기관
京包線	간선	豊臺—南口 1937.9.3	戶津부대	풍대수송사무국
		南口—青龍橋 1937.9.12	戶津부대	풍대수송사무국
		青龍橋—康莊 1937.9.19	戶津부대	풍대수송사무국
		康莊—張家口 1937.9.13	戶津부대	만철파견단영업개시
		張家口—大同 1937.10.26	戶津부대	장가구판사처
		大同—包頭 1937.12.11	戶津부대	장가구철도사무소
	지선	口泉線 1937.12.10	戶津부대	장가구철도사무소
		環城線 1937.12.9	戶津부대	장가구철도사무소
		門頭溝線 1937.12.10	戶津부대	장가구철도사무소
天津總站—獨流		1937.9.4	橫濱부대	천진수송사무소

14) 遼寧省檔案館,「關于滿鐵與'七七事變'的一組檔案史料」,『民國檔案』, 2001年 第3期.

		獨流—康官屯	1937.9.28	佐藤부대	천진수송사무소
		康官屯—滄縣	1937.11.7	佐藤부대	천진수송사무소
津浦線	간선	滄縣—車光線	1937.11.16	佐藤부대	천진수송사무소
		車光線—德縣	1937.11.23	佐藤부대	천진수송사무소
		德縣—晏城	1937.12.23	木下부대	천진수송사무소
		晏城—黃河	1938.1.10	木下부대	천진수송사무소
		黃河—濟南	1938.2.11	木村부대	천진수송사무소
		濟南—泰安	1938.4.10	木村부대	제남철도사무소
		泰安—兗州	1938.4.29	靑村부대	제남철도사무소
		兗州—徐州	1938.6.5	靑村부대	제남철도사무소
	지선	濟寧線	1938.4.29	靑村부대	제남철도사무소
		臨趙線	1938.6.5	靑村부대	제남철도사무소
京漢線	간선	豊臺—長辛店	1937.9.4	木村부대	풍대수송사무소
		長辛店—高碑店	1937.9.28	木村부대	풍대수송사무소
		高碑店—保定	1937.10.12	木村부대	풍대수송사무소
		保定—定縣	1937.10.20	木村부대	풍대수송사무소
		定縣—石家莊	1937.11.20	木村부대	풍대수송사무소
		石家莊—順德	1937.12.27	早賴부대	북경철도사무소
		順德—彰德	1938.1.28	早賴부대	북경철도사무소
		彰德—新鄕	1938.3.10	早賴부대	북경철도사무소
	지선	坨里線	1937.9.28	木村부대	풍대수송사무소
		周口店線	1938.9.28	木村부대	풍대수송사무소
		西陵線	1938.10.12	木村부대	풍대수송사무소
		保定南站線	1938.10.12	木村부대	풍대수송사무소
		臨城線	1938.12.27	早賴부대	북경철도사무소
		大河溝線	1938.1.28	早賴부대	북경철도사무소
京古線	간선	新通州—古北口	1938.4.1	(통주건설사무소)	북경철도사무소
正太線	간선	石家莊—陽泉	1938.1.11	高崎부대	북경철도사무소
		陽泉—太原	1938.1.17	高崎부대	북경철도사무소
	지선	正陘煤礦線	1938.1.11	高崎부대	북경철도사무소
		風山線	1938.1.11	高崎부대	북경철도사무소
膠濟線	간선	濟南—張店	1938.1.23	木村부대	천진철도사무소 제남판사처
		張店—昌樂	1938.1.24	木村부대	제남판사처
		昌樂—濰縣	1938.1.29	兒玉부대	제남판사처
		靑島—膠縣	1938.2.15	兒玉부대	제남판사처
		膠縣—濰縣	1938.2.17	兒玉부대	제남판사처
	지선	博山線	1938.1.22	木村부대	제남판사처
		礜山線	1938.1.22	木村부대	제남판사처
同浦線	간선	楡次—太原	1938.1.17	高崎부대	북경철도사무소
		太原—原平	1938.4.8	高崎부대	북경철도사무소
		大同—朔縣	1938.4.15	矢野부대	장가구철도사무소
		朔縣—原平	1939.3.25	岡上부대	북경철도사무소
		楡次—臨汾	1939.4.17	高崎부대	북경철도사무소
		臨汾—運城	미인수	高崎부대	미인수

	지선	甲子灣線	1939.3.25	岡上부대	북경철도사무소
		西銘線	1936.1.17	高崎부대	북경철도사무소
		白家莊線	1936.1.17	高崎부대	북경철도사무소
		汾陽線	1939.4.17	高崎부대	북경철도사무소
隴海線	간선	徐州―開封	1938.8.30	岡上부대	제남철도국
道淸線	간선	道口―淸化	1938.4.25	猿谷부대	북경철도사무소
	지선	新鄕―游家墳	1938.4.25	猿谷부대	북경철도사무소

출전 : 『華北交通株式會社創立史』, 蘇崇民, 『滿鐵史』, 750~752쪽 재인용.

통계에 따르면 1937년 말까지 만철이 화북에 파견한 인원은 모두 7,816명으로, 그 가운데 일본인이 6,383명, 중국인이 1,433명이었다. 1939년 3월에 이르러서는 2만 610명으로 증가했으며, 그 가운데 일본인은 1만 7,162명, 중국인은 3,448명이었다.[15]

2. 만철의 화북경제에 대한 수탈

만철의 화북경제에 대한 수탈은 주로 자신의 자회사인 흥중공사(興中公司)를 통해 진행한 것이었다. 흥중공사는 1935년 12월 20일 설립되었다. 흥중공사의 화북에 대한 경제수탈은 7·7사변 이전과 7·7사변 이후 두 단계로 나눌 수 있다.

일찍이 1933년 하반기 만철은 화북에 대한 경제수탈을 진행하기 위한 준비과정의 일환으로 화북에 대해 "조직적인 조사를 진행했다." 그해 5월 단철은 천진·청도·태원(太原)에 주재원사무소를 설립했다. 11월 만철은 「화북경제공작조사요항(華北經濟工作調査要項)」과 「화북경제공작조사기관설치안設置華北經濟工作調査機關案」을 제정하고 아울러 화북에 주재원사무소를 설치했다. 이와 동시에 만철은 일련의 대중국 전문위원회도 설립했다. 그 가운데는 '중국

---

[15] 『華北交通株式會社創立史』, 蘇崇民, 『滿鐵史』, 746~747쪽 재인용.

경제조사위원회' '중국경제조사간사회' '중국해운대책소위원회' '석문채탄광대책소위원회[石門寨煤鑛對策小委員會]' '발해(渤海)화학공업공사대책입안소위원회' '중국산서·섬서 두 성 경제조사소위원회[中國山西陝西兩省經濟調查小委員會]' '중국철도대책소위원회' '용연철광대책입안소위원회(龍烟鐵鑛對策立案小委員會)' 등이 있었다.

1934년 만철은 흥중공사를 조직하기로 결정했다. 1935년 1월 26일 만철이사회는 결의문을 채택하고 대중국 경제공작의 기본방침을 확립했다. 방침은 다음과 같이 결정되었다 "① 대중국 경제공작을 통제하고 그것을 통일된 궤도에 포함시킨다. ② 대중국 경제공작은 직접 실행하는 기관이 직접적인 방법을 채택하여 실시해야만 한다. ③ 상술한 사항의 실행기관은 일반 민간자본에 위탁해서는 안 되며, 응당 국책기관이어야 한다."16) 실행방법 면에서 만철이사회는 만철자본을 이용하여 흥중공사를 설립하기로 결정했다. 만철의 처리방법은 일본 관동군과 중국주재 일본무관의 지지를 얻었다. 3월 14일 만철은 정식으로 일본 정부에 흥중공사 설립신청서를 제출하고 8월 2일에 비준을 얻어냈다. 그리고 12월 20일 흥중공사는 대련에서 설립되었다.

흥중공사의 자본은 1,000만 엔, 20만 주였다. 그 가운데 만철 자신이 19만 9,200주를 보유하고 기타 주주들이 800주를 보유했다. 흥중공사는 본점을 대련에 설치하고 사무소는 천진·제남·상해·광동 등지에 나누어 설치했다. 아울러 도쿄에 지부를 설립하고 사장으로 소고 신지(十河信二)가 임명되었다. "흥중공사는 (일본)국책기관이면서 또한 만철의 자회사였다."17) "흥중공사의 설립은 일본제국주의가 화북에서 전개한 공작 전체 가운데서도 가장 중요한 시대의 획을 긋는 사건이었다."18)

---

16) 興中公司, 『會社設立關經緯』, 蘇崇民, 『滿鐵史』, 755쪽 재인용.
17) 熊達雲, 「七七事變前日本帝國主義對華北的經濟擴張」, 『近代史研究』, 1985年 第5期.
18) 依田憙家, 『戰前的日本與中國』, 熊達雲, 「七七事變前日本帝國主義對華北的經濟擴張」, 『近

흥중공사는 화북지역에 대해 경제적인 침략을 진행하는 기구였다. 이점과 관련하여「흥중공사장정(興中公司章程)」에서 이미 아주 분명하게 설명하고 있다. 장정에서는 다음과 같이 말하고 있다. "본 회사는 중·'만(滿)' 사이 경제 관계의 밀접한 연계를 위해 아래 열거한 업무 경영을 그 목적으로 삼는다. ① 대중국 수출무역과 그 대리 및 중개, ② 중국 경제 전반에 대한 직영(直營)·알선·중개 및 이 사업에 대한 투자, ③ 앞의 두 가지 항목의 부대업무와 관련업무."[19)]

흥중공사가 설립된 후 화북에 대한 경제침략은 공개적으로 이루어졌다. 화북지역의 면화·전력·광산·염업 등은 모두 흥중공사 수탈의 중점이었다.

면화방면. "일본의 화북 경제에 대한 첫 번째 의도는 바로 풍부한 면화를 얻고자 하는 것이었다. 왜냐하면 일본은 방직업이 가장 발달한 국가였기 때문이었다." "일본은 필요한 면화의 98%를 국외로부터 수입했다. 1933년 일본의 면화 수입은 6억 원 이상에 달했으며, 그것은 전체 수입에서 가장 우위를 점하는 것이었다. 면화의 원산지는 주로 미국과 인도였으며, 중국으로부터의 수입은 매우 소수를 점할 뿐이어서 2.4%에 불과했다."[20)] 그러나 미국과 인도로부터 수입되는 면화는 운송비가 비교적 높았으므로, 원가를 낮추기 위해 일본 정부는 "중국의 면화생산지역을 빼앗기로 결심했다."[21)] 1937년 초 흥중공사는 사람을 파견하여 산동성 성장(省長) 한푸쥐(韓復榘)와 교섭을 진행하고, 제남에 중·일 합작의 직포창(織布廠) 설립을 준비했다. 같은 해 6월 흥중공사 사장 소고 신지는 직접 산서성의 옌시산(閻錫山)과 교섭을 진행하여 산서에서 면화 500톤을 구매하려고 준비했으나, 7·7사변의 발발로 인해 모두 중지되었다.

代史硏究』, 1985年 第5期 재인용.
19) 陳眞 等 合編, 『中國近代工業史資料』 第2輯, 三聯書店, 1958, 534쪽.
20) 藍天照, 「華北五省的經濟地位及日本的企圖」, 南開大學馬列主義敎硏室中共黨史敎硏組 編, 『華北事變資料選編』, 494~495쪽.
21) 藍天照, 「華北五省的經濟地位及日本的企圖」, 南開大學馬列主義敎硏室中共黨史敎硏組 編, 『華北事變資料選編』, 494~495쪽.

전력방면. 만철은 일찍부터 화북의 전력사업을 '넘보고' 있었다. 1936년 봄 "만철이 경영하던 대련만주전기회사는 일찍이 사람을 파견하여 화북을 조사하도록 했고, 평진이 여전히 가능성이 있다고 생각했다." 이 시기 천진시정부 또한 천진에 발전소 건설을 계획하고 있었으나, "시종 자금부족으로 인해 설립하지 못하고 있었다." 이후 샤오전잉(蕭振瀛)이 천진시장으로 재임하던 시절 만주전기회사는 그와 교섭하여 "대신 창설하되 그들에게 투자를 허락하는 것을 교환조건으로 내세웠다가" 샤오전잉으로부터 거절당했다. 그해 샤오전잉이 시장직에서 물러난 후 흥중공사는 이 일을 다시 제기했다. 그리고 흥중공사 천진지사장 세이노(淸野)를 파견하여 회사를 대신하여 협상하도록 했다. 이후 기찰(冀察)[22]당국의 허가를 거쳐 "중·일합작 천진전업주식유한공사(天津電業股份有限公司)"의 설립을 결정했다. 자본은 "법폐(法幣) 800만 원, 주당 50원씩 16만 주였다. 제1기 주식자금[股款]은 법폐 400만 원으로 주당 25원을 납부했다."[23] 8월 20일 공사가 정식으로 설립되었고 사장에 장쯔중(張自忠), 부사장으로 이시이 세이이치(石井成一)가 임명되었다.

회사장정은 회사가 경영하는 사업을 다음과 같이 규정했다. "① 전등과 전력의 공급, ② 전기철도의 경영, ③ 전기기계기구의 판매 및 임대, ④ 동종 사업에 대한 투자와 경영, ⑤ 앞 항목의 부대사업." "영업 구역은 천진특별시정부 관할 구역 내로 했다."[24] 전업공사(電業公司)는 설립 후 "당시 시내에 있는 특별구역 전기 공급 시설을 계승했다." "특1, 특3구역에 공동으로 구외(區外) 일본계 공익회(共益會)를 설립했다. 1938년 11월에 이미 "설비용량 3만kW"를 갖추고 있었으며, "전기 판매량(1개월)"은 다음과 같았다. ① 전등은 약 4만개 사용, ② 전력은

---

[22] [역주] 冀察은 河北과 察哈爾를 가리킨다.
[23] 陳眞 等 合編, 『中國近代工業史資料』 第2輯, 536쪽.
[24] 중요한 것은 '일본 조계 전력 및 천진, 북경, 塘沽 이 세 지역 일본 공장의 전력 소비에 대한 공급'이었다.

610마력 사용, ③ 전열은 19만 7,095kW 사용."25) 1937년 12월 흥중공사는 다시 노대(蘆臺)·당산(唐山)·난현(灤縣)·창려(昌黎)·산해관·통현(通縣)의 6개 전등공사(電燈公司)를 인수 합병한 기초 위에서 일·중합작의 기동전업주식유한공사[冀東電業股份有限公司]를 설립했다.26) 자본금은 300만 원이었지만 실제 불입자본은 100만 원이었다. 1938년 11월 전등공사의 설비용량은 이미 1,169 kW, 전등 수는 3만 1,009개, 전력은 24마력에 달했다(〈표 25-2〉 참조).27)

〈표 25-2〉 전기 판매량(1개월)*

장소	설비용량(kW)	전등 수	전력(馬力)	전열
蘆臺	75	9,000	—	—
唐山	接受電力	12,000	24	—
灤縣	94	3,300	—	—
昌黎	50	3,056	—	—
山海關	875	3,653	—	—
通縣	75	불 명	—	—
총계	1,169	31,009	24	—

*표에서 灤縣의 전등 수는 3,300이지만, 陳眞 編, 『中國近代工業史資料』 第4輯, 886쪽에서는 3,500이라고 한다.
출전: 「1936~1938年興中公司經營事業槪況」, 居之芬 主編, 『日本對華北經濟的掠奪和統制－華北淪陷區資料選編』, 127~128쪽.

염업방면. 염(鹽)은 중요한 화학공업원료이자 중요한 군수산업원료였다. 일본이 비록 섬나라이기는 하지만, 오히려 염은 자급할 수가 없었다. 특히 제1차 세계대전 기간에 "일본의 공업이 확충되어 염의 수요량이 급증했다. 이전의 염 수요량은 1,000만담(擔)이었으나 이제 1,600~1,700만 담으로 증가했다. 일본 정

---

25) 「1936~1938年興中公司經營事業槪況」, 居之芬 主編, 『日本對華北經濟統制掠奪和統制－華北淪陷區資料選編』, 北京出版社, 1995, 127쪽.
26) 熊達雲, 「七七事變前日本帝國主義對華北的經濟擴張」, 『近代史硏究』, 1985년 第5期. 居之芬, 張利民 主編, 『日本在華北經濟統制掠奪史』에서 興中公司가 "山海關, 秦皇島, 昌黎, 灤縣, 唐山, 蘆臺, 通縣 등 7개의 電燈公司를 합병했다"고 쓰고 있다. 이는 오류로 秦皇島를 포함하지 않는 것이 마땅하다.
27) 「1936~1938年興中公司經營事業槪況」, 居之芬 主編, 『日本對華北經濟的掠奪和統制－華北淪陷區資料選編』, 128쪽.

부는 정제염공장 설치를 확대하고 새로운 방법을 응용하여 국민의 먹을거리를 개선하려 했다. 그렇지만 원염(原鹽)은 민간에서 취했고, 민간에서는 여전히 중국의 옛 전염(煎鹽)방식을 따르고 있었다. 이는 생산량은 적고 생산원가는 높아 매년 총액이 1,000만담을 넘지 않았다. 그 부족액은 청도염(靑島鹽), 금주염(金州鹽, 일본인은 관동주염이라고 부름), 대만염, 안남염(安南鹽)에 공급을 의존했다."28)

1930년대 들어 특히 일본이 중국에 대한 대규모 침략정책을 확립한 후, 일본의 군수산업기업은 빠르게 팽창했다. 군수산업기업의 급속한 팽창에 따라 일본의 염에 대한 수요도 한층 더 증가했다. 1936년 10월 일본의 대장성(大藏省) 전매국 회의요록에는 다음과 같이 쓰여 있다. "알칼리 및 기타 각종 화학공업 발달 현황에 비추어 보아, 앞으로 5년 내에 일본의 공업용 염의 수요는 170만 톤에 달할 것이라고 예측된다. 그 가운데 약 80%(135만 톤)의 공급은 반드시 외지 및 이웃 나라, 즉 '화북방면', 만주국, 관동주, '대만'"29)으로부터 방법을 강구하여 확보하도록 해야 한다. 이듬해 10월 일본 대장성은 중국 원염을 수탈하는 일련의 완벽한 방안을 제시했다. 방안은 다음과 같이 주장했다. 1942년까지 중국 연해(沿海)는 일본에게 200만 톤의 염을 공급해주어야 한다. 그리고 1945년까지 일본에게 350만 톤의 염을 공급해주어야 한다. 이와 동시에 대장성은 또한 이 계획이 모두 완성된 후, 중국 각지의 염전면적은 관동주가 1만 4,900정보,30) 만주국은 2만 6,000정보, 대만 6,500정보, 장로(長蘆) 3만 2,000정보, 청도 9,000정보 등에 달하게 될 것이라고 주장했다.31) 그러나 1940년 1년 동안 일본

---

28) 袁榮叜,『膠澳志』第2冊, 沈雲龍 主編,『近代中國史料叢刊』(307), 臺北, 文海出版社有限公司, 1973, 747쪽 참조.
29) 中國社會科學院經濟硏究所藏檔案, 鹽業關係雜件 495/1324, 丁長清,『民國鹽務史稿』, 人民出版社, 1990, 296쪽 재인용.
30) 1정보는 약 100日畝, 1日畝는 약 0.9917公畝, 1정보는 중국의 약 15市畝에 해당한다.
31) 南京中國第二歷史檔案館檔案, 舊檔號(三), 19748號, 1941, 華中鹽業公司報告, 丁長清,『民國鹽務史稿』, 296쪽 재인용.

은 탄산나트륨 및 탄산나트륨 공업에 의지해 원료를 공급 받는 섬유와 화학공업만 해도 원염 136만 2,600톤을 소비했다.32)

　1936년 흥중공사 설립 후 일본군정당국은 "장로염(長蘆鹽)의 일본 수출 사업과 세척가공염(洗滌加工鹽) 사업을 흥중공사가 처리하도록 넘겨줄 것을 결정했다."33) 같은 해 흥중공사는 장로염 7만 톤을 일본에 수출했다. 1937년 25만 톤 수출을 예상했었지만, 7·7사변의 발생으로 인하여 실제 수출이 21만 5,000톤에 그쳤다. 1938년 흥중공사는 "수출 40만 톤(실제 수출은 37만 톤, 1939년 수출은 40만 톤)을 예상하며, 앞으로 매년 증가하여 100만 톤까지 증가할 것으로 예상했다." 염전개량방면에서 흥중공사는 "이미 20만원의 자금을 대부하여 황폐화된 염전을 회복시키고, 공동 수문, 공동 물받이 및 동력양수기 등의 시설을 설치하여 쇼와 16년도(1941년)에 원래 연간 생산량 35만 톤의 지표를 100만 톤으로 올리려고 계획했다." 새로운 염전개발방면에서 흥중공사는 한고(漢沽)에서 "3,000정보, 대고(大沽)에서 1만 정보"를 개발하려고 준비했다. "이 사업은 쇼와 13년(1938년)에 시공하기 시작하여, 제1기 8,000정보는 쇼와 17년(1942년)까지 준공하여 52만 톤으로 증산할 계획이었다. 제2기는 4,000정보를 개발할 예정이었다. 이외에도 낙청(樂淸)염전과 대청하구(大淸河口) 일대 염전의 개발을 통하여 6,000정보의 실현을 기대하고 있었다. 제2기 계획 완성까지 700만 원의 자금이 필요할 것으로 예상했다." 1938년 흥중공사는 다시 한고(漢沽)에 연간 생산량 12만 톤에 달하는 세척공장을 건설했다. "다음 단계로 대고(大沽)에 연간 생산량 45만 톤에 이르는 공장설치를 계획하고 있었다."34)

　광산 방면. 7·7사변 이전 흥중공사의 화북광산에 대한 수탈은 주로 화북의

---

32) 南京中國第二歷史檔案館檔案, 舊檔號(三) 19748號, 1941, 華中鹽業公司報告, 丁長淸, 『民國鹽務史稿』, 292쪽 재인용.
33) 居之芬 等 主編, 『日本在華北經濟統制掠奪史』, 43쪽.
34) 「1936~1938年興中公司經營事業槪況」, 居之芬 主編, 『日本對華北經濟的掠奪和統制－華北淪陷區資料選編』, 126~127쪽.

점토 수탈 위주였다(철광과 탄광의 수탈은 7·7사변 이후). 1937년 6월 흥중공사는 기동(冀東)방공자치정부의 통주 일본군 특무기관을 통하여, 기동의 점토에 대한 "통일적인 관리개발" 특권을 취득하여, 개란탄광[開灤煤鑛] 광구 41곳, 광구 인접지역 12곳, 석문채(石門寨) 6곳, 모두 59곳의 광구를 강점했다. 1938년 흥중공사는 점토 12만 톤을 채굴하여 4만 톤은 알루미늄 정련 원료로, 8만 톤은 내화재료로 사용했다.

1937년 2월 흥중공사는 또 당고(塘沽)에 당고운수공사를 설립했다. 자본 300만 원에 실제 납입자본은 1/2로, 대련기선회사와 국제운수회사가 각각 20%씩 투자했다. 회사는 "대고 충적(沖積)구역에서 장로염·석탄·면화 등의 운수업무에 종사했다."35) 1938년 11월 공사는 이미 "선박 약 20척을 보유하고 있었으며, 300톤급 선박 3척도 이미 건조가 완료되었고, 새로운 조선 계획이 바야흐로 진전되고 있었다." 같은 해 4월 흥중공사는 다시 기동의 준화(遵化) 일대에 기동채금공사(冀東採金公司)를 설립하고 현지의 금광자원을 약탈했다. 자본금 200만 원에 실제 불입금은 1/4이었다.

7·7사변 발발 이후 중국을 침략한 일본군은 즉시 화북지역의 모든 광업·공업기업을 강제로 점령했다. "그 가운데는 국가와 지방 정권에 속하는 모든 교통·통신·전력·광산 등의 이른바 통제성 기업뿐만 아니라, 중국상인이 경영하던 밀가루·성냥·제지 등의 이른바 자유기업도 포함되어 있었다. 순식간에 화북지역, 특히 중소 성진(城鎭)의 대부분 기업 모두가 일본군에 의해 강제 점령당했다."36) "일본 흥아원(興亞院)의 해석에 따르면, 이른바 '군관리'라는 것은 '국제법' 혹은 '전시법규'에 의거하여 '적의 공공재산'을 몰수하는 행위를 이르는 것이었다. 그러나 '불만을 품고 나쁜 짓을 일삼는 자'들이 훼손하는 것을 방지하기 위해 개인기업 역시 대부분 잠시 보호관리 되었다."37) 사실상 일본이

---

35) 居之芬·張利民 主編, 『日本在華北經濟統制掠奪史』, 128쪽.
36) 居之芬·張利民 主編, 『日本在華北經濟統制掠奪史』, 86~87쪽.

이들 기업을 약탈한 근본 목적은 이들 기업에 의탁하여, 최대한도로 중국의 자원을 약탈함으로써 일본의 중국침략전쟁 확대에 필요한 각종 물자를 만족시키는 것이었다.

비록 일본군이 이들 기업을 강점했지만, 일본군은 경제실체가 아니었으므로 경영할 방도가 없었다. 이들 기업의 정상적인 운영을 보증하기 위해 일본군은 이들 기업을 흥중공사에 위탁하여 경영하기로 결정했다. 1937년 12월~1938년 10월 일본군은 아래 열거한 기업들을 흥중공사에게 위탁하여 관리했다(〈표 25-3〉, 〈표 25-4〉, 〈표 25-5〉 참조).

〈표 25-3〉 일본군이 흥중공사에게 위탁하여 관리한 탄광

소재지	년 월 일	군관리 명칭	매장량(만 톤)
河北省 井陘	1937.12. 6	군관리 井陘煤鑛	6,540
河北省 井陘	1938. 5.17	군관리 正豊煤鑛	3,040
河北省 磁縣	1938. 4.28	군관리 磁縣鑛務局煤鑛	
河北省 峰峰林	1938. 4.28	군관리 中和煤鑛	44,000
河北省 梧桐莊	1938. 4.28	군관리 永安煤鑛	
山西省 陽泉	1938. 1.24	군관리 山西第四工廠	7,464.8
山西省 壽陽	1938. 1.24	군관리 山西第二七工廠	665
山西省 白家莊	1938. 1.24	군관리 山西第五工廠	2,271
山西省 牛坨村	1938. 1.24	군관리 山西第二六工廠	—
山西省 考義	1938. 2.23	군관리 山西第二八工廠	—
山西省 介休	1938. 2.22	군관리 山西第二九工廠	—
山西省 靈石縣	1938.11.23	군관리 山西第四二工廠	—
河南省 六河溝	1938. 1.24	군관리 河南第十一工廠	4,000
河南省 焦作	1938. 2.28	군관리 河南第十二工廠	6,000
河南省 常口	1938. 3.25	군관리 河南第十三工廠	
山東省 棗莊	1938. 3.24	군관리 中興煤鑛	8,100
山東省 大漢口	1938. 3.20	군관리 華興煤鑛	2,556
山東省 大漢口	1938. 3.20	군관리 華寶煤鑛	2,800
山西省 軒崗鎭		군관리 山西第四工廠	30,000
江蘇省 銅山縣		군관리 柳泉煤鑛	4,780

출전 : 中國社會科學院經濟硏究所日文檔案, 108~279, 蘇崇民, 『滿鐵史』, 759~760쪽 재인용.

---

37) 陳眞 等 合編, 『中國近代工業史資料』 第2輯, 438쪽.

〈표 25-4〉 일본군이 흥중공사에게 위탁하여 관리한 전등공장

소재지	년 월 일	군관리 명칭	용량 kW
河北省 保定	1937.12.13	保定電燈廠 군관리 사무소	1,355
河北省 石家莊	1937.12.21	石家莊電燈廠 군관리 사무소	780
河南省 彰德	1938. 2.23	군관리 河南第五工廠	150
河南省 新鄕	1938. 4.28	군관리 河南第九工廠	145
河南省 開封	1938.10.18	군관리 河南第十七工廠	980
山西省 太原	1938. 1.24	군관리 山西第二工廠	4,700
山西省 太原	1938. 1.24	군관리 山西第十五工廠	7,000
山西省 蘭村	1938. 1.24	군관리 山西第卄五工廠	880
山西省 古城村	1938. 1.24	군관리 山西第六工廠	10,000
山西省 楡次	1938. 1.24	군관리 山西第十二工廠	1,150
山西省 大(太)谷	1938. 1.24	군관리 山西第三六工廠	75
山西省 祁縣	1938. 2.20	군관리 山西第十一工廠	290
山西省 平遙	1938. 2.21	군관리 山西第三〇工廠	115
山西省 臨汾	1938. 2.16	군관리 山西第三一工廠	84
山西省 新絳	1938. 3.30	군관리 山西第三四工廠	1,000
江蘇省 徐州	1938. 3.19	徐州電燈廠 군관리 사무소	826

출전 : 中國社會科學院經濟硏究所日文檔案, 108~279, 蘇崇民, 『滿鐵史』, 760~761쪽 재인용.

〈표 25-5〉 일본군이 흥중공사에게 위탁하여 관리한 기타 공장 및 광산

부문	소재지	년 월 일	군관리 명칭	생산품
煉鐵	河北省石景山	1938. 4.20	군관리 石景山製鐵所	선철
	山西省陽泉	1938. 1.24	군관리 山西第三工廠	선철
	山西省太原	1938. 1.24	군관리 山西第六工廠	선철
窯業	山西省太原	1938. 1.24	군관리 山西第八工廠	버너타일(burner tile) 도자기 (耐火瓦陶瓷器)
鑄造	山西省太原	1938. 1.24	군관리 山西第十工廠	기계수리 및 철제품
鐵鑛	察合爾省宣化		군관리 龍烟煤鑛	매장량 10000만 톤
	山西省定襄		군관리 山西第四五工廠	100만 톤
	山西省寧武		군관리 山西第四六工廠	270만 톤
석회석	河北省三家店	1938. 3.6	將軍岭石灰	석회석
코크스	河北省石家莊	1937.12.6	군관리 石家莊骸炭工廠	코크스
製鹽	河北省塘沽	1937.12.9	군관리 久大製鹽工廠	정제염
化工	河北省塘沽	1937.12.9	군관리 永利化學工業管	탄산나트륨

출전 : 中國社會科學院經濟硏究所日文檔案, 108~279, 蘇崇民, 『滿鐵史』, 761~762쪽 재인용.

〈표 25-3〉, 〈표 25-4〉, 〈표 25-5〉로부터 볼 때, 7·7사변 후 흥중공사가 위탁받아 경영한 기업은 48곳에 달했다. 그 가운데 탄광이 20곳, 전등공장이 16곳, 기타 기업이 12곳이었다.[38] 이들 기업 가운데 특별히 언급할 만한 가치가 있는

것은 화북지역의 철광과 탄광이다.

화북지역의 철광으로 중요한 것은 용연철광(龍烟鐵鑛)이었다. 용연철광은 하북성 선화(宣化)에 위치하며, 용관(龍關)과 연통산(烟筒山) 두 개의 광구로 구성되어 있었고, 철광 매장량은 1억 톤(일설에는 '5억 톤')이라고 일컬어졌다. 1914년 발견된 후 루쭝위(陸宗輿)와 돤치루이(段祺瑞) 등이 500만 원의 자금을 모아 반관반상(半官半商)의 회사를 설립했다. 1917년 생산에 들어간 후 하루에 철광석 500~700톤을 생산하여 모두 한양철강공장(漢陽鐵廠)에 공급했다. 이후 또한 북평(北平, 즉 지금의 북경) 서쪽 교외의 석경산(石景山)에 용광로를 건조했다. 그러나 1919년 제1차세계대전의 종전으로 인하여 '철강가격이 폭락하여 정지되었다.' 1936년 8월 일본은 흥중공사를 내세워 만철에 협력하여 용연철광을 탈취하기로 결정했지만 성공하지는 못했다. 7·7사변 이후 용연철광은 일본군에 의해 강점되었고, 이어서 일본군은 다시 '위탁'이라는 명분으로 흥중공사에게 맡겨 경영했다. 1937년 10월 20일 흥중공사는 일본군의 수중으로부터 이 광산을 접수했다. 12월 18일 흥중공사는 "산록수마(山麓水磨)로부터 선화(宣化)에 이르는 9.5㎞의 광석운반용 철도건설을 완공했다." 1939년 흥중공사는 이미 일본으로 철광석 40만 톤을 수송했으며, 1941년까지 "230만 톤의 채굴 목표

---

38) 居之芬, 張利民 主編의『日本在華北經濟統制掠奪史』에서는 "불완전한 통계에 따르면, 흥중공사가 위탁 받아 경영한 화북의 광업·공업 기업은 무려 54곳에 달했다(91쪽)"고 서술하고 있다. 일본 학자 君島和彦은『華北開發公司及關係公司槪要』의 관련 자료에 근거하여, 흥중공사가 위탁 받은 공장 수가 역시 54곳이라고 보고, 아울러 도표로 나타내고 있다. 탄광사업 관련은 탄광 21곳, 석탄공장 1곳, 전기사업 관련은 전등공장 17곳, 철광사업 관련은 철광 4곳, 제철공장 5곳, 염업사업 관련은 정염공장 1곳, 화학공업소 1곳, 면화사업 관련은 打包공장 2곳, 紡棉공장 1곳, 조선사업 관련은 조선공장 1곳(淺田喬二 等 著, 袁愈佺 譯,『1937~1945日本在中國淪陷區的經濟掠奪』, 復旦大學出版社, 1997, 103쪽). 蘇崇民, 謝學詩, 宋玉印, 張福全은 모두 당연히 56곳이라고 보고 있다(蘇崇民,「滿鐵史槪述」,『歷史硏究』, 1982年 第5期 ; 謝學詩·宋玉印,「七七事變後日本掠奪華北資源的總樞紐」,『中國經濟史硏究』, 1990年 第4期 ; 謝學詩,『隔世遺思——評滿鐵調查部』, 7쪽 ; 福福全,『遼寧近代經濟史(1840~1949)』, 387쪽). 일본학자 鈴木茂는 "흥중공사가 군관리 공장 208곳 가운데 위탁 받아 경영한 곳은 61곳"이라고 생각했는데, 이는 "위탁받은 수가 가장 많은 것이다."(淺田喬二 等 著, 袁愈佺 譯,『1937~1945日本在中國淪陷區의 經濟掠奪』, 103쪽 재인용)

를 실현"하고자 계획했다.39)

화북지역은 탄광이 아주 많았다. 주요 탄광으로는 개란탄광[開灤煤鑛], 정형탄광[井陘煤鑛], 정중탄광[正中煤鑛], 중흥탄광[中興煤鑛], 류천탄광[柳泉煤鑛] 등이 있었다. 일본이 화북지역 탄광을 탐낸 지는 오래되었지만 화북지역의 광산권[鑛權]은 복잡했다. 가장 큰 개란탄광은 영국이 독점하고 있었으며, 정형탄광의 경우 독일이 1/4의 주식을 가지고 있었다. 그러나 흥중공사는 "정형(井陘)과 정풍(正豊)의 경영권을 손에 넣어 제철을 돕기로" 결의했다. 1936년 흥중공사는 일본 정부의 지시 아래 정형탄광공사 독일 측 대표와 교섭하여 결국에는 합의가 이루어졌다. 그리하여 흥중공사는 135만 원으로 독일 측 주식을 사들였다. 1937년 4월 흥중공사는 다시 24만 원을 들여 정형탄광 인근의 정풍과 보창(寶昌) 두 곳의 탄광도 사들였다. 1937년 흥중공사가 일본군의 수중으로부터 화북의 여러 탄광을 접수한 후 탄광의 생산량은 폭증했다. 1939년 흥중공사계열의 석탄 생산량은 이미 409만 톤에 달했다. 그리고 1940년 738만 톤으로 증가시킬 계획이었다(〈표 25-6〉 참조).

〈표 25-6〉 흥중공사가 위탁 받아 운영한 석탄 개황*(연간 생산 단위 : 천 톤)

탄광명	소재지	매장량	出炭能力	現出炭量	炭質	용도
井陘	河北:正太沿線	24,950	400	400	高度瀝靑炭	코크스 원료
正豊	同上	6,600	287	272	良粘結炭, 無烟炭	同上
六河溝	河北:京漢沿線	400	151	200	有烟炭	同上
陽泉	山西:正太沿線	74,650	130	27	無烟炭	
壽陽	同上	6,650	130	30	半無烟炭	
中興	山東:棗莊附近	10,350	650	650	粘結性炭	코크스 원료
華豊	山東:大汶口附近	25,560	175	150	有烟强粘結性	
華北	同上	28,000	175	150	粘結性炭	同上
西山	山西:太原西部	22,710	182	165	上部는 有烟炭 下部는 無烟炭	同上
焦作	河南:道淸沿線	570,000	不確定	不確定	河南省에서 가장 좋은 無烟炭	

*이 표에서 서술한 내용은 1938년 기준이다.
출전 : 「1936~1938年 興中公司 經營事業槪況」, 居之芬 主編, 『日本對華北經濟的掠奪和統制 – 華北淪陷區資料選編』, 129쪽.

---

39) 居之芬・張利民 主編, 『日本在華北經濟統制掠奪史』, 132쪽.

전기방면. 흥중공사는 1937년 11월 30일 "석가장전등공사(石家莊電燈公司)를 경영하라는 명령을 받은 이래, 순차적으로 경한선(景漢線), 산서지역(山西地區), 진포선(津浦線)으로부터 농해선(隴海線)으로 경영을 늘려나갔다."[40] 1938년 8월 이미 운영을 시작한 곳은 "보정(保定), 석가장(石家莊), 창덕(彰德), 신향(新鄕), 태원(太原), 유차(楡次), 태곡(太谷), 기현(祁縣), 평요(平遙), 임분(臨芬), 신정(新町)[絳?], 제남(濟南)" 이렇게 12곳이 있었다. 이 12곳의 전등공사는 7·7사변 이전의 "설비용량"이 이미 "1만 6,568kW, 전등수 22만 4,844개, 동력수 2,258마력"에 달했다. 1938년 11월 일본군의 중국침략전쟁에 따른 파괴에도 전등공사의 설비용량에는 비록 변화가 발생하지 않고 여전히 1만 6,568kW. "자가발전 3,131kW를 접수했지만," 전등수는 '13만 1,481개'로 줄고, 동력수도 '1,584마력'으로 떨어졌다. 흥중공사는 5년 후 "전등 36만 5,000개, 동력 2만 마력, 설비용량 2만 5,000kW" 달성을 준비했다.[41]

7·7사변 후 흥중공사는 일본군이 위탁한 기업을 경영하는 외에도, 1938년 3월 화북면화공사를 창립했다. 자본은 300만 엔으로 실제 불입자본은 1/2이었다. 11월 면화공사는 이미 천진에 "천진중앙창고, 천진중앙창고포장공장, 천진타포공장(天津打包工場, 시간당 포장능력 40포대), 제남타포공장(濟南打包工場, 시간당 포장능력 18포대), 창덕타포공장(彰德打包工場, 시간당 포장능력 18포대), 석가장면화창고(石家莊棉花倉庫)"를 설립했다. 흥중공사는 "면화사업의 부흥을 위해", "면화사업"에 대하여 "50만원의 융자"도 준비했다.[42]

흥중공사 '사업'의 급격한 팽창에 따라 그 자본 또한 급격하게 팽창하기 시작했다. 1936년 흥중공사의 화북투자는 437만 4,000엔에 불과했었다. 그러나 1938년 4,242만 2,000엔으로 증가하여 순증가액이 3,804만 8,000엔으로 869.9%가 늘

---

[40] 居之芬 主編, 『日本對華北經濟的掠奪和統制-華北淪陷區資料選編』, 130쪽.
[41] 居之芬 主編, 『日本對華北經濟的掠奪和統制-華北淪陷區資料選編』, 130쪽.
[42] 居之芬 主編, 『日本對華北經濟的掠奪和統制-華北淪陷區資料選編』, 129쪽.

어났다. 그리고 같은 시기 일본의 대재벌 오쿠라구미(大倉組)의 자본은 0% 증가, 동아흥업(東亞興業)은 10.4% 증가, 동양척식(東洋拓植)은 21.5% 증가했다.[43] 이로부터 흥중공사의 자본 증가속도가 빠르다는 것을 알 수 있다.

흥중공사가 비록 매우 빠르게 발전했을지라도 어디까지나 하나의 과도적 성격의 기업에 불과했다. 일본의 중국침략전쟁 확대에 따라, 그것은 이미 중국침략전쟁을 한층 더 확대하려는 일본의 수요를 만족시킬 수 없었다. 그런 까닭에 일본 정부는 하나의 '국책회사'를 설립하여 흥중공사를 대체하기로 결정했다. 1938년 3월 15일 일본 정부 각의는 "화북개발공사 설립을 결정했다."[44] 4월 30일 일본의회는 화북개발공사법(1938년 4월 30일 제81호 법률)을 통과시켰다. 11월 7일 화북개발공사는 정식으로 성립되었다. 11월 24일 일본 정부는 만철과 화북개발공사에 통지하여 화북개발공사가 흥중공사의 주식 전체를 계승할 것이라고 했다. 그 이듬해 1월 31일 만철은 어쩔 수 없이 흥중공사의 주식 전체를 화북개발공사에게 양도했다. 이때부터 만철과 흥중공사의 관계는 중단되었다. 흥중공사가 화북개발공사로 넘어간 후, 흥중공사의 관계회사는 잇따라 화북교통회사, 화북염업공사, 화북면화회사(모두 화북개발공사의 자회사), 화북개발공사로 넘어가거나 혹은 흥중공사의 통제를 벗어나 독립 회사가 되었다. 결국 흥중공사는 점차 해체의 길로 나아가게 되었다. 1940년 11월 흥중공사는 해체를 선포했다.

3. 만철대조사부

만철대조사부는 만철조사부의 기초 위에서 설립된 것이었다. 만철대조사부

---

[43] 陳眞 等 合編, 『中國近代工業史資料』 第2輯, 445~446쪽.
[44] 王士花 摘譯, 「華北開發公司槪況」, 『近代史資料』 總91號, 中國社會科學出版社, 1997.

의 성립은 만철의 제14대 총재 마쓰오카 요스케와 관련이 있었다. 1936년 마쓰오카 요스케가 만철총재를 맡고 있을 때, 일찍이 만철기구에 대하여 대규모 기구 개편을 진행했다. 개편의 목적은 경영관리 상에서 '경영합리화'뿐만 아니라, "그 경계를 뚜렷이 하여, 책임 소재를 분명히 하고", "운영의 융통성, 효율의 제고"를 위한 것이기도 했다. 이를 위해서 마쓰오카 요스케는 한편으로는 대련철도부와 철도건설국 및 청진북선철도관리국(淸津北鮮鐵道管理局)을 봉천철도총국으로 편입시키고, 아울러 이 기초 위에 철도총국을 건설하여 철도에 대한 일원화된 관리를 실행했다. 다른 한편으로 만철경제조사회와 계획부를 폐지하고, 지방부의 산업 업무를 한곳으로 합쳐 산업부를 설립하여, '만주' 산업개발에서 주역을 담당하도록 할 계획이었다. 이와 함께 이를 화북으로 확장시킴으로써 화북 경제를 장악하려 했다. 동시에 또 상사부(商事部)를 폐지시키고, 별도로 상사회사를 설립하여 만철의 판매를 책임지도록 했다. 비록 마쓰오카 요스케가 패기에 넘쳐 거사를 준비했지만, 이 시기 관동군과 일본 정부는 오히려 동북의 중공업 경영에서 만철을 포기하려 하고 있었다. 원래 이 시기 일본 정부는 동북에서 '만주산업개발5개년계획'을 확대할 생각으로, 동북 중공업부문의 투자를 원래의 25억 엔에서 36억 6,000만 엔으로 증가시켰다. 일본 정부는 이처럼 방대한 공업계획을 만철이 완수할 수 없으리라 염려했다. 바로 이러한 배경 아래 관동군, 일본 정부, 만주국은 만철 모르게 동북에 '만주중공업회사'를 설립하여 동북의 중공업 기업 생산을 독점하려 했다. 관동군, 관동국과 만주국의 다층적인 압력 아래 만철은 어쩔 수 없이 그들이 소유하고 있던 쇼와제강소(昭和製鋼所) 등 중공업회사의 주식 전부를 만주중공업회사에게 양도하고 중공업부문에서 퇴출당했다.

만철은 중공업부문에서 강제로 퇴출당한 후 큰 타격을 받았다. 경영방침에도 부득이하게 변화가 발생했다. 이러한 상황 아래 마쓰오카 요스케는 중심을 "탄광액화사업(煤鑛液化事業)의 추진과 조사 사업 강화" 쪽으로 전환하기로 결정했다. 아울러 1938년 4월 산업부를 없애고 조사부로 개편했다. 이 시기 일본은 중국침략전쟁을 한층 더 확대해 나가고 있었다. 중국침략전쟁의 확대에 따라, 일본 정부의 각 부문과 중국을 침략한 일본군의 요구로 만철이 조사해야 할 것은 점점 더 많아졌다. 그리하여 만철은 조사부 기구를 한층 더 확대하여, 일본 정부와 중국을 침략한 일본군의 중국침략 요구에 부응하기로 결정했다. 1939년 초 관동군과 일본 정부의 동의를 거쳐 만철은 조사부를 확대하여, 그것을 일본 역사상 규모가 가장 큰 '국책조사기관'으로 개조했다.

만철대조사부 성립 후, 시간의 추이와 조직기구의 끊임없는 확대에 따라 인원도 빠르게 증가했다. 1938년 조사부가 새로이 설립되었을 때 인원은 겨우 817명에 불과했으나(〈표 25-7〉 참조), 1942년에는 이미 2,094명에 달했다〈표 25-8〉, 〈표 25-9〉 참조). 예산은 매년 무려 1,000만 엔가량에 달했다.[45]

〈표 25-7〉 만철조사부 직원 인원수 표(1938)*

기구		인원수	기구	인원수
次長		1	囑託	7
部附		71	法制調査	19
庶務課		83	能率調査	22
資料課		107	大連圖書館	47
調査役		8	囑託	10
調査役附:	交通調査	73	滿洲資料館	16
	經濟調査	80	囑託	6
	外國經濟調査	14	北滿經濟調査所	90
	鑛業調査	87	囑託	30
	北方調査	46	合計	817

*이 표는 중국인·러시아인 촉탁은 포함하지 않고 있다.
출전: 滿鐵, 『第七十回帝國議會說明資料』, 解學詩, 『隔世遺思-評滿鐵調査部』, 365~366쪽 재인용.

---

[45] 1939년 978만 엔, 1940년 1,117만 엔, 1941년 957만 엔이었다.

〈표 25-8〉 만철조사부 역대 정원수와 실제수 대조표*

	1939		1940			1941	
	잠정인원	실제인원	정원	4월 1일 실제인원	1941년 2월 1일 실제인원	정원	실제인원
傭員	1,025	755	973	1,080	847	849	789
職員	1,080	767	1,061	965	967	940	914
雇員	384	209	399	300	358	336	336
합계	2,489	1,731	2,433	2,345	2,172	2,125	2,039

*解學詩 注 : "滿鐵『統計年報』·『統計月報』에는 조사기관 인원수에 관해서는 모두 기록이 없다. 이 표는 野間淸이 만들었으며, 표 아래 주석의 내용은 다음과 같다. ① 실제인원, 1939년도는 1939년 4월 말의 숫자이다. 1941년도는 1941년 4월 18일의 숫자이다. ② 1939년도 및 1940년 4월 1일의 실제인원은 調査部庶務課養成係,「暫定員·現有員對照表」(『滿鐵調査部報』 第1卷, 第2號)에 근거했다. 1941년 2월 1일의 실제인원 및 1941년도는 調査部庶務課,「關于組織·豫算·定員槪要－16年度」(『滿鐵調査部報』 第2卷, 第2號)에 근거했다."

출전 : 愛知大學國際問題硏究所, 『紀要』 第66期, 1980년 1월, 4쪽 ; 『滿鐵調査部綜合調査報告書』, 10쪽 ; 解學詩, 『隔世遺思－評滿鐵調査部』, 389쪽 재인용.

〈표 25-9〉 1942년 만철조사부 인원수*

기관	인원수(명)	기관	인원수(명)
大連調査部	440	東亞經濟調査局 및 東京支社調査室	230
華北經濟調査所	180	大阪事務所調査係	14
新京支社調査室	130	上海事務所調査室	230
北滿經濟調査所	50	中央試驗所	520
奉天鐵道總局調査室	270	합계	2,094
奉天圖書館	30		

*解學詩 注 : "① 이 표는 근사치로 나타내었다. ② 인원수를 나타내는 시점은 같은 해 9월이다. ③ 당시 부문별 조사원 배치 현황(조수와 공정기술 부문은 미포함)은 다음과 같다. 농업 85명, 공업노동 33명, 광업 38명, 금융상업 40명, 남양 65명, 북방(대소련) 60명, 법제관행 35명, 자료 방면 121명, 기타 70명."

출전 : 『滿鐵調査部槪要』, 解學詩, 『隔世遺思－評滿鐵調査部』, 389쪽 재인용.

만철대조사부 설립 초에는 서무과·자료과·조사역(調査役) 등 몇 개의 기구만이 있었을 뿐이었다(〈표 24-10〉 참조). 1939년 초 조사부가 대조사부로 개편된 후, 관할기구는 본부 외에도 철도총국조사실, 신경지사조사실(新京支社調査室), 북만경제조사소(北滿經濟調査所), 화북경제조사소, 상해사무소조사실, 도쿄지사조사실, 동아경제조사국, 중앙시험소가 있었다. 1939년 여름 대조사부는 다시 장가구경제조사소(張家口經濟調査所)를 증설했다(〈표 25-11〉 참조).

〈표 25-10〉 조사 조직 일람표(1938. 4)

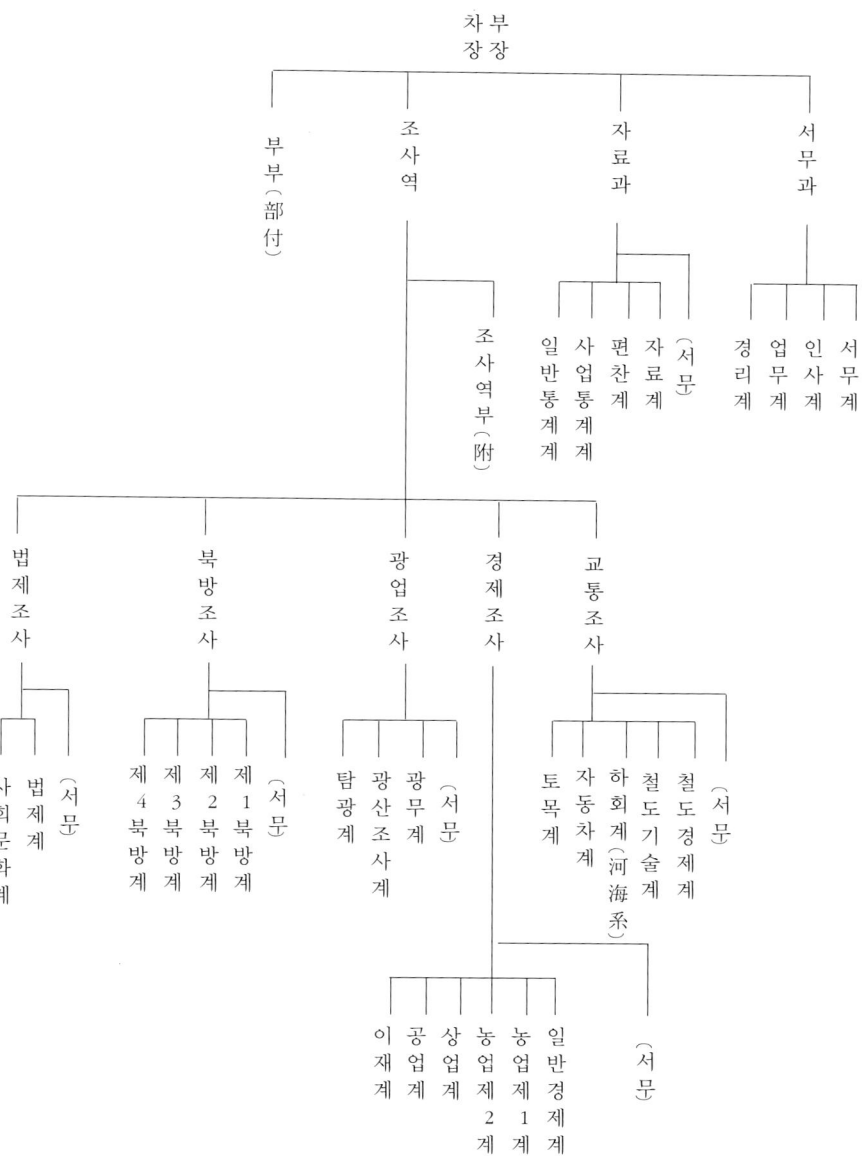

출전:『滿鐵資料滙報』第3卷 第4號

〈표 25-11〉 만철조사기구(공정기술부문 미포함) 약표(1939년 7월 1일)

기관명	課室館	係班數	업무내용	직명	성명
본부				부장	田中淸次郎
				차장	宮本通治
	서무과	3係	업무연락·총괄·자료통제 계획·수집·편찬 등	과장	阪口麓
	종합과	3班		과장	宮本通治
	자료과	7係		과장	水谷國一
	제1조사실	4班	農·工·財·金·世經 법제·문화 조사일반(대소련) 광공·자원	主査	安盛松之助
	제2조사실	3班		主査	田中盛枝
	제3조사실	10班		主査	丑中九一
	제4조사실	11班		主査	坂本峻雄
	대련도서관	4係		관장	柿沼介
	만주자료관			관장	矢部茂
화북경제 조사소	조사역 서무과 천진분실 제남분실	2係		소장 과장	押川一郎 黑瀨勝美
장가구경제 조사소				소장	川井正久
상해사무소	서무과 조사실 조사역	5係 13係		소장 과장 조사실主事	伊藤武雄 工藤武夫 伊藤武雄
동경지사 동아경제조사국	조사실	조사실 자료계 5班	南方一般調査	主事 主事	中島宗一 中島宗一
신경지사 북만경제조사소	조사실 조사역	4係 3係	北滿農·鑛·商·交通調査	主事 소장	板倉眞五 安盛松之助
철도총국조사국	조사과 자료과 조사역	3係 3係 4係	농산품 출하·작물 등 철도항만연구 자료수집·보관	국장(兼) 과장 과장	宮本通治 中西干愛 菊地清

출전 : 『滿鐵調査部報』 第1卷 第2號, 1940년 6월. 解學詩, 『隔世遺思——評滿鐵調査部』, 387쪽 재인용.

1942년 2월 만철은 다시 대조사부 기구를 조정했다. 조정은 주로 본부, 즉 대련조사부 내에서 진행되었다. 먼저 서무과·종합과와 제1조사실을 한데 합쳐 총무과를 설립했다. 다음으로 제2조사실을 사업조사실로 명칭을 바꾸어 만철 자체의 활동에 대한 조사 연구에 종사하게 했다. 제3조사실은 북방조사실(北方調査室)로 개칭하여 관동군의 대소련 작전에 협력하였으며 소련의 항전 능력과 시베리아·내몽골 상황에 대한 조사를 준비했다. 제4조사실은 광상지질조사실로 개칭하고 아시아 각국 자원에 대한 조사를 계획했다. 그해 6월 조정은 종결되었다. 조정이 끝난 후의 기구는 〈표 25-12〉와 같다.

〈표 25-12〉 만철조사기관 일람표(1942.9.1)

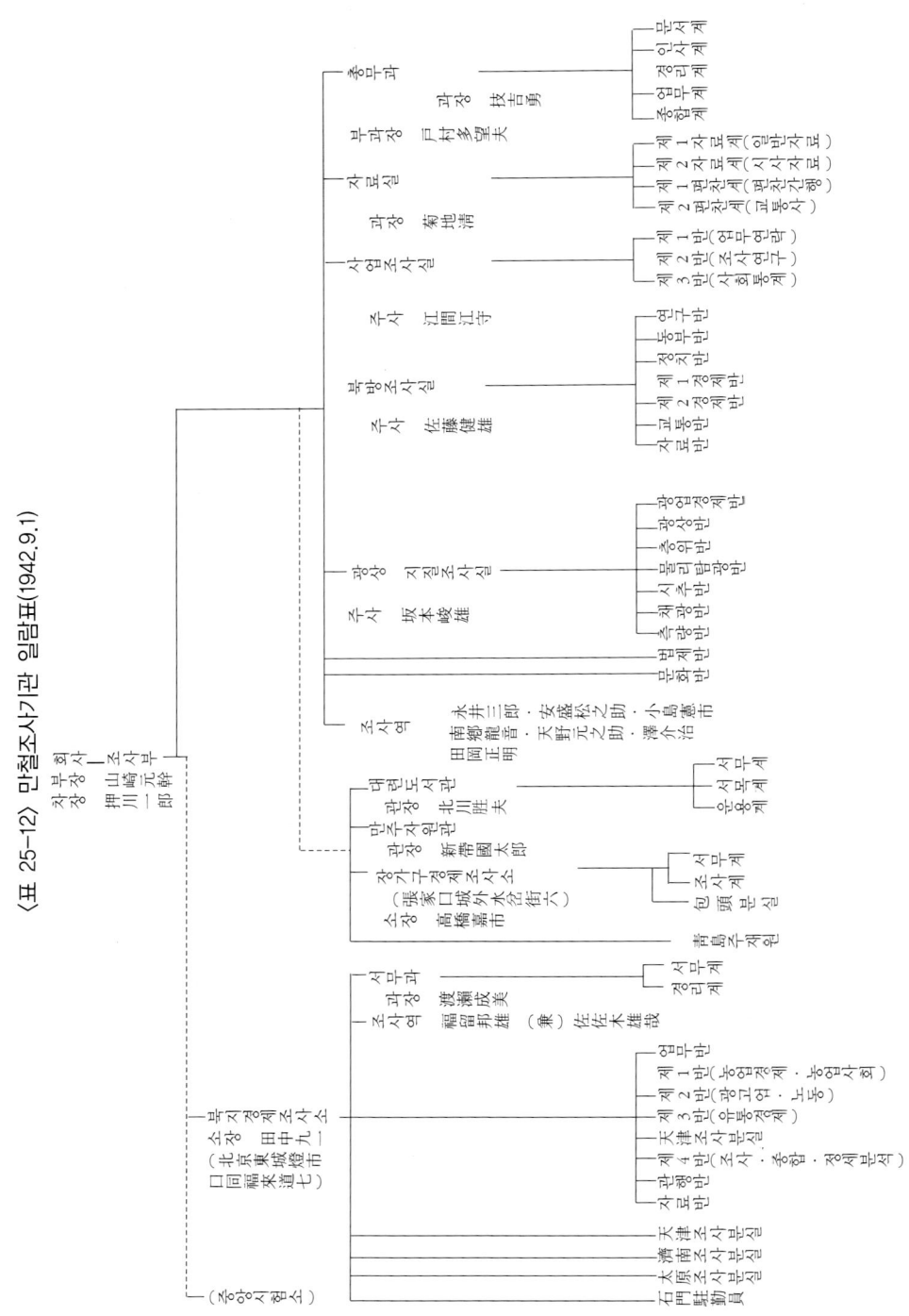

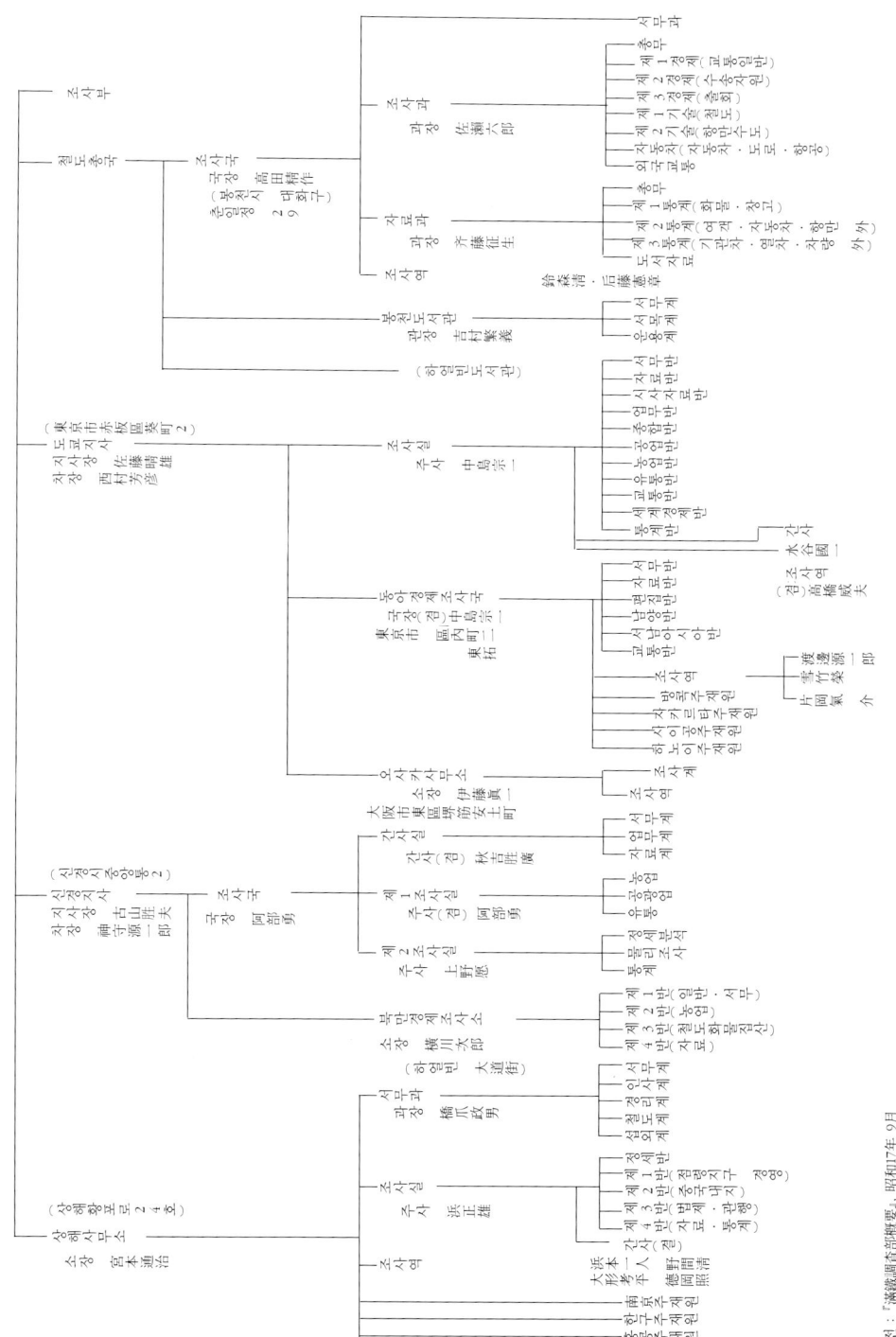

출처: 『滿鐵調查部部概要』, 昭和17年 9月

만철대조사부는 내부에 많은 조사 기구를 보유하고 있었을 뿐만 아니라, 당시 일본 각지의 비교적 큰 조사 기관 혹은 조사 기관 연합체 모두와 서로 다른 합작 관계를 유지하고 있었다. 그 가운데 중요한 기구로는 동아연구소, 중국조사관계기관연합회, 만주조사기관연합회, 일만(日滿)농정연구회, 화북종합조사연구소 등이 있었다(〈표 25-13〉 참조).

〈표 25-13〉 만철조사부 외부 관계 약도 (1942년 즈음)

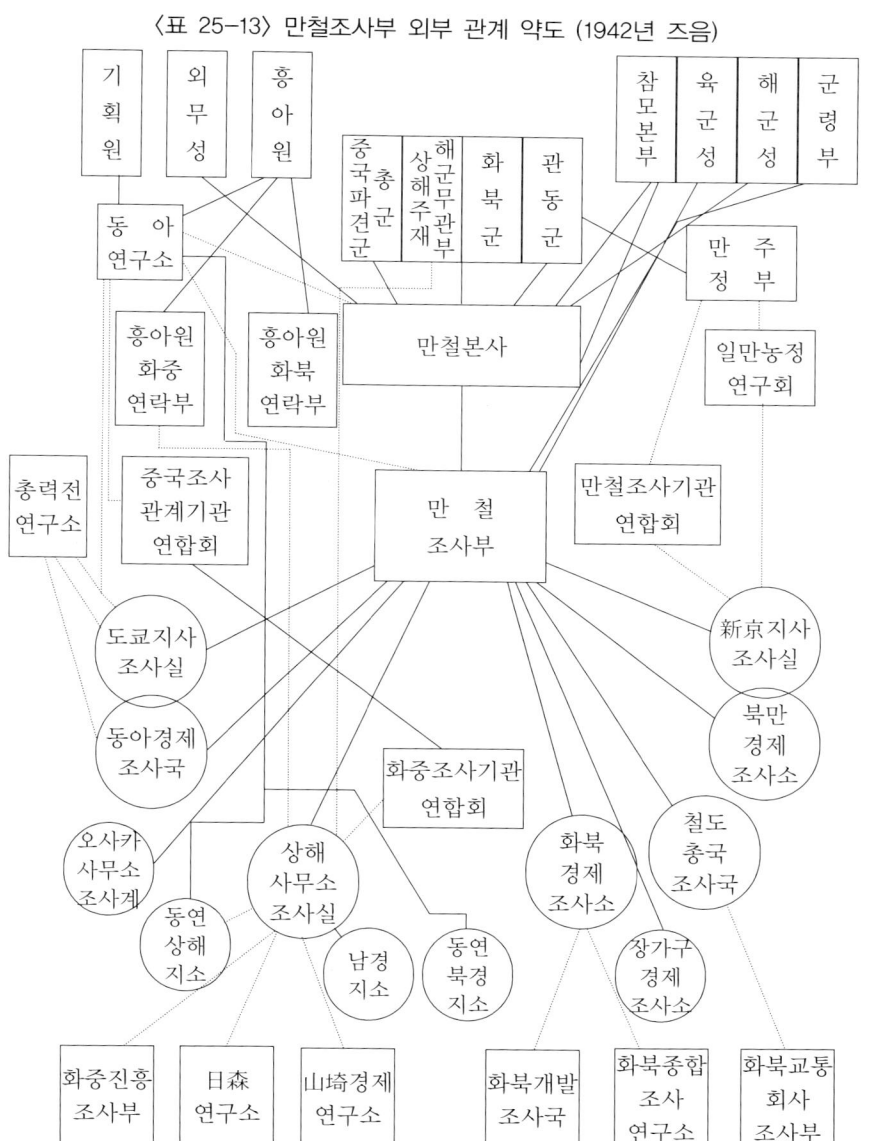

* 원주 : "동아연구소상해지소는 만철상해사무소에 부설되었고, 동아경제조사국은 원래 상해지국에 설치되어 있었다. 1937년부터 만철은 천진중국문제연구소에 자금을 지원했다. 본 약도는 대체적인 정황이며, 외부 관계가 모두 반영된 것은 아니다."
  출전 : 解學詩, 『隔世遺思 - 評滿鐵調査部』, 417쪽.

대조사부는 설립 후 잇따라 '중국항전능력조사', '통화팽창조사', 전시경제조사, 세계신형세조사, '중국관행조사', 화북농촌관행조사, 화중상공관행조사(華中商工慣行調査), 도시부동산관행조사, 작전자원과 군사요충지리조사, 소련전비에 대한 조사, 유태인 책략조사, 남양 '군정'조사 등을 진행했다.

상술한 조사 가운데 특별히 언급할 만한 가치가 있는 것은 '중국의 항전능력'에 관한 '조사'였다. 이 항목의 조사는 주로 상해사무소가 주관하여 진행한 것이었다. 1939년 5월 종합과의 조사원 구시마 가네사부로(具島兼三郎)는 '중경의 항전능력'에 대하여 조사할 것을 제안했다. 구지마의 건의는 상해사무소 소장 이토 다케오(伊藤武雄)의 지지를 얻었다. 같은 해 6월 만철조사부의 동의 아래 '중경항전능력조사위원회'가 설립되었다. 이듬해 3월 상해사무소의 나카니시 쓰토무(中西功)는 제2차 보고회에서, 중국의 항전능력에 대한 조사가 중경에만 국한되는 것은 불충분하며, 마땅히 중국공산당을 비롯하여 중국공산당이 일으키고 영도한 항일 민중 역량도 포함하여 함께 조사해야 한다고 제의했다. 나카니시 쓰토무의 제의 아래, 회의는 정식으로 '중경항전능력조사위원회'를 '중국항전력조사위원회'로 개명하기로 결정했다. 이로부터 만철은 중국의 항전능력에 대한 종합적인 조사를 진행하기 시작했다.

중국의 항전능력에 대한 조사는 1939년 6월부터 시작하여 1940년 5월까지 통틀어 1년 동안 지속되었다. 그 사이 1939년 10월과 1940년 3월 두 차례의 보고회를 개최했다. 1940년 5월 대련에서는 조사 성과에 대한 종합과 정리를 행하여 최종적으로 「중국항전능력조사위원회 쇼와 14년도 총괄자료」라는 이름의 보고서를 제작했다. 10월 「자료」는 내부에서 인쇄에 들어가 12월에 완성되어 군정 영도기관에 배포되었다. 「자료」는 모두 5편 10분책으로 구성되었다[46](〈표 25-14〉 참조).

---

[46] 1970년 일본의 三一書房은 『支那抗戰力調査』라는 이름으로 이 보고서를 1책으로 묶어 출판했다.

〈표 25-14〉 중국항전능력 조사 보고서 — 중국항전능력조사위원회 1939년 총괄 자료

冊別	편 명	내 용	편집장
第一分冊	總篇(一)	중국 항전 조사의 방법론 및 총결론	中西功
第二分冊	政治篇(二之Ⅰ)	戰時 중국 內政	中西功
第三分冊	政治篇(二之Ⅱ)	八路軍 및 新四軍	津金常知 小倉音次郎
第四分冊	戰時經濟政策篇(三之Ⅰ)	교통	巖城俊次
第五分冊	戰時經濟政策篇(三之Ⅱ)	상업·무역	熊谷康 岸川忠嘉
第六分冊	戰時經濟政策篇(三之Ⅲ)	통화·금융	加藤淸
第七分冊	戰時經濟政策篇(三之Ⅳ)	재정	林田和夫 中西功
第八分冊	內地經濟篇(四之Ⅰ)	농업	石川正義
第九分冊	內地經濟篇(四之Ⅱ)	광공업	片山康貳
第十分冊	外援篇(五)	각국의 대중국 원조	具島兼三郞

출전 : 「中國抗戰力調査委員會昭和十四年度總括資料」 범례, 『滿鐵資料彙報』 第6卷 第4號, 1쪽.

이와 동시에 '중국항전력조사'의 3대 지주로 불린 구지마·나카니시·오자키(尾崎) 세 사람은[47] 봉천·신경·도쿄·상해·남경·북경 사이를 분주히 뛰어다니며, 만철·관동군·일본육군성·중국을 침략한 일본군 등을 위해서 조사하고 보고했다.

'중국항전능력조사보고서'는 만철의 '극비' 자료로 정부와 군부에게만 교부되었다. 일본의 어떤 이는 다음과 같이 논평했다. "그 내용은 한마디로 말해서 마오쩌둥(毛澤東)의 『논지구전(論持久戰)』을 윤색한 것이다."[48]

'중국항전능력조사보고서' 제1분책, 즉 「총편」에서 나카니시 쓰토무는 개괄적으로 전체 조사활동 상황에 대하여 서술했다. 아울러 조사활동의 방법과 결론에 대해서도 기술하고 있다. 항일전쟁이라는 "이 전쟁이 중국사회에 대하여 가지는 성질", 항일"전쟁 과정에" 진입한 "중국사회의 성질"을 언급할 때 나카니시 쓰토무는 다음과 같이 생각했다. 항일"전쟁이 중국사회에 대하여 가지는 성질"은 바로 "전 국민의 항전"이다. 그러나 "전쟁과정에 진입한 중국사회의 성질"

---

[47] 具島·中西·尾崎 세 사람을 "'支那抗戰力調査'의 三大支柱"라고 부른 것은 일본 학자 石堂淸倫 등이다. 石堂淸倫 等, 『十五年戰爭と滿鐵調査部』, 原書房, 1986, 63쪽 참조.
[48] 草柳大藏 著, 劉耀武 等 譯, 『滿鐵調査部內幕』, 11쪽.

은 아래 4가지 측면에서 분석을 진행해야 한다. 첫째, 중국사회의 탄식민지·반봉건 국가의 특징. 둘째, 근 100년 이래, 특히 최근 20년간 중국의 발전. 셋째, 중국이 비록 낙후되었지만 땅은 넓고 물산이 풍부하다는 것과 농촌경제의 존재. 넷째, 국제사회의 중국 항전에 대한 지지.

제2분책에서 나카니시 쓰토무는 먼저 전쟁 전과 전쟁 중 중국국민당과 중국공산당의 동향을 분석했다. 나카니시 쓰토무는 다음과 같이 생각했다. "중국의 민중 동원은 성질이 다른 두 가지의 길이 존재하고 있다. 하나는 국민당의 방향이며, 다른 하나는 중국공산당이 지도하는 방향이다." 국민당의 방향은 전적으로 강제적이고 의무적인 것으로, 이러한 방법은 전시동원의 효과를 얻기 어려울 뿐만 아니라, 광대한 농민의 반목을 조성할 수 있다. "반대로 중국공산당은 군중 동원을 군중 스스로의 운동으로 이해하고 있다. 다시 말해 군중의 직접 이익에 근거하여 군중을 조직하고, 이와 동시에 이러한 조직력으로 군중을 정치(항일), 군사(유격전), 생산 등의 방면에 동원하고 있다."[49] 나카니시 쓰토무는 "중국 항전력의 거점은 농촌에 있다. 동원된 기본 계급은 농민이다"라고 여겼다.[50] 그러므로 농민을 동원하려면 반드시 농촌 농업의 개혁과 토지 문제 및 농촌 정치의 민주화와 통일화 등 중국 정치 개혁의 중대한 문제를 언급해야만 했다.

제3분책에서는 팔로군과 신사군의 항일활동에 대해 기술했다. 오자키 호쓰미(尾崎秀實)는 이 분책에서 언급한 팔로군의 항일활동을 평가할 때 "중공의 독특한 항전 방식은 어떠한 깊은 노력을 기울였기에 광범위한 농촌 사회를 사로잡았는가"[51]라고 했다. 제3분책에서는 다음과 같이 보았다. 중국 "화북 정세의 발전(화북지역에서 팔로군의 항일 유격전을 가리킴)은 중일전쟁 전체 정세 발전의 축소판이며, 게다가 기타 지역보다 반년 가까이 앞선다." "화북우격구의

---

[49] 滿鐵調査部, 『中國抗戰力調査委員會昭和十四年度總括資料』(2-1), 22~23쪽.
[50] 『滿鐵資料彙報』 第6卷 第4號, 9쪽.
[51] 『滿鐵資料彙報』 第6卷 第4號, 10쪽.

발전은 이미 대일본 작전의 의의로부터 점차 대내 혁명의 의의로 바뀌어 가고 있다."52) 항일투쟁에서 신사군이 발휘한 중대한 작용에 대해서도 제3분책에서 중요하게 서술하고 있다.

제4분책에서 제9분책까지는 경제편이다. 경제편에서 나카니시 쓰토무는 항전시기 중국 내지 경제를 언급할 때 "내가 생각하기에 중경정권은 어찌되었든 간에 아직 어찌할 방도가 없는 지경에까지는 이르지 않았다"라고 여겼다. 그는 "현재 중경정부의 식량문제는 쌀의 절대 결핍이라기보다는 정책의 심각한 부재라고 할 수 있다"고 했다. 국민당과 공산당의 관계를 언급하면서 나카니시 쓰토무는 "중국 정치상 동요의 결정적인 요소는 국공분열이다. 어떤 경우는 중국 민족자본과 지주 내부의 분열도 존재하고 있다. 후자는 현재 남경과 중경의 대립 속에서 이미 표출되어 나오고 있다"고 보았다.53) 나카니시 쓰토무는 비록 "국공분리가 아직 오늘 내일의 문제는 아니지만, 결코 분열의 가능성이 없는 것은 아니다. 그렇지만 현재에도 여전히 계속적인 합작의 가능성은 존재하고 있다"고 지적했다.54)

제10분책, 즉 '대외원조편[外援篇]'에서 구지마 가네사부로는 각국의 중국 원조문제에 대하여 상세하게 서술하고 있다.

비록 보고서가 전시 중국의 각 방면에 대하여 철저하면서도 치밀한 분석을 진행하고 있으나, 이들 모두가 사리사욕에 눈이 먼 일본 정부에게는 결코 각성 작용을 일으키지 못했다.

만철대조사부가 이 시기에 비록 전력을 다해 일본제국주의를 위해 봉사했지만, 1941년 발생한 조르게(Richard Sorge)사건과 '중공첩보단'사건은 오히려 대조사부

---

52) 滿鐵調査部, 『中國抗戰力調査委員會昭和十四年度總括資料』(2-2), 160~163쪽.
53) 滿鐵調査部, 『中國抗戰力調査委員會昭和十四年度總括資料』(總篇), 123쪽.
54) 中西功, 「關于日中事變的階段性劃分」, 抗戰力調査委員會參考資料, 昭和 15년 2월 23일 油印, 解學詩, 『隔世遺思-評滿鐵調査部』, 440쪽 재인용.

가 빠르게 번성에서 쇠락으로, 아울러 불가피하게 소멸의 길로 접어들게 했다.

일본 정부는 이른바 조르게사건을 '코민테른 첩보단사건[共産國際諜報團事件]'이라고 불렀다.[55] 그 우두머리가 독일인 조르게(Richard Sorge)였기 때문에 대부분 '조르게사건'이라고 부른다. 조르게는 1895년 10월 소련의 캅카스(Кавказ) 바쿠(Баку)유전부근의 사분치(Сабунчи)에서 태어났다. 조부 아돌프 조르게(Friedrich Adolf Sorge)는 제1차 인터내셔널 미국 각 지부의 조직자였으며, 마르크스와 왕래가 밀접했다.[56] 아버지 빌헬름 조르게(Wilhelm Richard Sorge)는 독일인 엔지니어였으며, 어머니 니나 코벨레바(Нина Степановна Кобелева)는 러시아인으로 후에 온 가족이 독일로 이주했다. 조르게는 19세에 입대하여 전투 중에 다리에 부상을 당했다. 1916년 베를린대학 경제학과를 다녔으며 1918년 독일공산당에 가입했고, 1925년 3월에는 소련공산당에 가입했다. 1930년 1월 소련군 제4국(1930~1934년 기밀부로 개칭)의 지시를 받아 중국 상해에 파견되어 정보망을 재건하고, "남경정부의 사회정치구조, 특히 그 군사 역량, 남경에 반대하는 각종 종교 조직 및 집단, 영국·미국의 대중국정책, 중국의 농업 공업 개황",[57] "일본의 대중국정책 및 일본이 극동의 정세 발전에 대하여 갖고 있는

---

[55] 일본 정부가 조르게사건을 '코민테른첩보단사건'이라고 부른 것은 다른 속셈이 있었다. 조르게는 소련군 제4국을 위해 일하고 정보를 수집했다. 그런 까닭에 조르게사건은 마땅히 '소련첩보단사건'이라고 불러야 한다. 그러나 조르게사건을 '소련첩보단사건'이라고 하면, 불가피하게 일본과 소련의 관계에 영향을 미치게 된다. 일본과 소련의 관계에 영향을 주지 않으면서, 동시에 조르게 등을 처벌할 수 있도록 하기 위해, 일본 정부는 그것을 '코민테른첩보단사건'이라고 불렀던 것이다. 이와 동시에 일본 정부는 또 "고소장에서 조르게가 나치당원이자" "독일 공산당원이며 도쿄의 독일 관방 기구와 관련이 있다는 등의 사실에 대해 언급하는 것을 회피했다."([美] F. W. 狄金, G. R. 斯多利 著, 聶崇厚 譯, 『佐爾格案件』, 群衆出版社, 1983, 329~331쪽) 이는 일본과 독일 관계에 영향을 주지 않도록 하기 위해서였다.

[56] 아돌프 조르게(1828~1906)는 국제노동자운동, 미국노동자운동과 사회주의운동의 탁월한 활동가로 일찍이 독일 1848~1849년 혁명에 참가했다. 1852년 미국에 거주하면서 제1차 국제헤이그대표대회(1872) 대표, 뉴욕총위원회 총서기 등을 역임했으며, 마르크스, 엥겔스의 친구이자 전우였다. 그러나 조르게가 일찍이 마르크스의 비서를 담당한 적은 없었다. 重光葵와 解學詩는 저서에서 조르게가 칼 마르크스의 비서였다고 하는데 이는 잘못이다(重光葵 著, 齊福霖 等 譯, 『日本侵華內幕』, 解放軍出版社, 1987, 279쪽 ; 解學詩, 『隔世遺思-評滿鐵調査部』, 633쪽).

태도에 관한 자료"[58] 정보를 수집했다. 1933년 제4국의 지시를 받아 일본에 파견되어 첩보단을 조직하고, "만주사변(즉 9·18사변) 이후 일본의 대소련정책"과 "일본의 소련 공격 계획 여부"에 대한 정보를 수집했다. 1934년 독일 나치당에 가입했으며 1940년 나치당 기자협회에 가입했다. 1941년 10월 체포되었다. 1944년 11월 7일[59] 일본 도쿄의 스가모(巢鴨)감옥에서 교수형에 처해졌다.[60]

조르게첩보단이 일본에서 진행한 첩보활동 수법은 아주 뛰어난 것이었다. 그것이 파괴된 것은 정보활동 때문이 아니라, 오히려 조직상의 허점 때문이었다. 1939년 11월 일본경찰국 특고과는 일본공산당의 활동 재개에 대하여 철저한 조사를 진행하여 일본공산당의 신(新)주비위원회 위원 이토[61]를 체포했다. 이토는 체포되어 심문을 받는 기간에 본의 아니게 조르게첩보단의 구성원인 미야기 요토쿠(宮城與德)[62]가 예전에 미국 로스앤젤레스에 있을 때 집주인이던 기타바야시 도모코(北林智子) 부인을 언급했다. 일본경찰은 아주 많은 노력을

---

[57] [美] F. W. 狄金, G. R. 斯多利 著, 聶崇厚 譯, 『佐爾格案件』, 53쪽.
[58] [美] F. W. 狄金, G. R. 斯多利 著, 聶崇厚 譯, 『佐爾格案件』, 64쪽.
[59] 일본 정부가 이날을 택해 조르게를 처형한 이유는 사실 소련 정부를 향한 시위의 의미가 내포되어 있다(이날은 소련의 10월혁명 승리 기념일이었기 때문이다).
[60] 일본의 전 외무대신 重光葵는『日本侵華內幕』에서 조르게첩보단의 공적을 언급하면서 다음과 같이 말했다. "조르게의 최대 공적 가운데 하나는 1941년 4월 전후 오토(Eugen Otto) 대사로부터 독일 참모군관이 가져온 독일의 소련 진공 계획에 관한 정보를 얻게 된 것이다. 특히 놀라운 것은 그가 소련의 진공 날짜까지도 정확하게 6월 20일쯤으로 확정하여 크렘린 궁전에 보고했다는 것이다." 또 다음과 같이 말했다. "그의 공작 말기에 가장 만족스러운 정보는 바로 1941년 7월 2일 어전 회의에서 논의된 일본의 남진에 관한 정책 내용을 탐지해냈다는 것이다. 마쓰오카(즉 松岡洋右, 당시 일본 외무대신)가 비록 공개적으로 남방과 북방에서 모두 전쟁이 발발할 것이라고 이야기했지만, 조르게는 그 속내를 아주 정확하게 이해하고 있었다. 그는 아주 자신 있게 다음과 같이 보고했다. 일본의 남진은 조금도 의심할 바가 없는 것이지만, 북진은 허장성세에 불과하다."(重光葵 著, 齊福霖 等 譯,『日本侵華內幕』, 282쪽) 후세 사람은 重光葵의 이 견해를 다음과 같이 총괄했다. 조르게 일파의 활동 후기에 가장 중요한 것은 "1941년 여름 그들이 정탐하여 발표한 독일의 소련 진공의 정확한 시간과, 일본의 이 시기 정책은 남진이지 결코 北攻이 아니라는 두 가지의 극비 정보였다."(方知達 等,『太平洋戰爭的警號』, 東方出版社, 1995, 268쪽)
[61] 伊藤은 1939년 8월 만철의 도쿄연구소 농업 문제 전문가로 초빙되었다.
[62] 伊藤은 宮城이 조르게첩보단 구성원임을 알지 못했다.

기울여 몇 차례의 조사를 거친 끝에 마침내 1941년 9월 28일 기타바야시 도모코와 그의 남편을 일본 와카야마현(和歌山縣)의 외진 시골에서 붙잡았다. 이어서 일본경찰은 다시 기타바야시의 진술에 근거하여 10월 11일 미야기 요토쿠를 체포했다. 15일 다시 미야기의 자백에 의거하여 오자키 호쓰미를 체포했다. 18일 조르게를 체포했다. 뒤이어 일본경찰은 다시 조르게첩보단의 기타 구성원들을 체포했다. "1941년 9월 28일 기타바야시 부인의 체포로부터 1942년 6월 8일까지 전후 8개월의 시간 동안 일본경찰은 조르게사건과 관련된 남녀 총35명을 체포하여 취조했다."63) 후에 이 사안을 철저히 조사하여 "통틀어 11명의 정보원이 체포되었다." "그 가운데 7명은 미야기(宮木)의 보조그룹에 속하며, 4명은 오자키(大崎, 즉 尾崎秀實)의 보조그룹에 속했다."64)

조르게첩보단 가운데 특별히 언급할 만한 것은 일본 「아사히신문(朝日新聞)」사 기자, 만철대조사부 구성원인 오자키 호쓰미이다. 오자키 호쓰미는 1901년 5월 대만에서 출생, 1922년 4월 도쿄제국대학 법학부에 입학하여 공부했다. 제1차세계대전의 영향을 받아 사회 불안에 대하여 느낀 바가 많았다. 그는 특히 1924년 고등문관고시에 참가하여 실패한 후, 마르크스주의이론을 두루 섭렵하기 시작했다. 그리고 한 사람의 '진정한 혁명가'가 되었다.65) 1926년 「아사히신문」사에 입사하여, 1928년 11월 특파원으로 중국에 파견되어 중국 소식을 보도했다. 1930년 11월 스메들리(Agnes Smedley)의 소개로 조르게를 알게 되었고, 아울러 조르게첩보단의 핵심 인물이 되었다. 1938~1941년 체포되기 전 두 차례 고노에(近衛)내각의 고문을 맡았고, 1939년 만철 촉탁으로 초빙되었다. '중국항전능력조사' 3대 지주의 하나인 오자키 호쓰미는 만철대조사부의 조사 활동 가

---

63) [美] F. W. 狄金, G. R. 斯多利 著, 聶崇厚 譯, 『佐爾格案件』, 293쪽.
64) [美] F. W. 狄金, G. R. 斯多利 著, 聶崇厚 譯, 『佐爾格案件』, 293쪽. 이 책에서 聶崇厚는 尾崎秀實을 大崎保積으로, 宮城與德을 宮木佑德으로 번역하고 있다.
65) 解學詩, 『隔世遺思－評滿鐵調査部』, 433쪽.

운데 특히 '중국항전능력조사' 활동에서 중요한 역할을 했다. 그런 까닭에 오자키의 체포는 만철대조사부에 아주 큰 충격을 가져다주었다.

조르게첩보집단의 와해로 인하여 오자키 호쓰미와 정보교환 관계에 있던 나카니시 쓰토무 등도 잇따라 수면위로 떠오르게 되었다. 1942년 6월 일본경찰은 나카니시 쓰토무 등을 체포하고 이어서 차례로 20여명을 체포했다. 그 가운데 대조사부 인원은 6명이었다(〈표 25-15〉 참조).

〈표 25-15〉 '중공첩보단'사건 체포자 명단*

성 명	직 업	개 요
西里龍夫	同盟社 기자(南京 주재)	東亞同文 졸업, 30세
中 西 功	滿鐵上海事務所 조사원	東亞同文 졸업, 34세
尾崎莊太郎	滿鐵華北經調所 조사원	東亞同文 졸업, 38세
白井行幸	滿鐵華北經調所 조사원	東亞同文 졸업, 34세
津金常知	滿鐵上海事務所 조사원	東亞同文 졸업, 37세
新莊憲光	滿鐵張家口經調所 조사원	東亞同文 졸업, 32세
濱津良勝	滿錦州市公署 행정 계정[股長]	33세
李 德 生	의사	일명 老李老末老黎, 41세
倪 兆 漁	기자	일명 陳一峰, 32세
汪 錦 元	汪精衛外交部 전문요원[專員]	일명 大橋利夫, 34세
程 和 生	滿鐵囑托	심문 치사(致死), 29세
陳 三 吉	무직[無業]	25세
倪 天 驥	上海鐵業公會 통역	26세
程 維 德	잡지 편집	28세

*중국 방면 자료에서 표 속의 李德生은 李得森이며, 汪錦元은 汪遠敬이다.
출전 : 關東憲兵司令部 編, 『在滿日係共産主義運動』, 東京, 極東研究所出版會, 昭和 44년, 790~791쪽, 解學詩, 『隔世遺思－評滿鐵調査部』, 636쪽 재인용.

나카니시 쓰토무(1910~1973)는 일본 미에현(三重縣) 사람으로, 1926년 일본이 상해에 개설한 동문서원(同文書院)에서 공부했다. 1930년 말 학생운동에 참가하여 한 차례 검거된 적이 있으며, 1931년 중국에서 중국공산주의청년단에 가입하고 그 이듬해 귀국했다. 귀국 후 무산계급과학연구소와 중국문제연구회에서 일했다. 일하는 동안 두 번째로 체포되었으나 오래지 않아 석방되었다. 1934년 오자키 호쓰미의 소개로 만철조사부에서 일하게 되었다. 1936년 상해로 와서 중공중앙 상해사무소책임자 왕쉐원(王學文)을 회견함과 동시에 관계를 수립하게 되었다. 1939년 만철조사부에 참가하여 "지나의 항전능력을 조사했다." 이 기간 동안 중공의 정식 당원이 되었으며, 중공 상해 정보과 전략 정보원을 담당했다. 오자키 호쓰미가 체포당한 후, 나카니시 쓰토무는 한때 해방구에 몸을 의탁하려 준비했지만 실현되지 못했다. 1942년 상해에서 체포되어 곧바로 일본 정부에 인도되었다. 1945년 9월 나카니시 쓰토무에게 무기징역이 언도되었다.[66] 그러나 이때 이미 미군이 일본을 점령하고 있었으므로 나카니시 쓰토무는 판결 받은 지 10여 일 후 다른 정치범과 함께 석방되었다. 나카니시 쓰토무는 중공당원이었을 뿐만 아니라, 중공을 위해 정보를 수집했기 때문에 나카니시 쓰토무사건은 '중공첩보단'사건이라고 불렸다.

조르게사건과 '중공첩보단'사건 발생 후 오래지 않아 조사부 내에서 다시 '9·21사건'이 발생했다. '9·21사건'은 일명 만철조사부사건이라고도 하며, 또 어떤 이는 그것을 '만철조사부검숙(檢肅)사건'[67]이라고도 한다. 이는 관동군헌병대가 조사부 내의 일부 자유주의와 좌익사상을 가진 사람들을 체포, 박해한 사건이었다. 이 사건은 만주국 '합작사사건'에서 발단되었다. 이른바 합작사사건은 다치바나 시라키(橘朴) 등을 우두머리로 하는 일본의 일부 인사들이 북만주에서 '농촌협동조직' 건립을 기도하다가 관동군에 의해 진압된 사건이다. 1931년 9·18사변 전인 8월 노다 란조(野田蘭藏), 다치바나 시라키, 고야마 사다토모(小山貞知) 등은 대련에서 『만주평론』을 창설하여 '중농주의'를 고취했다. 9·18사변 발생 후 다치바나 시라키는 "'자유주의 및 자본가 민주주의와의 결별'을 선포하고, '신(新)근로자 민주주의', 특히 '만주건국을 위한 농민 민주주의'의 길을 선택했다."[68] 그리고 '좌익경력'이 있던 사토 다이시로(佐藤大四郎)

---

[66] 關捷 등이 주편한 『中日關係全書』에서는 中西功이 사형을 언도 받았다고 하는데 이는 잘못이다. 『中日關係全書』 上, 遼海出版社, 1999, 1234쪽.
[67] 黃福慶, 「滿鐵調查部檢肅事件之背景探討」, 臺北, 『中央研究院近代史研究所集刊』 第22期 下.

를 1935년 『만주평론』의 편집장으로 임명했을 뿐만 아니라, 동시에 1936년 1월 빈강성(濱江省) 수화현(綏化縣)에 '농촌협동조직'(즉 농촌합작사)를 설립했다. 이는 관동군 헌병대가 볼 때 "마르크스주의를 지도이론으로 하는 중농, 빈농 위주의 농민운동"[69]의 전개로 보였고, 운동은 점차 빈강(濱江)과 북안(北安) 두 성(省)으로 확대되어 갔다.

관동군헌병대는 이러한 현상을 용인할 수 없었다. 왜냐하면 헌병대가 보기에 이러한 운동은 표면적으로는 '국책'을 위한 것이었지만, 실제로는 공산주의 운동이었기 때문이다. 헌병대는 또 만철조사부 내의 스즈키 쇼베에(鈴木小兵衛) 등의 좌익인사들이 "이론적으로나 업무적으로" '북만주형합작사운동'을 돕고 있을 뿐만 아니라, 여전히 마르크스주의의 협화회운동에 종사하고 있음을 발견했다. 바로 이러한 인식을 바탕으로 1941년 11월 4일 관동군헌병대는 이 운동의 영도자를 검거했다. 아울러 12월 20일 스즈키 쇼베에도 체포했다. 스즈키 쇼베에는 체포된 후, 헌병대의 고압 아래 "사상 전향을 결심"했을 뿐만 아니라, 만철조사부의 좌익분자들이 만철조사부를 이용하여 일본 공산주의 혁명 준비작업에 종사하고 있다고 진술했다. 스즈키의 진술 및 여타 사람들의 방증에 근거하여 관동군은 1942년 9월 21일~1943년 3월까지 차례로 일본과 중국 각지에서 제1차 대검거를 단행했다. 그리고 조사부 직원 31명[70]을 잇따라 체포했다. 1943년 7월 다시 제2차 대검거가 단행되었고 조사부 직원 11명이 차례로 체포되었다. 이 두 차례의 검거에서 체포된 조사부 직원은 모두 44명이었다(〈표 25-16〉 참조).[71]

---

[68] 野村浩一 著, 張學鋒 譯, 『近代日本的中國認識』, 中央編譯出版社, 1998, 201쪽.

[69] 解學詩, 『隔世遺思 — 評滿鐵調査部』, 639쪽.

[70] 이보다 앞서 합작사사건으로 체포되었던 鈴木小兵衛, 花房森, 佐藤晴生 3명을 포함.

[71] 대만 학자 黃福慶의 연구에 따르면, "체포된 44명 가운데, 長澤武夫, 栗原東洋, 佐藤洋, 鈴江言一 등 4명은 검찰 측에 이송되기 전에 석방되었으며, 그 나머지 40명은 판결을 받기위해 법원으로 이송되었다. 아울러 이송된 자들 가운데 西雅雄, 大上末廣, 發智善次郎, 守隨一, 佐藤晴生 등 5명은 영양 불량 및 장티푸스로 인해 잇따라 옥중에서 병사했다. 1944년 가을 검찰 측은

〈표 25-16〉 '9·21사건'(만철조사부사건) 체포자 명단

	성명	소속	비고
1차	大上末廣	京都帝大	일본에서 체포
	狹間源三	東京支社	일본에서 체포
	渡邊雄二	新京支社	
	小泉吉雄	新京支社	
	吉植悟	新京支社	
	吉源次郎	新京支社	
	栗原東洋	滿洲評論	
	米山雄治	新京支社	
	橫川次郎	新京支社	
	稻葉四郎	調査部二室	
	石田七郎	調査部二室	
	具島兼三郎	調査部二室	
	野野村一郎	調査部二室	
	三浦衛	大連日日新聞	
	林田丁介	大連市交會社	
	溝端健三	用度部	
	堀江邑一	調査部	
	佐藤洋	調査部	
	下條英男	新京支社	
	石田精一	華北經調所	
	石井俊之	華北經調所	
	和田喜一郎	華北經調所	
	石川正義	上海事務所	도중에 체포
	西雅雄	上海事務所	
	加藤淸	上海事務所	
	鈴江言一	上海事務所	
	野間淸	南京支所	
	長澤武夫	僞浙江省府	

정식으로 그 가운데 21명에 대해 공소를 제기했으며, 나머지는 증거 부족으로 기소하지 않고 석방했다. 1945년 5월 장춘법원은 松岡瑞雄과 渡邊雄二에게 징역 5년(집행유예 5년)을 선고하고, 다른 두 사람에 대해서는 3년(집행유예 4년)을 선고하는 외에, 나머지에 대해서는 일률적으로 징역 1년(집행유예 3년)을 선고했다. 형을 선고 받은 자들은 모두 집행유예 처리되어 석방되었다."(黃福慶,「滿鐵調査部檢肅事件之背景探討」, 臺北,『中央硏究院近代史硏究所集刊』第22期 下, 175쪽)

2차	發智善次郎	調査部	
	石堂淸倫	大連圖書館	
	田中九一	總務局	
	伊藤武雄	本社	
	佐藤六郎	總務局	
	武安鐵男	鐵總調査局	
	平野蕃	總務局	
	守隨一	總務局	
	代無正成	調査局	南方에서 소환 체포
	枝吉勇	調査局	
1・28공작	鈴木小兵衛	協和會	"1・28" 工作
	花房森	調査部	"1・28" 工作
	佐藤晴生	華北經調所	"1・28" 工作
군대	松岡瑞雄	關東軍五課	1943.3.23 체포
	三輪武	關東軍	1942.4.26 체포
	和田耕作	關東軍	1942.4.29 체포

출전 : 關東憲兵司令部 編, 『在滿日係共産主義運動』, 解學詩, 『隔世遺思－評滿鐵調査部』, 646쪽 재인용. 대만학자 黃福慶은 이 표를 기초로 하여 다시 새로운 표 하나를 만들어, 체포자의 본적, 학력, 경력, 만철에 재직하기 이전의 前科, 조사부 檢肅事件 등의 내용을 더했다(黃福慶, 「滿鐵調査部檢肅事件之背景探討」, 『中央硏究員近代史硏究所集刊』 第22期 下, 168~173쪽 참조).

'9・21사건'의 발생은 조사부에 심각한 타격을 주었다. 이로부터 대조사부는 재기불능이 되어버렸다. 1943년 5월 1일 만철기구의 개혁에서 대조사부는 조사국으로 개편되었으며, 인원도 1941년의 2,039명에서 1,885명으로 감소했다. 1945년 초 일본 항복 이전, 조사국 인원은 이미 783명으로 줄어들었다(중앙시험소 인원 미포함). '9・21사건' 발생 후 만철조사국이 비록 일부 조사활동을 진행하기도 했지만, 이미 '9・21사건' 발생 이전과 같이 논할 수는 없었다. 1945년 8월 15일 일본의 항복 후 오래지 않아, 만철의 해체에 따라 만철조사국도 같이 해체되었다.

4. 만철의 소멸

　1942년 세계의 반파시즘전쟁은 하나의 새로운 시기로 진입했다. 스탈린그라드전투로 세계정세가 아주 크게 변화했을 뿐만 아니라, 제2차세계대전의 전환점이 되었다. 이듬해 8월 이탈리아에서는 궁정 정변이 발생했다. 정변 후의 신정부는 미국과 영국에 무조건 항복했을 뿐만 아니라, 독일에 대해서도 선전포고를 했다. 그해 12월 1일 반파시즘전쟁이 잇따라 승리를 거두는 상황 아래 중·미·영 3개국의 수뇌들은 카이로에서 「카이로선언」을 발표하고, '일본의 무조건 항복'까지 중·미·영 3대 연합국이 '장기전투'를 계속적으로 진행해 나갈 것을 결의했다. 아울러 '만주·대만·팽호군도(澎湖群島)' 등의 토지를 중국에 반환할 것을 결정했다.

　1945년 2월 독일 파시즘의 패전이 기정사실화 되고 태평양전쟁이 일본 본토에 밀어 닥쳤을 때, 미·영·소 3개국의 수뇌들은 소련 크림반도의 얄타에서 회의를 개최했다. 그리고 11일 「얄타협정」을 발표하고, "독일의 항복 및 유럽전쟁 종결 후 2~3개월 이내에 소련은 연합국편에 가담하여 일본과 싸우기로" 결정했다. 아울러 "대련으로 통하는 출로를 담당하고 있던 중동철도와 남만철도에 대하여 중·소 합판(合辦)의 회사를 설립하여 그것을 공동 경영하며" "중국은 만주에서 모든 주권을 유지한다"고 결의했다. 「얄타협정」은 일본의 운명을 결정했을 뿐만 아니라, 만철의 운명도 결정했다. 5월 소련군은 베를린을 점령했다. 7월 26일 중·미·영 3개국은 「포츠담선언」을 발표하고 일본에게 무조건 항복할 것을 재촉했다. 8월 6일과 9일 미국은 일본의 히로시마와 나가사키에 각각 하나씩 원자폭탄을 투하했다. 8월 8일 저녁 6시 소련은 「포츠담선언」참가를 선포하고 일본에 대하여 선전포고를 했다. 8월 9일 100만 명의 소련 붉은군대 병사들은 세 길로 나누어 관동군에 대한 전면 공세를 취했다. 전 세계 반파시즘

연합의 공격 아래 일본의 패전은 확실시 되어졌다. 더욱 큰 손실을 피하기 위해 8월 14일 일본 천황은 항복조서에 서명했다. 8월 15일 히로히토 천황은 직접 항복조서를 방송하고 일본의 무조건항복을 선포했다.

같은 날 만철의 마지막 총재였던 야마자키 모토키(山崎元幹)는 방송을 들은 후, 곧 장춘(이 시기 만철본부는 이미 장춘으로 이전)에서 만철의 모든 직원에게 포고를 발표하여 "다음과 같이 표명했다. ① 관동군을 대신하여 선후처리의 중대한 책임을 맡아, 수송질서를 유지하고 만주에 있는 일본인과 만주의 안녕을 보호한다. ② 소련군과 철도 및 생산설비의 관리, 직원보호에 관한 교섭을 책임지며, 모든 인원들이 근무처에 남아 수송 및 생산기능 확보에 노력해주기를 희망한다. ③ 사원 및 가족의 보호에 관해서는 현지의 방위군 및 각 지역에 설립될 예정인 일본인 보호기관과 합작하여 모든 방법을 다 동원한다. ④ 소련군이 진주할 때 황명을 받들어 일체의 경거망동을 엄금하며 소련의 요구에 부합해야 한다. ⑤ 전쟁을 거치면서 헌신하고 분투한 사원에 대하여 감사를 표하며, 동시에 전몰장병과 순직한 직원들의 영령에 대하여 심심한 위로를 표한다."[72]

1945년 8월 14일 중·소 양국은 중·소「우호동맹조약」을 체결하고, 부속 각서에서 중소 양국은 "중국의 장춘철도를 공동 경영한다"고 규정했다. 같은 날 중·소 양국 정부는「중국장춘철도에 관한 협정」에 서명했다.「협정」은 다음과 같이 규정했다. "일본군대를 동북3성에서 몰아 낸 후, 중동철도 및 남만철도는 만주리에서 수분하 및 하얼빈에서 대련에 이르는 간선을 하나의 철도로 합병하여 중국장춘철도라고 명명하고, 중화민국 및 소비에트 사회주의 공화국 연방의 공동소유로 귀속시키며 아울러 공동으로 경영한다." 중국장춘철도의 "공동 경영은 중국의 주관 아래 하나의 단독 기구를 통해 처리하며 아울러 순수한 하나의 상업적인 운수사업으로 삼는다." 중국장춘철도의 "공동소유권은 당연히 균

---

[72] 蘇崇民,『滿鐵史』, 842쪽.

등하게 쌍방에 속하며 결코 그것의 전부 혹은 일부를 양도할 수 없다." 중·소 양국은 중국장춘철도의 '공동경영'을 위해 "중소 합판의 중국장춘철도공사 건립에 동의한다. 공사는 이사회를 설치하며" "이사회는 장춘에 둔다." 중국 정부는 중국장춘철도의 "보호"를 담당 한다. 중국장춘철도는 "당연히 중국 정부의 국영철도와 마찬가지로 중국 정부에 세금을 납부한다." 중국장춘철도 "경영"의 "잉여 및 손해는 쌍방이 균등하게 분담한다." "본 협정의 기한은 30년으로 한다. 기한이 만료된 후 중국장춘철도는 철도의 모든 재산과 더불어 중화민국의 소유로 무상 이전한다."[73]

8월 19일 소련군의 선봉대가 장춘에 도착했다. 8월 20일 소련군의 낙하산병과 소련군사령관 가와랴부(卡瓦略夫)대장이 장춘에 들어왔다. 같은 날 야마자키 모토키는 일본의 항복 사실을 전체 사원에게 발표하고 아울러 국기하강식도 거행했다. 야마자키 모토키는 또 가와랴부를 방문하여, "만철은 소련군을 도와 치안을 유지하고 공공의 이익을 보호할 것이라고 했다. 아울러 만철인원 및 그 가족의 생명 재산의 안전과 임금 지급의 보증을 요구했다."[74] 가와랴부는 야마자키의 요구에 동의했다. 이로부터 만철은 소련군의 보호 아래 놓이게 되었다.

9월 22일 중장철도(中長鐵路)의 소련대표 가이금(加爾金)중장이 장춘으로 부임했다. 9월 27일 가이금은 만철총재 야마자키 모토키에게 다음과 같이 선포했다 "9월 22일까지 만철의 법인자격은 소멸되고, 관리권은 상실되고, 만철의 이사는 모두 해직될 것이다." 9월 30일 연합군총사령부는 74호 각서「외지은행, 외국은행 및 특별 전시(戰時)기관 봉쇄 문제에 관하여」에서 만철을 봉쇄기관으로 지정하고 그날 해산했다. 12월 31일 만철의 모든 직원은 해고되었다. 1947년 8월 21일 만철에 대한 특수 청산이 시작되었다. 1957년 4월 13일 만철에 대한 청산이 끝나고 등기가 종료되었다.

---

[73] 王鐵崖 編, 『中外舊約章彙編』第3冊, 三聯書店, 1962, 1331~1333쪽.
[74] 蘇崇民, 『滿鐵史』, 842쪽.

1950년 2월 10일 중·소 양국은 모스크바에서 중국장춘철도에 관한 협정을 체결했다. 1952년 9월 16일 중·소 양국은 「중·소의 중국장춘철도의 중화인민공화국정부 인도에 관한 공고」를 공포하고 다음과 같이 결정했다. 소련 정부는 공동으로 관리하던 중국장춘철도의 모든 권리 및 이 철도에 속하는 모든 재산을 무상으로 중화인민공화국정부에 인도한다. 아울러 1952년 말까지 인계를 마무리한다. 그해 12월 31일 중·소는 소련 정부가 중국장춘철도를 중화인민공화국에 인도하는 것에 관한 최종의정서 체결의식을 하얼빈에서 거행했다. 아울러 중·소는 소 정부가 중국장춘철도를 중화인민공화국에 인도하는 것에 관한 공고를 발표했다. 같은 날 중화인민공화국 철도부는 중국장춘철도국을 하얼빈철도관리국으로 고쳤다. 반세기 동안 세상의 온갖 풍파를 다 겪은 중국장춘철도(지금의 빈주濱洲·빈수濱綏와 합대철도哈大鐵路)는 마침내 중국 인민의 품으로 되돌아왔다.

제26장

관동주의 붕괴

1944년부터 세계 반파시즘 전쟁의 계속된 승리에 따라 중국항일전장 가운데 해방구전장에서도 중국공산당의 영도 아래 일본에 대한 국부적인 반격이 시작되었다. 이 해 화북, 화중, 화남 각 전장 모두 연이어 대승리를 거두었다.

1945년 8월 9일 0시, 소련 붉은군대 150만 명이 3개 방향으로 중·소 국경을 넘어 일본 관동군을 향해 전 전선에 걸쳐 총공격을 개시했다. 소련군의 파죽지세는 막을 수 없었다. 같은 날 마오쩌둥은 「강도 일본에 대한 최후 일전」을 발표하고 팔로군, 신사군(新四軍)[1] 및 기타 인민무장부대에 호소하여 일본침략자에 대한 광범위한 공격을 실행했다. 미국은 8월 6일 일본 히로시마에 첫 번째 원자폭탄을 투하한데 이어 다시 나가사키(長崎)에 두 번째 원자폭탄을 투하했다. 소련과 미국의 공격은 궁지에 빠진 일본 정부로 하여금 어쩔 수 없이 '무조

---

[1] [역주] 신사군은 항일전쟁시기 팔로군과 함께 중국공산당의 주력 군대였다. 원래는 중국공산당이 이끌던 항일 혁명 무장군으로 '홍군유격대'로 불렸으나 1937년 중일전쟁이 시작된 후에 '국민혁명군 육군 신편 제4군단(약칭 신사군)'으로 편성되어 화중 지역의 전투를 담당하는 주력부대가 되었다. 이후 팔로군과 합쳐 중국인민해방군으로 개편되었다.

건 항복'과 '머지않아 찾아올 완전한' 파멸 사이에서 서둘러 양자택일하도록 했다. 8월 14일 일본 정부는 부득이 중, 미, 영, 소 4개국 정부에 각서를 보내어 「포츠담선언」을 받아들이고 무조건 항복을 표시했다. 다음 날 히로히토 천황은 일본 점령지를 포함한 일본 전체 국민과 군인에게 「정전조서」를 발포했다.

    이때에 이르러 중국 인민의 항일전쟁은 마침내 위대한 승리를 획득했으며 일본제국주의의 대련에 대한 식민통치도 마침내 종말로 치달았다.

1. 식민통치의 와해

    일본제국주의는 소련군이 동북으로 출병하기 전, 중국 군민의 연이은 공격아래 이미 궁지에 빠졌다. 이 점은 전장에서 드러났을 뿐만 아니라, 관동군의 관동주 방위체계가 극도로 허술하다는 점에서도 드러났다. 때마침 병력이 부족한 상황에서 방어를 강화할 생각으로 관동군과 관동주청은 1945년 8월 9일 '관동주 의용봉공대(關東州義勇奉公隊)'를 결성했다. 하루 전날, 중대한 일임을 강조하기 위해 관동군총사령관 야마다 오토조(山田乙三)대장은 특별히 장춘(長春)에서 대련으로 와서 다음 날 오전 '의용봉공대' 성립대회에 출석할 준비를 했다. 야마다 오토조는 대련에 도착한 후, 투숙한 성개포(星個浦, 지금의 성해가星海街)의 고급 주점 '성내가(星乃家)'에서 일본 각계 인사를 소집하여 '의용봉공대'의 설립에 관한 제반사항에 대해 좌담회를 개최했다. 그러나 '의용봉공대'가 아직 설립되기 전에 소련군은 즉각 관동군에 대한 맹렬하고 강대한 총공격을 감행했다. 야마다 오토조는 소식을 접한 후 여대방위사령부(旅大防衛司令部)에 와서 관동군 최전방 전황 종합보고를 청취한 후에 전용기를 타고 급히 장춘으로 돌아갔다. 그날 오전 '관동주 의용봉공대'는 대련신사에서 예정대로 성립의식을 거행했다.

소련군이 이미 대일 작전에 투입된 점을 고려하여, 야나기타 겐조(柳田元三)를 사령관으로 하는 여대방위사령부는 8월 9일 오후 긴급회의를 소집하고 여대 지역의 방위 배치를 연구했다. 이때 관동주에는 관동군소속 경위단(警衛團) 및 기타 각종부대를 합쳐 4만여 명이 있었다. 서로 협동하여 소련군의 진공에 저항하기 위해 야나기타 겐조는 이 기초 위에 2배의 병력을 확충할 필요가 있음을 제기했다.

소련이 동북으로 출병하기 전에, 일본 정부는 재중 일본인을 송환하는 등의 방면에서 결코 어떠한 준비작업도 하지 않았다. 당시 대련에는 일본교민이 20만 명 가까이 있었다. 이들을 위해 관동주청장관 이마요시 도시오(今吉敏雄)는 8월 11일 관동주청 산하의 시장, 민정서장, 경찰서장 등을 소집하여 회의를 개최하고, 긴급 상황 아래 일본인의 경비, 식량, 송환 등의 사항에 대해 상세히 논의했다. 회의 후 이마요시 도시오는 노인, 허약자, 부녀자, 어린이들에게 노호탄(老虎灘)일대에 집결하여 일단 소련군이 대련을 공격하여 점령하면 바로 비전투원으로서 소련군에 투항할 것을 지시했다. 다른 한편, 전시동원령을 하

일본천황의 항복조서 발표

달하여 남자는 반드시 희생할 준비를 하고 끝까지 저항하며, 시내 각 주요 공장은 전력을 다해 남은 원료를 사용하여 밤새도록 서둘러 수류탄을 만들어 무기의 부족을 보충하도록 요구했다.

8월 14일 일본 정부는 중·미·영·소 4개국 정부에게 「포츠담선언」을 받아들인다는 문서를 보냈다. 이마요시 도시오는 다음 날 정오에 천황이 항복조서를 발표할 것이라는 사실을 알게 된 후, 즉시 경찰부장 시오우미 다쓰이(潮海辰亥)에게 지시하여 저녁 9시쯤 각과 과장과 대련지역 소속 각 경찰서 서장을 긴급 소집하여 다음과 같은 명령을 선포했다. "내일 정오 천황이 몸소 라디오를 통하여 전 국민에게 무조건 항복을 선언할 것이다. 보도 방송 이전까지 비밀을 엄수하라. 이후 어떤 일이 발생하더라도 반드시 모든 대책을 강구하여 치안을 확보해야 한다."[2] 이른바 '치안의 확보'는 주로 일본교민 및 대련에 있는 일본인 각 공장, 광산, 기구의 안전을 확보하여 일본인에 대한 중국인의 보복행위를 방지하는 것이었다. 회의는 또한 중국인이 취할 수 있는 각종 보복활동을 어떻게 진압할 것인가에 대해 세심하게 안배하며 진행되었다.

8월 15일 정오 관동주청 및 그 소속 기구 대소 관원은 히로히토 천황의 「정전조서」를 청취했다. 관동주청은 즉시 긴급회의를 소집하고 다음과 같은 결정을 내렸다. ① 전시동원을 해제하고 군사 생산의 정지를 하달한다. ② 간이 무기의 생산을 정지하고 아울러 소각한다. 전에 관동군의 명령에 따라 주청장관이 직접 관할했던 '증산체제'에 쓰인 개인 총기, 단검, 수류탄 등 무기 전부를 회수하고, 대련주조소 보일러실로 보내 소각한다. ③ 대련의 군사기지와 공장에서 부리던 '특수노동자', 즉 중국포로를 직접 본적지로 돌려보내 치안에 미칠 좋지 못한 영향을 방지한다. ④ 학교 교사를 비워 외지의 일본난민 및 도망 온 일본군인을 수용한다. ⑤ 주청 경제부를 통해 식량을 마련하고 식량 비축 부족을 완화

---

[2] 富永孝子, 『大連·空白の六百日』, 新評論, 1986, 31쪽.

한다. ⑥ 감금 중인 '범인'을 시기와 그룹을 나눠 석방한다.[3] 이 6항의 결의에 따라 관동주청은 그 '종전처리'를 시작했다.

8월 16일 관동주청은 범죄의 증거를 소멸하기 위해 먼저 중요 문건과 당안을 불태웠다. 기타 각 조직도 관동주청의 지시에 따라 각종 문서파일, 원고자료, 기술설계도, 경제장부, 특공(特工)인명부 등을 소각했다. 관동주청 학무과는 동시에 대련지역 각 학교에 대해 자발적으로 '천황의 초상'을 소각하도록 명령했다.[4]

그러나 야나기타 겐조는 군부의 명령을 받지 못했다는 이유로 여전히 완강히 저항하고자, 일본 우익단체 '성교회(星交會)'가 거행한 긴급회의 석상에서 다음과 같이 강경하게 선포했다. "지금 이미 전쟁이 끝났다고 생각하는 것은 아무래도 시기상조이다. 그러므로 방공호와 각종 무기는 모두 필요하며 시민은 반드시 자위에 입각해야 한다. 비록 주청이 이미 '종전처리' 상태에 들어갔지만, 아직 군부의 정전명령을 받지 못했다."[5] '성교회'는 이 때문에 해산 계획을 취소했고, 해군방면에서도 그날 저녁 삼간보(三澗堡) 해군공사장을 폭파하려던 계획을 취소했다.

8월 16일 오후 6시 관동군사령부는 일본군 대본영 육군부가 내린 소련군에 대한 작전을 중지하라는 '대륙명(大陸命)'을 받고, 드디어 그날 저녁 10시 소속 부대로 정전명령을 하달했다. 8월 18일 대련 상공에는 비행기를 통한 대량의 전단이 살포되었고, 전단에는 관동군사령부의 명의로 "일·만 양국 국민은 정전조서의 정신을 준수하여 전쟁을 중지하고 치안을 유지"해야 한다고 했다.

---

[3] 顧明義 等 主編, 『大連近百年史』 下, 1537쪽.
[4] 일찍이 1943년에 일본 정부는 남방 전장의 불리한 전국에 근거하여 이미 '뒷일'을 안배하기 시작했다. 문부성은 「학교방공지도방침」을 하달하여, 각 학교가 '천황의 초상'을 보호하도록 명령했다. 설사 교사가 공습으로 불타도 '천황의 초상'은 해를 입어서는 안 되며, 만약 그렇지 않으면 교장은 소임을 다하지 못한 죄로 자진해야 했다.
[5] 富永孝子, 『大連·空白の六百日』, 59쪽.

관동주청은 이보다 앞서 해상으로부터의 공격을 방어하기 위해 150만 엔의 자금을 들여 시내와 연해 일대에 방공호를 건설했다. 노동력의 부족으로 중학생조차 방학을 취소하고 방공호 건설에 참가했다. 이때 관동주청은 이들 공사가 만약 진주한 소련군과 중국군대에 발각되면 장차 일본제국의 치욕이 될 것이라고 생각했다. 이에 2,000명의 노동자를 고용하여 기습적으로 다시 메우기 시작했다.

일본이 항복한 시기, 대련지역에서 일본의 전쟁 대비 식량 비축량은 겨우 2개월 정도 유지할 수 있는 양이었다. 이로 인하여 관동주청 경제부는 50대의 트럭, 70명의 직원과 특별경찰을 차출하고, 민총공회(民總工會)도 50척의 선박을 차출하여 장하(莊河), 대고산(大孤山)으로 보내 식량을 약탈했다. 관동주청의 이 같은 행동은 현지 중국 인민의 결연한 저항에 부딪혔고 그 결과 700여 명의 현지 일본인만 데려올 수 있었다. '특수노동자'의 송환계획은 자금과 인력 문제로 인하여 예정대로 이루어지지 못했고, 소련군이 대련에 진주할 때까지 반수도 안 되는 인원만이 송환되었다. 감금 중인 범인에 대하여 여순형무소는 관동주청장관 및 지방검사관의 명령에 따라, 매일 40~50명의 경범죄자를 석방했다.

8월 21일 관동주청은 소련영사관으로부터 소련군이 내일 정식으로 대련에 진주한다는 통지를 받았다.

다음 날 소련군 아만낙부(雅曼諾夫)소장은 250명의 낙하산병을 거느리고 대련의 주수자(周水子)비행장에 착륙하여 대련경비구사령관으로 부임했다. 관동주청장관 이마요시 도시오는 각부 부장, 대련시장, 상공회의소 회장 등을 거느리고 공항에 가서 진주한 소련군을 영접하고 무조건 항복했다. 소련군 이바노프(Иванов)중장도 250명의 낙하산병을 거느리고 여순구 토성자(土城子)비행장에 착륙하여 여순경비사령관에 취임하고, 일본군 여순해군기지사령관 고바야시 겐고(小林謙五) 해군중장의 투항을 받았다. 같은 날 기차를 탄 한 무리의 소련군이 금주(金州) 석하역(石河驛)에 도착했다.

　소련군이 대련에 진주한 이튿날 아만낙부(雅曼諾夫)소장은 즉시 대련경비사령관 명의로 제1호 명령을 발포하고 개인 소유 무기의 반납, 시내 야간 통행금지의 실행, 오락장소 및 은행의 휴업을 요구했다. 이것은 소련군이 대련지역에 대해 전방위적인 군사관제를 개시했음을 보여주는 것이다. 곧이어 소련군은 법원, 감옥을 접수하고, 여순감옥에 수감된 범인을 모두 석방했다. 그리고 일본여대방위사령부 사령관 야나기타 겐조를 체포하고 4만 이상의 정규 또는 비정규 일본군의 무장을 해제했으며 소장 계급 이상의 일본군 전범을 집중적으로 감금했다.

　이로써 일본 관동군의 관동주 및 대련에 대한 침략과 점령은 역사가 되었다.

　소련군이 대련에 진주한 이후, 한편으로 대련상회 회장 장번정(張本政) 등이 이전에 설립한 유지회를 임시정권조직으로 승인하고, 다른 한편으로 대련을 접수하는 과정에서 일본인의 협력이 필요했으므로 관동주청 및 시청의 존재를 계속 윤허했다. 다만 그것을 소련군 관할 아래 두었다.

　9월 22일 소련군사령부는 관동주청장관과 각 부장급 관원 모두에게 거주하고 있는 관저에서 나가라고 명령했다. 다음날 관동주청장관 이마요시 도시오(今吉敏雄), 내무부장 나카노 시로(中野四郎), 경제부장 마에다 마사오(前田正夫)는 체포되었다. 뒤이어 경찰부장 시오우미 다쓰이, 대련시장 벳쿠 히데오(別宮秀夫) 역시 체포되었다. 벳쿠 히데오는 오래지 않아 석방되어 관동주청장관 대리로 소련군의 접수 업무에 협조했다.

　10월 28일 소련군사령부는 제11호 명령으로 대련시정부의 성립을 선포하고, 일본 식민통치기구의 행정관원을 모두 퇴직시켰으며, 츠쯔샹(遲子祥)을 시장에, 천원타오(陳雲濤)를 부시장에 임명했다.

　10월 30일 벳쿠 히데오와 신임시장은 인수인계 절차를 거행했다. 이로써 장장 40년 동안 대련을 통치했던 식민통치기구는 수명을 다했다.

11월 1일 대련시정부는 정식 업무를 시작했다.

2. 공장기업 및 금융조직의 접수

소련군은 대련에 진주한 이후 곧바로 조사에 착수하여 대련에 있는 일본공장기업을 접수했다. 8월 14일 중국 정부와 소련 정부가 정식으로 체결한「중소우호동맹조약」에 근거하여 이전의 중동철도는 중·소 공동경영의 중장철도가 되었다. 8월 27일 중장철도 소련 측 대표는 "만철의 법인자격 소멸"을 정식으로 선포했고, 만철은 더 이상 존재하지 않게 되었다. 대련의 만철기업 가운데 소련군과 중국에 의해 접수된 중요한 기업은 만철대련철도공장, 대련선거철공회사(大連船渠鐵工會社), 만철화학공업회사, 만철대두화학공업회사, 만철유지회사 대련유지공장, 대련요업회사 등이었다. 동시에 접수된 것으로는 만철중앙시험소와 만철대련도서관도 있었다. 10월 말에 이르러 소련군 산업감리부대는 40여 개의 중요한 공장기업을 접수했다. 총공회(總工會)도 연이어 10개의 공장기업을 접수했다. 중소우호협회는 소수의 부채기업과 공장에 대해 매수, 육성 혹은 경영 합병을 추진했다.

일본이 항복할 때 대련의 일본금융업은 이미 심각한 위기에 직면해 있었다. 소련군이 관동군에 대해 총공격을 개시하자 대련의 일본인들은 바로 은행으로 달려가서 예금을 인출하기 시작했다. 일본천황이 항복조서를 발표한 그날, 대련에 있는 일본 각 은행의 지출은 모두 정상적인 수치를 대폭 초과했다.

1945년 8월 24일, 소련군 탱크의 대련 진입과 대련 인민의 해방 축하 모습

이미 발생한 금융위기를 구제하고 대련금융시장을 지속적으로 통제하기 위해 관동주청장관은 일본과 조선총독에 구원을 요청하는 한편 비밀리에 두 차례의 '현금조달단'을 파송하여 조선에 가서 현금을 마련하게 했다. 소련군이 대련에 진주한 이후 소련군 대련경비사령부는 제1호령을 발포하여 각 은행의 영업 정지를 명령했다. 다만 개인 예금의 인출 업무는 정상적으로 진행할 수 있도록 윤허했다. 9월 1일 새벽, 관동주청이 파견한 선박은 2억 엔의 지폐가 들어있는 20여 개의 나무 상자를 싣고 조선으로부터 대련으로 돌아와 노호탄(老虎灘)에 접안했다. 관동주청이 비록 주도면밀하게 밀수 방안을 설계하여 2억 엔의 지폐를 대광장(지금의 중산광장中山廣場) 조선은행 대련지점빌딩의 동북쪽으로 운반했으나, 마지막 지폐 상자를 운반하여 입고할 때 총을 들고 순찰하던 소련군 병사에게 발각되고 말았다. 소련군은 2억 엔의 지폐를 몰수하여 보관하고 '화폐밀수'에 참여한 일본경찰을 체포했다. 9월 14일 영업을 중단한 금융기관을 단계적으로 작동시키기 위해 소련군은 2억 엔의 지폐 가운데 1억 2,000만 엔을 내놓아 은행으로 하여금 개업하게 하는 동시에 일본인의 매월 인출액이 1,000엔 이

상 초과하지 못하도록 제한하여 생활을 유지하도록 했고, 이후 또다시 100엔으로 내렸다.

대련시정부 수립 후 12월 8일, 이전부터 있던 대련시내 16개 은행의 접수 및 정돈을 선포했으며, 일부 일본은행은 접수에 대해 저항했다. 그중 미쓰비시은행 대련출장소는 중요한 문건을 전부 소각했을 뿐만 아니라, 제출한 은행 인장, 영수 인장, 관직 인장 등 모두는 글자가 지워져 있었다.

12월 28일 접수 업무는 종결되었고, 대련의 일본금융업은 수명을 다하고 말았다.

3. 일본경찰계통의 소멸

소련군은 대련에 진주한 이후 변함없이 일본경찰을 이용하여 사회 질서를 유지했으나 그 무기 사용에 대해서는 제한했다. 그들은 비록 지난날과 같이 대련시민을 억압하지는 못했지만 일본인의 이익과 안전을 보호하는 방면에서는 중요한 역할을 했다. 또한 일본경찰의 계속적인 존재는 객관적 견지에서 일본 우익세력의 활동을 방임하도록 했다.

소련군이 대련에 진주한 지 3일째, 즉 8월 25일 대련 인민은 가두로 달려 나와 항일전쟁의 승리를 경축했고 소련군의 도착을 환영했다. 환영 대오가 청니와교(靑泥洼橋)에 도착했을 때 일부 일본 우익분자는 일본이 이미 무조건 항복한 사실을 무시하고 공공연히 환영대의 깃발을 찢어버렸다. 환영 군중은 분노가 극에 달해 도발한 일본인을 구타하고 연쇄가(連鎖街, 지금의 대련역 앞)의 일본상점을 때려 부쉈다. 대광장 일본경찰서의 경찰은 서장의 직접 인솔 아래 전원 출동하여 사건을 수습했다.

대련 성덕공원(聖德公園, 지금의 중산공원) 남측의 성덕가(聖德街, 지금의 연합로) 및 진금정(眞金町, 지금의 백산로) 일대는 일본인 거주구역이었다. 일본의 항복 후 이곳은 일본 우익 세력이 강제 점령하여 통제하는 구역이 되었다. 아울러 대련재향군인회 회장인 예비역 육군소장 이와이 간로쿠(岩井勘六)를 우두머리로 하는 '자위경비단'이 설립되었다. 명칭으로 보면 '자위경비단'은 일본인에 대한 중국인의 복수를 방비한다는 '자위'적인 일면을 지녔다. 그러나 실제 상황을 살펴보면 적지 않은 일본군인이 여기에 잠복하여 계속해서 중국 인민을 적으로 삼고 기회를 틈타 소동을 일으켰다. 8월 25일 성덕가의 한 일본인 가옥에 잠복해 있던 일본군인이 중국청년 한 명을 비밀리에 살해했다. 사건 발생 후 일본인은 비밀이 누설되면 중국인에게 보복당할 것을 두려워하여 성덕가 주위에 간이 방어시설을 설치했다. 일본인의 비정상적인 태도는 성덕공원 북측에 이웃해 있던 중국인으로 하여금 몹시 분노케 했다. 8월 31일 중국인은 일본인에 항의하는 시위를 조직했다. 이와이 간로쿠는 즉시 '자위경비단'을 이끌고 진을 치고 대치했고 아울러 충돌이 발생했다. 다음날 새벽 3시 사하구(沙河口) 일본경찰서 서장 에미 도시오(江見俊男)는 사태가 확대되면 일본인에게 불리할 것을 우려하여 몸소 부하를 이끌고 서둘러 현장에 도착하여 일본인을 설득했다. 에미 도시오는 "우리는 이미 패전국의 국민이니 어쨌든 자발적으로 무기를 내려놓아야 한다. 그렇지 않으면 이것이 도화선이 되어 대련 전 도시에 걸쳐 중국인이 폭동을 일으켜 우리 일본인은 아마 전부 죽임을 당할 것이다"[6]라고 했다. 당시의 형세에 두려움을 느낀 일본 예비역 군인과 우익 분자는 부득이 바리케이트와 망루를 철거하고 무기도 거두어 반납했다.

  이와 동시에 대련경찰조직이 여전히 일본인의 수중에 장악되어 있었다. 이는 일본이 이미 무조건 항복한 것과는 상황이 서로 걸맞지 않았기 때문에, 대련

---

[6] 富永孝子, 『大連・空白の六百日』, 107쪽.

인민군중의 대단히 큰 분개를 불러 일으켰으며, 중국인은 그들이 '무조건 항복' 한 것이 아니라 마지막까지 발악하고 있는 것으로 여겼다. 따라서 일본이 항복한 후 비자와(貔子窩), 보란점(普蘭店), 삼십리보(三十里堡), 금주(金州) 등지에서 모두 군중과 일본경찰의 충돌 사건이 발생했다. 대련 시내에서도 8월 28일부터 9월 2일까지 중국인이 소강자(小崗子, 지금의 서강구)경찰서를 포위 공격하는 사건이 발생했다.

소강자는 중국인의 거주구역으로 일본 식민통치기간 동안 이곳의 중국 국민은 일본경찰의 온갖 학대와 압박을 다 받았다. 8월 28일부터 수백 명의 중국인이 소강자경찰서 문 앞에 모여들어 항의 시위하며 일본경찰의 무기 제출을 요구했다. 8월 31일, 중국인은 경찰서 안으로 난입하여 서장 관사와 각 사무실을 파괴했다. 9월 1일, 사람들은 다시 경찰서 안으로 쳐들어가 그 자리에서 부장 한 명을 타살하고 경관 한 명을 부상 입혔다. 뿐만 아니라 두 명의 중국인은 혼전 중에 일본경찰에 의해 살해되었다. 이번 소강자경찰서 습격사건은 각지의 유사한 사건과 함께 일본경찰의 위엄에 심각한 손상을 입혔다.

일본경찰조직의 존재는 단지 일종의 일시적 과도현상일 뿐이었다. 소련군은 일본경찰조직을 이용하여 사회 질서를 유지하는 동시에 유지회(維持會)에 기대어 경찰서를 조직하고 치안대를 설립하여, 점차 일본경찰조직을 대체했다.

8월 말에서 9월 16일까지 일본경찰서 외사특고(外事特高)경찰은 소련군에 의해 계속 체포되었으며, 반소분자로 간주하여 전범으로 처리되었다. 10월 5일 약 1,000명의 일본경찰이 구금되었고, 아울러 포로로 잡힌 군인으로 간주되어 모두 시베리아로 압송되었으며, 3~10년 징역에 처해졌다.

4. 송환 전 대련 일본인의 단체 활동

일본 측의 통계에 의하면, 일본이 항복할 때 중국 동북에 있는 교민의 총수는 약 100만 명이었다. 일본의 전쟁 패배와 항복은 그 지위를 순식간에 천길 나락으로 떨어뜨려 직업과 재산 및 가옥을 잃고 극도로 궁핍한 생활과 위태로운 상황에 처하게 했다. 그리고 의지할 데 없는 피난민이 되어 끊임없이 한꺼번에 대도시로 밀려들어 도시인구의 과잉과 물자의 결핍을 초래했다. 당시 대련은 이미 약 20만의 일본인이 있었고, 소수의 크고 작은 기업주, 관원, 각종 분야의 직원을 제외하면, 대다수는 기술인원, 산업노동자, 종군가족들이었다. 일본이 항복하기 전에 그들은 대련에서 모두 일등 '공민'이었으나, 이제는 거의 모두 포로 신세가 되었다.

일본에게 갑자기 찾아온 전쟁 패배와 항복에 직면하여 패전국 국민으로서 어떻게 전승국의 대지에서 생명의 안전을 보장받고 생존문제를 해결할 것인가 하는 것은 중국거주 일본교민에게 어쩔 수 없이 고려해야 할 가장 중대한 일이었다. 바로 이와 같은 큰 배경 아래, 대련의 일본교민 사이에 각양각색의 단체 조직이 출현했다.

일본인의 단체조직은 대체로 두 부류로 나눌 수 있다. 한 부류는 우익세력단체이고, 다른 한 부류는 좌익세력단체였다.

우익세력단체의 중심은 대련신사(大連神社)와 '성교회' 및 이에 기초하여 설립된 '대련일본인회'였다.

대련신사는 1907년에 설립되었고, 일본이 대련을 통치하던 시기 가장 빨리 설립되고 가장 오래 지속된 공식 사당 및 종교 조직이었다. 주로 일본 아마테라스 오미카미(天照大神)와 메이지천황(明治天皇)을 봉양했다. 일본 정부 측의 종교와 관련된 각종 활동은 모두 신사에서 도맡아 처리했다. 1922년부터 모든 관동주의 각급 관원, 대련에 온 일본 황족은 정기 참배를 해야 했으며, 각 학교와 단체도 정기 참배를 해야 했다. 일본이 항복을 선포한 후 신사궁사(神社宮詞, 신사의 최고 신관) 미즈노 히사나오(水野久直)는 일찍이 자발적으로 신위(神位)를 적절하게 처리하는 동시에 신전(神殿)을 불태워 신령(神靈)이 폭동 혹은 점령으로 더럽혀지는 것을 모면하도록 하라는 관동주청의 지시를 받았다. 그러나 미즈노는 신위의 비호와 신사 인원의 생명과 재산의 보호를 교환 조건으로, 신사를 인솔하여 대련청방회(大連靑幇會)에 가입했다. 동시에 청방회를 따라 지하활동으로 전환했다.

'성교회'는 일본의 대련통치후기 대련의 일본 각계 대표인물에 의해 조직된 우익조직이었다. 일본의 항복 선포 후, 실패를 견딜 수 없었던 우익인사는 겉모습만 바꾸고 그에 기초하여 8월 26일 '대련일본인회'를 설립했다. 이는 일본이 항복한 후 대련에서 출현한 첫 번째 일본인 단체였다. 설립 초기 매주 2, 3차례의 모임을 열고 정보를 교환하며 각종 문제를 논의했다. 그러나 그들의 "결코 항복하지 않는다"는 생각은 일본 천황과 정부의 뜻에 위배되었고, 일본이 이미 항복한 현실 아래 아무런 호소력도 없었으며, 오래지 않아 해체되었다.

초기의 우익인사와 상반되게 대다수의 일본인은 점차 일본의 전쟁 패배와 항복이라는 현실을 받아들였다. 뿐만 아니라 기아와 사망 선상에서 두려워하며 하루도 살 수 없어 몸부림치는 가운데 점점 일본제국주의의 침략 죄상을 똑똑히 인식하게 되었다. 또 일본 정부가 일으킨 이 침략전쟁이 그들에게 가져다 준 고난을 겪으며, 일본 인민이 전쟁의 희생물이 되었다는 것을 충분히 인식했다. 그들은 자신들을 고난과 사망으로 밀어 넣은 일본 정부를 증오하기 시작했다. 또 갖은 방법을 강구하여 중국인의 적대적인 감정을 줄이고자 했으며, 소련군의 보호를 얻고자 했다. 소수의 대학교수, 의사, 기술자 등 지식인은 공개적으로 러시아어로 쓴 신분을 표시하는 완장을 차고, 일본이 중국을 침략할 때 자신은 반전 인사였음을 표명했다. 동시에 소수의 일본인은 각자의 목적과 주의에 따라 단체를 조직하고 소련군과 중국인의 호감을 얻기에 유리한 활동을 진행했다. 어떤 단체는 점차 대련에서 주도적 지위를 점하는 일본인 조직으로 발전했다.

가장 먼저 설립된 단체는 9월 초 소련군사령관 아만낙부(雅曼落夫)가 비준하여 설립된 '대련일본인청년봉사단'이었다. 발기인에서 구성원까지 모두 대련에서 출생한 일본국적의 청년이었다. 주요한 목적은 소련군에 봉사하고 사회 치안유지에 협조하며 일본난민을 구제하는 일이었다. 봉사단은 낭속정(浪速町, 지금의 천진가)에 있던 원래 만태산업주식회사(滿泰産業株式會社)를 사무실로 하여 총무, 경리, 실천 3개 부문을 설치했다. 봉사단의 선도 아래 다른 방면의 일본인들도 9월에 '대련노동자연맹' '일본청년연맹' '대련시민유지협의회(大連市民有志協議會)' '대련호조회'의 4개 단체를 잇달아 설립했다. 그러나 소련군의 인가를 얻지 못해 오래지 않아 바로 무산되고 많은 사람들은 봉사단으로 옮겼다. 봉사단도 곧바로 상응하는 조직의 개편을 진행하여 명칭을 '대련봉사단'으로 바꾸고, 아래에 총무, 봉사, 구제, 공사, 사업 등의 부문을 설치했다.

봉사단은 설립된 후, 그 목적에 근거하여 소련군에게 일련의 봉사를 제공했다. 당시 대련은 여전히 일본의 전쟁 패배로 인한 혼란기로 사회 질서의 문란, 교통의 정지, 경기의 침체, 경제의 마비에 처해 있었다. 그리고 가장 곤란한 것은 이미 20만 명에 달하는 일본인들을 포함한 80만 명의 식량문제의 해결이었다. 제2차세계대전이 발발한 이후 전쟁을 돕기 위해 대련의 일본 각 기업은 모두 상응하는 청소년 양성기구를 설치하여 그들에게 전쟁을 위한 생산에 복무하도록 강요했다. 일본이 항복한 후 이들 청소년과 기업공장 중의 견습공은 가두로 흘러들어 거리의 떠돌이로 전락했다. 외지 일본인의 쇄도도 대련에 거대한 압력으로 작용했다. 10월에 이르러 대련은 이미 85%의 일본인이 구제받아야 할 상태에 처해 있었다.

봉사단이 설립된 후, 사회로 흘러들어온 수천을 헤아리는 청소년을 조직하여 화물 운반, 쓰레기 청소, 도시 외관 정돈, 방공호 메우기에 종사하도록 했다. 몸이 약하거나 병이 있는 자는 수공업제품의 생산과 판매에 종사하도록 배치했다. 그리고 동북에서 대련으로 도망 온 일본교민들을 위해 구제금 등을 마련하여 사회의 중시와 호감을 얻었다.

1945년 11월 대련시정부의 성립에 따라 대련시의 각종 건설업무가 시작되었다. 동시에 몇 개월 동안 일부 일본인은 반성하는 가운데 일본제국주의가 중국을 침략한 죄악을 똑똑히 인식했다. 바로 이와 같은 배경 아래, '대련일본인민민주주의연맹'이 설립되었다. '연맹'은 대련 일본시민 가운데 모든 민주주의세력을 결속시켜 새로운 대련 건설에 적극 참여하는 것을 목표로 했다. 설립 선언에서 다음과 같이 명확하게 언명했다. 일본인은 반드시 그 재력, 기술, 지능, 경험, 노력으로 중국인의 새로운 대련 건설에 협조하여 일본제국주의의 죄과를 경감해야 한다. 행동강령에서도 다음과 같이 명확하게 규정했다. 민주주의를 선전하고 일본시민 가운데 모든 민주주의 역량을 결집하여 일본시민의 민족 편견을 타파하며, 일본제국주의의 죄악에 대한 전면적이고 철저한 반성을 촉진한다. 평화와 자유를 애호하는 민족으로서 중국시민과 제휴 융합을 실현하며, 소련군 대련경비사령부 및 대련시정부의 지도 아래 새로운 대련 건설에 적극 참여한다.

11월 24일 대련시정부도 「일본인 처리에 관한 정책 결정」을 제정하고 다음과 같이 명확하게 지적했다. 대련의 20만 일본교민은 소수의 자본가, 관원, 소수의 전쟁범, 항복한 실업 군인을 제외하면 대다수는 각종 기술인원 및 숙련된 산업노동자로, 마땅히 이 두 부류는 엄격히 구별 처리하여, 전자는 처벌하고 후자는 법에 따라 보호하고 결속시킨다. 12월 1일 대련시정부는 또 「일본교민에 대한 시정강령」을 반포하고 앞서 서술한 목적을 거듭 천명했다.

1945년 말 전후(戰後) 대련의 첫 번째 겨울에 식량, 연료가 몹시 부족함에 따라 대련시 일본교민의 생존 자체가 매우 어려운 문제로 되었다. 소련군과 대련시정부는 반복된 논의를 거쳐 일본인의 적극성을 최대한 동원하여 일본교민을 통해 일본교민의 문제를 해결하기로 결정했다. 일본인 스스로도 생존을 위해서는 반드시 조직화되어야 한다고 느끼기 시작했다. 이에 각양각색의 일본인 단체 혹은 기구가 설립신청서를 제출했다. 12월 5일 소련군은 노동자 중심의 '대련일본인민민주주의연맹'을 토대로 한 '일본인노동조합'(약칭 '노조')의 설립 신청을 비준했다. 그러나 단체가 많아 관리가 불편하고 역량이 분산되는 것을 막기 위해 소련군은 기타 단체의 설립신청을 거절하는 동시에 이미 설립된 단체는 반드시 3개월 내에 해산할 것을 규정했다.

'노조'는 1946년 1월 20일에 설립되었고, 대련시 민정국장 장즈위안(張致遠), 직공총회 주석 탕윈차오(唐韻超), 소련군사령부의 파탑낙부(巴塔洛夫)대위 등이 설립대회에 출석하여 축사했다. '노조'의 설립 초기에는 7개의 지부에 3,168명이 있었으나, 정식으로 활동을 전개한 지 겨우 1개월 만에 지부는 10여 개에 이르고, 구성원은 1만 1,000여 명으로 증가했다.

'노조'의 임무는 소련군사령부와 대련시정부의 영도아래, 일본인을 단결시키고 지원하며, 머릿속의 민족편견과 군국주의사상을 일소하는 동시에, 장차 그들을 조직하여 생산을 통해 스스로를 구제하고, 나날이 증가하는 실업자와 일본교민에게 구제를 제공하는 것이었다. 이를 위해 '노조'는 일본시민의 생활안정을 보증하는 중임을 맡아 '긴급식량획득운동'을 전개했다. 아울러 자금조달위원회를 설립했다. 3월 5일에 이르러 '노조'는 조달한 1,550만 원의 구제금을 일본교민 각계에 나누어 분배했고, 일본교민은 업종 지부에 따라 소비조합을 구성하여 직공총회 민주무역합작사에서 공정가로 식량을 구매했다. '긴급식량획득운동'을 진행하는 가운데 대련의 옛 정계 일본 요인 및 상공계 거두 42명은 '비협조자'로 고발되었다. '노조'는 전쟁을 지지하고 전쟁으로 재산을 축적한 인물의 수중에 있는 재산을 피해자에게 분배하는 것은 인정과 도리에 맞는 것이라고 명확하게 주장했다. 3월 17일 '노조'는 1만여 명의 탄핵대회를 조직하여 매우 큰 효과를 얻었다. 1,325명의 자산계급 인사가 갹출한 금액이 668만 2,000원, 노동자들이 모은 기부금이 1만 8,000원, 의연금품의 가치는 63만 3,000원으로, 합계 가치는 900여만 원이었다.

형세의 발전에 따라 '노조' 내부에는 소비조합, 주택조정촉진협력위원회 등의 조직이 파생되어 나왔다.

1946년 4월 말 일본인을 귀국 송환시킬 것이라는 소식은 대련에서 강렬한 반응을 야기했으나 대련 일본인의 송환 작업은 지지부진했다. 10월 23일 '노조'는 소련군사령부의 통지를 접하자 대련 일본교민에게 통고하여 귀국하기 전에 맑은 정신을 유지하며 근무처를 지키고 정상적인 생활 질서의 유지를 요구했다. 12월 '노조'는 전후 두 번째 겨울을 맞이하여 '월동대책협의회'의 건설을 계획하고 구체적인 방침을 확정했다. 이때 대련시정부는 소련군이 모든 대련 일본교민에 대해 원칙상 일률적으로 귀국 송환시키라고 한 건의에 근거하여 그 일을 진행했다. 이를 위해 '노조'는 바로 설립된 '월동대책협의회'를 '귀국대책협의회'로 변경하고 긴급히 준비단계에 들어갔다. 대련의 시정부와 소련군의 협조 아래 '노조'는 '귀국대책'을 제정했고, 그 요점은 다음과 같았다. ① 전도시의 일본인 중 계급 등급에 따라 '귀국대책자금' 2억 1,500만 원을 징수한다. ② '노조'를 중심으로 '귀국대책협의회' 조직을 확대하고, 가(街), 항(巷) 등 기층조직을 강화한다. ③ 조속히 빈곤 인원을 조사하고 빈곤 정도를 파악하여 귀국 순서를 확정한다. ④ 시정부, 공장기업에 임직하고 있는 유용 인원의 귀국문제에 관해 연구한다. ⑤ 귀국 수단의 건조 및 수송을 사전에 준비한다. 먼저 귀국하기로 확정된 자는 모두 빈곤 인원이며, 거의 전부가 동북으로부터 도망쳐 대련으로 온 일본교민이었다. 12월 3일 일본인을 고국으로 송환할 선박이 대련항으로 들어와 6,000명의 일본교민을 일본으로 수송했다. 1947년 3월 30일까지 대련항을 출발한 일본교민 송환선박은 모두 76차례였고, 송환된 일본교민은 누계 20만 3,765명으로, 일본교민의 송환작업은 기본적으로 끝이 났다.

벳쿠 히데오(別宮秀夫)

대련 최후의 일본시장 벳쿠 히데오는 소련군의 관대한 배려 아래 1947년 2월 귀국할 수 있었다.

1945년 10월 상순 벳쿠 히데오는 원래 만주중공업주식회사 총재이며 전후 재만일본인회 회장인 다카사키 다쓰노스케(高崎達之助)의 요청을 받아 장춘 일본교민의 생계곤란을 해결하기 위해 대련의 일본교민으로부터 300여 만 엔을 모집했다. 이 일은 일본 정부의 동의를 얻었으며, 일본 정부는 이후 정부가 상환을 책임지겠다고 승낙했다. 벳쿠 히데오는 귀국한 후 원래 시민이 모집한 300여만 엔의 반환을 위해 교섭을 시작했다. 그러나 당시 일본 정부는 근본적으로 당초의 승낙을 이행할 생각이 없었다. 벳쿠 히데오는 모집자에게 정부의 태도를 전달한 후, 5월 어느 날 집에서 분에 못 이겨 자살했다.

부록

〈부록 1〉 관동주와 만철부속지 인구통계표

1905년 9월~1906년 6월 관동주 인구통계표

소관	구분		호수				인수											
			일본인	중국인	외국인	합계	일본인			중국인			외국인			합계		
							남	여	계	남	여	계	남	여	계	남	여	계
關東州民政署	市街―大連		539	746	1	1,286	2,339	1,317	3,656	3,899	379	4,278	3	1	4	6,241	1,697	7,938
	村落		14	4,540	—	4,554	38	18	56	22,663	8,809	31,472	—	—	—	22,701	8,827	31,528
	계		553	5,286	1	5,840	2,377	1,335	3,712	26,562	9,188	35,750	3	1	4	28,942	10,524	39,466
旅順支署	市街―旅順		163	2,058	17	20,138	744	417	1,161	8,761	1,818	10,579	26	4	30	9,531	2,239	11,770
	村落		—	10,661	—	10,661	—	—	—	37,331	31,008	68,339	—	—	—	37,331	31,008	68,339
	계		163	12,719	17	12,899	744	417	1,161	46,092	32,826	78,918	26	4	30	46,862	33,247	80,109
金州支署	市街	金州	8	1,620	—	1,628	14	10	24	5,276	3,824	9,100	—	—	—	5,290	3,834	9,124
		貔子窩	1	424	—	425	2	—	2	2,909	442	3,351	—	—	—	2,911	442	3,353
		柳樹屯	17	395	—	412	56	70	126	1,106	666	1772	—	—	—	1,162	736	1,898
	村落		—	33,500	—	33,500	—	—	—	131,582	109,253	240,835	—	—	—	131,582	109,253	240,835
	계		26	36,029	—	36,055	72	80	152	140,873	114,185	255,058	—	—	—	140,945	114,265	255,210
총계			742	54,034	18	54,794	3,193	1,832	5,025	213,527	156,199	369,726	29	5	34	216,749	158,036	374,785

*표 속의 사람 수는 일본군인과 군인가족 및 기타 소속 관아의 인원을 포함한다.

출전: 關東州民政署官房, 『關東州現住人口』, 關東州民政署官房, 1906, 1쪽.

1905년 9월~1906년 6월 관동주 인구 지방별표

소관	구분	호수				인구									
		일본인	중국인	외국인	계	일본인			중국인			외국인			계
						남	여	계	남	여	계	남	여	계	
關東民政署	直轄	551	2,431	1	2,983	2,363	1,335	3,698	17,536	1,717	19,253	3	1	4	22,955
	老弧(虎)灘	—	589	—	589	—	—	—	2,087	1,569	3,656	—	—	—	3,656
	沙河口	2	1,169	—	1,169	14	—	14	3,780	3,208	6,988	—	—	—	7,002
	小平島	—	1,097	—	1,097	—	—	—	3159	2,694	5,853	—	—	—	5,853
	계	553	5,286	1	5,840	2,377	1,335	3,712	26,562	9,188	35,750	3	1	4	39,466
旅順支署	直轄	134	405	2	541	676	368	1,044	2,857	453	3,310	6	—	6	4,360
	新市街	7	49	14	70	13	21	34	191	78	269	19	3	22	325
	柳町	22	1,604	1	1,627	55	28	83	5,713	1,287	7,000	1	1	2	7,085
	小磨子	—	1,305	—	1,305	—	—	—	4,797	4,377	9,174	—	—	—	9,174
	大湖口	—	1,459	—	1,459	—	—	—	5,400	4,532	9,932	—	—	—	9,932
	山頭村	—	1,065	—	1,065	—	—	—	4,011	3,667	7,678	—	—	—	7,678
	洋頭窪	—	2,283	—	2,283	—	—	—	10,591	7,708	18,299	—	—	—	18,299
	水師營	—	1,533	—	1,533	—	—	—	5,235	4,245	9,480	—	—	—	9,480
	鹽敞	—	3,016	—	3,016	—	—	—	7,297	6,479	13,776	—	—	—	13,776
	계	163	12,719	17	12,899	744	417	1,161	46,092	32,826	78,918	26	4	30	80,109
金州支署	直轄	8	3,932	—	3,940	14	10	24	13,305	10,792	24,097	—	—	—	24,121
	鳳鳴島	—	708	—	708	—	—	—	3,093	2,515	5,608	—	—	—	5,608
	交流島	—	55	—	55	—	—	—	272	237	509	—	—	—	509

소관	구분	호수				인구								
		일본인	중국인	외국인	계	일본인			중국인			외국인			계
						남	여	계	남	여	계	남	여	계	남	여	계
	貔子窩	1	2,163	—	2,164	2	—	2	9,806	6,030	15,836	—	—	—	9,808	6,030	15,838
	唐家房	—	5,031	—	5,031	—	—	—	21,544	18,016	39,560	—	—	—	21,544	18,016	39,560
	夾心子	—	1,153	—	1,153	—	—	—	4,845	3,842	8,687	—	—	—	4,845	3,842	8,687
	大長山島	—	3,101	—	3,101	—	—	—	11,351	9,459	20,810	—	—	—	11,351	9,459	20,810
	大劉家屯	—	1,897	—	1,897	—	—	—	8,041	6,924	14,965	—	—	—	8,041	6,924	14,965
	華家屯	—	5,192	—	5,192	—	—	—	21,459	18,043	39,502	—	—	—	21,459	18,043	39,502
	長山寺	—	2,355	—	2,355	—	—	—	10,443	7,706	18,149	—	—	—	10,443	7,706	18,149
	普蘭店	—	3,315	—	3,315	—	—	—	12,723	10,585	23,308	—	—	—	12,723	10,585	23,308
	老虎山	—	1,224	—	1,224	—	—	—	4,054	3,409	7,463	—	—	—	4,054	3,409	7,463
	柳樹屯	17	1,082	—	1,099	56	70	126	3,475	2,670	6,145	—	—	—	3,531	2,740	6,271
	大孤山	—	1,343	—	1,343	—	—	—	4,644	4,406	9,050	—	—	—	4,644	4,406	9,050
	董家溝	—	812	—	812	—	—	—	2,785	2,144	4,929	—	—	—	2,785	2,144	4,929
	劉家店	—	892	—	892	—	—	—	3,319	2,720	6,039	—	—	—	3,319	2,720	6,039
	革鎭堡	—	1,774	—	1,744	—	—	—	5,714	4,687	10,401	—	—	—	5,714	4,687	10,401
	계	26	36,029	—	36,055	72	80	152	140,873	114,185	255,058	—	—	—	140,945	114,265	255,210
총계		742	54,034	18	54,794	3,193	1,832	5,025	213,527	156,199	369,726	29	5	34	216,749	158,036	374,785

출전 : 關東州民政署官房, 『關東州現住人口』, 1906, 6-8쪽.

1905년 9월~1906년 6월 관동주 거주 일본인 지방별표

구역	지방	關東州民政署			旅順支署			金州支署			합계			일본원계거주인구(10만비율)
		남	여	계	남	여	계	남	여	계	남	여	계	
本州中區	東京	152	79	231	26	6	32	3	—	3	181	85	266	10.54
	神奈川	18	25	43	6	5	11	—	—	—	24	30	54	5.14
	埼玉	6	12	18	1	8	9	—	—	—	7	20	27	2.18
	千葉	30	10	40	25	4	29	—	—	—	55	14	69	5.24
	茨城	6	3	9	4	—	4	—	—	—	10	3	13	1.08
	櫪木	7	—	7	1	7	8	—	—	—	8	7	15	1.64
	群馬	15	1	16	2	—	2	3	—	3	20	1	21	2.32
	長野	15	7	22	7	—	7	—	—	—	22	7	29	2.15
	山梨	6	3	9	—	—	—	—	—	—	6	3	9	1.67
	靜岡	31	2	33	2	11	13	—	—	—	33	13	46	3.55
	愛知	54	29	83	8	6	14	—	—	—	62	35	97	5.54
	三重	103	8	111	10	11	21	—	—	—	113	19	132	12.63
	岐阜	48	27	75	6	3	9	—	—	—	54	30	84	8.23
	滋賀	31	8	39	1	1	2	1	—	1	33	9	42	5.86
	福井	20	2	22	2	3	5	1	—	1	23	5	82	4.40
	石川	12	1	13	—	—	—	—	—	—	12	1	13	1.69
	富山	12	2	14	5	6	11	3	—	3	20	8	28	3.60
	계	566	219	785	106	71	177	11	—	11	683	290	973	5.11
本州北區	新潟	14	5	19	5	1	6	—	1	1	19	7	26	1.46
	福島	8	5	13	13	5	18	—	—	—	21	10	31	2.63
	宮城	4	1	5	5	—	5	—	—	—	9	1	10	1.10

구역	지방	關東州民政署			旅順支署			金州支署			합계			일본현제거주인구(10만비율)
		남	여	계	남	여	계	남	여	계	남	여	계	
	山形	3	1	4	—	—	—	2	—	2	5	1	6	0.68
	秋田	3	1	4	—	—	—	—	—	—	3	1	4	0.48
	岩手	3	1	4	2	—	2	—	—	—	5	1	6	0.83
	青森	1	—	1	—	—	—	—	—	—	1	—	1	0.16
	계	36	14	50	25	6	31	2	1	3	63	21	84	0.20
本州西區	京都	71	36	107	6	15	21	2	—	2	79	51	130	12.32
	大阪	157	122	279	35	36	71	3	3	6	195	161	356	19.52
	奈良	23	6	29	1	11	12	—	—	—	24	17	41	7.34
	和歌山	24	29	53	6	7	13	—	—	—	30	36	66	9.46
	兵庫	99	64	163	9	21	30	—	1	1	108	86	194	10.57
	岡山	55	18	73	29	10	39	4	1	5	88	29	117	10.30
	廣島	110	64	174	29	34	63	4	3	7	143	101	244	16.17
	山口	134	80	214	54	31	85	5	6	11	193	117	310	30.54
	島根	26	14	40	22	7	29	4	2	6	52	23	75	10.25
	鳥取	11	5	16	5	7	12	—	—	—	16	12	28	6.42
	계	710	438	1,148	196	179	375	22	16	38	928	632	1,561	14.38
四國區	德島	18	15	33	7	8	15	—	—	—	25	23	48	6.78
	香川	31	19	50	10	5	15	2	1	3	43	25	68	9.56
	愛媛	37	33	70	48	8	56	3	4	7	88	45	133	12.85
	高知	12	6	18	3	4	7	—	—	—	15	10	25	3.87
	계	96	73	271	68	25	93	5	5	10	171	103	274	8.84

구역	지방	關東州民政署			旅順支署			金州支署			합 계			일본권제거주 인구(10만비율)
		남	여	계	남	여	계	남	여	계	남	여	계	
九州區	長崎	221	172	392	52	59	111	4	5	9	277	236	513	50.52
	佐賀	185	150	235	39	9	48	3	5	8	227	164	391	59.59
	福岡	239	101	340	31	21	52	10	17	27	280	139	419	26.67
	熊本	122	112	234	150	29	179	9	26	35	281	167	448	37.60
	大分	149	45	194	36	12	48	3	5	8	188	62	250	29.24
	宮崎	2	1	3	1	6	7	—	—	—	3	7	10	1.99
	鹿兒島	33	7	40	36	—	36	3	—	3	72	7	79	6.67
	계	951	588	1,539	345	136	481	32	58	90	1,328	782	2,110	30.26
北海道		16	12	19	4	—	4	—	—	—	20	12	23	2.11
총계		2,377	1,335	3,712	744	417	1,161	72	80	152	3,193	1,832	5,025	10.46

출전 : 關東州民政署官房, 『關東州現住人口』, 1906, 3-6쪽.

1905년 9월~1906년 6월 관동주 인구 직업별표

직업	소속	호수 일본인	호수 중국인	호수 외국인	호수 합계	종류	인수 일본인 남	일본인 여	일본인 계	중국인 남	중국인 여	중국인 계	외국인 남	외국인 여	외국인 계	합계 남	합계 여	합계 계
농업	關東州民政署	—	2,208	—	2,208	本業者	—	—	—	2,164	6	2,170	—	—	—	2,164	6	2,170
						家族	—	—	—	4,167	5,509	9,676	—	—	—	4,167	5,509	9,676
농업	旅順支署	—	9,601	—	9,601	本業者	—	—	—	10,952	24	10,976	—	—	—	10,952	24	10,976
						家族	—	—	—	21,121	28,641	49,762	—	—	—	21,121	28,641	49,762
농업	金州支署	—	26,216	—	26,216	本業者	—	—	—	26,688	38	26,726	—	—	—	26,688	38	26,726
						家族	—	—	—	80,263	86,962	167,225	—	—	—	80,263	86,962	167,225
농업	계	—	38,025	—	38,025	本業者	—	—	—	39,804	68	39,872	—	—	—	39,804	68	39,872
						家族	—	—	—	105,551	121,112	226,663	—	—	—	105,551	121,112	226,663
상업	關東州民政署	447	1,068	—	1,515	本業者	539	20	559	1,445	20	1,465	—	—	—	1,984	40	2,024
						家族	1,133	225	1,358	2,340	817	3,157	3	—	3	3,476	1,042	4,518
상업	旅順支署	63	1,052	17	1,132	本業者	63	—	62	1,139	6	1,145	12	—	12	1,214	6	1,220
						家族	99	19	118	2,930	873	3,895	8	3	11	3,037	895	3,932
상업	金州支署	20	2,296	—	2,316	本業者	14	1	15	2,137	—	2,137	—	—	—	2,151	1	2,152
						家族	40	6	46	5,446	5,712	11,158	—	—	—	5,486	5,718	11,204
상업	계	530	4,416	17	4,963	本業者	616	21	637	4,721	26	4,747	12	—	12	5,349	47	5,396
						家族	1,272	250	1,522	10,716	7,402	18,118	11	3	14	11,999	7,655	19,654
공업	關東州民政署	49	441	—	490	本業者	67	65	132	854	1	855	—	—	—	921	66	987
						家族	281	37	318	630	470	1,100	—	—	—	911	507	1,418
공업	旅順支署	9	363	—	372	本業者	35	—	35	450	1	451	—	—	—	485	1	486
						家族	20	1	21	1,206	658	1,864	—	—	—	1,226	659	1,885
공업	金州支署	—	1,533	—	1,533	本業者	—	—	—	1,533	—	1,533	—	—	—	1,533	—	1,533
						家族	4	—	4	5,016	5,550	10,566	—	—	—	5,020	5,550	10,570
공업	계	58	2,337	—	2,395	本業者	102	65	167	2,837	2	2,839	—	—	—	2,939	67	3,006
						家族	305	38	343	6,852	6,678	13,530	—	—	—	7,157	6,716	13,873
어업	關東州民政署	14	731	—	745	本業者	14	—	14	633	—	633	—	—	—	647	—	647

직업	소속	호수				종류	인수									
		일본인	중국인	외국인	합계		일본인			중국인			외국인			합계		
							남	여	계	남	여	계	남	여	계	남	여	계
집업	政署	3	442	—	445	家族 本業者	183 208	10 —	193 208	961 461	1,420 —	2,381 461	— —	— —	— —	1,144 669	1,430 —	2,574 669
	旅順支署	1	862	—	863	本業者 家族	44 1	— —	44 1	2,073 713	877 1,939	2,950 713	— —	— —	— —	2,117 714	877 1,939	2,994 714
	金州支署	18	2,035	—	2,053	本業者 家族	5 223	— —	5 223	1,504 1,807	1,939 —	3,443 1,807	— —	— —	— —	1,509 2,030	1,939 —	3,448 2,030
	계					本業者 家族	232 48	10 2	242 50	4,538 136	4,236 3	8,774 139	— —	— —	— —	4,770 184	4,246 5	9,016 89
	關東州民政署	38	212	—	250	本業者 家族	93 88	23 —	116 88	282 480	206 40	488 520	— —	— —	— —	375 573	229 40	604 613
	旅順支署	88	380	—	468	本業者 家族	187 3	15 —	202 3	882 2,768	724 11	1,606 2,779	— 5	— —	— 5	1,069 2,771	739 11	1,808 2,782
	金州支署	3	2,909	—	2,912	本業者 家族	5 139	2 2	7 141	7,689 3,384	8,135 54	15,924 3,438	— 5	— —	— 5	7,794 3,528	8,137 56	15,931 3,584
	계	129	3,501	—	3,630	本業者 家族	285 —	40 950	325 950	8,953 —	9,065 2	18,018 2	— —	— —	— —	9,238 —	9,105 952	18,343 952
예기창기작부	關東州民政署	—	—	—	—	本業者 家族	— —	950 382	950 382	— —	2 129	2 129	— —	— —	— —	— —	952 511	952 511
	旅順支署	—	43	—	43	本業者 家族	— —	382 71	382 71	— —	129 247	129 247	— —	— —	— —	— —	511 318	511 318
	金州支署	2	18	—	20	本業者 家族	— —	71 1,403	71 1,403	— —	247 378	247 378	— —	— —	— —	— —	318 1,781	318 1,781
	계	2	61	—	63	本業者 家族	— 11	1,403 —	1,403 11	— 2,888	378 11,888	378 11,899	— —	— —	— —	— 11,899	1,781 —	1,781 11,899
노동	關東州民政署	2	574	—	576	本業者 家族	— —	1 —	1 —	977 2,667	557 99	1,534 2,766	— —	— —	— —	977 2,667	558 99	1,535 2,766
	旅順支署	—	834	—	834	本業者 家族	— —	— —	— —	1,718 —	753 —	2,471 —	— —	— —	— —	1,718	753	2,471

직업	소속	호수 일본인	호수 중국인	호수 외국인	호수 합계	종류	인수 일본인 남	인수 일본인 여	인수 일본인 계	인수 중국인 남	인수 중국인 여	인수 중국인 계	인수 외국인 남	인수 외국인 여	인수 외국인 계	인수 합계 남	인수 합계 여	인수 합계 계
유직	金州支署	–	1,765	–	1,765	本業者	–	–	–	1,697	89	1,786	–	–	–	1,697	89	1,786
						家族	–	–	–	4,145	4,542	8,687	–	–	–	4,145	4,542	8,687
	계	2	3,173	–	3,173	本業者	11	–	11	16,252	188	16,440	–	–	–	16,263	188	16,451
						家族	–	1	1	6,840	5,852	12,692	–	–	–	6,840	5,853	12,693
	關東州民政署	3	52	–	56	本業者	3	–	3	12	28	40	–	–	–	15	28	44
						家族	5	2	7	73	149	222	–	1	1	78	151	229
	旅順支署	–	4	–	4	本業者	–	–	–	4	–	4	1	–	1	5	–	5
						家族	–	–	–	9	1	10	–	–	–	9	1	10
무직	金州支署	–	430	1	430	本業者	–	–	–	324	25	349	–	–	–	324	25	349
						家族	–	–	–	850	935	1,785	–	–	–	850	935	1,785
	계	3	486	1	490	本業者	3	–	3	340	53	393	1	–	1	344	54	398
						家族	5	2	7	932	1,085	2,017	–	1	1	937	1,088	2,025
	총계	742	54,034	18	54,794	本業者	1,094	1,491	2,585	69,145	769	69,914	18	1	19	70,257	2,261	72,518
						家族	2,099	341	2,440	144,382	155,430	299,812	11	4	15	146,492	155,775	302,267
						計	3,193	1,832	5,025	213,527	156,199	369,726	29	5	34	216,749	158,036	374,785

출전: 關東民政署官房, 『關東州現住人口』, 1906, 1–2쪽.

1905~1926년 관동주와 만철부속지 및 일본영사관 인구통계표

연차	호수	인구			매년증가인구		남녀비율 (女100)	지수
		남	여	계	실수	매년 인구 증감수		
일본인								
1905年末	742	3,193	1,832	5,025	—	—	174.3	100
1906年末	3,886	10,491	6,122	16,613	11,588	230.6	171.4	331
1907年末	11,461	24,098	13,787	37,885	21,272	128.0	174.8	754
1908年末	15,249	28,695	18,247	46,942	9,057	23.9	157.3	934
1909年末	21,208	38,553	27,348	65,901	18,959	40.4	141.0	1,311
1910年末	22,985	41,909	32,362	74,271	8,370	12.7	129.5	1,478
1911年末	24,601	43,861	35,140	79,001	4,730	6.4	124.8	1,572
1912年末	25,512	47,044	38,294	85,338	6,337	8.0	122.8	1,698
1913年末	26,247	49,301	40,996	90,297	4,959	5.8	120.3	1,797
1914年末	26,740	51,647	43,060	94,707	4,410	4.9	119.9	1,885
1915年末	27,012	52,635	44,427	97,062	2,355	2.5	118.5	1,932
1916年末	28,049	55,297	47,728	103,025	5,963	6.1	115.9	2,051
1917年末	30,227	60,200	51,378	111,578	8,553	8.3	117.2	2,220
1918年末	33,015	67,473	56,882	124,355	12,777	11.5	118.6	2,475
1919年末	36,555	76,051	63,683	139,734	15,370	12.4	119.4	2,781
1920年末	39,235	82,806	69,981	152,787	13,053	9.3	118.3	3,040
1921年末	41,684	84,574	73,559	158,133	5,346	3.5	115.0	3,147
1922年末	42,233	85,920	77,667	163,587	5,454	3.4	110.6	3,255
1923年末	43,244	89,000	80,216	169,216	5,629	3.4	111.0	3,367
1924年末	44,181	90,446	83,450	173,896	4,680	2.8	108.4	3,461
1925年末	44,532	93,150	86,999	180,149	6,253	3.6	107.1	3,585
1926年末	45,688	95,728	89,556	185,284	5,135	2.9	106.9	3,687
조선인								
1905年末	—	—	—	—	—	—	—	—
1906年末	—	—	—	—	—	—	—	—
1907年末	—	—	—	—	—	—	—	—
1908年末	—	—	—	—	—	—	—	—
1909年末	—	—	—	—	—	—	—	—
1910年末	103	546	58	604	341	129.7	941.4	100
1911年末	134	697	65	762	158	26.2	1,072.3	126
1912年末	130	545	142	687	-75	-6.8	383.8	114

연차	호수	인구			매년증가인구		남녀비율 (女100)	지수
		남	여	계	실수	매년 인구 증감수		
1913年末	169	674	280	954	267	38.9	240.7	158
1914年末	238	878	417	1,295	341	35.7	210.6	214
1915年末	204	926	570	1,496	201	15.5	162.5	248
1916年末	481	1,508	927	2,435	939	62.8	162.7	403
1917年末	1,344	3,932	2,854	6,786	4,351	173.7	137.8	1,124
1918年末	3,219	9,427	7,239	16,666	9,880	145.6	130.2	2,759
1919年末	4,498	12,995	9,743	22,738	6,072	36.4	133.4	3,765
1920年末	6,351	17,713	14,722	32,435	9,697	42.6	120.3	5,370
1921年末	6,710	18,579	15,083	33,662	1,227	3.8	123.2	5,573
1922年末	6,696	18,189	15,200	33,389	-273	-0.8	119.7	5,528
1923年末	6,901	18,466	15,490	33,956	567	1.7	119.2	5,622
1924年末	7,302	19,586	16,818	36,404	2,448	7.2	116.5	6,027
1925年末	12,136	33,112	27,987	61,099	24,695	67.8	118.3	10,116
1926年末	8,432	22,523	19,494	42,017	-19,082	-31.2	115.5	6,956
중국인								
1905年末	54,034	213,527	156,199	369,726	—	—	131.3	100
1906年末	55,659	208,305	159,798	368,103	-1,623	-0.4	130.4	100
1907年末	57,849	244,918	171,149	390,067	27,964	7.6	131.4	107
1908年末	59,850	233,735	174,643	408,378	12,311	3.1	133.8	110
1909年末	62,902	256,959	184,624	441,583	33,205	8.1	139.2	119
1910年末	65,229	267,565	189,808	457,373	15,790	3.6	141.0	124
1911年末	66,458	283,870	195,820	479,690	22,317	4.4	140.4	130
1912年末	68,475	295,445	201,251	496,696	17,006	3.5	146.8	134
1913年末	70,572	311,106	206,682	517,788	21,092	4.2	150.5	140
1914年末	72,024	314,331	210,350	524,681	6,893	1.3	149.4	142
1915年末	75,683	333,670	217,130	550,809	26,128	5.0	153.7	149
1916年末	78,266	342,840	223,552	566,401	15,592	2.8	153.4	153
1917年末	81,783	357,473	231,332	588,805	22,404	4.0	154.3	159
1918年末	84,299	374,580	235,077	609,657	20,852	3.5	159.3	165
1919年末	87,147	394,823	240,049	634,872	25,215	4.1	164.5	172
1920年末	100,914	465,238	260,683	725,921	91,049	14.3	178.5	196
1921年末	101,530	450,766	264,455	715,221	-10,700	-1.5	170.5	193
1922年末	105,922	467,578	274,759	742,337	27,116	3.8	170.2	201

연차	호수	인구			매년증가인구		남녀비율 (女100)	지수
		남	여	계	실수	매년 인구 증감수		
1923年末	111,841	489,071	285,383	774,454	32,117	4.3	171.4	209
1924年末	117,142	500,735	299,714	800,449	25,995	3.4	167.1	216
1925年末	124,364	527,226	319,297	846,523	46,074	5.8	165.1	229
1926年末	127,887	538,914	327,592	866,506	19,983	2.4	164.5	231
외국인								
1905年末	18	29	5	34	—	—	580.0	100
1906年末	14	27	12	39	5	14.7	225.0	115
1907年末	28	45	32	77	38	97.4	140.6	226
1908年末	35	78	26	104	27	35.1	300.0	306
1909年末	68	321	38	359	255	245.2	844.7	1,056
1910年末	58	84	41	125	-234	71.0	204.9	368
1911年末	61	91	50	141	16	12.8	182.0	415
1912年末	72	104	53	157	16	11.3	196.2	462
1913年末	59	88	55	143	-14	8.9	150.0	421
1914年末	89	152	105	257	114	79.7	144.8	756
1915年末	109	199	123	322	65	25.3	161.8	947
1916年末	83	148	124	272	-50	-15.5	119.4	800
1917年末	92	223	153	376	104	38.2	145.4	1,106
1918年末	89	199	140	339	-37	-9.8	142.1	997
1919年末	99	189	141	330	-9	-2.7	134.0	971
1920年末	164	319	244	563	233	70.6	130.7	1,656
1921年末	153	299	234	533	-30	-4.3	127.8	1,568
1922年末	189	632	443	1,075	542	101.7	142.7	3,162
1923年末	280	649	491	1,140	65	6.0	132.2	3,352
1924年末	343	1,056	671	1,727	587	51.5	157.4	5,079
1925年末	453	1,094	813	1,907	180	10.4	134.5	5,608
1926年末	541	1,190	906	2,096	189	9.9	131.3	6,165
총계								
1905年末	54,794	216,749	158,036	374,785	—	—	137.2	100
1906年末	59,559	218,823	165,932	384,755	9,970	2.7	131.9	103
1907年末	69,338	249,061	184,968	434,029	49,274	12.8	134.6	116
1908年末	75,134	262,508	192,916	455,424	21,395	5.0	136.1	122
1909年末	84,178	295,833	212,010	507,843	52,419	11.5	136.5	136

연차	호수	인구			매년증가인구		남녀비율 (女100)	지수
		남	여	계	실수	매년 인구 증감수		
1910年末	88,375	310,104	222,269	532,373	24,530	4.8	139.5	142
1911年末	91,254	328,519	231,075	559,594	27,221	5.1	142.1	149
1912年末	94,180	343,138	239,740	582,878	23,284	4.2	143.1	156
1913年末	97,047	361,169	248,013	609,182	26,324	4.5	145.6	163
1914年末	99,091	367,008	253,932	620,940	11,758	1.9	144.5	166
1915年末	103,008	387,430	262,259	649,689	28,749	4.6	147.7	173
1916年末	106,879	399,802	272,331	672,133	22,444	3.5	146.8	179
1917年末	113,446	421,828	285,717	707,545	35,412	5.3	147.6	189
1918年末	120,622	451,679	299,338	751,017	43,472	6.1	150.9	200
1919年末	128,299	484,058	313,616	797,674	46,675	6.2	154.1	211
1920年末	146,664	566,076	345,630	911,706	114,032	14.3	163.8	243
1921年末	150,077	554,218	353,331	907,549	-4,157	-0.5	156.9	242
1922年末	155,040	572,319	368,069	940,388	32,839	3.6	155.5	251
1923年末	162,266	597,186	381,580	978,766	38,378	4.1	156.5	261
1924年末	168,968	611,823	400,653	1,012,476	33,710	3.4	152.7	270
1925年末	181,485	654,582	435,096	1,089,678	77,202	7.6	150.4	291
1926年末	182,548	658,355	437,548	1,095,903	6,225	0.6	150.5	292

*본 표에 기재된 호구 수는 경찰관리파출소 호구조사기록부(警察官吏派出所戶口調査簿)의 통계 수치에 기초하여 조사한 것이다. 상주인구를 제외한 여행자 및 기타 한시 체류자, 육해군 주둔군 및 재소자 또한 포함하고 있다.

*1909년 이전 조선인은 외국인 속에 포함되었다.

*본 표는 이하의 각 표(즉, 본 부록 속의 "1926년 말 대련 인구 지방별"과 "1926년 말 만철부속지 인구 지방별" 두 표에서 사례로 든 내용) 속 관동주, 철도부속지 및 일본영사관 거주인구 통계의 합계이지만, 1908년 이전 영사관 관할내의 통계 수치는 결여되어 있으며, 더욱이 1905년에는 관동주 정보만이 정확할 뿐이다.

*표 속(매년 인구 증감수)은 매해의 증가 실수를 전년 말 총수로 나눈 것이다.

*매년 인구 증가란의 (-)표기는 감소를 나타낸다.

*본 표에서 영구 및 안동 두 철도부속지 아울러 우장 및 안동 두 영사관 관할 내, 1923년 말 인구는 재작년 말과 비교할 때 현저하게 감소했으며, 앞에서 서술한 두 영사관 관할 내의 일부 토지는 1923년 10월 철도부속지에 편입된 결과이다(본 부록 속의 "1926년 말 만철부속지 인구 지방별"과 "1907~1937년 말 만철부속지 인구 통계표" 참조―인용자).

출전 : 關東長官官房文書課, 『昭和元年關東廳第二十一統計書』, 滿洲日日新聞社, 1927(昭和 2年) 인쇄발행, 21~23쪽.

1906~1937년 대련시 인구통계표

연도		호수				인구				%
		일본인	중국인	외국인	계	일본인	중국인	외국인	계	
1906		2,031	6,417	6	8,454	8,349	30,524	23	38,896	100
1911		9,086	11,775	42	20,903	30,754	73,823	102	104,679	26.9
(1919年市制實行)										
1916		1,0560	15,512	31	26,103	41,620	98,787	77	140,484	36.11
1921	市內	12,244	11,344	40	23,628	51,869	79,087	150	131,106	69.43
	市外	4,072	12,132	7	16,211	13,457	75,594	29	89,080	44.50
	계	16,316	23,476	47	39,839	65,326	154,681	179	220,186	
1926	市內	18,446	20,073	93	38,612	78,125	123,598	346	202,069	107.02
	市外	729	13,408	21	14,158	2,729	80,254	79	83,062	41.50
	계	19,175	33,481	114	52,770	80,854	203,852	425	285,131	
1931	市內	22,288	28,811	165	51,264	100,308	172,284	561	273,153	144.66
	市外	976	19,095	22	20,093	3,686	109,491	75	113,252	56.58
	계	23,264	47,906	187	71,357	103,994	281,775	636	386,405	
1932	市內	23,614	30,022	199	53,831	106,786	177,754	623	285,163	151.02
	市外	983	19,303	23	20,309	3,791	109,957	77	113,825	56.87
	계	24,593	49,325	222	74,140	110,577	187,711	700	398,988	
1933	市內	25,328	31,890	228	57,446	119,142	188,003	726	307,871	163.04
	市外	998	20,140	28	21,166	4,222	116,237	107	120,566	60.24
	계	26,326	52,030	256	78,612	123,364	304,240	833	428,437	
1934	市內	26,586	34,336	266	61,188	127,654	198,912	866	327,432	173.40
	市外	1,394	22,632	39	24,065	5,733	126,657	141	132,531	66.21
	계	27,980	56,968	305	85,253	133,387	325,569	1,007	459,963	
1935	市內	28,735	37,843	356	66,934	136,682	224,998	1,128	362,808	192.14
	市外	1,782	25,848	64	27,694	7,426	144,534	188	152,148	76.02
	계	30,517	63,691	420	94,628	144,108	369,532	1,316	514,956	
1936	市內	30,553	38,873	370	69,796	143,996	231,927	1,259	377,182	199.75
	市外	1,978	26,338	85	28,401	8,036	147,351	254	155,641	77.66
	계	32,531	65,211	455	98,197	152,032	379,278	1,513	532,823	
1937年9月	市內	31,843	39,742	506	72,091	150,650	234,606	1,678	386,934	204.22
	市外	2,108	27,117	86	29,311	8,618	152,204	258	161,080	80.49
	계	33,951	66,859	592	101,402	159,268	386,810	1,936	548,014	

출전 : 大連民政署, 『大連民政三十一年記念志』, 4~5쪽.

1906~1936년 대련시 인구직업별표

		농업	수산업	광업	공업	상업	교통	공무자유업	기타직업	가정복무	무직	합계
1906	일본인	11	118	—	781	3,430	—	549	3,235	—	225	8,349
	중국인	13,247	2,610	—	912	6,110	—	—	6,224	—	1,421	30,524
	외국인	—	—	—	—	8	—	—	8	—	7	23
	계	13,258	2,728	—	1,693	9,548	—	549	9,467	—	1,653	38,896
1911	일본인	52	214	—	6,265	6,019	—	2,626	14,530	592	456	30,754
	중국인	30,953	4,298	—	3,414	5,926	—	382	27,689	658	503	73,823
	외국인	—	—	—	10	26	—	34	—	—	32	102
	계	31,005	4,512	—	9,689	11,971	—	3,042	42,219	1,250	991	104,679
1916	일본인	169	261	—	2,018	723	—	3,857	17,281	667	644	41,620
	중국인	34,295	4,315	—	7,746	12,636	—	1,127	37,112	896	660	98,787
	외국인	—	—	—	9	28	—	20	3	—	17	77
	계	34,464	4,576	—	18,773	20,387	—	5,004	54,396	1,563	1,321	140,484
1921	일본인	299	284	100	21,981	17,844	9,729	10,649	2,254	617	1,569	65,326
	중국인	41,561	5,337	473	29,855	27,024	15,023	6,439	26,614	1,196	1,159	154,681
	외국인	2	—	—	16	40	17	36	17	—	51	179
	계	41,862	5,621	573	51,852	44,908	24,768	1,734	28,885	1,813	2,779	220,186
1926	일본인	670	328	137	23,474	17,894	12,858	15,001	3,928	996	2,568	80,854
	중국인	46,377	6,042	1,052	42,985	36,930	29,589	7,596	26,344	4,591	2,346	203,852
	외국인	13	—	—	46	213	38	78	28	5	4	425
	계	47,060	6,370	1,189	66,505	55,037	45,485	22,675	30,300	5,592	4,918	285,131
1931	일본인	700	691	283	26,293	32,859	21,466	11,104	4,961	1,094	4,543	103,994
	중국인	50,047	7,122	2,241	59,973	5,802	21,144	15,058	58,918	5,644	55,826	281,775
	외국인	6	—	—	58	321	95	74	30	24	28	636
	계	50,753	7,813	2,524	86,324	38,982	42,704	26,236	63,909	6,762	60,337	386,405
1935	일본인	739	1,560	1,367	14,434	31,336	30,555	27,477	7,859	2,566	26,215	144,108
	중국인	51,479	10,592	3,082	82,376	83,083	57,265	23,507	40,273	10,759	7,116	369,532
	외국인	13	—	—	151	490	66	241	211	50	94	1,316
	계	52,231	12,152	4,449	96,961	114,909	87,886	51,225	48,343	13,375	33,425	514,956
1936	일본인	796	1,546	1,223	31,146	34,062	30,295	26,642	11,013	1,948	61	152,302
	중국인	53,407	9,764	2,993	88,933	82,639	47,248	26,250	49,173	9,957	8,914	379,278
	외국인	—	—	—	211	633	68	216	113	65	207	1,513
	계	54,203	11,310	4,216	120,290	111,730	77,611	53,108	60,299	11,970	22,482	532,823

출전 : 大連民政署, 『大連民政三十一年記念志』, 5~6쪽.

1914년 말 관동주 인구지방별표*

지역	호수				인구			
	계	일본인	중국인	외국인	계	일본인	중국인	외국인
旅順	16,103	2,425	13,672	6	100,689	9,189	91,479	21
大連	23,268	10,091	13,136	41	121,933	38,436	83,396	101
金州	12,079	173	11,906	─	81,650	514	81,136	─
普蘭店	13,523	166	13,357	─	107,453	506	106,947	─
貔子窩	14,484	130	14,354	─	110,704	382	110,322	─
합계	79,457	12,985	66,425	47	522,429	49,027	473,280	122

*표 속의 합계는 인용자가 첨가한 것이다.

출전 : 關東都督府官房文書課, 『大正三年關東都督府第九統計書』, 滿洲日日新聞社, 1915(大正 4年) 인쇄발행, 南滿洲戶口一覽表.

1919년 말 관동주 인구지방별표

지역	호수				인구								매호평균 인구	남녀비율 (女100)	인구지방별 천분비
	일본인	중국인	외국인	계	일본인		중국인		외국인		합계				
					남	여	남	여	남	여	남	여	합계			
旅順	2,294	14,080	6	16,380	4,740	4,370	49,436	43,593	10	12	54,186	47,975	102,161	6.2	112.9	133.8
大連	12,956	19,525	25	32,506	29,928	24,889	87,687	38,465	47	32	117,662	63,386	181,048	5.6	183.6	237.0
金州	198	12,901	—	13,099	323	293	45,149	40,532	—	—	45,472	40,825	86,297	6.6	111.4	113.0
普蘭店	197	14,783	—	14,980	329	315	60,372	53,135	—	—	60,701	53,450	114,151	7.6	113.6	149.5
貔子窩	152	15,509	—	15,661	279	226	63,371	53,109	2	—	63,652	53,335	116,987	7.5	119.3	153.2
계	15,797	76,798	31	92,626	35,599	30,093	306,015	228,834	59	44	341,673	258,971	600,644	6.5	131.9	786.5

* 본 표의 일본인 속에는 조선인도 포함한다.

출전: 關東長官官房文書課, 『大正八年關東廳第十四統計書』, 滿洲日日新聞社, 1920(大正 9年) 인쇄발행. 46쪽.

1926년 말 관동주 인구지방별표

지역	호수				인구								합계			매호평균인구
	일본인	조선인	지나인	외국인	계	일본인		조선인		중국인		외국인		남	여	제	
	일본인					남	여	남	여	남	여	남	여				
旅順	2,423	19	16,213	3	18,658	5,208	4,814	39	66	56,757	51,185	7	6	62,011	56,101	118,112	6.3
大連	12,597	79	15,089	99	27,864	27,199	25,750	205	247	75,711	31,106	212	168	103,327	57,271	160,598	5.8
大連小崗子	2,228	17	7,275	5	9,525	4,581	4,573	46	77	28,686	9,950	9	4	33,322	14,604	47,926	5.0
大連沙河口	4,218	29	10,979	10	15,236	9,406	8,584	57	105	34,350	23,324	15	17	43,828	32,030	75,858	5.0
大連水上	7	—	138	—	145	13	11	—	—	545	180	—	—	558	191	749	5.2
金州	430	4	15,145	1	15,490	645	592	11	4	52,230	47,690	—	2	52,886	48,288	101,174	6.5
普蘭店	288	11	17,351	—	17,650	498	439	40	27	69,808	63,283	—	—	70,316	63,749	134,095	7.6
貔子窩	288	9	18,206	—	18,503	466	378	21	31	70,864	62,023	—	—	71,351	62,432	133,783	7.1
계	22,389	168	100,396	118	123,071	48,016	45,171	419	557	388,951	288,741	243	197	437,629	334,666	772,295	6.3
1921年末	19,370	91	83,879	53	103,393	41,249	35,789	235	273	338,635	243,872	108	93	380,227	280,027	660,254	6.4
1922年末	20,419	112	86,921	65	107,517	43,189	38,942	298	237	353,260	250,624	120	123	396,867	290,026	686,893	6.4
1923年末	21,306	111	89,661	85	111,163	45,769	40,531	270	341	362,048	257,369	193	152	408,280	298,393	706,673	6.4
1924年末	21,467	145	93,062	124	114,762	45,280	41,218	350	465	369,568	268,565	232	175	415,430	310,423	725,853	6.3
1925年末	21,747	154	98,213	121	120,235	46,914	43,628	339	495	383,226	282,763	227	214	430,706	327,100	757,806	6.3

*본 표에 기재된 호구 수는 정청관리파출소 호구조사시기부府警察官吏派出所戸口調査係의 통계 수치에 기초하여 조사한 것이다. 상주인구를 제외한 여행자 및 기타 한시 체류자, 육해군 주둔군 및 재소군 주둔군도 포함되고 있다.

출전: 關東長官官房文書課, 『昭和元年關東廳第二十一統計書』, 滿洲日日新聞社, 1927(昭和 2年) 인쇄발행, 24~25쪽.

1937~1938년 관동주 인구통계표

연도	일본인		중국인		외국인		합계	
	호수	인구	호수	인구	호수	인구	호수	인구
1937	38,672	178,504	157,728	1,009,870	488	1,629	196,888	1,190,003
1938	40,576	185,185	165,063	1,038,613	606	1,772	206,245	1,225,570

출전 : 關東局官房文書課, 『昭和十四年關東局要覽』, 滿洲日日新聞社, 1940(昭和 15年) 인쇄발행, 6~7쪽.

1938년 말 관동주 인구분포통계표

지역	일본인			조선인			합계	중국인			외국인			합계
	남	여	계	남	여	계		남	여	계	남	여	계	
大連市	49,380	44,702	94,082	1,260	1,047	2,307	96,389	134,864	61,597	196,461	737	652	1,389	197,850
大連小崗子	11,505	10,314	21,819	636	509	1,145	22,964	62,460	25,414	87,874	14	15	29	87,903
大連沙河口	24,185	21,373	45,558	288	326	614	46,172	77,800	51,753	129,553	179	144	322	129,876
大連水上	103	73	176	1		1	177	4,304	2,098	6,402	—	—	—	6,402
旅順	6,819	6,339	13,158	62	95	157	13,315	67,471	63,969	131,440	11	14	25	131,465
金州	1,508	1,247	2,755	26	22	48	2,803	70,625	64,010	134,635		2	2	134,637
普蘭店	988	856	1,844	61	64	125	1,969	98,233	89,195	187,428	2	2	4	187,432
貔子窩	697	600	1,297	51	48	99	1,396	87,019	77,801	164,820	—	—	—	164,820
합계	95,185	85,504	180,689	2,385	2,111	4,496	185,185	602,776	435,837	1,038,613	943	829	1,772	1,040,385

출전 : 關東局官房文書課, 『昭和十四年關東局要覽』, 滿洲日日新聞社, 1940(昭和 15年) 인쇄발행, 6~7쪽.

1939~1940년 관동주 인구통계표

연도	일본인		중국인		외국인		합계	
	호수	인구	호수	인구	호수	인구	호수	인구
1939	41,985	194,933	171,833	1,076,908	588	1,685	214,376	1,273,526
1940	44,143	208,537	191,774	1,183,087	570	1,598	236,487	1,393,222

출전 : 關東局官房文書課, 『昭和十六年關東局要覽』, 滿洲日日新聞社, 1942(昭和 17年) 인쇄발행, 6~7쪽.

1940년 말 관동주 인구분포통계표

지역	일본인			조선인			합계	중국인			외국인			합계
	남	여	계	남	여	계		남	여	계	남	여	계	
大連市	95,993	85,500	181,493	2,827	2,279	5,106	186,599	310,865	157,292	468,157	705	719	1,424	469,581
旅順市	6,881	9,195	13,076	110	126	236	13,312	14,620	8,742	23,362	5	7	12	23,374
旅順民政署	651	632	1,283	30	18	48	1,331	77,086	76,264	153,350	71	89	160	153,510
金州民政署	1,850	1,560	3,410	57	44	101	3,511	89,151	79,720	168,871		1	1	168,872
普蘭店民政署	1,121	946	2,067	62	63	125	2,192	105,442	95,219	200,661		1	1	200,662
貔子窩民政署	797	701	1,498	46	48	94	1,592	88,107	80,579	168,686				168,686
합계	107,293	98,534	202,827	3,132	2,578	5,710	208,537	685,271	497,816	1,183,087	781	817	1,598	1,184,685

출전 : 關東局官房文書課, 『昭和十六年關東局要覽』, 滿洲日日新聞社, 1942(昭和 17年) 인쇄발행, 6~7쪽.

1943년 관동주 인구분포표*

		大連市	旅順市	旅順民政署	金州民政署	普蘭店民政署	貔子窩民政署	합계
일본인	남	102,670	7,946	810	2,407	1,322	915	116,070
	여	92,825	6,431	770	1,926	1,192	770	103,914
	계	195,495	14,377	1,580	4,333	2,514	1,685	219,984
중국인	남	358,996	16,639	87,668	100,351	112,943	92,359	768,956
	여	184,694	10,549	82,723	85,879	101,166	84,030	549,041
	계	543,690	27,188	170,391	186,230	241,109	176,389	1,317,997
조선인	남	3,290	175	28	113	83	71	3,760
	여	2,802	178	34	52	80	57	3,203
	계	6,092	353	62	165	163	128	6,963
외국인	남	693	8	72	—	—	—	773
	여	771	9	93	3	1	—	877
	계	1,464	17	165	3	1	—	1,650
합계	남	465,649	24,768	88,578	102,871	114,348	93,345	889,559
	여	281,092	17,167	83,620	87,860	102,439	84,857	657,035
	계	746,741	41,935	172,198	190,731	216,787	178,202	1,546,594

*원주 : "본 표는 부대, 선박 및 형무소를 포함하지 않는다."

출전 : 福富八郎, 『滿洲年鑑』, 1943, 370~371쪽, 孫承岱, 徐元辰 主編, 『帝國主義侵略大連史叢書‧衛生卷』, 大連出版社, 1999, 308쪽 재인용.

1944년 7월 31일 관동주 인구통계(단위 : 천명)

지역	일본인	조선인	중국인	기타	계
大連市	202.8	6.7	585.5	1.2	796.2
旅順市	14.5	0.4	27.9	—	42.8
旅順民政署	2.1	0.3	172.0	0.1	174.5
金州民政署	6.0	0.4	206.2	—	212.6
普蘭店民政署	3.5	0.2	231.8	—	235.5
貔子窩民政署	1.9	0.1	188.7	0.1	190.8

출전 : 滿史會 編, 東北淪陷十四年史編寫組 譯, 『滿洲開發四十年史』下, 1988, 403쪽.

1906년 만철부속지 인구통계표

소속 경무서	호수			인구								
				일본인			중국인			합계		
	일본인	중국인	합계	남	여	계	남	여	계	남	여	계
大石橋	229	237	466	721	472	1,193	761	571	1,332	1,482	1,043	2,525
奉天	419	824	1,243	977	775	1,752	4,252	1,566	5,818	5,229	2,341	7,570
公主嶺	209	71	280	548	328	876	515	10	525	1,063	338	1,401
총계	857	1,132	1,989	2,246	1,575	3,821	5,528	2,147	7,675	7,774	3,722	11,496

*표의 공주령 부분은 만철부속지 밖이지만 공주령 경무소 관할에 속하는 일본인 97가구 373명을 포함하고 있다.
*표에서 일본인 부분은 일본 군인을 포함하고 있다.
출전 : 關東都督府都督官房文書課, 『關東都督府第一統計書』, 小林出張所, 1907, 10쪽.

1919년 만철부속지 인구통계표

지방	호수				인구						합계		
					일본인		중국인		외국인				
	일본인	중국인	외국인	계	남	여	남	여	남	여	남	여	합계
營口	28	24	—	52	48	45	100	18	—	—	148	63	211
瓦房店	675	963	—	1,638	1,257	1,017	4,058	1,132	—	—	5,315	2,149	7,464
大石橋	762	380	—	1,142	1,363	1,181	1,757	654	—	—	3,120	1,835	4,955
遼陽	1,113	268	—	1,381	2,096	1,878	2,246	232	—	—	4,342	2,110	6,452
鞍山	2,186	227	—	2,413	4,099	3,215	3,253	118	—	—	7,352	3,333	10,685
奉天	2,703	1,004	12	3,719	5,657	4,626	6,038	1,308	21	12	11,716	5,946	17,662
本溪湖	1,290	111	—	1,401	2,565	2,126	474	82	—	—	3,039	2,208	5,247
撫順	3,608	1,204	—	4,812	7,560	5,818	27,605	1,114	—	—	35,165	6,932	42,097
鐵嶺	636	320	—	956	1,070	867	1,337	139	—	—	2,407	1,006	3,413
開原	556	1,273	1	1,830	1,069	933	10,839	1,329	1	—	11,909	2,262	14,171
長春	1,701	1,742	53	3,496	3,637	2,974	15,232	1,950	106	84	18,975	5,008	23,983
四平街	491	1,079	—	1,570	928	793	6,534	1,369	—	—	7,465	2,162	9,624
公主嶺	650	1,082	—	1,732	1,258	1,089	5,709	1,137	—	—	6,967	2,226	9,193
安東	1,012	672	2	1,686	2,010	1,646	3,626	633	2	1	5,638	2,280	7,918
계	17,411	10,349	68	27,828	34,617	28,208	88,808	11,215	130	97	123,558	39,520	163,075

*본 표의 일본인은 조선인을 포함하고 있다.
출전 : 關東長官官房文書課, 『大正八年關東廳第十四統計書』, 滿洲日日新聞社, 1920(大正 9年) 인쇄발행, 46~47쪽.

1914년 만철부속지 인구통계표*

지방	호수				인구			
	총계	일본인	중국인	외국인	총계	일본인	중국인	외국인
營 口	741	721	19	1	2,598	2,484	110	4
瓦房店	1,149	632	517	—	4,617	1,924	2,693	—
大石橋	928	638	290	—	3,783	2,022	1,761	—
遼 陽	1,435	1,222	213	—	5,301	3,876	1,425	—
奉 天	2,226	1,984	239	3	9,465	7,360	2,097	8
撫 順	1,894	1,641	253	—	19,133	6,229	12,903	1
本溪湖	1,092	1,034	58	—	3,752	3,432	320	—
鐵 嶺	1,463	1,127	336	—	3,793	3,203	590	—
開 原	1,490	486	1,004	—	10,062	1,449	8,613	—
長 春	2,345	1,355	953	37	12,697	4,301	8,275	121
公主嶺	2,235	869	1,366	—	13,591	2,686	10,905	—
安 東	2,637	2,285	351	1	9,719	8,009	1,709	1
계	19,635	13,994	5,599	42	98,511	46,975	51,401	135

*표 아래의 합계는 필자가 덧붙였다.
출전 : 關東都督府官房文書課, 『大正三年關東都督府第九統計書』, 滿洲日日新聞社, 1915(大正 4年) 인쇄발행, 남만주호구일람표.

1926년 말 만철부속지 인구통계표

지방	호수					인구								호당평균인구
	일본인	조선인	중국인	외국인	계	일본인		조선인		중국인		외국인		
						남	여	남	여	남	여	남	여	합계 남	합계 여	계

지방	일본인	조선인	중국인	외국인	계	일본인 남	일본인 여	조선인 남	조선인 여	중국인 남	중국인 여	외국인 남	외국인 여	합계 남	합계 여	계	호당평균인구
瓦房店	854	6	1,445	—	2,305	1,535	1,438	11	17	5,719	2,188	—	—	7,265	3,643	10,908	4.8
大石橋	724	4	680	—	1,408	1,516	1,414	9	14	3,086	1,088	—	—	4,611	2,516	7,127	5.1
營口	559	28	368	—	955	1,118	1,081	58	58	1,469	514	—	—	2,645	1,653	4,298	4.5
鞍山	1,471	21	1,194	—	2,686	3,145	2,773	51	52	5,258	1,788	—	1	8,454	4,614	13,068	4.9
遼陽	1,422	5	691	—	2,118	2,602	2,481	16	14	4,993	1,107	—	—	7,611	3,602	11,213	5.3
奉天	4,265	49	2,451	252	7,017	9,811	8,845	196	79	12,468	3,516	552	434	23,027	12,874	35,901	5.1
本溪湖	648	13	305	—	966	1,255	1,232	34	29	920	380	—	—	2,209	1,641	3,850	3.9
安東	2,767	1,529	7,627	5	11,928	5,740	5,535	3,749	3,202	24,397	10,880	7	5	33,893	19,622	53,515	4.6
撫順	3,550	161	4,243	11	7,965	7,625	7,109	477	371	41,418	5,112	51	15	49,571	12,607	62,178	7.8
鐵嶺	853	8	383	—	1,244	1,455	1,333	62	8	2,068	528	—	—	3,585	1,869	5,454	4.4
開原	671	69	1,910	2	2,652	1,293	1,283	181	169	13,868	2,728	5	—	15,347	4,180	19,527	7.4
四平街	826	58	1,679	1	2,564	1,659	1,475	155	115	8,365	2,588	17	—	10,196	4,178	14,374	5.6
公主嶺	509	27	1,529	1	2,066	993	991	66	67	8,262	2,112	3	1	9,324	3,171	12,495	6.0
長春	2,415	150	2,986	151	5,702	4,976	4,424	376	313	17,672	4,322	312	253	23,336	9,312	32,648	5.7
계	21,534	2,128	27,491	423	51,576	44,723	41,414	5,441	4,508	149,963	38,851	947	709	201,074	85,482	286,556	5.6
1921年末	17,620	464	12,962	96	31,142	34,759	29,975	1,179	848	99,044	14,799	186	139	135,168	45,761	180,929	5.8
1922年末	17,440	458	13,912	118	31,928	34,595	31,089	1,177	934	99,997	17,487	505	317	136,274	49,827	186,101	5.8
1923年末	19,859	1,191	22,180	195	43,425	39,840	36,358	3,125	2,426	127,023	28,014	456	339	170,444	67,137	237,581	5.5
1924年末	20,786	1,507	24,116	219	46,628	41,970	39,139	4,009	3,165	131,167	31,149	824	496	177,970	73,949	251,919	5.4
1925年末	20,947	1,949	26,151	332	49,379	43,201	41,419	4,887	4,118	144,000	36,534	867	599	192,955	81,670	274,625	5.6

*본 표에 기재된 호구 수는 경찰관리파출소 호구조사시 호구부 경찰관吏派出所戶口調査簿의 통계 수치에 기초하여 조사한 것이다. 상주인구를 제외한 여행자 및 기타 한시 체류자, 육해군 주둔군 재소군 및 제소군 포함되고 있다.

출전 : 關東長官官房文書課, 『昭和元年關東廳第二十一統計書』, 滿洲日日新聞社, 1927(昭和 2年) 인쇄발행, 24~25쪽.

부록 | 413

1907~1937년 만철부속지 인구통계표*

연도	호수						인수				
	일본인	조선인	중국인	외국인	합계	지수%	일본인	조선인	중국인	외국인	합계	지수%
1907	5,479	—	1,913	2	7,394	100	13,436	—	12,256	7	25,699	100
1908	6,171	—	2,314	4	8,489	115	15,652	—	15,016	38	30,706	119
1909	6,651	—	3,029	5	9,685	131	16,305	—	19,323	18	35,646	139
1910	8,828	—	3,114	5	11,947	162	24,676	—	25,807	9	50,492	196
1911	8,855	—	3,967	—	12,822	173	25,179	—	30,880	1	56,060	218
1912	9,495	—	5,305	21	14,821	200	26,478	—	38,841	31	65,350	254
1913	10,177	5	6,396	34	16,612	225	29,030	49	44,224	87	73,390	286
1914	10,850	19	7,478	47	18,394	249	31,568	184	49,618	145	81,515	317
1915	11,226	33	8,487	55	19,801	268	33,816	252	57,554	162	91,784	357
1916	12,466	65	9,264	52	21,847	295	37,071	394	63,104	187	100,756	392
1917	14,809	112	12,499	60	27,480	372	43,729	676	76,018	199	120,622	469
1918	18,029	219	12,676	62	30,986	419	51,647	935	89,286	185	142,053	553
1919	21,057	262	15,238	70	36,627	495	62,593	1,379	99,398	258	163,628	637
1920	21,925	311	17,552	102	39,890	539	64,682	1,614	102,415	359	169,070	658
1921	21,480	428	27,995	96	49,999	676	67,485	1,944	105,058	322	174,809	680
1922	20,692	395	36,047	164	57,298	775	66,782	1,934	120,419	816	189,951	739
1923	19,798	1,172	22,276	191	43,437	591	76,555	5,081	150,520	796	232,952	906
1924	20,587	1,359	25,744	270	47,960	649	81,141	6,340	168,357	1,319	257,157	1,001
1925	20,974	1,897	25,915	328	49,114	664	82,433	8,636	179,954	1,456	272,479	1,060
1926	21,689	1,681	26,011	421	49,802	678	84,618	9,477	185,654	1,653	281,402	1,095

연도	호수						인수					
	일본인	조선인	중국인	외국인	합계	지수%	일본인	조선인	중국인	외국인	합계	지수%
1927	21,692	2,223	28,002	455	52,372	713	87,180	8,878	198,252	1,699	296,009	1,152
1928	22,162	2,430	30,006	482	55,080	750	90,756	11,354	219,480	1,803	323,393	1,258
1929	23,034	2,800	32,941	507	59,282	807	94,996	13,737	230,030	1,937	340,700	1,326
1930	24,032	3,250	36,783	492	64,557	878	99,411	15,901	235,016	1,769	352,097	1,370
1931	24,044	4,066	34,826	397	63,333	862	100,268	20,794	214,370	1,465	336,897	1,311
1932	27,109	5,709	35,172	364	68,354	930	116,589	27,956	216,839	1,336	362,720	1,411
1933	31,550	5,443	37,569	382	74,944	1,015	139,973	27,781	235,234	1,328	404,316	1,573
1934	37,272	5,423	40,050	340	83,085	1,131	165,375	27,855	251,832	1,180	446,242	1,736
1935	44,269	5,931	42,885	317	93,402	1,271	190,508	31,415	278,385	1,088	501,396	1,951
1936	48,708	5,799	45,909	310	100,726	1,362	203,234	30,787	297,568	1,004	532,593	2,072
1937	51,001	5,962	48,711	283	105,957	1,442	216,513	30,388	310,136	917	557,954	2,171

*연주 : 본 표에 기록된 사람 수는 상주인구 외에도, 여행객 및 기타 임시 체류자와 육해군 인원 및 함무소 인원 포함 포함하고 있다.
출전 : 南滿洲鐵道株式會社總裁室地方部殘務整理委員會, 『南滿洲鐵道株式會社附屬地經營沿革全史』上, 南滿洲鐵道株式會社, 1939(昭和 14年), 152~153쪽.

<부록 2> 관동주와 만철부속지 등 잡항 통계

1919년 말 관동주, 만철부속지 토지상황 통계표*

關東州		면적	218.757平方日里
		매 平方日里 인구	2,745
		관유지	44,144,496坪
	民有地	田	219畝
		畑	1,089,900畝
	租地	山林	11,334畝
	행정구	民政署	3
		民政支署	2
		警察官吏派出所	116
滿鐵附屬地		면적	63,880,161坪
	행정구	警務署	6
		警務支署	8
		警察官吏派出所	128

*① 매 平方日里는 대략 15.42제곱킬로미터에 해당한다. 아래도 위와 같다. ② 1坪은 대략 3.3 제곱미터에 해당한다. ③ 중국 1畝는 대략 日畝 "6畝보다 3步 더 큰 것"과 같다
출전 : 關東長官官房文書課, 『大正八年關東廳第十四統計書』, 滿洲日日新聞社, 1920(大正 9 年) 인쇄발행, 書前插頁.

1921년 말 관동주, 만철부속지 토지상황 통계표

關東州		면적	218.757平方日里
		매 平方日里 인구	3,018
		관유지	49,021,995坪
	민유지	有租地	1,333,457日畝
		其他	473,591日畝
	행정구	民政署	3
		民政支署	3
		市	2
		會	70
		警務署	3
		警務支署	5
		警察官吏派出所	123
滿鐵附屬地		면적	15.772平方日里
		매 平方日里 인구	11,472
	행정구	警務署	6
		警務支署	8
		警察官吏派出所	148

출전 : 關東長官官房文書課, 『大正十年關東廳第十六統計書』, 滿洲日日新聞社, 1922(大正 11年) 인쇄발행, 書前插頁.

1923년말 관동주, 만철부속지 토지상황 통계표

關東州	면적		217,917平方日里
	매 平方日里 인구		5,273
	관유지		123,434,111坪
	민유지	有租地	1,936,545日畝
		免租地	964,760日畝
	행정구	民政署	3
		民政支署	2
		市	2
		會	69
		警務署	5
		警務支署	3
		警察官吏派出所	134
滿鐵附屬地	면적		16,163平方日里
	매 平方日里 인구		14,669
	행정구	警務署	6
		警務支署	8
		警察官吏派出所	174

출전 : 關東長官官房文書課, 『大正十二年關東廳第十八統計書』, 滿洲日日新聞社, 1924(大正 13年) 인쇄발행, 書前插頁.

1925년 말 관동주, 만철부속지 토지상황 통계표

關東州	면적		224,492平方日里
	매平方日里인구		3,376人
	관유지		285,181,282坪
	민유지	有租地	588,383,374坪
		免租地	65,705,895坪
	행정구	民政署	2
		民政支署	3
		市	2
		會	69
		警察署	3
		警察支署	2
		警察官吏派出所	143
滿鐵附屬地	면적		16,603平方日里
	매平方日里인구		16,541
	행정구	警察署	?
		警察支署	4
		警察官吏派出所	189

출전 : 關東長官官房文書課, 『大正十四年關東廳第二十統計書』, 滿洲日日新聞社, 1926(大正 15年) 인쇄발행, 통계표 1.

1925년 관동주 토지면적

민정서	면적(平方日里)	인구	매平方日里인구
旅　順	39,863	116,064	2,912
大　連	27,143	255,651	9,418
金　州	46,400	96,823	2,087
普蘭店	71,818	128,560	1,790
貔子窩	39,268	128,755	3,379
총　계	224,492	725,853	3,234

출전 : 關東長官官房文書課, 『大正十四年南滿洲統計槪覽』, 滿洲日日新聞社, 1925(大正 14年) 인쇄발행.

1906~1923년 관동주 어업 호수 및 인원통계표(겸업 인원 포함)

연차	일본인 호수	일본인 인원	중국인 호수	중국인 인원	합계 호수	합계 인원
1906	15	1,465	2,091	6,047	2,106	7,512
1907	37	114	3,559	14,614	3,596	14,728
1908	1,599	2,275	5,173	36,936	6,772	39,211
1909	103	332	4,722	17,734	4,825	18,066
1910	108	275	4,854	20,082	4,962	30,357
1911	116	477	5,383	17,791	5,499	18,268
1912	126	218	5,559	13,754	5,685	13,972
1913	159	270	5,325	14,171	5,484	14,441
1914	146	234	5,677	16,858	5,823	17,092
1915	150	255	5,652	16,490	5,802	16,745
1916	133	272	6,183	15,876	6,316	16,148
1917	142	310	5,950	16,863	6,092	17,173
1918	79	142	5,976	10,989	6,055	11,132
1919	77	150	5,959	10,710	6,036	10,860
1920	91	134	6,202	13,118	6,293	13,252
1921	74	118	6,457	12,007	6,531	12,125
1922	76	148	6,949	14,042	7,025	14,190
1923	70	168	7,214	14,270	7,284	14,438

출전 : 高橋嘉市, 『旅順を漁港とする問題に就て』, 1925(大正 14年) 인쇄발행, 42~43쪽.

1907~1923년 관동주 어업생산량 통계표

연차	일본인 생산량(貫)	일본인 가치(엔)	중국인 생산량(貫)	중국인 가치(엔)	합계 생산량(貫)	합계 가치(엔)
1907	—	—	—	—	—	1,017,066
1908	469,000	348,480	4,088,518	1,434,289	4,557,518	1,782,769
1909	723,939	305,484	1,715,927	502,408	2,439,866	807,892
1910	434,149	296,713	1,517,297	436,467	1,951,446	693,180
1911	529,639	275,630	1,597,817	416,539	2,127,456	692,169
1912	619,548	290,590	1,431,899	422,542	2,051,447	713,132
1913	407,372	246,652	1,680,885	403,128	2,088,257	649,780
1914	328,192	247,746	1,778,500	376,466	2,106,692	624,212
1915	634,040	298,591	2,103,141	403,290	2,737,181	701,881
1916	1,278,300	464,997	2,105,728	467,888	3,384,028	932,885
1917	1,472,147	647,582	2,454,071	540,193	3,926,218	1,187,775
1918	501,395	498,893	2,574,406	808,600	3,075,801	1,307,493
1919	554,258	799,896	2,585,211	1,423,028	3,239,469	2,222,924
1920	528,829	822,227	3,277,947	1,122,277	3,806,776	1,944,504
1921	433,817	647,309	2,494,156	1,062,061	2,927,973	1,709,370
1922	384,680	567,550	2,359,603	1,110,527	2,744,283	1,678,077
1923	354,650	475,808	2,529,087	1,167,995	2,883,737	1,643,803

출전 : 高橋嘉市, 『旅順を漁港とする問題に就て』, 1925(大正 14年) 인쇄발행, 40-41쪽.

1937년 관동주 어업생산량

지방	중·일	수량(貫)	금액(엔)	지방	중·일	수량(貫)	금액(엔)
旅順	일본인	547,011	267,336	大連	일본인	9,960,685	4,785,433
	중국인	1,430,163	529,279		중국인	1,137,946	759,147
金州	일본인	9,219	15,851	普蘭店	일본인	—	—
	중국인	1,077,538	317,467		중국인	423,855	136,991
貔子窩	일본인	129,994	72,912	총계	일본인	10,646,909	5,141,532
	중국인	1,624,399	577,424		중국인	5,692,901	2,320,308
					계	16,340,810	7,461,840

출전 : 關東局官房文書課, 『昭和十四年關東局要覽』, 滿洲日日新聞社, 1940(昭和 15年) 인쇄발행, 368쪽.

1940년 관동주 어업생산량

지방	중·일	수량(貫)	금액(엔)	지방	중·일	수량(貫)	금액(엔)
旅順	일본인	975,707	1,199,435	大連	일본인	12,236,694	14,323,014
	중국인	1,149,429	1,238,177		중국인	1,402,210	2,579,807
金州	일본인	18,262	40,162	普蘭店	일본인	—	—
	중국인	1,088,148	756,476		중국인	409,552	206,512
貔子窩	일본인	156,311	185,554	총계	일본인	13,386,974	15,747,865
	중국인	754,144	637,946		중국인	4,803,483	5,418,918
					계	18,190,457	21,166,783

출전 : 關東局官房文書課, 『昭和十六年關東局要覽』, 滿洲日日新聞社, 1942(昭和 17年) 인쇄발행, 345쪽.

1907~1925년 대련항 입항, 출항 선박표

연차	입항		출항	
	척수	총톤수	척수	총톤수
1907	1,143	1,643,371	1,126	1,594,240
1908	1,397	1,950,882	1,398	1,947,058
1909	1,376	2,277,673	1,372	2,272,262
1910	1,574	2,430,843	1,574	2,433,864
1911	1,752	2,759,248	1,754	2,763,220
1912	1,968	2,994,487	1,969	2,995,376
1913	2,087	3,640,165	2,077	3,626,052
1914	2,280	3,923,015	2,279	3,919,676
1915	2,011	3,267,252	2,013	3,276,918
1916	1,925	3,070,074	1,925	3,069,221
1917	2,072	3,154,581	2,075	3,156,632
1918	2,729	3,641,933	2,714	3,628,652
1919	2,969	4,500,435	2,969	4,501,338
1920	2,944	5,292,239	2,943	5,273,047
1921	2,825	5,945,845	2,827	5,937,195
1922	3,171	7,779,506	3,158	7,741,341
1923	3,005	7,920,396	3,012	7,932,098
1924	3,214	8,167,275	3,213	8,175,512
1925	3,595	9,036,911	3,592	9,016,931

출전 : 南滿洲鐵道株式會社庶務部調査科 編, 『大連港を中心とふる船舶槪勢』, 南滿洲鐵道株式會社, 1926(大正 15年) 인쇄발행, 2쪽.

일본의 동북에 대한 투자액(1930년 1월)(단위 : 엔)

투자형식			금액	금액분류	
A.차관에 의한 투자액			23,806,2342	철도(운수)	142,329,771
				광림업	88,135,887
				전기	927,000
				기타	667,684
B.법인기업투자	A. 일본 상법에 의거한 회사	1 만몽에 투자	911,757,788	운수업	663,473,664
				공업	71,426,601
				금융신탁업	46,343,804
				상업	40,293,981
				전기·석탄가스업	35,570,646
				은행업	20,587,603
				기타	34,061,489
		2 만몽 이외에 투자	187,373,665	상업	21,269,750
				운수업	11,405,000
				공업	16,966,496
				은행업	86,117,013
				금융업	51,290,406
				보험업	325,000
	B.일본 상법에 의거하지 않은 회사		36,220,476	광업	11,650,000
				삼림채벌업	18,903,000
				운수업	5,095,564
				전기업	556,912
				기타	15,000
소계			1,135,351,929		
C.개인기업투자			94,991,560	농업	4,407,822
				상업	56,189,258
				공업	17,227,508
				기타	17,166,974
총계			1,468,405,831		

출전 : 滿洲國史編纂刊行會 編, 黑龍江省社會科學院歷史硏究所 譯, 『滿洲國史(總論)』, 黑龍江省 社會科學院歷史硏究所, 1990, 72~73쪽.

동북지역 주요 유통 화폐표

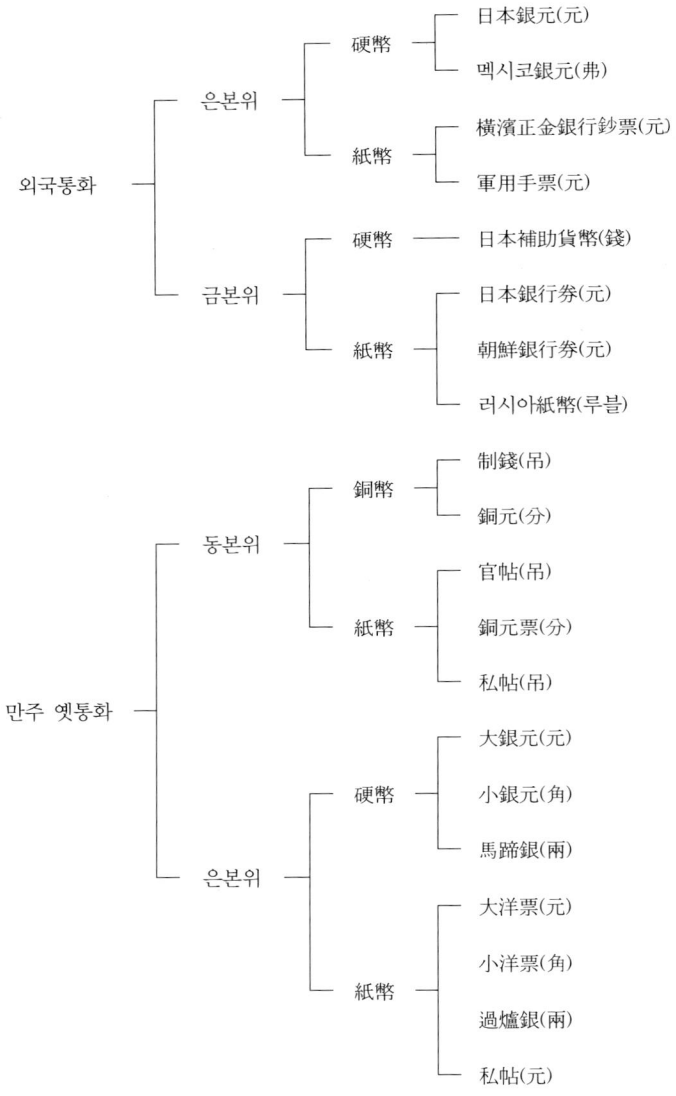

출전 : 滿洲國史編纂刊行會 編, 黑龍江省社會科學院歷史硏究所 譯, 『滿洲國史(總論)』, 黑龍江省社會科學院歷史硏究所, 1990, 297쪽.

1912~1931년 동북 주요 통화 시세 장락표(평균 매 100元 금표 대비)

연차	奉天票 (元)	吉林官帖 (百吊)	黑龍江官帖 (百吊)	過爐銀 (兩)	哈大洋 (元)	小銀元 (元)	鈔票 (元)	鎭平銀 (元)
1912	120	550	610	117	—	120	102	72
1914	139	1,480	1,650	113	—	136	114	79
1918	97	1,450	2,420	72	—	77	66	46
1919	93	2,510	3,800	104	—	64	55	41
1921	139	6,240	6,590	96	95	111	95	72
1925	168	13,600	16,060	109	82	94	76	53
1926	359	16,500	25,170	210	106	117	96	67
1927	957	18,060	13,260	304	129	128	105	75
1928	2,510	18,000	35,510	250	136	121	100	71
1929	3,683	20,740	43,760	250	154	132	109	78
1930	10,057	34,342	85,990	347	200	189	160	116
1931	13,483	77,618	305,020	476	273	247	199	153

출전: 滿洲國史編纂刊行會 編, 黑龍江省社會科學院歷史研究所 譯, 『滿洲國史(總論)』, 黑龍江省 社會科學院歷史研究所, 1990, 298쪽.

민국 원년부터 20년까지 금표 (매) 100元을 봉표로 환산한 수 (단위 : 元(奉票))

연도	최고	최저	평균
民國元年(1912年)	128.80	110.00	120.25
二年	129.60	114.00	123.13
三年	152.50	124.60	138.61
四年	155.10	133.00	147.92
五年	143.30	93.00	124.43
六年	111.60	70.00	100.94
七年	118.00	84.10	96.95
八年	115.20	62.00	93.48
九年	146.30	54.00	100.19
十年	166.50	107.00	139.48
十一年	148.60	116.91	134.89
十二年	148.60	128.00	138.85
十三年	194.00	121.00	138.48
十四年	233.00	130.00	168.19
十五年	570.00	200.00	358.77
十六年	1,360.00	480.00	956.65
十七年	3,300.00	1,510.00	2,509.65
十八年	7,760.00	2,670.00	5,682.68
十九年	11,800.00	7,900.00	10,037.98
二十年	17,000.00	8,200.00	13,483.59

출전: 『滿洲中央銀行十年史』, 일문판, 38쪽; 中國人民銀行總行參事室 編, 『中華民國貨幣史資料』 第1輯, 上海人民出版社, 1986, 852쪽.

동북 통화 유통액표

화폐 종류별		발행은행	단위	1927年	1928年	1929年	1930年	1931年	만주중앙은행 승계액
奉天票	匯兌券	東三省官銀號	千元	470,052	1,251,413	1,529,799	1,178,140	1,003,676	940,673
	匯兌券	中國銀行	千元	10,135	9,203	6,195	2,821	2,029	—
	匯兌券	交通銀行	千元	11,500	9,512	6,061	3,464	2,561	—
	公濟銅元票	東三省官銀號	千元	65,627	78,092	80,544	76,932	72,809	68,770
	奉小洋票	中國銀行	千元	1,026	0,929	0,902	0,872	0,850	—
	計		千元	558,340	1,349,149	1,623,501	1,262,229	1,081,925	1,018,443
現大洋票	現大洋票	東三省官銀號	千元	—	—	—	21,227	30,347	36,308
	現大洋票	邊業銀行	千元	2	1,138	11,780	17,938	7,654	7,348
	准備庫金	東三省官銀號	千元	—	—	7,900	13,000	4,000	—
	准備庫金	中國銀行	千元	—	—	—	1,000	0,500	—
	准備庫金	交通銀行	千元	—	—	0,200	1,000	0,750	—
	計		千元	2	1,138	19,880	54,165	43,251	43,656
哈大洋票	哈大洋票	東三省官銀號	千元	15,667	26,301	23,841	15,420	13,487	14,567
	哈大洋票	邊業銀行	千元	11,546	15,104	14,617	9,158	11,594	11,842
	哈大洋票	中國銀行	千元	5,163	3,594	3,558	3,596	3,668	—
	哈大洋票	黑龍江省官銀號	千元	—	—	2,500	8,000	8,000	7,954
	哈大洋票	吉林永衡官銀號	千元	—	—	—	—	5,532	4,828
	現大洋票	交通銀行	千元	8,054	8,815	9,689	9,216	9,382	—
	計		千元	40,430	53,814	54,205	45,390	51,663	39,191
	吉林大洋票	吉林永衡官銀號	千元	6,522	8,146	8,727	5,985	8,238	9,065
	吉林小洋票	吉林永衡官銀號	千元	16,776	15,714	14,332	13,239	12,157	11,849
	吉林官帖	吉林永衡官銀號	千吊	6,249,653	7,135,948	8,366,678	8,443,479	9,680,852	10,310,251
	江大洋票	黑龍江省官銀號	千元	9,861	8,820	12,260	13,240	22,551	16,680
	黑龍江官帖	黑龍江省官銀號	千吊	6,889,012	7,765,172	7,601,323	10,045,102	10,860,139	8,176,574
	四厘債券	黑龍江省官銀號	千元	14,250	39,000	39,700	40,000	39,956	34,600

출전 : 滿洲國史編纂刊行會 編, 黑龍江省社會科學院歷史研究所 譯, 『滿洲國史(總論)』, 黑龍江省社會科學院歷史研究所, 1990, 294~295쪽.

1933년부터 만철 각 철도국이 경영한 만주국 국유철도 km수

철도국	철도 km수
奉山	895.00
沈海	329.40
吉海	184.10
吉長, 吉敦	347.94
四洮	434.20
洮昂	225.00
齊克	254.40
洮索	84.30
呼海	222.90
합계	2,975.24

출전 : 滿洲國史編纂刊行會 編, 黑龍江省社會科學院歷史研究所 譯, 『滿洲國史(總論)』, 黑龍江省社會科學院歷史研究所, 1990, 366쪽.

만주국 주식회사 일람 ※(△는 준비 중인 주식회사)

회사명칭	본사 소재지	설립 연월일	최초자금액 (만 원)	각주
금융				
滿洲中央銀行	新京	1932.06.15 1942.10.26	3,000 10,000	
滿洲興業銀行	新京	1936.12.05	3,000	
滿洲投資證券株式會社	新京	1941.06.01	40,000	
興農金庫	新京	1943.08.01	5,000	
보험				
滿洲生命保險株式會社	新京	1936.10.23	300	
△滿洲火災海上保險株式會社	新京	1937.12.01	500	
교통				
南滿洲鐵道株式會社	大連	1906.11.26	20,000	일본법인, 1944년 12월 5일 24억 엔 증자
滿洲航空株式會社	奉天	1932.09.26	385	
△大安汽船株式會社	安東	1933.10.25	35	
△滿洲海運株式會社	營口	1942.06.01	1,000	
연료				
滿洲煤礦株式會社	新京	1934.05.07	1,600	1943년 2월 3일 阜新, 鶴崗, 西安, 北票 각 탄광으로부터 나와서 보통법인이 됨
滿洲石油株式會社	新京	1934.02.24	500	
滿洲合成燃料株式會社	新京	1937.08.06	5,000	
△株式會社滿洲煤炭液化研究所	奉天	1939.06.16	1,000	
吉林人造石油株式會社	吉林	1939.09.04	10,000	
密山煤礦株式會社	東安省	1941.07.01	10,000	만주탄광으로부터 나옴
△扎賚煤礦株式會社	新京	1941.11.21	5,000	만주탄광으로부터 나옴
△溪城煤礦株式會社	本溪湖	1942.01.19	5,000	
전기				
滿洲電業株式會社	新京	1934.11.01 1944.04.01 改組	900	
滿洲鴨綠江水力發電株式會社	新京	1937.09.07	5,000	
광업				
△株式會社本溪湖煉鐵公司	奉天	1910.05.22	1,000	만철과 합병
株式會社昭和制鋼所	鞍山	1929.07.04	10,000	만철과 합병
滿洲重工業開發株式會社	新京	1937.12.27	45,000	
滿洲采金株式會社	新京	1934.05.16	1,200	
滿洲礦業開發株式會社	新京	1935.08.24	500	
滿洲輕金屬制造株式會社	撫順	1936.11.10	2,500	
△東亞礦山株式會社	新京	1937.07.05	100	
△熱河礦山株式會社	新京	1937.07.05	100	
△滿洲石棉株式會社	新京	1938.06.06	100	
△滿洲鎂工業株式會社	新京	1938.07.02	1,000	
△東邊道開發株式會社	新京	1938.09.14	3,000	만철과 합병

회사명칭	본사 소재지	설립 연월일	최초자금액 (만 원)	각주
△滿洲礦山株式會社	新京	1938.12.28	5,000	
△協和鐵山株式會社	新京	1939.08.05	1,000	
△滿洲特殊鐵礦株式會社	新京	1940.10.15	3,000	
滿洲制鐵株式會社	新京	1944.04.01	74,000	
기계				
株式會社奉天造兵所	奉天	1936.07.24	460	최초로 1932年 10月 29日 일본법인으로 설립
同和汽車工業株式會社	奉天	1934.03.31	620	
滿洲計器株式會社	新京	1936.10.23 1938.07 改組	300	
滿洲飛機制造株式會社	新京	1938.06.20	2,000	
滿洲汽車制造株式會社	新京	1939.05.05	10,000	
滿洲工作機械株式會社	奉天	1939.09.01	2,000	
△滿洲重機株式會社	新京	1940.05.17	5,000	
화학공업				
滿洲化學工業株式會社	大連	1933.08.05	2,500	일본법인
△大同酒精株式會社	哈爾濱	1933.11.24	164	
滿洲火柴販賣株式會社	奉天	1935.11.11	50	
△滿洲制城株式會社	新京	1936.05.22	800	
△滿洲豆稭紙漿株式會社	新京	1937.09.03	1,000	
滿洲油化工業株式會社	新京	1938.02.22	2,000	
滿洲電氣化學株式會社	新京	1938.10.24	3,000	
滿洲硫安工業株式會社	新京	1938.12.20	5,000	
△滿洲特殊制紙株式會社	新京	1939.03.02	50	
△滿洲大豆化學工業株式會社	新京	1940.07.20	3,000	
滿洲火藥工業株式會社	奉天	1941.02.01	850	
△滿洲炭工業株式會社	安東	1941.05.16	1,500	
△滿洲林産化學工業株式會社	新京	1942.07.08	2,000	
배급				
日滿商事株式會社	新京	1936.10.01 1939.12.26 改組	1,000	
△滿洲共同水泥株式會社	新京	1938.10.01	130	
滿洲生活必需品株式會社	新京	1939.06.23 1939.12.26 改組	1,000	개조되기 이전의 명칭: 滿洲生活必需品配給株式會社
△滿洲書籍配給株式會社	新京	1939.12.27	2	
농업				
滿洲棉花株式會社	奉天	1934.04.11	1,500	
滿洲特産中央會	新京	1935.06.21	125	
滿洲拓植株式會社	新京	1936.01.04	1,500	
滿洲林業株式會社	新京	1936.02.29	500	1937年 滿洲拓殖公社로 개조 그 전신은 滿洲林業股份有限公司이고, 이후 林業公社로 변경
滿鮮拓植株式會社	新京	1936.09.14	1,500	

회사명칭	본사 소재지	설립 연월일	최초자금액 (만 원)	각주
滿洲拓植公社	新京	1937.08.31	5,000	
△滿洲畜産株式會社	新京	1937.09.01	1,500	그 전신은 滿洲畜産股份有限公司로, 이후 畜産公社로 변경
△滿洲煙葉株式會社	奉天	1938.12.28	1,000	
滿洲糧穀株式會社	新京	1938.12.21	1,000	農産公社와 합병
滿洲土地開發株式會社	新京	1939.06.01	2,000	農地開發公社로 개조
△滿洲棉籽工業株式會社	遼陽	1939.06.16	500	
△滿洲柞蠶株式會社	新京	1939.08.19	500	
滿洲特産專管會社	新京	1939.10.20	3,000	農産公社와 합병
滿洲穀粉管理株式會社	新京	1940.01.16	1,000	農産公社와 합병
△滿洲麻袋株式會社	新京	1940.12.02	2,000	
△滿洲造林株式會社	新京	1941.02.15	800	
滿洲農産株式會社	新京	1941.07.21	7,000	
滿洲農地開發公社	新京	1944.02.21	5,000	
滿洲畜産公社	新京	1944.05.01	3,500	
滿洲纖維公社	新京	1944.05.08	3,000	
滿洲林業公社	新京	1944.08.14	7,000	
선전, 통신				
滿洲電信電話株式會社	新京	1933.08.31	5,000	
株式會社滿洲宣傳協會	新京	1936.09.28	200	1940.12.28 해산
滿洲圖書株式會社	新京	1937.04.06	200	
株式會社滿洲映畫協會	新京	1937.08.21	500	
△株式會社滿洲情況介紹所	新京	1939.12.28	50	
滿洲國通信社	新京	1942.01.20	280	
康德新聞社	新京	1942.01.22	340	
滿洲日日新聞社	奉天	1942.01.22	200	
滿洲新聞社	新京	1942.01.22	170	
부동산				
奉天工業土地股份有限公司	奉天	1935.03.11	250	1937.1.15 해산
滿洲房産株式會社	新京	1938.02.12	3,000	
기타				
大興公司	新京	1933.07.01	600	
滿洲鹽業株式會社	新京	1936.04.28	500	
△滿洲實業振興株式會社	新京	1937.12.28		
滿蒙天然開發株式會社	新京	1939.07.06	300	
滿洲産業株式會社	新京	1939.11.01	100	
株式會社滿洲資源愛護協會	新京	1940.06.06	250	

*원주: "배급이란 즉, 정해진 양을 공급한다는 것이다. ;株式會社滿洲映畫協會는 滿洲電影制片有限公司이다."
*표에서 원래 '성립연월일'은 康德과 일본 紀年으로 연대를 기재했으나, 여기서는 서기로 했다. 단 '본사소재지' 주소는 여전히 만주국의 명칭에 따랐다.
출전: 滿洲國史編纂刊行會 編, 黑龍江省社會科學院歷史研究所 譯, 『滿洲國史(總論)』, 415~418쪽.

만업(滿業)관계회사 일람표(1943년 12월 15일 현재)(단위 : 1,000원)

회사명칭	창립년월일	명의자본	불입자본	투자율%	대표인 명칭	성명	본사소재지
滿洲重工業開發株式會社	1937.12.27	675,000	506,250	—	總裁	高碕達之助	新京特別市
株式會社昭和煉鋼所	1929.07.04	400,000	300,000	89	理事長	高碕達之助	鞍山市
滿洲鋼鐵工務株式會社	1933.02.23	5,000	5,000	—	社長	矢野耕治	鞍山市
鞍山高級爐材株式會社	1942.02.26	5,000	5,000	—	社長	森川親友	鞍山市
株式會社本溪湖煤鐵公司	1910.05.22	200,000	200,000	40	理事長	島岡亮太郎	本溪湖市
東邊道開發株式會社	1938.09.14	140,000	140,000	99	社長	伊東直	通化省通化市
杉松崗煤礦株式會社	1939.04.28	2,000	2,000	—	社長	池田卓一	通化省通化市
滿洲特殊鐵礦株式會社	1940.10.15	60,000	60,000	98	社長	稻田文咨	新京特別市
西滿洲鐵道株式會社	1941.04.21	3,000	3,000	—	社長	稻田文咨	新京特別市
協和鐵山株式會社	1939.08.05	10,000	10,000	40	社長	島岡亮太郎	新京特別市
滿洲煤礦株式會社	1933.05.07	100,000	100,000	100	社長	山田忍三	新京特別市
舒蘭煤礦株式會社	1939.07.26	30,000	30,000	—	社長	野口遵	吉林市
阜新煤礦株式會社	1943.02.26	22,000	155,379	100	專務取締役	丹翔陽	錦州省阜新市
密山煤礦株式會社	1941.07.10	200,000	200,000	50	社長	藤井暢七郎	東安省鷄寧縣滴道街
鶴崗煤礦株式會社	1943.02.26	170,000	98,249	100	專務取締役	興梧友秉	三江省鶴立縣光山街
西安煤礦株式會社	1943.02.26	70,000	58,827	100	社長	北野三郎	四平省四安縣第一區仙城村
北票煤礦株式會社	1943.02.26	60,000	45,679	100	專務取締役	平石榮一郎	錦州省吐默特中旗北栗街
扎賚煤礦株式會社	1941.11.21	50,000	12,500	100	社長	加納金三郎	興安南省西新巴爾旗扎賚諾爾街
溪城煤礦株式會社	1942.01.19	50,000	50,000	88	社長	大貫經次	奉天省本溪市日師傅街
琿春煤礦株式會社	1939.09.29	30,000	30,000	50	社長	黑川正太郎	間島省琿春縣琿街(?)
營城子煤礦株式會社	1937.11.17	8,000	8,000	83	專務取締役	岡田榮頭郎	
滿洲煤礦工業	1943.05.01	10,000	7,500	50	社長	竹內德三郎	新京特別市

회사명칭	창립년월일	명의자본	불입자본	투자율%	대표인 명칭	성명	본사소재지
株式會社 純煤工業株式會社	1941.08.01	5,000	5,000	100	代表取締役	玉井磨輔	哈爾濱市
滿業坑木株式會社	1939.09.23	10,000	10,000	100	專務取締役	山本貢	新京特別市
株式會社阜新制作所	1937.09.20	4,000	4,000	100	社長	丹羽陽	錦州省阜新市
滿洲輕金屬制造株式會社	1936.11.10	200,000	140,000	98	理事長	世良正一	撫順市
滿洲礬土礦業株式會社	1943.11.19	10,000	10,000	—	社長	世良正一	本溪湖市
安東水泥株式會社	1940.03.29	8,000	8,000	—	專務取締役	林隆之	安東市
滿洲礦山株式會社	1938.02.28	150,000	150,000	100	社長	加藤穆夫	新京特別市
株式會社滿山制作所	1937.11.12	1,000	500	—	專務取締役	藤岡正一	新京特別市
滿洲鉛礦株式會社	1935.06.19	50,000	50,000	50	社長	白石慶太郎	奉天市
錦西鐵道株式會社	1939.06.13	3,000	3,000	—	社長	河野喜作	錦州省錦西縣錦西街
滿洲金礦株式會社	1935.10.02	600	300	100	社長	加藤穆夫	新京特別市
滿洲飛機制造株式會社	1938.06.20	100,000	100,000	100	理事長	小川淑一	奉天市
滿洲汽車株式會社	1939.05.11	105,000	50,000	100	專務理事	前田勇	奉天市
滿重機株式會社	1940.05.17	50,000	50,000	100	社長	矢野美章	新京特別市
滿洲機械制造株式會社	1940.10.10	5,000	5,000	—	社長	竹原傳	新京特別市
滿洲機床株式會社	1939.09.01	20,000	20,000	96	社長	久保田篤次郎	奉天市
計38社		3,021,600	2,533,184				

*표에서 '창립연월일'은 원래 강덕과 일본 기년으로 연대를 기재하고 있으나, 여기서는 서기로 했다. '본사소재지' 주소는 여전히 만주국의 명칭을 따랐다.
출전: 滿洲國史編纂刊行會編, 黑龍江省社會科學院歷史研究所 譯, 『滿洲國史(總論)』, 577~579쪽.

1935~1942년 중·일 도매물가지수(1933년을 평균 100으로 함)

연도 \ 국별	만주국(長春)	관동주(大連)	일본(東京)	조선(漢城)	화북(天津)
1935年 平均	103.4	106.9	103.3	—	94.8
1936年 平均	106.1	108.4	109.6	100.0	109.9
1937年 平均	125.1	124.8	132.7	116.6	129.2
1938年 平均	149.6	151.4	140.0	139.9	167.2
1939年 平均	181.3	192.2	154.6	163.3	248.6
1940年 平均	225.7	247.7	173.4	180.0	439.6
1941年 平均	248.6	250.7	184.0	186.6	495.9
1942年 3月 平均	261.3	264.1	196.5	192.6	631.8

출전 : 滿洲國史編纂刊行會 編, 黑龍江省社會科學院歷史研究所 譯, 『滿洲國史(總論)』, 778쪽.

1937~1942년 중·일 생활비지수(1936년을 평균 100으로 함)

연도 \ 국별	만주국(長春)	관동주(大連)	일본(東京)	화북(天津)
1937年 平均	106.76	106.06	104.28	109.97
1938年 平均	124.54	115.78	112.03	139.74
1939年 平均	158.84	137.54	119.27	222.53
1940年 平均	215.55	168.57	133.62	372.21
1941年 平均	250.54	178.96	136.20	409.55
1942年 4月 平均	274.18	195.60	140.08	591.27

출전 : 滿洲國史編纂刊行會 編, 黑龍江省社會科學院歷史研究所 譯, 『滿洲國史(總論)』, 779쪽.

일본과 만주국 전시경제 중요법령 대조표※

	만주국		일본	
1	重要産業統制法	康德4.5.1 敕令 第66號	關於重要産業的統制事項	昭和6.4.1 法律 第40號 昭和11.5.27 法律 第25號修訂
2	産金收購法	康德4.5.13 敕令 第87號	産金法	昭和12.8.10 法律 第59號
3	外匯管理法修訂	康德4.10.8 敕令 第293號 同5.8.18 敕令 第206號	外匯管理法修訂	昭和12.8.27 法律 第81號 同12.9.9 法律 第87號
4	資源調査法	康德4.10.14 敕令 第29號	資源調査法	昭和4.4.12 法律 第53號
5	貿易統制法	康德4.12.9 敕令 第445號	關於輸出入品臨時措施的法律	昭和12.9.9 法律 第92號
6	軍機保護法	康德4.12.13 敕令 第453號 同5.2.23 修訂 敕令 第17號	軍機保護法修訂	昭和12.8.14 法律 第72號
7	國家總動員法	康德5.2.26 敕令 第19號	國家總動員法	昭和13.4.1 法律 第54號
8	鋼鐵類統制法	康德5.4.1 敕令 第55號	鋼鐵定量供應統制規則	昭和13.6.20 商工省令 第33號
9	關於暴利取締事項	康德經濟部令 第19號 5.4 治安部令 第26號 12 産業部令 第25號	關於以牟取暴利爲目的的物品買賣的取締事項修訂	昭和12.8.3 商工省令 第10號 同10.10.26 商工省令 第26號
10	資金臨時統制法	康德5.9.16 敕令 第229號	資金臨時調整法修訂	昭和12.9.9 法律 第86號

*①원주: "康德4年=昭和12年=1937年". ② 강덕4.5.1 ; 쇼와6.4.1 ; 즉 강덕 4년 5월 1일, 쇼와6년 4월 1일, 나머지도 이러한 방식으로 유추.
출전 : 滿洲國史編纂刊行會 編, 黑龍江省社會科學院歷史研究所 譯, 『滿洲國史(總論)』, 558~559쪽.

1944년 동북의 일본교민

지역	현재 거주민	난민인구
齊齊哈爾	10,000	51,950
哈爾濱	57,000	65,250
牡丹江	—	19,900
長春	913,000	207,500
延吉	15,900	40,650
間島	—	28,800
四平	244,000	26,250
通化	—	18,150
遼寧(沈陽)	325,000	115,400
安東	25,000	25,070
錦州	20,000	52,400
關東州	201,000	77,400
計	769,600	627,420
總計	1,392,020	

출전 : 滿洲國史編纂刊行會 編, 黑龍江省社會科學院歷史研究所 譯, 『滿洲國史(總論)』, 848쪽.

1944~1949년 동북에서의 일본인 인구이동 및 사망자수 표

	1944년 9월 말 동북의 일본인 인구	1949년 5월 말 당시 동북의 일본인인구		정전후 1949년까지 동북의 일본인 사망자수	
新京特別市	151,465		206,000		27,669
牡丹江省	89,133		5,000		7,294
間島省	31,937		18,000	間島市(舊延吉)	8,586 / 1,225
東安省	76,808		1,000		7,585
興安總省	26,584		1,000		4,197
奉天省	486,274	奉天市	215,000 / 235,000	奉天市	12,353 / 30,443
吉林省	84,900		55,000		9,748
龍江省	51,172		47,000	齊齊哈爾市	4,346
濱江省	98,289	哈爾濱市	17,500 / 145,000	哈爾濱市	3,420 / 1,515
熱河省	12,701		0		
錦州省	70,933		55,000		5,058
安東省	38,611		76,000		3,313
三江省	58,682		1,500		7,441
通化省	18,932		55,000		4,512
北安省	77,262		6,000		2,936
四平省	27,487		41,000		
黑河省	32,154		0		2,553
기타					250
소계	1,433,324		1,180,000		157,986

關東州	228,910	270,000	16,036
총계	1,662,234	1,450,000	174,022
備注	군인, 군에서 문관인원 및 그 가솔은 포함하지 않음	왼쪽과 같음	1950년 이후의 사망자 및 행방불명자는 약 30,000

출전 : 滿洲國史編纂刊行會 編, 黑龍江省社會科學院歷史硏究所 譯, 『滿洲國史(總論)』, 828쪽.

소련군 주둔기간 동북생산설비 피해액(1946년)*(단위 : 달러)

공업부문	조사자	폴리의 조사보고		연락처의 조사보고	
		손실금액	생산능력 하강%	손실금액	생산능력 하강%
전력		201,000,000	71	219,540,000	60
석탄		50,000,000	90**	44,720,000	80
강철		131,260,000	50~100*	204,052,000	60~100
철도		221,390,000	50~100*	193,756,000	
기계		163,000,000	80	158,870,000	68
비철금속 및 광산		10,000,000	75	60,815,000	50~100
액체연료 및 윤활유		11,380,000	75	40,719,000	90
화학		14,000,000	50	133,842,000	33.5~50
시멘트		23,000,000	50	26,234,000	54
방직		38,000,000	75	135,113,000	50
목재펄프와 종이		7,000,000	30	13,962,000	80
라디오 및 전신전화		25,000,000	20~100	4,588,000	30
계		895,030,000		1,236,211,000	은행손실은 계산에 넣지 않음

*원주 : "출전은 폴리(Edwin. W. Pauley) 대표단이 트루먼 대통령에게 건넨 조사보고와 동북공업회 및 동북일본 교민사후처리연락처의 소련군 체류기간 동안의 동북 공업 손실에 대한 조사보고서이다."

설명 : "*퍼센트는 그것이 속한 종류의 차이에 따라 변화한다. **석탄 산업에 대한 추정치는 이미 조사한 탄광에 근거한 것일 따름이다. 그들의 생산량이 동북 전체의 50%를 차지한다."

출전 : 蔣淸宏, 「蘇軍拆遷東北工礦業與戰後賠償硏究」, 『抗日戰爭硏究』, 2004년 第2期 ; 滿洲國史 編纂刊行會 編, 『滿洲國史(總論)』, 827쪽.

극동국제군사법정 도쿄 일본전범재판 판결표

형벌	성명	연령	본적	약력
교수형	東條英機	65	東京	陸軍大將, 關東軍參謀長, 陸相, 內相, 首相, 參謀總長
교수형	廣田弘毅	71	福岡	소련주재대사, 外相, 首相
교수형	土肥原賢二	66	岡山	陸軍大將, 在滿特務機關長, 陸軍航空總監
교수형	板垣征四郎	64	岩手	陸軍大將, 關東軍參謀長, 中國派遣軍總參謀長, 陸相
교수형	木村兵太郎	61	埼玉	陸軍大將, 關東軍參謀長, 陸軍次官, 미얀마派遣軍司令官
교수형	松井石根	71	愛知	陸軍大將, 上海派遣軍司令官
교수형	武藤章	57	熊本	陸軍中將, 陸軍省軍務局長
종신형	木戶幸一	60	東京	文相, 內相, 厚相, 內大臣
종신형	平沼騏一郎	82	岡山	首相, 樞府議長, 國本社會長
종신형	賀屋興宣	60	廣島	藏相
종신형	嶋田繁太郞	66	東京	陸軍大將, 海相, 軍令部總長
종신형	白鳥敏失	62	千葉	이탈리아주재대사
종신형	大島浩	63	岐阜	陸軍中將, 독일주재대사
종신형	荒木貞夫	72	東京	陸軍大將, 陸相, 文相
종신형	星野直樹	57	東京	滿洲國總務長官, 企劃院總裁(國務相), 內閣書記官長
종신형	小磯國昭	69	山形	陸軍大將, 關東軍參謀長, 朝鮮總督, 拓相, 首相
종신형	畑俊六	60	東京	元帥, 陸相, 中國派遣軍總司令
종신형	梅津美治郎	67	大分	陸軍大將, 關東軍司令官, 參謀總長
종신형	南次郎	75	大分	陸軍大將, 陸相, 關東軍司令官, 朝鮮總督
종신형	鈴木貞一	61	千葉	陸軍中將, 企劃院總裁(國務相)
종신형	佐藤賢了	54	石川	陸軍中將, 陸軍省軍務局長
종신형	橋本欣五郎	59	福岡	防軍大佐, 赤城會統領
종신형	岡敬純	59	東京	海軍中將, 海軍省軍務局長, 海軍次官
징역 20년	東鄕茂德	67	鹿兒島	독일주재, 소련주재대사, 外相
징역 7년	重光葵	62	大分	소련주재, 영국주재, 중국주재대사, 外相

重光, 東鄕의 감금은 죄행을 부인한 날(쇼와21년 5월 6일)부터 계산했다.

석방된 A급전범 : 安部源基, 天羽英二, 後藤文男, 石原廣一郎, 岸信介, 葛生能久, 大川周明, 須鷹彌吉郎, 高橋三吉, 寺島健, 安藤紀三郎, 靑木一男, 本多熊太郎(死亡), 岩村通世, 兒玉謄士夫, 西尾壽造, 笹川良一, 多田駿(死亡), 縠正之

*嶋田繁太郞에서 嶋는 또한 島자로 쓰기도 하는데, 일문에서는 嶋와 島가 동일한 글자이기 때문이다.

출전 : 滿洲國史編纂刊行會 編, 黑龍江省社會科學院歷史硏究所 譯, 『滿洲國史(總論)』, 908~909쪽.

〈부록 3〉 역대 만철총재(사장, 이사장), 부총재(부사장), 이사, 감사 명단

1. 총재, 사장, 이사장

後藤新平	1906.11.13~1908.7.14
中村是公	1908.12.19~1913.12.18
野村龍太郎	1913.12.19~1914.7.15
中村雄次郎	1914.7.15~1917.7.31
國澤新兵衛	1917.7.31~1919.4.12
野村龍太郎	1919.4.12~1921.5.31
早川千吉郎	1921.5.31~1922.10.14
川村竹治	1922.10.24~1924.6.22
安廣伴一郎	1924.6.22~1927.7.19
山本條太郎	1927.7.19~1929.8.14
仙石貢	1929.8.14~1931.6.13
內田康哉	1931.6.13~1932.7.6
林博太郎	1932.7.26~1935.8.2
松岡洋右	1935.8.2~1939.3.24
大村卓一	1939.3.24.~1943.7.14
小日山直登	1943.7.14~1945.4.13
山崎元幹	1945.5.5~1945.9.22

2. 부총재, 부사장

中村是公	1906.11.26~1908.12.19
國澤新兵衛	1908.12.19~1913.12.18
	1914.7.20~1917.7.31
伊藤大八	1913.12.19~1914.7.15
中西清一	1919.4.12~1921.5.31
松本烝治	1921.5.31~1922.3.24
大平駒槌	1924.11.11~1927.7.19
	1929.8.17~1931.6.13
松岡洋右	1927.7.19~1929.8.17
江口定條	1931.6.13~1932.4.7
八田嘉明	1932.4.7~1935.9.21
大村卓一	1935.9.21~1939.3.24
佐佐木謙一郎	1938.6.24~1942.3.30
佐藤應次郎	1939.3.24~1944.3.23
山崎元幹	1942.4.20~1945.5.4
平井喜久松	1944.3.25~1945.9.22
平島敏夫一	1945.6.17~1945.9.22

3. 이사

國澤新兵衛	1906.11.26~1908.12.19
淸野長太郎	1906.11.26~1913.12.26

久保田勝美	위와 같음
犬塚信太郎	1906.11.26~1914.7.14
田中清次郎	1906.11.26~1914.1.17
野野村金五郎	1906.11.26~1914.3.25
久保田政周	1906.12.7~1911.9.4
岡松參太郎	1907.7.1~1914.1.17
沼田政二郎	1911.9.9~1914.1.17
川上俊彦	1913.12.26~1920.10.4
佃一豫	1913.12.26~1917.12.25
藤田虎力	1914.3.28~1917.12.17
改野耕三	1914.3.28~1919.6.28
樺山資英	위와 같음
龍居賴三	1917.2.14~1921.2.14
川村鉚次郎	1917.9.26~1920.2.16
久保要藏	1917.9.26~1923.3.21
松本烝治	1919.5.6~1921.5.31
片山義勝	1919.5.6~1921.12.23
島安次郎	1919.6.28~1923.6.27
中川健藏	위와 같음
杉浦儉一	1920.2.16~1922.3.24
松岡洋右	1921.7.4~1926.3.10
大藏公望	1921.12.23~1927.9.17
	1929.10.10~1931.7.15
赤羽克己	1921.12.23~1925.12.23
森俊六郎	1922.9.2~1927.9.17

安藤又三郎	1923.3.21~1927.3.20
入江海平	1923.6.28~1927.6.27
梅野實	위와 같음
岡虎太郎	1925.12.23~1929.12.22
藤根壽吉	1927.4.5~1931.4.4
神鞭常孝	1927.7.27~1931.7.26
齋藤良衛	1927.7.27~1930.7.2
田邊敏行	1927.9.17~1929.10.10
小日山直登	1927.9.17~1930.5.7
伍堂卓雄	1930.7.2~1934.7.1
十河信二	1930.7.11~1934.7.10
大森吉五郎	1930.7.23~1932.7.8
村上義一	1930.7.23~1934.7.22
木村銳市	1930.8.25~1932.7.8
山西恒郎	1931.7.15~1935.7.14
竹中政一	위와 같음
首藤正壽	1931.7.15~1932.7.8
河本大作	1932.10.4~1936.10.3
大淵三樹	위와 같음
山崎元幹	위와 같음
郡山智	1934.7.10~1938.7.9
佐佐木謙一郎	1934.7.25~1938.6.24
宇佐美寬爾	1934.7.25~1938.7.24
佐藤應次郎	1935.7.25~1940.3.23
石本憲治	1935.7.25~1936.10.6

阪谷希一	1936.10.5~1938.2.25
中西敏憲	1936.10.5~1940.10.4
武部治右衛門	1936.11.21~1940.11.20
久保孚	1937.6.2~1941.7.1
伊澤道雄	1938.1.22~1942.1.21
平島敏夫	위와 같음
平山復二郞	1938.8.20~1942.8.19
豬子一到	1938.10.10~1942.10.9
大垣研	1939.5.10~1943.5.9
岡田卓雄	1940.10.9~1944.10.18
禦影池辰雄	1940.12.2~1944.12.1
入江昻	1941.6.19~1945.6.18
足立長三	1942.2.10~1945.3.20
佐藤鼎	1942.8.17~1945.9.22
鈴木長明	1942.8.31~1945.9.22
古山勝夫	위와 같음
渡邊豬之助	1942.10.19~1945.9.22
宮本愼平	1943.5.18~1945.9.22
有賀庫吉	1944.10.19~1945.9.22
關口保	1944.12.2~1945.9.22
豬子一到	1945.3.20~1945.9.22
浜田幸雄	1945.6.6~1945.9.22

4. 감사

中橋德五郞	1906.11.26~1916.12.13
河上謹一	1906.11.26~1925.4.28
馬越恭平	1906.11.26~1933.4.20
岩下淸周	1906.11.26~1915.6.4
瀧兵右衛門	1906.11.26~1912.11.25
大橋新太郞	1912.11.26~1944.5.5
小山健二	1915.11.26~1923.12.22
佐佐木勇之助	1917.6.16~1921.5.12
永田仁助	1924.6.21~1927.3.10
原富太郞	1925.6.20~1933.12.4
湯川寬吉	1927.6.20~1931.8.23
小倉正恒	1932.6.20~1941.4.2
原邦造	1933.12.28~1945.9.30
森廣藏	1933.12.28~1944.1.12
安宅彌吉	1936.12.28~1945.9.30
古田俊之助	1941.6.20~1945.9.30
岡田信	위와 같음
松本烝治	1944.6.20~1945.9.30
河上弘一	위와 같음

출전 : 蘇崇民, 『滿鐵史』, 中華書局, 1990, 892~897쪽.

〈부록 4〉 대련시 해방전후 신구 도로[街道] 지명 대조표

1. 도시도로[路街]

해방전 지명	현재명	해방전 지명	현재명
東山町	春海街(中山區)	真弓町	杏林街(中山區)
寺兒溝	華樂街(中山區)	大和町	清爽街(中山區)
汐見町	北鬥街(中山區)	山縣通	스탈린로(中山區)
千代田町	魯迅路(中山區)	明石條	益民街(中山區)
明治町	魯迅路(中山區)	埠 頭	碼 頭(中山區)
東公園町	魯迅路(中山區)	彌生町	福壽街(中山區)
香取町	學士街(中山區)	柳 町	南山路(中山區)
久方町	學士街(中山區)	壹岐町	南山路(中山區)
大江町	育才街(中山區)	楓 町	楓林街(中山區)
大平町	育才街(中山區)	加賀町	明澤街(中山區)
山手町	春德街(中山區)	紀伊町	世紀街(中山區)
日出町	七星街(中山區)	薩摩町	杏林街(中山區)
寶 町	長江路(中山區)	武藏町	文林街(中山區)
監部通	長江路(中山區)	敷島町	七一街
信濃町	長江路(中山區)		民意街(中山區)
寺內通	長江路(中山區)	淡路町	安樂街(中山區)
鹿島町	丹東街(中山區)	東鄕町	修竹街(中山區)
須磨町	丹東街(中山區)	播磨町	延安路(中山區)
三笠町	富貴街(中山區)	神明町	解放街(中山區)
初獺町	港灣街(中山區)	霧島町	金城街(中山區)
土佐町	五五路(中山區)	飛驒町	新生街(中山區)
朝日町	朝陽街(中山區)	松林町	松林街(中山區)
桂 町	桂林街(中山區)	奧 町	民生街(中山區)
榊 町	望海街(中山區)	櫻 町	七七街
龍田町	職工街(中山區)	八阪町	桂林街(中山區)
清水町	杏林街(中山區)	楠 町	望海街(中山區)
常陸町	常青街(中山區)	京極通	友誼街(中山區)
攝津町	松雲街(中山區)	逢坂町	武昌街(中山區)
對馬町	華昌街「中山區)	松風臺	松風街(中山區)
吉野町	中和街(中山區)	櫻花臺	智仁街(中山區)
	吉慶街(中山區)	向陽臺	向陽街(中山區)
大山通	上海路(中山區)	青雲臺	青雲街(中山區)
浪速町	天津街(中山區)	初音町	葵英街(中山區)
	保安街(中山區)	文化臺	文化街(中山區)
磐城町	天津街(中山區)	若松町	嶺前街(口山區)
駿河町	民康街(中山區)	桃源臺	桃源街(中山區)
佐渡町	白玉街(中山區)	光風臺	光風街(中山區)
但馬町	一德街(中山區)	長春臺	長春街(西崗區)
越后町	玉光街(中山區)	晴明臺	晴明街(西崗區)

해방전 지명	현재명	해방전 지명	현재명
近江町	友好路(中山區)	臥龍臺	臥龍街(中山區)
伊勢町	友好路(中山區)	鳴鶴臺	鳴鶴街(中山區)
能登町	武漢街(中山區)	平和臺	景山街(中山區)
西通町	中山路(中山區)	秀月臺	秀月街(中山區)
常盤通	中山路(中山區)	清見町	清溪街(中山區)
岩代町	普照街(中山區)	春陽臺	勝海街(中山區)
三河町	向前街(中山區)	小波町	小龍街(中山區)
若峽町	昆明街(中山區)	春日町	解放路(中山區)
美濃町	新安街(中山區)	二葉町	五卅街(中山區)
西公園町	解放路(中山區)	廣小路	友好街(中山區)
加茂川町	七七街(中山區)	心齊橋通	進步街(中山區)
愛宕町	同興街(中山區)	榮町通	長江路(西崗區)
丹后町	百玉街(中山區)	本町通	興隆街(中山區)
天神町	獨立街(中山區)	未廣町通	青泥街(中山區)
八幡町	自衛街(中山區)	羽衣町	青泥街(中山區)
銀座通	榮盛街(中山區)	常盤町通	中山路(中山區)
入船町	柴市街(西崗區)	水仙町	雲山街(西崗區)
榮 町	通匯街(西崗區)	董 町	北京街(西崗區)
伏見町	中山路(西崗區)	北崗子	北崗街(西崗區)
日吉町	不老街(西崗區)	北關街	北關街(西崗區)
惠比須町	黃河路(西崗區)	蓬萊町	沈陽街(西崗區)
大黑町	更新街(西崗區)	山吹町	沈陽路(西崗區)
千歲町	西安街(西崗區)	橋立町	沈陽路(西崗區)
博文町	歡勝街(西崗區)	雲集街	鞍山街(西崗區)
錦 町	錦華街(西崗區)	尾上町	長春街(西崗區)
紅葉町	保健街(西崗區)	菖蒲町	長春路(西崗區)
松山町	松山街(西崗區)	桔梗町	大同街(西崗區)
長安街	鞍山路(西崗區)	富久町	大同街(西崗區)
東關街	東關街(西崗區)	不老街	不老街(西崗, 沙河口區)
西崗街	長江路(西崗區)	長生街	長生街(沙河口區)
宏濟街	宏濟街(西崗區)	花園町	新開路(西崗區)
三室町	唐山街(西崗區)	平和街	華勝街(西崗區)
光明臺	勝利路(西崗區)	財神街	豊登街(西崗區)
香月臺	光復街(中山區)	德政街	慶賀街(西崗區)
鳴海町	鳴海街(中山區)	泰公街	泰公街(西崗區)
靜浦臺	自由街(中山區)	久壽街	久壽街(西崗區)
見晴臺	結好巷(中山區)	同仁街	同仁街(西崗區)
濱 町	濱海街(西崗區)	大龍街	大龍街(西崗區)
乃木町	兆麟街(西崗區)	得勝街	得勝街(西崗區)
兒玉町	團結街(西崗區)	平順街	平順街(西崗區)
山城町	烟臺街(西崗區)	福德街	福德街(西崗區)
北大山通	上海路(中山區)	永樂街	永樂街(西崗區)
日新町	宏濟街(西崗區)	萬歲街	萬歲街(沙河口區)
新起街	新起街(西崗區)	雲井町	工華街(沙河口區)
長者町	民政街(西崗區)	泰山街	泰山街(沙河口區)

해방전 지명	현재명	해방전 지명	현재명
芝生街	擁警街(沙河口區)	鵲 町	北欄子(沙河口區)
秋月町	振工街(沙河口區)	小松台	黑石礁中村(沙河口區)
福星街	振工街(沙河口區)	月見個岡	黑石礁東村(沙河口區)
王陽街	聯合路(沙河口區)	文月通	黑石礁西村(沙河口區)
芙蓉町	聯合路(沙河口區)	老虎灘	虎灘街(中山區)
永安街	永安街(沙河口區)	嶺前屯	八一路(西崗區)
曉 町	黑石礁中村(沙河口區)	下藤町	白山路(沙河口區)
轉山屯	轉山屯新村(中山區)	上藤町	白山路(沙河口區)
眞金町	白山路(沙河口區)	蔦 町	玉華街(沙河口區)
白菊町	對山街(西崗區)	薄 町	萬歲街(沙河口區)
	革新街(西崗區)	下葭町	連勝街(沙河口區)
千草町	民運街(西崗區)	上葭町	連勝街(沙河口區)
若榮町	正仁街(西崗區)	白金町	連勝街(沙河口區)
石道街	石道街(西崗區)	黃金町	民勝街(沙河口區)
三春町	東北路(沙河口區)	大正通	西安路(沙河口區)
回春街	東北路(沙河口區)	霞 町	興工街(沙河口區)
早苗町	東北路(沙河口區)	京 町	慶平街(沙河口區)
聖德街一丁目	正仁街(沙河口區)	仲 町	如意街(沙河口區)
聖德街二丁目	聯德街(沙河口區)	巴 町	昌平街(移河口區)
聖德街三丁目	聯合路(沙河口區)	元 町	廣平街(沙河口區)
聖德街四丁目	聯合路(沙河口區)	下萩町	太原街(沙河口區)
聖德街五丁目	萬歲街(沙河口區)	上萩町	太原街(沙河口區)
泉 町	蓋平街(沙河口區)	西 町	升平街(沙河口區)
台山町	漢陽街(沙河口區)	傳家屯	興海街(西崗區)
河原町	功成街(沙河口區)	臺山屯	臺山新村(沙河口區)
裙野町	富國街(沙河口區)	西山屯	西山新村(沙河口區)
三日月通	北欄子(沙河口區)	馬欄屯	馬欄村(沙河口區)
水明町(水明莊)	黑石礁西村(沙河口區)	小崗子	北京街(西崗區)
高砂町	黑石礁西村(沙河口區)	白妙町	北欄子(沙河口區)
霞半島	黑石礁東大頭(沙河口區)	椒房屯	椒 房(甘井子區)
棒捶屯	棒捶島(中山區)	金家屯	金家街(甘井子區)
碧山莊	海港大院(中山區)	呂家屯	呂家屯(甘井子區)
崔家屯	崔家溝(中山區)	嶺甲灣屯	嶺甲灣(中山區)
春柳屯	春 柳(沙河口區)	石槽屯	石 槽(中山區)
大房子	新起屯(西崗區)	唐家屯	唐家屯(中山區)
甘井屯	甘井子(甘井子區)	香爐屯	香爐礁(西崗區)

2. 산, 하천, 다리, 원, 광장

옛 명칭	새로운 명칭
轉山	轉山
廟山	東山과 轉山 사이
景山	景山
神社山	南山 북쪽
白雲山	白雲山
吾妻山	智仁街 동쪽 山地
大頂山	大頂山
珠容山	屬東山(廟山 남쪽 山地)
綠山	綠山
東山	東山
春日山	火葬場과 中醫院 사이
仙山	捷山
觀櫻山	巒山 북쪽, 興隆屯일대
大佛山	烈士山
大連富士	台山
半拉山	半拉山
巒山	興隆屯 서쪽
馬欄河	馬欄河
柴河(柴川)	自由河
汐見橋(潮見橋)	老虎灘橋
惠比須橋	東關街橋
水道橋	五一橋
鶴舞橋	秀月橋
常盤橋	青泥窪橋
千鳥橋	自由河東一橋
日本橋	勝利橋
靜浦橋	自由河東二橋
港橋	港灣橋
東鄉橋	濱海橋
入船町橋	榮市街橋
北崗子橋	北崗橋一
富士根橋	馬欄河橋
小村公園(電氣遊園)	大連動物園
鏡個池遊園地	大連兒童公園
聖德街公園	中山公園
老虎灘公園	老虎灘公園
中央公園(西公園)	勞動公園
北公園	北海公園
花園(南花園)	24중학 서쪽의 花園
彌生池公園(南山麓公園)	大連植物園
星個浦公園	星海公園
春日池	綠山池
彌生池	映松池

옛 명칭	새로운 명칭
鏡個池	明澤湖
驛前廣場	勝利廣場
大廣場	中山廣場
西廣場	友好廣場
朝日廣場	三八廣場
千代田廣場	二七廣場
敷島廣場	民主廣場
長者廣場	스탈린광장
大正廣場	解放廣場
黃金廣場	五四廣場
花園廣場	花園廣場
大連運動場	大連市人民體育場
南廣場	勝利橋 남쪽
北廣場	勝利橋 북쪽
寶廣場	大衆街와 長江路 교차구
東廣場	港灣橋
三春廣場	鞍山路廣場

3. 도시건축물

옛 명칭	새로운 명칭
達爾尼市政府大樓	大連自然博物館
厚樂園	旅順植物園
滿州日日新聞大樓	大連日報社
中央試驗所大樓	大連化物所
橫濱正金銀行大樓	中國銀行大樓
滿鐵大樓	大連鐵路分局
滿鐵圖書館樓	大連市少年兒童圖書館樓
大和旅館	大連賓館
大連博愛醫院大樓	大連第二人民醫院大樓
大連市役所大樓	大連財貿大樓
山縣通市場	民壽市場
旅順陸軍將校集會所	旅順博物館
大連神明高等女學校大樓	中共大連市委北樓
朝鮮銀行大樓	中國人民銀行大連分行大樓
五品取引所大樓	大連雲山賓館
中央旅館大樓	大連東方旅社
復興大戲院	大衆電影院
小崗子驛	大連鐵路西站
吾妻驛	大連鐵路東站
周水子驛	周水子車站
大連埠頭船客待合所	大連港舊客運站
大連遞信局大樓	大連市郵電局大樓
匯豐銀行大樓	大連市檔案館大樓
大連奏樂堂	大連市少年宮
麒麟啤酒大樓	大連市工人文化宮
滿鐵大連病院大樓	大連鐵路醫院
大連郵便局大樓	勝利橋郵電局大樓
天滿星旅館	大連旅社
大連地方法院大樓	大連市中級人民法院
遼東旅館大樓	大連飯店
映畵館大樓	友好電影院
公議電影院大樓	虹霓電影院
霞小學校大樓	大連市第八中學大樓
幾久屋大樓	天津街百貨商店
土井內商店大樓	民勇市場
滿鐵電業株式會社中央大樓	市電業局辦公樓
三越洋行大樓	大連秋林公司
大連赤十字病院大樓	大連醫學院附屬醫院
東拓株式會社大樓	大連市人民政府東大樓
關東州廳廳舍	大連市人民政府大樓

옛 명칭	새로운 명칭
常盤橋市場大樓	大連商場北大樓
常盤橋社會館大樓	大連市群衆藝術館
中央館大樓	進步電影院
南山寮	清爽街海港大樓

*① 표에서 "도시도로"부분에서 스탈린로(중산구)는, 지금 인민로로 이름이 바뀌었다. ② "산, 하천, 다리, 원, 광장"부분에서, 대련동물원은 지금은 대련 삼림동물원(森林動物園)으로 이전했다. 스탈린 광장은 지금은 인민광장으로 이름이 바뀌었다. ③ "도시건축물"부분에서 대련자연박물관은 지금은 대련 흑석초(黑石礁)로 이전했다. 대련일보사는 지금은 대련시 중산구(中山區) 세기가(世紀街)로 이전했다. 중공대련시위북루의 대련시위는 지금 대련27광장 부근으로 이전했다. 대련시당 안관대루는 지금은 대련시 중산구(中山區) 중남로(中南路) 일대로 이전했다.

출전 : 於植元, 董志正 主編, 『簡明大連辭典』, 大連出版社, 1995, 1005~1012쪽.

참고문헌

1. 중문자료

婁立齋, 「南滿洲鐵道公司之特質及其史的發展」, 『東方雜志』 第28卷 第24號.

王　檢, 「東三省日本移民的過去和將來」, 『東方雜志』 第30卷 第19號, 1935年 9月.

傅立魚, 『大連要覽』, 『泰東日報』社, 1918.

陳　覺, 『國難痛史資料』 第1卷, 東北問題研究會, 1932.

陳　覺, 『日本侵略東北史』, 商務印書館, 1934.

申報年鑒社 編, 『申報年鑒』, 1933.

『旅大概述』編委會, 『旅大概述』, 1949.

章有義, 『中國近代農業史資料』 第3輯, 三聯書店, 1957.

張蓉初 譯, 『紅檔雜志有關中國交涉史料選譯』, 三聯書店, 1957.

王鐵崖 編, 『中外舊約章匯編』 第1·2·3冊, 三聯書店, 1957·1959·1962.

中國近代史資料叢刊, 『中日戰爭』 第2·5·7冊, 上海人民出版社, 1957.

陳真 等 合編, 『中國近代工業史資料』 第2輯, 三聯書店, 1958.

『洋務運動』 叢刊 第2冊, 上海人民出版社, 1961.

孫寶田, 『旅大文獻征存』 第1·3卷, 1961年手抄本, 大連圖書館 소장.

陸奧宗光 著, 伊舍石 譯, 穀長青 校, 『蹇蹇錄』, 商務印書館, 1963.

陸奧宗光 著, 中塚明 校注, 『新訂蹇蹇錄』, 岩波書店, 1983.

袁榮叜 著, 『膠澳志』 第2冊, 沈雲龍 主編, 『近代中國史料叢刊』(307), 臺北, 文海出版社有限公司, 中華民國六十二(1973)年 影印版.

復旦大學歷史系日本史組 編譯, 『日本帝國主義對外侵略史料選編』(1931~1945年),

上海人民出版社, 1975 · 1983年 第2版.

唐韻超,『回憶大連中華工學會革命歷史』, 1978年 10月 29日, 大連機車車輛廠 存稿.

吉林省社會科學院,『滿鐵史資料』, 編輯組 編,『滿鐵史資料 · 路權篇』第2卷, 中華書局, 1979.

解學詩 主編,『滿鐵史資料 · 煤鐵篇』第4卷, 中華書局, 1987.

『籌辦夷務始末』第6冊 (咸豊朝), 中華書局, 1979.

王蕓生,『六十年來中國與日本』第2 · 4 · 8卷, 三聯書店, 1980 · 1982.

愛新覺羅 · 溥儀,『我的前半生』, 群衆出版社, 1981.

『沈陽文史資料』第1輯, 1981.

南開大學馬列主義教研室中共黨史教研組 編,『華北事變資料選編』, 河南人民 出版社, 1983.

中國人民銀行總行參事室 編,『中華民國貨幣史資料』第1輯, 上海人民出版社, 1986.

河本大作 等 著, 陳鵬仁 譯,『我殺死了張作霖』, 吉林文史出版社, 1986.

日本防衛廳戰史室 編纂, 天津市政協編譯委員會 譯,『日本軍國主義侵華資料 長編』, 四川人民出版社, 1987.

武强主 編,『東北淪陷十四年教育史料』, 吉林教育出版社, 1989.

戚其章 主編,『中國近代史資料叢刊續編 · 中日戰爭』第1 · 6 · 10册, 中華書局, 1989.

鄒念之 編譯,『日本外交文書選譯——關於辛亥革命』, 中國社會科學出版社, 1980.

中國人民政治協商會議遼寧省大連市委員會文史資料研究委員會 編,『大連文 史資料』第1 · 6輯, 1984 · 1989.

中國人民政治協商會議遼寧省暨沈陽市委員會文史資料研究委員會 編,『遼寧文史資料』第16輯, 遼寧人民出版社, 1986.

中國人民政治協商會議遼寧省大連市旅順口區委員會文史資料委員會 編,『旅順口文史資料』第2輯, 1994.

中國人民政治協商會議莊河縣委員會文史資料委員會 編,『莊河文史資料』第8・10輯, 1992・1997.

政協大連市西崗區委員會文史資料委員會 編,『西崗文史資料』第2輯, 1990.

遼寧省檔案館・遼寧社會科學院 編,『"九一八"事變前後的日本與中國東北－滿鐵秘檔選編』, 遼寧人民出版社, 1991.

王彥威 輯, 王亮 編,『清季外交史料』, 書目文獻出版社, 1987.

中央檔案館・中國第二歷史檔案館・吉林省社會科學院 合編,『日本帝國主義侵華檔案資料選編』 第3册(僞滿傀儡政權)・第8册(東北歷次大慘案)・第14册(東北經濟掠奪), 中華書局, 1994・1989・1991.

孫邦 等 主編,『僞滿史料叢書』:『九・一八事變』・『殖民政權』・『僞滿軍事』・『經濟掠奪』・『日僞暴行』・『抗日救亡』・『僞滿社會』・『僞滿人物』・『僞滿文化』・『僞滿覆亡』, 吉林人民出版社, 1993.

遼寧省教育史志編纂委員會 編,『遼寧教育史志』, 遼寧新聞出版局, 1993.

『鐵道部大連機車車輛工廠廠志』編纂委員會 編,『鐵道部大連機車車輛工廠廠志』, 大連出版社, 1993.

何天義,『日軍槍刺下的中國勞工』之三, 新華出版社, 1995.

居之芬 主編,『日本對華北經濟的掠奪和統制－華北淪陷區資料選編』, 北京出版社, 1995.

遼寧省檔案館 編,『日俄戰爭檔案史料』, 遼寧古籍出版社, 1995.

中國社會科學院近代史研究所近代史資料編輯部 編,『近代史資料』, 總第91號, 中國社會科學出版社, 1997.

章伯鋒 等 主編,『中國近代史資料叢刊・抗日戰爭』第1・6卷, 四川大學出版社, 1990.

王希智 等 主編, 『帝國主義侵略大連史叢書·大連近百年史文獻』, 遼寧人民出版社, 1999.

馬麗芬 等 主編, 『帝國主義侵略大連史叢書·大連近百年史見聞』, 遼寧人民出版社, 1999.

全國圖書館文獻縮微復制中心 編, 『僞滿洲國史料』, 2002.

居之芬·莊建平 主編, 『日本掠奪華北强制勞工檔案史料集』 上, 社會科學文獻出版社, 2003.

重光葵 著, 齊福霖 等 譯, 『日本侵華內幕』, 解放軍出版社, 1987.

龜井玆明 撰, 高永學 等 譯, 『血證甲午戰爭親歷記』, 中央民族大學出版社, 1997.

故宮博物院 編, 『清光緒朝中日交涉史料』 卷69·卷86, 民國二十一(1932)年 鉛印本.

遼寧省檔案館, 『關於滿鐵與"七七事變"的一組檔案史料』, 『民國檔案』, 2001年 第3期.

王樹楠·吳廷燮·金毓黻 等 纂, 『奉天通志』 第3·4冊, 東北文史叢書編輯委員會 點校·出版, 1983.

2. 일문자료

[日]川崎三郎, 『日淸陸戰史』 卷5, 東京, 陽春堂, 1896.

[日]關東都督府 編, 『關東都督府法規提要』, 1907·1910.

[日]『滿鐵統計年報』, 1907~1912.

[日]關東都督府大連民政署, 『統計摘要』, 1912.

[日]伊藤武一郎, 『滿洲開發十年史』, 滿洲十年史刊行會, 1916.

[日]南滿洲鐵道株式會社, 『南滿洲鐵道株式會社十年史』, 大連滿洲日日新聞社,

1919.

[日]關東州都督府民政部庶務科,『關東州的鹽業』, 1919.

[日]溝淵孝雄 編纂,『關東州司法令集』, 有斐閣, 1920.

[日]篠崎嘉郎,『大連』, 東京, 大阪屋書店, 1921.

[日]關東廳長官官房文書課,『關東廳要覽』, 滿洲日日新聞社, 1923.

[日]關東州臨時土地調查部 編,『關東州事情』上・中・下卷, 大連滿蒙文化協會, 1923.

[日]南滿洲鐵道株式會社庶務部調查課,『滿洲にける油坊業』, 滿洲日日新聞社, 1924.

[日]南滿洲鐵道株式會社庶務部調查課 編,『滿洲油坊業』, 1924.

[日]關東廳 編,『關東廳施政二十年史』, 滿洲日日新聞社, 1926.

[日]大連滿鐵社員會,『協和』(1927~1931).

[日]高橋勇八 著,『滿鐵地方行政史』, 大連滿蒙事情研究會, 1927.

[日]篠崎嘉郎,『滿洲金融及財界的現狀』, 大連, 大阪屋號書店, 1927.

[日]山田武吉,『關東州市制問題』, 小林又七印刷所, 1928.

[日]大連商工會議所,『關東州工業の現勢』, 1928.

[日]大連民政署 編,『大連要覽』, 大連, 大阪屋號書店, 1928.

[日]滿鐵調查課 編,『南滿洲鐵道株式會社第二次十年史』, 大連, 1928.

[日]南滿洲鐵道株式會社社長室人事課 編,『昭和三年度南滿洲的工人運動』下, 1929.

[日]平塚篤,『伊藤博文秘錄』, 東京, 春秋社, 1929.

[日]別府良夫,『滿蒙事情十六講』, 新天地社, 1930.

[日]阿部勇,『滿洲工業發達的概況』, 新天地社, 1930.

[日]高橋勇八,『大連市』, 大陸出版協會, 1930.

[日]矢野太郎,『露治時代關東州法規類集』, 1931.

[日]關東廳方面委員事務所,『關東廳方面委員制度要覽』, 1931.

[日]向野堅一,『從軍日記』, 1932年 油印本, 大連圖書館 소장.

[日]向野堅一,『三崎山追記』, 1932年 油印本, 大連圖書館 소장.

[日]滿洲靑年聯盟史刊行會 編,『滿洲靑年聯盟史』, 1933.

[日]關東廳水利調查組,『愛川村──邦人滿洲移民之魁』,『滿蒙』, 1933年(昭和八年)에 기재.

[日]大連滿洲文化協會農業調查班,『金州愛川村』,『滿蒙』 1933年(昭和八年)3月號에 기재.

[日]關東局,『關東局統計要覽』, 1933~1940.

[日]宮本通治,『滿洲事變と滿鐵』, 1934.

[日]池田公雄 編,『大連市政二十年史』, 大連市役所, 1934.

[日]大連民政署,『大連商工要覽』, 1935.

[日]大連汽船株式會社庶務課,『大連汽船株式會社二十年略史』, 1935.

[日]關東局,『關東局稅務統計書』, 1935~1940.

[日]『滿洲農業移民方策』 第2編 第1卷 第1號, 1935.

[日]長野政未,『伸び行く大連』, 東亞印刷株式會社大連支店, 1935.

[日]內海治一,『滿洲油坊現勢』, 南滿鐵道株式會社, 1935.

[日]關東局,『關東局施政三十年史』, 凸版印刷株式會社, 1936.

[日]淺野虎三郎,『大連市史』, 大連市役所, 1936.

[日]黑龍會 編,『東亞先覺志士記傳』下冊, 原書房이 1936年 원본에 근거하여 1981年에 第4次 印刷.

[日]滿鐵資料課 編,『滿鐵調查機關要覽』, 1937.

[日]關東局,『關東局統計三十年志』, 1937.

[日]大連商工會議所,『經濟都市大連』, 1937.

[日]鶴見祐輔,『後藤新平』 第2冊, 後藤新平伯傳記編纂會, 1937.

[日]關東州廳, 『關東州治概況』, 1937.

[日]關東州廳土木課 編, 『大連都市計劃概要』 第1輯, 大連, 1937.

[日]松木豐三, 『南滿洲鐵道株式會社三十年略史』, 1937.

[日]大連民政署 編, 『大連民政三十一年紀念志』, 1937年 印刷, 1938年 發行.

[日]關東州廳, 『關東州の農業』, 滿洲日日新聞社, 1938.

[日]關東州廳土木課 編, 『大連都市計劃概要』 第2輯, 大連, 1938.

[日]山岸守永 著, 『滿洲經濟提要』, 滿鐵調查部, "極秘", 1938.

[日]滿鐵調查課, 『關東州工廠統計』, 1939.

[日]關東州經濟會, 『關東州經濟圖說』, 1939·1941.

[日]工業化學會滿洲支部 編, 『滿洲の資源と化學工業』, 東京, 丸善株式會社, 1939.

[日]南滿洲鐵道株式會社總裁室地方部殘務整理委員會, 『南滿洲鐵道株式會社附屬地經營沿革全史』, 上·中·下冊, 南滿鐵道株式會社, 1939.

[日]速水滉, 『五年計劃與滿洲工業』, 京城帝國大學大陸文化研究會, 1940.

[日]長島高春, 『滿鐵と關系會社』, 大連, 滿鐵會社, 1940.

[日]關東廳經濟部理財課, 『關東州金融事情』, 1940年 油印本.

[日]關東廳文書課, 『關東州要覽』, 滿洲日報社印刷所, 1941.

[日]關東州廳警察部, 『對日謀略放火破壞團的活動經過』, 1941.

[日]滿洲建設勤勞奉仕隊實踐本部, 『滿洲與開拓』, 1941.

[日]滿洲拓殖公社, 『論初期的滿洲開拓』, 1941.

[日]關東州廳內務部民生課 編, 『關東州に於ける地方行政』, 1941.

[日]菊池寬 著, 『滿鐵外史』 後編, 大連滿鐵社員會, 1942.

[日]滿鐵弘報課 編, 『滿洲文化與滿鐵』, 大連, 1942.

[日]大連商工會議所, 『大連商工案內』, 1942.

[日]鶴見祐輔, 『後藤新平傳·滿洲經營篇』 上下, 太平洋協會出版部, 1944年 再版.

[日]淺野虎三郎, 『大連市會志』, 1943.

[日]永井和歌丸, 『關東州工業事情』, 關東州工業會, 1943.

[日]關東局, 『關東局法規提要』, 日清印刷所, 1943.

[日]熊田八千雄 編, 『關東州勞務必攜』, 關東州勞務協會, 1944.

[日]關東州經濟會, 『關東州經濟年報』, 1944.

[日]關東州經濟會, 『關東州經濟の現勢』 1944.

[日]關東州工業會, 『州計劃と工業立地』 1944.

[日]古川賢一郎 著, 『(社團法人) 關東州土木建築業協會重要規程』, 關東州土木建築業協會, 1944.

[日]關東州經濟會, 『關東州經濟統制全書』, 1945.

[日]關東州廳學務課 編, 『現行學事法規』, 1945.

[日]小林竜夫 等 編, 『現代史資料(7)滿洲事變』, みすず書房, 1965.

[日]大山梓, 『山縣有朋意見書』, 原書房, 1966.

[日]安藤彦太郎, 『滿鐵———日本帝國主義と中國』, 御茶水書房, 1965.

[日]日本外務省, 『日本外交文書』 第1卷 第1册, 原書房, 1969.

[日]滿鐵會, 『山崎元幹·田村羊三思い出の滿鐵』, 龍溪書舍, 1986.

[日]田中宏 等, 『強擄中國人資料──〈外務省報告書〉全五册及其他』, 現代書館, 1995.

[日]歷史學硏究會 編, 『日本史料 [4] 近代』, 岩波書店, 1997.

[日]滿鐵經濟調査會 編, 『滿洲硫銨工業·曹達工業方策』, "極秘", 立案調査書類 第六編 第十二卷, 印刷을 謄寫로 대신했음.

3. 중문저술

卿汝楫, 『美國侵華史』 第1冊, 三聯書店, 1952.

吳承明, 『帝國主義在舊中國的投資』, 人民出版社, 1955.

孔經緯, 『日俄戰爭至抗戰勝利期間東北的工業問題』, 遼寧人民出版社, 1958.

劉世錡, 『旅大地理』, 商務印書館, 1959.

中華人民共和國水產部辦公廳, 『水產工作概況』, 科技出版社, 1959.

丁名楠 等, 『帝國主義侵華史』 第1卷, 人民出版社, 1961.

孔經緯, 『中國近百年史綱』, 吉林人民出版社, 1980.

常城主 編, 『東北文史叢書·張作霖』, 遼寧人民出版社, 1980.

易顯石 等, 『"九·一八"事變史』, 遼寧人民出版社, 1981.

姜念東 等, 『偽滿洲國史』, 吉林人民出版社, 1986.

杜恂誠, 『日本在舊中國的投資』, 上海社會科學出版社, 1986.

蔣廷黻, 『中國近代史·外三種』, 岳麓書社, 1987.

劉連崗 等 編, 『大連港口紀事』, 大連海運學院出版社, 1988.

張福全, 『遼寧近代經濟史』(1840~1949), 中國財政經濟出版社, 1989.

劉功成, 『大連工人運動史』, 遼寧人民出版社, 1989.

劉功成, 『大連人民反抗帝國主義侵略鬪爭史』, 遼寧人民出版社, 1999.

劉功成·王靜彦, 『20世紀大連工人運動史』, 遼寧人民出版社, 2001.

蘇崇民, 『滿鐵史』, 中華書局, 1990.

丁長清, 『民國鹽務史稿』, 人民出版社, 1990.

顧明義 等 主編, 『日本侵占旅大四十年史』, 遼寧人民出版社, 1991.

顧明義 等 主編, 『帝國主義侵略大連史叢書·大連近百年史』 上·下, 遼寧人民出版社, 1999.

王勝利 等 主編, 『帝國主義侵略大連史叢書·大連近百年史人物』, 遼寧人民出版社, 1999.

孫承岱·徐元辰 主編, 『帝國主義侵略大連史叢書·衛生卷』, 大連出版社, 1999.

劉太明 主編, 『帝國主義侵略大連史叢書·稅務卷』, 大連出版社, 1999.

傅大中 著, 『關東憲兵隊』, 吉林教育出版社, 1991.

解學詩, 『歷史的毒瘤』, 廣西師範大學出版社, 1993.

木森, 『旅順大屠殺』, 警官教育出版社, 1993.

程思遠 主編, 『中國國民黨百年風雲錄』, 延邊大學出版社, 1994.

方知達 等 著, 『太平洋戰爭的警號』, 東方出版社, 1995.

王承禮 總主編, 『東北淪陷十四年史叢書·苦難鬪爭十四年』, 下卷, 中國大百科全書出版社, 1995.

周永剛 主編, 『中國水運史叢書·大連港史』, 大連出版社, 1995.

盧鴻德 主編, 『日本侵略東北教育史』, 遼寧人民出版社, 1995.

張洪祥 主編, 『近代日本在中國的殖民統治』, 天津人民出版社, 1996.

沈毅, 『近代大連城市經濟研究』, 遼寧古籍出版社, 1996.

霍燎原·潘啓貴 著, 『日僞憲兵與警察』, 黑龍江人民出版社, 1996.

居之芬·張利民 主編, 『日本在華北經濟統制掠奪史』, 天津古籍出版社, 1997.

朱誠如 等 主編, 『遼寧通史』, 大連海事大學出版社, 1997.

鄒繼豪, 『中華體育先驅劉長春』, 大連理工大學出版社, 1998.

大連造船廠史編委會 編, 『大連造船廠史(1898~1998)』, 1998.

曲曉範, 『近代東北城市的歷史變遷』, 東北師範大學出版社, 2001.

何勁松 著, 『近代東亞佛教——以日本軍國主義侵略戰爭爲線索』, 社會科學文獻出版社, 2002.

齊紅深 主編, 『日本侵華教育史』, 人民教育出版社, 2002.

大連市政協文史和學習委員會 等 編著, 『大連民營經濟發展簡史』, 東北財經大學出版社, 2003.

解學詩, 『隔世遺思――評滿鐵調査部』, 人民出版社, 2003.

田志和, 『對日寇最後一戰』, 長春出版社, 2005.

4. 외국어 번역저서

[德]弗朗克 著, 王光祈 譯, 『三國幹涉還遼秘聞』, 中華書局, 1929.

[英]菲利普約瑟夫 著, 胡濱 譯, 『列强對華外交』, 商務印書館, 1954.

[美]雷麥(C. F. Remer)著, 蔣學楷·趙康節 等 譯, 『外人在華投資』, 商務印書館, 1959.

[日]東亞同文會 編, 胡錫年 譯, 『對華回憶錄』, 商務印書館, 1959.

[蘇]鮑·亞·羅曼諾夫 著, 上海人民出版社編譯室 譯, 『日俄戰爭外交史綱(1895~1907)』, 上·下冊, 上海人民出版社, 1976.

[蘇]B.阿瓦林 著, 北京對外貿易學院俄語教硏室 譯, 『帝國主義在滿洲』, 商務印書館, 1980.

[日]森島守人 著, 趙連泰 譯, 『陰謀·暗殺·軍刀』, 黑龍江人民出版社, 1980.

[日]草柳大藏 著·劉耀武 等 譯, 『滿鐵調査部內幕』, 黑龍江人民出版社, 1982.

[美]F·W·狄金, G·R·斯多利 著, 聶崇厚 譯, 『佐爾格案件』, 群衆出版社, 1983.

[日]關寬治·島田俊彦 著, 王振鎖 等 譯, 『滿洲事變』, 上海譯文出版社, 1983.

[日]井上淸 著, 宿久高 譯, 『日本帝國主義的形成』, 人民出版社, 1984.

[俄]B·B·戈列岑 著, 李述笑 等 譯, 『中東鐵路護路隊參加一九00年滿洲事件紀略』, 商務印書館, 1984.

[日]井上淸, 『日本軍國主義』 第2冊, 商務印書館, 1985.

[日]重光葵 著, 齊福霖 等 譯, 『日本侵華內幕』, 解放軍出版社, 1987.

[日]滿史會 編, 東北淪陷十四年史編寫組 譯, 『滿洲開發四十年史』, 上·下卷,

內部交流, 遼寧省內部圖書准印證(87) 第 192號, 1988.

[日]信夫清三郎 著, 周啓乾 等 譯,『日本政治史』, 上海譯文出版社, 1988.

[日]依田憙家 著, 卞立強 等 譯,『日本帝國主義和中國』, 北京大學出版社, 1989.

于國強 等 譯,『"滿洲國"警察史』, 吉林省公安廳公安史研究室, 1989.

[日]"滿洲國"史編纂刊行會 編, 黑龍江省社會科學院歷史研究所 譯,『滿洲國史(總論)』, 黑龍江省社會科學院歷史研究所, 1990.

[日]島田俊彥 著, 李汝松 譯,『日本關東軍覆滅記』, 遼寧教育出版社, 1991.

[日]楳本捨三 著, 高書全 等 譯,『關東軍秘史』, 上海譯文出版社, 1992.

[英] Meirion & Susie Harries(哈瑞斯) 原著, 葉廷燊 譯,『日本皇軍興亡史』, 臺北, 金禾出版社, 1994.

[日]山根幸夫 等 編, 周啓乾 監譯,『近代日中關系史研究入門』, 臺北, 金禾出版社有限公司, 民國84年(1995年).

[日]淺田喬二等 著, 袁愈佺 譯,『1937~1945日本在中國淪陷區的經濟掠奪』, 復旦大學出版社, 1997.

[日]野村浩一 著, 張學鋒 譯,『近代日本的中國認識』, 中央編譯出版社, 1998.

[日]若槻泰雄 著, 趙自瑞 譯,『日本的戰爭責任』, 社會科學文獻出版社, 1999.

5. 외국어 저술

[日]有賀長雄,『日清戰役國際法論』, 忠愛社, 1896.

[美]狄龍,『俄國聲名的晦暗』, 뉴욕, 1918.

[日]小笠原長生,『東鄉元帥全傳』, 東京, 1926.

[日]高塚原一 著,『日本在滿蒙的特殊權益』, 大連滿蒙研究會, 1931.

[日]嶋田道彌 著,『滿洲教育史』, 大連文教出版社, 1935.

[日]中村明星 著,『滿洲言論界活動全貌』, 大連, 1936.

[日]宿利重一, 『兒玉源太郞』, 東京, 對胸舍, 1938.
[日]堀真琴, 『日露戰爭前後』, 東京, 白楊社, 1940.
[俄]『維特回憶錄』第2卷, 모스크바, 1960.
[日]日本歷史學硏究會, 『太平洋戰爭史』, 日本東洋經濟新報社, 1953.
[日]山田豪一, 『滿鐵調査部』, 日本經濟新聞社, 1977.
[日]陳舜臣, 『江は流れず・小說日淸戰爭』下, 日本中央公論, 1981.
[日]石堂淸倫 等, 『十五年戰爭と滿鐵調査部』, 原書房, 1986.
[日]富永孝子, 『大連・空白の六百日』, 新評論, 1986.
[日]井上晴樹, 『旅順虐殺事件』, 築摩書房, 1995.
[日]栗屋憲太郞, 『十五年戰爭期的政治與社會』, 大月書店, 1995.

6. 사전(辭書)과 당안(檔案)

遼寧省總工會工運史志硏究室, 『東北工人運動大事記(1860~1954)』, 沈陽, 1980.
關捷・譚汝謙・李家巍 等 主編, 『中日關係全書』, 上・下册, 遼海出版社, 1999.
金縣地方志編纂委員會 編纂, 『金縣志』, 大連出版社, 1989.
于植元・董志正 主編, 『簡明大連辭典』, 大連出版社, 1995.
于仁國 主編, 『大連市志』, 大連出版社, 1999.
關東地方法院, 『對日謀略工作ニヨル放火事犯判決結果通報』, 1938年 9月 7日, 地檢 第541號, 中檔.
大連市公安局檔案, 2.3.1.5.
大連市公安局A檔案, 5.185.1.
大連市公安檔案, 2.3.1.5.
大連市公安局A檔案, 5.162.2-4.
大連市公安局A檔案, 5.162.

大連市公安局A檔案, 5.162.6.

大連市公安局檔案, 2.3.19.

『奉天交涉司檔』, 第3231卷, 遼寧省檔案館 소장.

季德一回憶資料, 원본은 金州史志辦公室에 존재.

撫順礦務局檔案館日文檔案, 勞1941/385號.

僞撫順憲兵分遣隊特高系人員寶田震策的反省材料, 撫順市公安局 소장.

7. 논문, 논문집

孔經緯, 「淸代民國僞滿時期東北社會經濟的演變」, 『史學集刊』, 1982年 第4期.

蘇崇民, 「滿鐵史槪述」, 『歷史硏究』, 1982年 第5期.

熊達雲, 「七七事變前日本帝國主義對華北的經濟擴張」, 『近代史硏究』, 1985年 第5期.

曲傳林, 「解放前大連油坊業的興衰」, 『大連市志通訊』, 1986年 第1期.

張祖國, 「20世紀上半葉日本在中國大陸的國策會社」, 『歷史硏究』, 1986年 第6期.

[日]大穀正, 「旅順虐殺事件の考察」, 日本『專修大學法學論集』第45號, 1987年.

李永昌, 「中國近代赴俄華工述論」, 『近代史硏究』, 1987年 第2期.

[日]山田豪一, 「1910年前後日本對華走私鴉片嗎啡的秘密組織的形成」, 『國外中國史硏究』第12輯, 中國社會科學院出版社, 1989.

謝學詩・宋玉印, 「七七事變後日本掠奪華北資源的總樞紐」, 『中國經濟史硏究』, 1990年 第4期.

劉廣堂・中塚明・關捷・井口和起・方軍 主編, 『以史爲鑒開創未來』, 上・下冊, 大連出版社, 2000.

陳光眞・關桓喜, "國際反帝情報組"在大連地區活動的調査報告」, 『反法西斯戰爭中的隱蔽戰線』, 黑龍江人民出版社, 2000.

關偉・關捷,「日本"滿洲"移民諸問題探討」,『抗日戰爭研究』, 2002年 第2期.

郭富純 主編,『旅順日俄監獄舊址百年變遷學術研討會文集』, 吉林人民出版社, 2003.

中國社會科學院中日歷史研究中心 編,『九一八事變與近代中日關係——九一八事變70周年國際學術討論會論文集』, 社會科學文獻出版社, 2004.

大連近代史研究所・旅順日俄監獄舊址博物館 主辦,『大連近代史研究』第1・2卷 (2004・2005).

黃福慶,「滿鐵調查部檢肅事件之背景探討」, 臺北,『中央研究院近代史研究所集刊』第22期 下冊.

후기

　이 연구 프로젝트는 2002년 4월에 승인을 얻은 것으로, 계획에 따르면 2004년 여름에 완성해야 했으나, 사정으로 인하여 연기되었다.

　일본이 대련(大連)을 침략한 역사는 큰 테마로써, 정치, 경제, 재정, 문화, 법률, 교육, 군사, 행정, 체육, 건축, 사상 등 수많은 방면에 관계된다. 이렇게 큰 테마를 단지 몇 사람의 노력에만 의지해서 몇 년의 시간 내에 질이 높은 전문 서적을 쓰려고 하는 것은 상당히 곤란한 것이었다. 그러나 대련 지역의 사학 종사자인 우리들은 책임감과 의무감을 느끼고 과제를 맡게 되었다. 바로 이러한 생각에 기초해서 우리들은 한걸음을 내딛게 되었다.

　현재 독자들 앞에 펼쳐진 이 전문서는 우리 집단이 노력한 결과이다. 비록 이 책을 저술할 때 우리들이 최대한의 노력을 기울였다고 하나, 우리들의 능력에 한계가 있기 때문에 저작 속에서 착오를 피할 수 없었다. 장래에 재판을 낼 기회가 있을 때 정정할 수 있도록, 아무쪼록 독자들의 아낌없는 가르침을 바란다. 우리들의 졸저 이후에 더 많고 더 좋은 이 분야 전문 서적들이 세상에 나오길 희망하며, 졸저의 사명, 즉 다른 분들의 훌륭한 견해를 듣기 위해 우리의 미숙한 견해를 내놓았던(引玉之磚) 사명이 완성되는 바로 그때, 우리 저자들은 큰 기쁨과 영광을 느끼게 될 것이다.

또한 이 책은 일본이 대련에 대해 진행한 식민 통치 방면에 중점을 두고 있기 때문에, 이 시기 대련 인민의 생활과 관련 있는 면들, 예컨대 풍토와 인정, 풍속, 사회생활 등의 방면은 생략하여 빠뜨렸다는 것을 설명할 필요가 있다. 이러한 방법이 타당한 것인지 아닌지에 대해서는 대가들께서 아무쪼록 아낌없는 가르침을 주시기 바란다.

편집을 책임진 쉬후이치(徐輝琪) 동지는 이 책의 출판을 위해 고달픈 일을 감내했다. 이에 감사의 뜻을 전한다.

2006년 4월 20일
대련에서

역자후기

흔히 만주라고 일컫는 중국의 동북지역, 즉 동북3성(요녕성, 길림성, 흑룡강성)은 19세기 말부터 20세기 전반에 이르는 기간 동안 세계사 속 소용돌이의 현장이었다.[1] 즉, 만주는 청말 러시아의 남하를 막기 위해 중국 정부가 추진한 한족의 대량 이주가 이루어졌던 곳이며, 근대 초기 서구 제국주의의 침략과 이후 서구화한 일본 제국주의의 침략에 의해 청일전쟁이 일어났고 이에 따라 요동이 일본에 할양되었다가 러시아 등의 삼국간섭에 의해 도리어 러시아에 조차되었던 곳이다. 또한 제국주의 국가 간에 동아시아의 쟁패를 겨룬 러일전쟁이 일어났으며, 그 결과 승리한 일본 제국주의가 러시아의 기득권을 양도받아 본격적으로 동북지역을 침략하기 위한 제반 기관과 시설을 설치하였던 곳이다.[2] 더불어 일본 제국주의의 대륙 침략 과정에서 9·18사변과 괴뢰 만주국의 건국이 추진되었고, 7·7사변과 중일전쟁 및 태평양전쟁 그리고 만주국의 붕괴가 일어났던 역사적 공간이었다.

중국 동북지역은 제국주의 열강 간의 쟁패를 다투던 싸움터였을 뿐만 아니라 제국주의 열강의 틈바구니 속에서 중국인, 조선인, 일본인, 만주인, 몽골인,

---

[1] 한석정 외 지음, 『근대 만주자료의 탐색』, 동북아역사재단, 2009, 17~19쪽.
[2] 이때 일본은 관동도독부(이후 관동청)를 비롯하여 관동군, 남만주철도주식회사 등을 설치하거나 설립하였다.

러시아인 등 동북아시아의 다양한 민족들이 융합된 다민족 집합 공간이었다. 또한 일제의 점령과 더불어 대륙 침략을 위한 전진 기지였으며 식민 통치의 우위를 전 세계에 드러내기 위한 일제의 각종 정치, 경제, 사회, 문화적 실험실이었다. 일본 제국주의의 각종 근대적 기획이 실험되던 공간이었기 때문에 그 실험과 경험, 그리고 기억은 이후 일본 본국은 물론 중국, 한국에 직간접적으로 영향을 미쳤다. 특히 만주국이라고 하는 '신생' 국가는 '왕도정치'를 내세우며 '민족협화', '오족협화'라는 테제 속에 동아시아 여러 민족을 융합하고자 실험하였기에 민족적 다양성과 복합성을 내재한 공간이었다. 또한 만주국은 제2차세계대전 이후 등장하는 이른바 위성국, 또는 꼭두각시 나라들의 원형이었다. 따라서 냉전 시대 미국과 소련 등이 그들의 '우방'에 영향을 주었던 본보기였기 때문에 세계사적으로도 그 의미가 크다고 할 수 있다.[3] 따라서 중국의 동북지역은, 현재의 동북지역은 물론 그와 연관되었던 중국, 일본, 한국, 러시아 등 동북아시아의 과거와 현재 및 냉전 시대를 이해하고 확인할 수 있는 '블랙박스'와 같은 공간인 것이다.

　동북지역이 이와 같이 중요한 의미를 지녔음에도 불구하고 지금까지의 동북지역과 만주에 대한 이해는 제한적이었다. 왜냐하면 일본 제국주의의 패망과 함께 각각 새로운 근대 국민국가가 해당 지역 또는 인접한 지역에 들어서면서 각각의 국가는 민족주의적 관점에서 동북지역의 역사적 경험을 잊어야 할, 또는 은폐해야 할 것으로 망각하고 있었기 때문이다. 다만 해당 국가(민족)의 정체성 형성을 위해 부분적으로 이용되거나 부각되는 모순도 존재하였다. 즉, 중국의 경우 동북지역은 일제에 의해 점령당해 억압받던 '악몽'의 시공간이었기에 일본 제국주의에 의해 건국된 만주국은 '위(僞) 만주국'으로 폄하되는 한편, 오랜 기간 전개되었던 중국 국공내전의 역사를 끝냈던 중국 공산당의 "승리의 보

---

[3] 한석정·노기식 편, 『만주, 동아시아 융합의 공간』, 소명출판, 2008, 9쪽.

루"로만 기억되었다.[4] 일본의 경우 제국주의적인 만행을 숨기고 피해국으로 표상화하기 위한 과정 속에 만주국의 기억과 그 관계는 끝내 침묵하는 한편, 식민통치의 정당성을 주장하기 위한 만주국 건국의 '이상'과 '개발'에 맞추어 식민지 근대화론만을 거듭 강조하였다. 한국의 경우 북한이던 남한이던 만주는 철저하게 일본인에게도 중국인에게도 박해받는 조선인들의 '민족의 수난처'였으며 항일 독립 운동의 메카로만 이해되었다. 이러한 각국의 민족주의적 시각이 틀린 것만은 아니다. 그러나 이것이 동북지역에서의 역사적 경험을 모두 다 보여주는 것은 아니다. 어쩌면 부분적인 사실이 전체인 것처럼 호도되는 현실이 문제일 것이다. 뿐만 아니라 이러한 불철저한 역사적 이해는 동아시아를 둘러싼 각국 사이의 긴장과 갈등을 조장하고 각각의 체제를 유지시키는 측면이 강하다. 현재 한국, 중국, 일본 사이에 불현듯 불거지는 역사적 갈등은 동북지역에 대한 각각의 경험의 차이에서 비롯되며 그 과정에 역사 전쟁으로까지 비화되고 있다. 그런 의미에서 동북지역에 대한 입체적이고 올바른 역사적 이해는 동아시아 국가 간의 관계 개선은 물론이고 동아시아의 평화를 보장하는 중요한 수단이 될 수 있다. 따라서 동북지역의 역사적 경험을 연구하는 것과 연구한 내용을 소개하는 것은 무엇보다 중요하다고 할 수 있을 것이다.

최근 들어 동아시아 국가의 현재가 20세기 전반 동북지역의 실험과 경험 및 그 기억 속에서 잉태된 것으로 이해하는 연구들이 속속 나오고 있다. 특히 일본의 경우 동북지역의 경험과 실험이 이른바 전후 '1940년대 체제'를 이끌었다는 전제 아래 현대 일본을 이해하는 중요한 고리로 동북지역에 대한 연구가 집중적으로 전개되었다. 이들 연구에서는 주로 전후 정치의 중심이라고 할 수 있는 만주국의 관료 및 관동군에 대한 연구로부터 전후 일본 경제의 싱크탱크라고 할 수 있는 남만주철도주식회사와 그 조사부에 대한 연구 등이 이루어졌고 최

---

[4] 한석정 · 노기식 편, 앞의 책, 8쪽.

근 들어 더욱 다각도에 걸쳐 진행되고 있다.[5] 뿐만 아니라 만주국이 단순한 '괴뢰국'이라기보다는 그 건국의 이상과 관련하여 민족적 다양성과 복합성을 유지하고자 한 '동아시아적 근대'로 이해하는 탈근대적 관점의 연구가 서구 학계에서 전개되었다.[6] 한국에서도 기존의 연구 경향을 비판하며 탈민족적인 시각에서 만주와 재만 조선인에 대한 연구가 국문학계에서 집중적으로 진행되었다. 국문학계의 연구가 주로 담론을 통한 연구들이 주류를 이루다보니 기존의 수난처와 독립 운동의 메카라는 일면적인 만주 인식에 비판적 이해는 불러왔지만, 동북지역의 현실에 대한 보다 심층적인 이해로 나아가지 못했다. 이러한 문제를 극복하기 위해 한국학계에서도 만주학회를 중심으로 현대 한국의 존재와 밀접한 관계를 가지고 있는 재만 조선인 연구로부터 만주국에 대한 전면적인 연구가 부분적으로 진행되고 있다.[7] 그러나 여전히 동북지역에 대한 연구는 시작 단계에 지나지 않는다.

이상과 같이 동북지역의 역사적 의미와 연구사적 의의를 통해 볼 때『일본의 대련 식민통치 40년사』는 세 가지 점에서 중요한 의미를 지닌다고 할 수 있다. 먼저, 동북지역의 역사적 이해로써 소개되지 않았던 중국 측의 연구를 소개한다는 점에서 그 의미가 크다. 근대 동북아시아사에서 또 다른 주축인 중국의 경험과 기억을 접할 수 없다면 이 또한 이 지역을 제대로 이해한다고 할 수 없을 것이다. 현재까지 한국에 소개된 동북지역의 연구는 대부분 일본과 미국 측

---

[5] 최근까지 일본 학계의 연구는 다나카 류이치,「일본의 '만주국' 연구의 현황과 과제」,『근대 만주 자료의 탐색』, 동북아역사재단, 2009 참조. 현재 한국에 번역된 일본 학계의 연구 성과는 다음과 같다. 고바야시 히데오 지음, 임성모 옮김,『만철, 일본제국의 싱크탱크』, 산처럼, 2004 ; 오카베 마키오 지음, 최혜주 옮김,『만주국의 탄생과 유산』, 어문학사, 2009 ; 야마무로 신이치 저, 윤대석 역,『키메라, 만주국의 초상』, 소명출판, 2009.

[6] 프래신짓트 두아라 저, 한석정 역,『주권과 순수성』, 나남, 2008.

[7] 그중 중요한 연구는 다음과 같다. 한석정,『만주국 건국의 재해석-개정판』, 동아대학교출판부, 2007 ; 김경일 · 윤휘탁 · 이동진 · 임성모 지음,『동아시아의 민족이산과 도시-20세기 전반 만주의 조선인』, 역사비평사, 2004 ; 한석정 · 노기석 편,『만주, 동아시아 융합의 공간』, 소명출판, 2008 ; 한석정 외 지음,『근대 만주 자료의 탐색』, 동북아역사재단, 2009.

의 연구였다. 물론 그것조차 최근의 일이며 많지 않지만 동북지역의 경험과 기억 중 큰 부분을 차지하고 있는 중국 측의 연구를 간과할 수 없다. 보다 입체적인 동북지역의 역사적 이해를 위해서는 반드시 필요한 부분이라고 생각한다.

다음으로, 기존 연구는 동북지역 가운데서도 특히 '만주국'에 한정되어 있으나, 남만주철도주식회사라고 하는 식민회사에 집중되어 있다. 주지하다시피 일제는 러일전쟁의 승리로 러시아가 조차한 여순과 대련 및 동청철도(남만주철도)를 그대로 인수받았고, 다시 1915년에는 아무런 법적 근거도 없이 99년이라는 긴 시간 동안 조차하였다. 말 그대로 조차가 아니라 점령이고 영구 집권이었다. 그렇다면 일제의 만주 통치는 1905년부터 본격적으로 시작되었다고 해도 과언이 아니다. 그러나 기존의 연구가 대체적으로 1931년 9·18사변 이후 만주국에 집중되었기 때문에 동북지역의 역사도 부분적인 이해에 그칠 수밖에 없었다. 그러므로 흔히 관동주라고 일컬어지는 대련을 중심으로 하는 『일본의 대련 식민통치 40년사』는 이러한 동북지역사의 전 기간에 대한 종합적인 이해를 위해 또한 의미 있는 연구라고 생각한다.

더불어 일본의 중국 동북지역 식민지배는 이른바 '삼두마차'라고 할 수 있는 관동도독부(이후 관동청), 남만주철도주식회사, 관동군에 의해 이루어졌다. 시기적 차이에 따라 힘의 역학관계에 차이는 있지만 중국 동북지역에 대한 일제의 식민지배를 총체적으로 이해하기 위해서는 이 삼두마차의 역할과 활동을 종합적으로 비교 검토해야만 한다. 그런 점에서 본 역서는 이 점을 충족시켜주는 몇 안 되는 의미 있는 연구라고 할 수 있다. 한편, 전체적으로 역사서술 자체가 민족주의적인 역사인식에서 벗어나지 못했지만 그렇다고 해서 간과할 수 없는 일본의 식민지배에 대한 중국 인민의 저항도 본 역서에서 구체적으로 조망하고 있으므로 중국 동북지역사를 입체적으로 파악할 수 있는 좋은 기회가 될 것이다.

이 역서는 중국사와 한국사 연구자들이 신태갑 선생님 연구실에 함께 모여 읽고 공부하는 가운데 의기투합하여 번역하기로 결정하고 각자 자신이 맡은 부분을 번역한 것이다. 이 책이 나오기까지 많은 사람들의 지지와 노고가 있었다. 특히, 각 장마다 초역을 맡아준 여러 번역자는 물론이지만 초역한 것을 지난 2년 가까이 매주 연구실에 모여 일일이 다시 읽고 수정한 역자들의 열정과 노고가 없었다면 이 책은 빛을 보지 못하였을 것이다. 자화자찬하는 감이 없지 않지만 지면을 빌어 책임자이신 신태갑 선생님을 비롯하여 자신이 맡은 번역의 초역은 물론이고 다른 번역자의 초역을 2년간 매주 모여 윤독하고 수정하는데 노력을 아끼지 않은 최은정, 김동학, 이가연의 노고에 이 자리를 빌려 깊이 감사를 드린다. 그럼에도 불구하고 번역의 잘못은 전적으로 번역자의 몫이며 윤독하고 수정한 우리들의 몫이다. 독자들의 냉정한 비판을 바란다.

역자들을 대신하여 전성현 씀

■ 일본의 대련 식민통치 40년사 [제3권]

각 장절의 저자 분류표	각 장절의 역자 분류표
제20장 郭鐵椿	제20장 이가연
제21장 韓俊英, 張越	제21장 조영숙
제22장 王江鵬, 關偉	제22장 강명화
제23장 1~3절 冷繡錦	제23장 전성현
4~6절 郭鐵椿	제24장 김동학
제24장 1절 韓俊英, 冷繡錦	제25장 조영숙
2~3절 韓俊英, 張越	제26장 전성현
제25장 郭鐵椿	
제26장 陳雪	
부록, 참고문헌 郭鐵椿	

지도　郭鐵椿, 冷繡錦, 韓俊英
사진 수록선택　郭鐵椿
사진 스캔복제 제15~17, 21, 24장 張秀魁
　　　　　그밖의 장 郭鐵椿
원고심사, 탈고 郭鐵椿